河北省方志理论研究系列丛书

新编

王广才地方志理论文集

王广才◎著

方志出版社
Publishing House of Local Records

图书在版编目（C I P）数据

新编王广才地方志理论文集. / 王广才著; 河北省地方志编纂委员会办公室编. -- 北京：方志出版社，2015.11
（河北省方志理论研究系列丛书）
ISBN 978-7-5144-1805-7

Ⅰ. ①新… Ⅱ. ①王… ②河… Ⅲ. ①方志学—文集 Ⅳ. ① K290-53

中国版本图书馆 CIP 数据核字（2016）第 108006 号

河北省方志理论研究系列丛书

新编王广才地方志理论文集

编　　者：河北省地方志编纂委员会办公室
著　　者：王广才
主　　编：杨洪进
副 主 编：王　蕾
责任编辑：冯　松

出 版 人：冀祥德
出 版 者：方志出版社
地址　北京市朝阳区潘家园东里 9 号（国家方志馆 4 层）
邮编　100021
网址　http://www.fzph.org
发　　行：方志出版社发行中心
电话（010）67110500
经　　销：各地新华书店
印　　刷：石家庄联创博美印刷有限公司

开　　本：787×1092　1/16
印　　张：22.5
字　　数：498 千字
版　　次：2015 年 11 月第 1 版　2015 年 11 月第 1 次印刷
印　　数：0001 ～ 1000 册

ISBN 978-7-5144-1805-7　定价（全二册）：88.00 元

目　录

讲稿选录

研讨文章

志书评论

其他文稿

序

放在我案头的《新编河北省地方志理论文集》(以下简称《文集》),是王君广才之方志理论大作,包括论文80多篇,洋洋洒洒40多万言,是近十几年来我见到的颇有分量的一部方志著作。“尝鼎一脔,他可知矣。”拜读全书,“化成之文,昭昭在目”。

广才君,河南大学中文系毕业,在人生的历程中,有两段最为厚重精彩。一段是参军,在刘志丹创建的“红军坦克团”服役,从排长、连指导员,升至团政治处主任等职,曾3次荣立3等功。另一段是修志,任河北省地方志办公室副主任、河北省方志学会秘书长、河北省修志专家库成员。20年的军旅生活,广才君诠释了中国“最可爱的人”;24年的志坛苦修,练就了其“全国先进方志工作者”。

广才君概括自己的情况说:“一半武,一半文;一半行政,一半业务。”从“枪杆子”,到“笔杆子”,既做修志的行政工作,又抓业务,并进行方志理论研究。且,行政、业务和学术研究都出色,人才、人品俱佳!是方志界专家型的干部典型。

何谓“一半行政”?就是广才君转业到地方志工作后,其方志办副主任一干就是将近20年,并兼《河北地方志》主编10年;2008年,才提为正处级调研员。“秉笔荷担,莫此之劳”,勤恳抚事,没有怨言。其敬业、为人之道,令人敬佩!

何谓“一半业务”?即为广才君一直分管市、县(市、区)志的编纂指导,全省150多个市、县(市、区)单位,从燕山以外到黄河之北，从太行脚下到渤海沿岸，踏破青山，跑遍市县，用汗水和心血，浇灌出了燕赵大地第一轮方志之花；而第二轮市、县志，业已出版和在印、待印者近百部，已近规划的七成。广才君完成一轮半的修志重任，这在全国省级方志办主任中十分鲜有。其不畏辛苦、兢兢业业的奉献精神，令人感动！

不论“一半行政”，还是“一半业务”，都渗透着广才君孜孜不倦对方志理论的研究，闪烁着“正言精义”之灵光。观广才君之《文集》，感受最深的是其大笔淋漓，匠心独运。

其一，应用理论，指导性强。

为了有的放矢地指导修志，广才君依据实际情况，针对基层修志人员的状况，进行方志应用理论研究。所谓应用理论研究，就是由普遍到特殊、由抽象到具体、由理论到实践的研究过程。应用理论所遵循的原则，是理论对实践的指导意义和可操作性。

毛泽东主席在《实践论》中精辟地论道：“如果有了正确的理论，只是把他空谈一阵，束之高阁，并不实行，那么，这种理论再好也是没有意义的。”

方志应用理论研究与方志理论研究，是两种不同性质的研究，但是，二者没有高下之分。究竟实用哪种理论，要看作者的擅长，要根据实际情况，看理论面对的对象。修志机构，往往是“铁打的单位，流动的人员”，虽然已是二轮修志，但新兵依然不少。在这种情况下，更应该重视方志应用理论的研究和运用，这对志书的编纂、志书质量提高，以及推动方志事业发展，尤为重要。

在《文集》中，有不少方志应用理论研究的力作。诸如有关志书编纂、记述深度、资料价值、地方特点、概述撰写、内容选择、体式结构等。对此，或阐明理论，或发为评说，或提出精见，或赏析佳志，或简论不足，凡皆动中窍要，无蹈空之论，且明确、具体、切实、易懂，具有可操作性，为编纂市、县新志竖起了理论标示，为编纂出“名品”奠定了理论基础，志人交口称赞“解渴”。

如《文集》中，提出要“使用有价值资料”的论文，既有很强的指导意义，又是志书资料研究的新深度。所谓有价值的资料，要看：是否是事物的基本要素，是否反映事物本质，是否有鲜明的地方特点。此理念，十分令人注目，他触及了不少志书的“通弊”。君不见，有的县志，重如秦砖、字数一二百万，资料“泡沫”多多，有价值的资料，特别是有价值的历史资料却是寥寥。

其二，理论研究，功力深厚。

在《文集》中，分量最重的是“研究文章”，约有20多万字，几乎占全书的一半。方志理论研究的任务，是面对新情况、解决新问题、提出新观点，是从大量的方志现象中探索一些牵动全局、较长时间内起作用的发展规律。方志理论研究与方志应用理论研究，是相辅相成的。应用理论研究是理论研究的基础，他为理论研究不断提出新问题、新材料、新观点，不断推翻过时的理论观点，使研究达到新的水平和高度。

当然，广才君的方志理论研究，与那些坐在象牙塔里西抄东拼、坐而论道、从理论到理论，有本质的不同。那种脱离实际的纯理论研究，不过是盛世修志的“点缀”。广才君的理论研究，植根于修志土壤之中，无论多么精深，亦是自己的原生成果；无论多么超前，亦是经得住实践检验的前沿理念。

南朝刘勰在《文心雕龙·论说》中道：“论文者，弥纶群言，而研精一理者也。”纵观广才君方志论文，有的是概括前人的种种言论，并精研出一种新的理论；有的是集中“群言”之精华，阐明自己的新观点；有的是发现“群言”之未发，研究全新之义理；有的甚至是洞察“群言”之失误，而补前人之缺憾。

如论“志书记述深度”，先从解决好“宝”谈起，此“‘宝’

就是有价值、有深度的资料。”这就要“识宝”，要“身在宝山必识宝”；还要善于“取宝”，把宝贝资料拿到手；最后是“用宝”，把宝贵资料“恰到好处地安排在志书中”。从这样的角度谈志书记述深度，非常新颖、别致，形象、深刻。

又如，论“怎样突破旧框框”？一是深刻反思，冷静分析，深化认识；二是要有魄力，大胆试、大胆闯，不要畏首畏尾，前怕狼后怕虎，要敢于成为“第一个吃螃蟹的人”；三是不破不立，有破有立，破立结合，先破后立，“以新换旧”。还要解决相关束缚：一是解决指导思想（就是横不缺项，纵不断线）方面的束缚，对应的就是要横不缺要项，纵不断主线（一定要注意这里的“要”和“主”）；二是解决“只编不调”（就是不调查）束缚等。这些理论观点，都有新的发展，都很精辟。令我非常惊奇的是，广才君的方志研究，已不是首轮修志时的情况了，如今其理论研究的功力、造诣，已经颇高，令人刮目相看。

其三，核心理论，改造创新。

打开《文集》，首先映入眼帘的是广才君论“改造”的两篇文章，一篇是《也谈县志的改造》，另一篇是《再谈县志的改造》。何为改造？在“也谈”中说，改造“就是想借此表达改进提高的意思”。

广才君说：“本人一直关心志书的‘改造’，这也成为贯穿研究全过程的一个核心话题。改造与改革在本质上是相通的。”这就是说，广才君说的“改造”，就是改革创新。在《文集》中，此论题俯拾皆是，并有专门谈《志书改革创新问题》《志书改革创新之通病及其对策》的论文，以及在全国会上介绍的《创新无穷期 改革正当时》的经验总结。的确，改革创新问题，是整个《文集》的主题曲。

唐代，有一个“创意造言”的故事。文学大家韩愈曾说：创作要“师其意，不师其辞”。意思是说对前人的成果，师承其意，而改造其言辞。韩愈的弟子李翱提出了与老师不同的主张。他在《答朱载言书》中提出：“创意造言，皆不相师。”就是说，“意”要创，“言”要造，“意”与“言”两者都求创新。这较韩愈的说法，显然前进了一大步。

志书创新，已经形成共识。但以“创意造言”来要求，尚有不足。正如《文集》中所说：当前，在志书改革创新方面，有三种倾向需要注意，即志书探索中存在的表面性、随意性、趋同性。如何解决“三性”问题，广才君一直在苦思冥想：“修志的旧框如何打破，修志观念如何更新，修志的方法如何改进，修志的内容如何调整，如何借鉴其他载体之长为我所用，进而‘浴火重生’，如何把地情方面的潜在优势，转化为志书的现实优势等，都是自己挥之不去、萦绕心中、不得不潜心思考的问题。”这些论题，颇能独抒胸臆，自陈新意，而发人深思，引人入胜。

“浴火重生”！志书改革创新的立意，是何等之高；广才君提出的“力调结构”“厚主薄次”“记新载变”等，是何等的创新精论；《文集》多次论述的“明月高照，繁星满天，荧光闪闪”等，是何等的形象比喻。新编志有了这样的大亮点、中亮点、小亮点，就会光灿灿兮亮点纷呈；志书的体式如果从宏观、中观、微观三维立体来构建，志书就形成独具特色的“这一个”。这也正是古代学者所梦寐以求的：“万物万种色，一云一情状；造化真文章，本自无定相。”

对创新突破路径，广才君提出了7条：从读者的根本需要上寻找出路，从研究吃透地情上寻找出路，从对各部类的重新审视上寻找出路，从突出重点、兼顾一般上寻找出路，从有效解决已出志书共性问题上寻找出路，从加强综合、减少条分缕析上寻找出路，从博采众长上寻找出路。这些精论，既是经验的精华，又是理论的升华。

另外，《文集》语言精练、质朴。朴素是美丽的必要条件，质朴中见真情、见真意、见真论、见真理。清代沈德潜说得好："以意胜而不以字胜，故能平字见奇，常字见险，陈字见新，朴字见色。"

广才和我都是学中文的，我们有同门之情；广才和我是志界挚友，我们有同行之雅；石家庄是广才的第二故乡，是我的故土，我们有同乡之谊。有此三同，且不时就修志的观念、理论等，相互探讨、相互沟通，遂益加志趣相投。今广才君将历年所撰志论、志评等，汇为一集，出版问世。不仅对此前诸论和方志理论建设有其增益，而且为日后修志者提供指导。我既应嘱读其全稿，深感广才君投入志业20余年，"功以才成，业由才广"。欣慰无似，乃操笔而为之序。

郭凤岐

2015年立秋写于天津

郭凤岐：天津市地方志编修委员会原副主任兼秘书长，天津市地方志办公室原主任，编审，南开大学客座教授，中国地方志协会学术委员。

讲稿选录

也谈县志的改造

提 要 本讲课稿涉及4个问题:(1)吴氏《中国县志的改造》之提要及感悟。(2)当今志书改进提高(改造)的必然性和紧迫性。(3)对首轮部分志书改进提高(改造)的赏析与思考。(4)志书一般性改进提高(改造)的着力点。

首先解题。这里标的是县志，但实际要谈的是市、县(市、区)志。所以如此，是前面加了“也谈”二字。因为历史上就有学者谈这个问题。这就是今天发言的“由头”。说改造，就是想借此表达改进提高的意思。出发点和归结点，就是由衷地希望全国方志界，能够像中指组组长李铁映说的那样，从“新世纪方志事业前途和命运的核心问题”的高度来看待质量问题，从而强化质量意识、使命意识、责任意识，坚持与时俱进，做到继承中改进，继承中提高，继承中发展，把志书质量提高到一个新水平。下面，我从四个方面谈些情况和想法，以作引玉之砖。

一、吴氏《中国县志的改造》之提要及感悟

三十年代社会学家吴景超所写《中国县志的改造》，于今仍具有借鉴意义。作者立足当时需要，着眼长远发展，分析了当时志书存在的问题，提出了解决的办法。

第一，作者撰写该文的针对性。就是“修志为用”之书已记内容许多不可用，“有些极重的事实，在县志中并找不到”。县志如此，其他载体中也没有。他认为这是“文献界中一大耻辱”。怎么办？于是他提出了“中国县志改造”的问题，于是就产生了《中国县志的改造》这篇富有真知灼见的文章。

第二，作者指出志书需改进的地方。即：（1）内容要广泛，“可以包括社会中各种问题”，而且应突出重点，反映社会上“极重的事实”，反映“于民生最有密切关系的事实”。（2）时间上变六十年一修，为五年或十年一修。（3）修志机构由临时变为常设。（4）修志人员“用考试方法选用，资格是大学毕业”。（5）具体实施时，由专家指导，经过一定训练的人员落实。（6）修完志后的“平常年份”，“择县中主要问题，作精密研究”。

第三，作者指出了改造的目标。他认为三十年代学者李景汉先生所编的《定县社会概况调查》，“才是我们所需要的县志”，他可以“作别种县志的模范”。因为这本书，贴近实际，贴近民生，反映了“社会中极重要的事实”，读者看完了这本书，对于定县社会的认识，“比亲身到定县参观半个月还要深刻”。李景汉编的这本书，从首次问世到现在，已再版了四五次。国内外社

会学学者、大学社会学的学生研究三十年代农村情况，不会不读该书。调查和记述地情，特别是农村情况，三十年代以来有三本书，也是三个里程碑，一是李景汉这本书，二是费孝通的《江村调查》，第三仍是费孝通的调研专著《行行重行行》。这三本都是传世之作。

三十年代的《定县社会概况调查》与《中国县志的改造》，距今已七十多年，现在说起他们，并不是说其十全十美，肯定他们还有某些局限性，我们应批判地吸收，而不是全盘肯定。

拜读吴景超之作，我们是否可以悟出以下几点：

1. 当今所有志书和志稿，我们是否都满意了？可以肯定地说，一些满意，一些不满意。为什么不满意？就是某些书稿，如同吴景超所言的那样，读者想要的内容，志书中没有或者很少，那怎么办，那还得谈“改造”。在这一点上，我们与吴景超的心是相通的。吴先生是智者，是有责之人，我们也要当智者和有责之人，担负起当今志书（志稿）“改造”之责。

2. 志书内容，既要讲全，应“包括社会中各种问题”，又要讲特，注重记述那些“极重的事实”。何谓极重？与国计民生关系密切的即为极重。我们需要回顾反思一下，我们所编的志书（志稿），是不是对“极重”的“事实”都反映得很好？

3. 像吴景超希望的那样的志书，我们是不是就可望而不可及了呢？显然不是！只要找到了方法，问题就可迎刃而解。吴景超先生当时就肯定地说，如此虽有困难，但不是不可解决。当今修志，有的地方不就解决得很好吗？所以，我们要充满信心！

4. 我们过去曾经说过：志书内容的突破，有赖于修志方法的改进，修志方法的改进，必将促进内容的突破。关于方法：（1）搜集资料，要多渠道、多方面人员搜集，不能只靠一种渠道、一方面人员。（2）依靠自我，但不应排除专家指导。（3）编辑人员，不能只编不集、只编不析，应编采结合、编析结合。

5. 吴景超说的“修完志后的‘平常年份’，‘择县中主要问题作精密研究’”，放在今天说，就是要建立修志长效机制，围绕党委、政府的中心工作，深入开展调查研究，在此基础上写出有事实、有分析、有建议的调研报告，供党委、政府参考。

二、当今志书改进提高（改造）的必然性和紧迫性

首先，做好志书的改进提高（改造）工作是历史的必然。自地方志这项新事物诞生起，其优长与不足便相伴而生。在当时信息载体比较单一的情况下，志书确实保存了大量的、可供查找的地情资料。但也不可否认，历史上封建官吏修志，难免存在着一定的局限性和严重的功利主义。正如后人对其所评价的那样：为官一任，修志一部，名垂青史。他们不可能超越自我，站在“修身、齐家、治国、平天下”的高度，公断自身功过是非，总结经验教训，使之成为后人“治郡国之镜鉴”。还应看到，历史上有的志书并非认真写成，而是地方官员为应付差事，找几个人东拼西凑而成，这样的志书很难找到多少有价值的资料。今天是昨天的延续，新志是对旧志的继承；旧志对新志的影响，既有积极的一面，也有消极的一面；在对旧志的继承中，既有对优良传统的发扬，也有对弊端的因袭。因此，对志书进行必要的改进提高，是当今修志工作者的一项历史责任。

其次，做好志书的改进提高（改造）工作是现实的需要。新编志书总体说观点正确，体例完备，资料翔实，文字精练，具有

无可替代的“资政、教化、存史”作用。但也不可否认，部分志书质量还不够高，还存在着这样或那样的问题。这些问题概括说就是14多14少，即一般内容多，重要内容少；微观多，宏观少；条分缕析多，提炼综合少；表象内容多，本质内容少；从部门、单位角度记得多，从地方国家管理角度记得少；一般管理工作多，管理经验教训少；管理主体内容多，管理对象内容少；记机构、会议多，记重要活动少；记官方行为多，记民间行为少；逐年流水账记述多，把握兴衰记转折少；静态记述多，动态记述少；横面多，典型少；记事多，记人少（含思想、精神）；有形多，无形少（包括观念、心态）。诸多诸少，归结到一点，就是具有较高资政价值的资料偏少，一般性的资料偏多。

部分读者（也是使用者）反馈的情况也提醒我们，对部分志书所存在的问题也不能忽视，对提高志书质量的工作一时一刻也不能放松。有的大学教授在评价新编志书时指出，志书“花费大量篇幅反映事物内部一些小单元的起源兴革”，使“志书格局呈现为一条多竖线拼结并列而成的薄薄平面。看起来文字不少，但多为承上启下铺垫过渡性内容，核心资料被冲淡，反映不出多层次的、立体的、多彩多姿的现代社会全貌”。有的新闻工作者在充分肯定修志工作所取得的巨大成绩的同时，也指出某些志书“存在着‘因义剪裁，因义生文’的情况，具体表现在以记工作、存史为目的的编纂宗旨，政府各部门的篇目设置和记述是从记述部门工作出发，未能从国家管理的角度设篇立目和记述。大量篇幅记述的是各个部门的机构设置、人员多寡、各项工作、各种代表大会、单位任职人员和时间等，未能从部门设置的职能发挥、发展变化上提供管理方面的经验教训以资借鉴。未能围绕‘志义’组织材料和设立篇目展开记述，地情信息缺乏深度。很多事物的记述只是从表面上轻描淡写，缺乏具体深入的记述，如建置篇，只从面上记载其境域、行政区设置，没有深入记述各政区的特点。人物入选也只是从标榜地方人杰地灵的角度和需要衡量”。有的党、政领导指出，地方志提供的是大量的初级信息和一般性资料，缺乏经归纳、综合、分析而形成的高层次信息，以及经调查研究写出的有深度、有价值的资料，因而缺乏更大的参谋作用。修志为用。上述读志、用志者对志书的反映，对于我们改进提高修志工作，具有重要的镜鉴作用。

面对修志中存在的问题，原中央政治局委员、国务委员、中指组组长李铁映十分重视，强调指出：对于所修志书和新一轮的修志工作，在质量上应该有新的更高的要求，从一开始就把质量放在第一位。如果质量上出了问题，那会造成什么样的结果？不仅贻害子孙，还会危害当代，失去他的文化价值和社会价值。因此，新一轮修志就是要推出一批符合时代要求，具有很高科学水平和重要文化价值、社会价值的志书，使修志真正上升为一个科学体系，把修志真正当成一门学问和学术来做。一本好的志书，在某种程度上并不亚于一部学术专著。只有具有科学性、文化价值和社会价值的“名志”“佳志”，才可能流芳百世，为后人所借鉴，为当代人资政。每部志书都是一部学术著作，都是一部精品，这是对新世纪修志工作最基本的要求。新一轮修志工作如果不在一开始就把质量摆在首位，那么，不仅将来编纂出的志书在质量上不行，而且还会受到社会各界的批评和责难。他还要求修志工作者既要站在编纂者的角度想想，也要站在用志者的角度想想，弄清楚政府需要什么，各级干部、普通百姓、知识分子、学生等需要什么。有用处才能有价值。志书首先是服务当代人的，自然应当以当代人的社会实践和需要作为标准。如果志书不得用或未尽其用，那就不能获得社会的承认，他的文化价值和社会价值就难以体现出来。李铁映的这些讲话精神，对于我们做好改进提高工作指明了方向。我们应该通过学习认识到，重视志书质量是多么的重要；认识到质量的核心是资料价值，检验的标准是社会实践和现实需要；认识到提高志书质量，特别是提高志书的资政作用，其关键点是要坚持严肃认真的工作态度。

第三，做好志书的改进提高（改造）工作，是摆在全体修志工作者面前的一项紧迫任务。第二轮修志，一般在一届政府五年任期内完成，快者三年即可，修志周期远比首轮修志周期要短。但二轮志书的标准又远比第一轮志书要高。正如中国地方志指导小组所要求的那样，新一轮志书应有新的起点、新的高度。在这种情况下，如果对志书改进提高工作重视不够，或者是抓得不紧，一大批志书相继很快出版，数量上去了，但质量让人无法恭维，那么我们就要犯历史性的错误。

三、对首轮部分志书改进提高（改造）的赏析与思考

前两年，我曾摆脱琐碎事务，集中时间查阅了一批本办购买的首轮省内外新编志书，受益匪浅。其中部分志书不乏创新之处，令人振奋（鉴于内容已在本《文论集》《全国部分志书选萃》一文中详载，此处予以省略）。

四、志书一般性改进提高（改造）的着力点

（一）文字要更加简约

志书能够体现出“博观而约取，厚积而薄发”。从容量上说，字数不宜过多。首轮志书，辖区市志大多在300万字以上，县（市、区）志一般在80万字以上。两轮志书在字数上要有所区别。第二轮志书要在少而精上下功夫。现在看到的二轮县（市、区）志，少者几十万字，多者近200万字。究竟多好还是少好，关键看内容。但多少不能无度，县（市、区）志，少不宜低于60万字，多不宜高于120万字。要在有限的篇幅内提高其内容的含金量，要害问题就是要坚持文约事丰、言简意赅。

（二）结构要更加合理

这里说的结构，就是重点与非重点的比例关系。已经出版的志书，其重点内容与一般性内容比例结构不够合理，存在着前者轻后者重的问题，若量化分析，我感到前者大致占40%，后者大致占60%。二轮修志，我认为应改变以往志书前轻后重的问题，把前者调整到60%，后者调整到40%，使二者的比例结构更加合理。对此，不仅要有总的量化目标，还要有具体的细化目标，比如地理、人口、政治、经济、文化，以及各自下的类目，其重点与非重点各占多大比例，都应予以明确。实现这样的目标难免会遇到许多困难，也可能难以一步到位，但我们这一代方志工作者应尽到我们的责任，应做出历史性的贡献。有条件的地方和单位，调整的幅度可以大一些，条件差一些的地方和单位，也要尽

力而为，不能无所作为。在这方面，认识要有所突破，不突破走不出一条新路。要有所为，有所不为，有所得，有所失，有所破，有所立，要在抓要项上（亦即重点内容）多为多得多立，在非要项上（亦即一般性内容）少为少得少立。地理、政治、经济、文化、民情之要，改革之要，问题之要，举措之要，变化之要，特色特点之要等，都应重视调查和记述。

调整重点与非重点的比例关系，要防止两种倾向：一是为突出重点而舍弃了该兼顾的内容，二是事无巨细，平均用力，平淡无奇。重点和一般的关系，要讲辩证统一，防止片面性和绝对化。

（三）重点要更加突出

这个问题，与上一条密切相关，前面涉及重点，但主要是从结构关系方面谈的，没有深入探讨何为重点，这里侧重谈这个问题。关于重点，有的方志工作者提出十个方面的事物应突出记述，这就是环境保护、控制人口、土地管理、加强基础农业、发展乡镇企业、加快城镇建设、重视教育事业、利用高科技、惩治腐败、实现小康。有的方志工作者又增加了社会治安、精神文明、基础设施建设、旅游、商贸五个方面。

有的同志提出，人口部类要增加文化程度性别差异及变化情况，文化程度各年龄段分布及变化情况，文化程度的行业分布及变化情况，文化程度的地域分布及变化情况。人口素质形成除先天遗传因素影响外，还受社会制度、经济水平、生活、医疗、卫生、教育等因素的重大影响。应通过记述，看出人口文化素质分布的不均衡性，看出文化教育的成效和薄弱环节，看出GDP增长、产业结构调整、就业情况与文化素质的联系，看出经济增长方式转变对高素质人力资本的需求，看出提高人口科学文化素质对经济社会可持续发展的作用。

居民生活，有的同志提出：

一是要重视收入构成的记述。改革开放前，城乡居民收入来源比较单一，城市居民的收入主要是工资性收入，农村居民收入主要是农业收入。改革开放以来，随着分配制度的改革，就业渠道的拓宽，居民收入构成趋于多样化。据某市统计局 2001 年第一季度抽样调查资料显示，城市居民工资外收入渠道增多，主要是从事个体经营、离退休再就业、财产性收入、其他劳动收入。随着人们择业观念的变化，居民工资外收入还会增多。另据某市 2002 年统计资料显示，城镇居民收入呈现三个显著特点，即工资增长快，传统收入减少，货币化程度提高。续志“居民生活”部类，应翔实记述这种收入构成的多样性及其特点。为便于比较和体现规律，可分三个阶段，即改革开放前(某一阶段)、改革开放 10 年和改革开放 20 年，分别记述各时段的收入构成。

二是要记好收入差别。其内容包括城乡差别、乡镇差别、村街差别、户间差别，还要记清楚城市、乡镇、村街、家庭内部，因单位、职业、文化程度、基本素质的不同，以及人口的多少所造成的收入差别。据某大学暑期社会实践小分队 2001 年 7 月对某市 300 位 18 岁以上居民配额抽样访问调研情况看，家庭月收入在 500 元及以下的居民，主要集中在集体企业；500—1000 元的，主要集中在个体私营和国有企业；1000—1500 元的，主要是集体和个体私营企业的员工；1500—2000 元的，主要在机关事业单位；2000—3000 元的，机关事业单位和三资企业相对较多；3000 元以上的收入群，集中在三资、部分国有企业；5000 元以上收入群体，全部集中在三资企业。而文化程度的高低，也直接影响着个人的收入。2000 年底，某市城市社会经济调查队抽样调查显示：1999 年，省会大学以上文化水平的人均月收入 720 元，位居第一，往后依次是大本 678 元，中专 554 元，高中 516 元，初中 488 元，小学 248 元，其他 161 元。从职业情况看，省会工程师月均收入为 841 元，助理工程师 656 元，技术员为 616 元，农林牧渔从业人员 543 元，生产运输工人 511 元，其他 435 元。续志记述这些内容，既反映了历史的真实，又利于资治、教化，使人们更为明白“知识就是财富”的道理，从而更加重视知识、重视文化素质的提高。

三是文化消费与物质消费应并重记述。据有关方面统计，从1983年到1989年，我国城镇人口平均每人每年在生活费用的支出中，用于书报杂志和其他文化娱乐的支出比例，分别为1.42%、1.43%、1.25%、1.21%、1.18%、1.05%、1.17%。由此可见，我国居民个人文化消费所占比例之低。而在这7年当中，城镇居民人均生活费支出由505.92元，增加到1210.95元，其中的文化费用支出反而下降了0.26%。究其原因，重要一点是群众中普遍存在陈旧的消费意识、消费观念，直接影响着文明、积极、健康的消费意识和消费观念的形成。不少在经济上比较富裕的家庭，也很少想到在文化消费方面多一点投资，故有人谓之“物质上的富豪、精神上的乞丐”。

四是要对社会消费群体进行综合分析性记述。国家统计局1998 年中国城市居民消费形态调查表明，我国城市居民已形成八种消费群体，呈现不同的消费特色。这八种消费群体是：现实型消费群，前卫、进取型消费群，高收入阶层消费群，低收入阶层消费群，知识阶层消费群，管理人员、专业人员消费群，传统文化观念较为淡漠人群消费群，中年女性消费群。这类调查和分析，无疑对我们会有重要启迪。据某省城镇居民家庭抽样调查资料显示，低收入户拥有的“四大件”，比高收入户少不了多少，但他们花在饮食营养和精神文化方面的钱,却比高收入户少得多。这种失衡的消费结构，极不利于城镇居民身体素质和思想文化素质的提高。还要注意老年、中年、青年、少年几个年龄段居民消费状况的分析记述。记中青年，有一点要给予必要关注，即成年子女沾父母光的问题。据调查，一定时期，以各种方式沾父母光的成年子女占82%以上；在有些省，青年平均婚费开支超过1万元，其中80%的人从父母身上索取的婚费达6000—8000元。这反映相当部分年轻人，陷入在精神上要求独立与在物质上继续依赖父母的怪圈。

五是健康消费与非健康消费应兼顾记述。改革开放以来，我国城乡居民消费出现了许多积极变化，比如投资教育，购买科技书籍，兴办新兴产业，购买电脑，上网学习、浏览，办理保险，安装电话，购置手机，外出旅游等。这种积极的消费趋向，标志着整个社会在进步，人们文明程度在提高。续志要充分记述这些具有历史意义的积极变化。同时也要看到和反映非健康的甚至是畸形的消费。大家耳闻目睹的不少，比如婚丧大操大办、一些地方修坟造墓方面的攀比、一些人的豪赌豪饮、人情消费的增加、封建迷信消费的存在、色情消费的蔓延、农村“彩礼”居高不下等，都应予以记述。

在中小学生中出现的超前消费、畸形消费、借贷消费等不良势头，也需引起方志工作者高度重视。某小学党支部书记杨绍秋，经过大量调查研究后指出：许多中小学生沾染了互相攀比、讲吃讲穿、不爱劳动、懒惰自私、贪占便宜、花钱大手大脚的不良习气。有买零食、吃零食习惯的占67%，同学间互送生日礼物、互赴生日宴会的占70%，家庭有游戏机等高档电子玩具的占26%。据其调查统计，非生活和学习必需品之外的年消费额，小学生人均800元以上，中学生人均1200元以上；家庭经济条件好的学生人均消费3000元以上，有的高达6000元以上。学生手中的钱，大部分用于吃喝玩乐，用于学习和购买学习用品的不足5%。

有的方志工作者指出，志书突出主要的，就是对改革的记述应突出农村经济改革、企业制度改革、市场体系建设和社会保障制度四个方面。在农村经济改革中，应该突出记述农村进行的完善家庭联产承包为主的责任制形式和统分结合的双层经营体制；推行适度规模经营，实现资源合理配置；发展社会服务体系，建立村级“五统”“五有”农业综合服务站。在企业制度改革中，应突出记述推进多种形式的公司制改革,包括成立有限责任公司、股份有限公司等；进行企业组织结构的调整，如采用兼并的办法扩大优势企业，采用拍卖、挂靠的办法对企业进行改组调整；采用多种模式发展规模经济，如通过自身的积累逐步滚动发展，通过改制、改组、改造，以资本、土地、技术、设备、管理、产品等的运营和扩张来壮大规模；通过挂靠，联合国内大集团、大公司壮大实力；采用租赁、承包、转让、拍卖、股份合作制等多种形式进行企业制度改革。在市场体系建设中，应突出记述建立和完善各种市场，如商品市场、金融市场、劳动力（人才）市场、技术市场、房地产市场、产权市场、证券期货市场、市场中介组织等。在社会保障制度中，应突出记述养老保险制度、失业保险制度、女职工保险制度、医疗保险制度、工伤保险制度等。对外开放方面的记述应突出对外商品贸易、对外经济技术合作、外资利用、高新技术产业开发和海关、商品检验等五个方面。《商丘地区志》续卷把改革开放这条红线贯穿整部志书的始终。首先是全面反映改革开放，在总述中设“初见成效的试验区建设”，在经济综述中设“经济体制改革”，在政治综述中设“政治体制改革”，在农业中设“农业产业化进程”，在一些改革力度较大的行业或部门中设了“商业体制改革”“外贸体制改革”“财政管理体制改革”“价格管理体制改革”“劳动体制改革”“工资制度改革”“养老保险制度改革”“科技体制改革”“卫生改革”

等。另外，专设“公有企业产权制度改革”分目，专门介绍公有企业产权制度改革的进程及具体做法。其次是注意反映改革开放的新生事物，在要事选载中选取了“冰熊股份上市”，在试验区建设中设了“粮食商业企业‘四分设’改革”条目，在有关分目下设了“蔬菜生产产加销一条龙服务”“商丘制药厂实行股份制改造”“商丘市面粉厂破产”“兴办专业合作社”“行署招商小组赴新加坡招商”“日本盐山市友好代表团访商”等一些单一性条目。再次是设置了“精神文明创建活动”类目，介绍商丘地区创建文明单位的进程及新形势下的社会新风。

反映农村，有的同志指出：应考虑农村生态、农村民主政治建设、农村税费征收、农村财务管理、农村治安、“空心村”问题、“老板村官”问题、农村医疗问题、农村人口流动问题、农村老人赡养问题、农村“留守儿童”缺少关爱问题等。反映农民应考虑农民劳力、农民教育、农民劳作、农民收支、农民生活、农民负担、农民养老、农民心理、农民家庭、农民婚姻、农民新风、农民阶层变化等。反映农业，应考虑农业产业结构调整、农业产业化经营、绿色、特色、高效优质农业生产、农业管理（指导）方面的经验教训、农业方面应予重视的问题等。

政治部类，有的方志工作者提出要着重记述领导决策、政治协商、监督机制、民主法制建设、村民自治、政治体制改革、人事制度改革、勤政廉政建设等。关于决策，有的同志提出实施时，可按照“面点结合”的思路进行。仅改革开放以来的重要决策就很多，有保护环境的、政治经济的、文化社会的，不可能都一一展开写，但又要保留这些资料，怎么办，可考虑正文综合记述，随后列一详细表格，把重要的决策（含时间、类别、主导者、内容、背景、效果等）一一列出，字号可以小于正文。这是面。在此基础上，每一类中选一两项展开记述，既记时间、主导人员，又记背景、过程、结果。这是点。面点结合，比较可行，能够做得到，看后既知全局又知局部，既有广度又有深度，效果会更好。

有的方志工作者强调，续志要强化思想道德建设活动的记述。应充实四个方面的内容，即通过机构、队伍、制度、投入等状况的记述，体现党和政府对思想道德建设的关心与重视；拓展活动形式的记述，反映思想道德建设的新经验；突出思想道德建设活动成效的记载，反映十几年来精神文明建设的主流；记述思想道德建设存在的问题，反映精神文明建设的曲折性和长期性。

有的同志指出，续志应改进首轮志书见物多、见人少的不足，加大人物容量。除加强“以事系人”的记述外，人物篇应吸取年鉴的优点，增加人物简介，如劳模简介、科技带头人简介、新闻人物简介、海外爱国人士简介、各行“状元”简介，以及先进人物表、专业技术人员表等。

志书记述的重点，不是一两个人一下子就说清楚的，需要大家都参与研究才行，让我们一起共同努力吧。

（四）内容要更加完善

一是要注意从广义的角度理解和记述。新编志书，值得肯定的方面很多，但也存在一些不容忽视的问题，问题之一就是从狭义角度理解和记述偏多，从广义角度理解和记述不够。要求横不缺项，实际上缺项很多，所缺项目有的还十分重要。比如二轮志书，一般时间断限是改革开放这30年。在此期间，社会阶层结构发生了深刻的变化，出现了许多新的情况、新的问题。正因如此，胡锦涛总书记2005年2月21日在中央政治局第20次集体学习时强调，各级要加强调查和研究，全面分析和把握社会建设和管理的发展趋势，为制定政策、开展工作奠定坚实的基础。他指出要加强三个方面的调查研究，其中一个方面就是要加强对社会结构发展变化的调查研究，深入认识和分析阶层结构、城乡结构、区域结构、人口结构、就业结构、社会组织结构等方面情况的发展变化和发展趋势，以利于深入认识在发展社会主义市场经济和对外开放的条件下我国社会发展的特点和规律，更好地推进社会建设和管理。在此之前和之后，志界之外有关方面和人员就从需要出发，开展社会阶层结构调查，而且还出版了一些这方面的书籍。而我们看到的志书，绝大多数对此则无动于衷。究其原因，是唯书（志书）不唯实，别人站在狭义的角度理解和记述，我也就这么办，他好我也好，他错我也错，如何扬长避短，如何改进提高，不曾想到或者想得不多。

其实，原中共中央政治局委员、中指组组长李铁映早就说过："修志工作是在各级党委领导、政府主持下对地情、国情的全面调查。"注意这里讲的是"全面调查"。我的理解就是，调查的内容是全面的、普遍的，而非局部的、单一的，是广义的而非狭义的。拿居民或人口来说，不能只记现有的这些项目，因其不全，还要增加，包括社会阶层结构。再如生活，不能只有统计局掌握的那些生活资料，而应当更为宽泛，层次和角度应当更多些。再如教育，不能只记学校教育，也就是小教育，要着眼于大教育，包括家庭教育、社会教育等。因为家庭教育、社会教育，是地情的重要组成部分，不记这些就是缺项。

当然，从狭义角度理解和记述，一般有现成的部门（单位）提供资料，难度相对小些；从广义角度理解和记述，有的无现成部门（单位）提供资料，难度相对大些。

我们也看到，部分修志单位迎难而上，在努力解决这一问题。比如上海奉贤区史志办。从其编纂出版的《奉贤县续志》，就可看出他们的努力已结出丰硕的成果。（本《文集》"志书评论"部分有专文评述，此处省略）

二是要注意挖掘和记述管理对象方面的内容。首轮修志，多数地方主要使用党政机关和各部门的档案，由各部门提供材料，编写初稿素材，口碑材料、实地调查较少，部门志的痕迹很明显。一些志界有识之士提出，首轮志书多是记部门工作，而不是从整个社会的角度来取材和编写。志书的内容可分解为两方面：一是地情、社情，如人口、物价、华侨等；二是部门工作，如人口工作、物价工作、华侨工作等。两者都是地情，都要写，但两者又不是一回事。首轮修志写部门工作的多，写社会情况的少。比如“青年”，写青年团的工作，而无青年问题，包括青年心态、择业、婚姻、家庭、生活、价值观问题，农村青年进城务工问题，青少年犯罪问题等；“妇女”，写的是妇联工作，而无妇女问题，包括妇女的生育和健康问题，妇女受教育问题，家庭暴力问题，拐卖妇女儿童问题，妇女自杀问题，男女两性社会地位差别问题等。要求续志重视对改革开放以来妇女社会地位发展变化的记述，这不是随意提出的一般性问题。马克思说过：“每个了解一点历史的人也都知道，没有妇女的酵素，就不可能有伟大的社会变革，社会的进步可以用女性（丑的也包括在内）的社会地位来精确地衡量。”妇女地位问题，不仅是学术研究的重要领域，也是当今中外政府机构、国际社会和国际组织关注的热点。究其原因，妇女的实际地位如何，已经成为一个国家或地区测定社会进步程度的综合指标。还有一些社会问题，由于不属于哪个部门管（如社会结构问题、社会分配问题等），志书中就没有写。众所周知，社会面貌并不等于部门工作之和，只写部门工作，显然是不够的。现在志书中写的主要是专业部门的情况，而对于专业部门以外的情况写得很少。

我们还可以从另一个角度两个层面来理解，即管理主体、管理对象层面，无论党政、群团、公安、法司，还是产业、事业，都存在这两个方面,而这两个方面都蕴含着有深度有价值的资料。管理主体方面的内容，包括基本情况和经验、教训，如石家庄探索“传统产业高新化”,乐亭县调整结构使农业大县变成经济强县,围场县把蔬菜产业真正做大做强，临漳县以发展沼气为龙头推进文明生态村建设，就属于管理主体方面的内容。管理对象方面的内容，主要包括要素、状态、联系、变化与趋势，如煤矿采空区塌陷毁坏农民生存之本，农民职业病发病率高患者苦不堪言，一些农村人均耕地悬殊、矛盾突出，冀鲁豫邻接区流窜犯罪突出，就属于管理对象方面的内容。重视管理主体和管理对象两方面内容的挖掘和记述，才能更好地体现志书全面、系统的要求，更好地为党和政府的决策服务。

（五）载体与客体结合要更加紧密

续志断限之内，最突出的地情一是新，二是变，续志就应当求新求变。志书断限内，新情况比比皆是。农村出现大量“打工族”，大量“留守儿童”，大量“空巢老人”，大量“空心村”。城市工人下岗与上岗，自由职业者大量出现，单身独过、结婚不育、单亲家庭时有所闻。通信业快速发展，卖菜的、收破烂的也早已用上了移动电话。过去，年轻人是先就业后成家，现在是先成家后就业，或者是边就业边成家。居民生活多姿多彩，有跳舞的、扭秧歌的、练歌唱戏的、搓麻将的、上网的、养宠物的、搞收藏的、练拳术的，出去旅游的也不鲜见。

改革开放以来，网民大量涌现。据有关方面统计，中国网民已达 2.53 亿人。河北省 2008 年的网民数就达 1334 万人，网民增长率排全国第四位；有 572.3 万人用手机上过网；中等收入网民超过五成；网民平均每周上网 16.8 小时；近两成网民点击过政府网站。网络发展，一方面使人们开阔了视野，另一方面也出现网络成瘾综合征（一种精神疾病）。据有关方面调查，大约10%的年轻用户有网络成瘾综合征，其中70%是男性。如果我们能摸到这方面的情况，并把他融入医疗卫生当中，不管字数多少，都很有意义。据中国农业大学一课题组调研，中国有4000万名农民工妻子在农村留守。又据了解，目前我国65岁及以上的农村留守老人近2000万人，76%的留守老人全年获得子女经济支持少于500元。如果我们能够通过问卷，或者调查走访，掌握一些这方面的资料，并把他融入农村、农民部类中，不管字数多少，同样也是很有意义的。

续志断限内，可以说是时时新，处处新，满眼皆新。因为新而出现变，天变地变，人变物变，由变出新，由新促变。志人能够感受到社会之新、之变，但又不容易将其转化为志书载体的之新之变。我所看到的面上的志书、志稿，不少对新时期的新观念、新思想、新举措、新情况、新问题反映不够，已有反映的，也不善于前后对比，自然也就看不出变化的幅度、变化的深远意义。比如，改革开放前，家中有电脑的为数不多，而现在有的家庭不只一台电脑。过去，大老板才能手持大哥大，而现在一个家庭不只有一部，甚至一人就有几部移动电话。新的志书中，不记新内容不行，记了不加对比，看不出进步的幅度和意义也不行。志书要通古今之变，通改革之变，真实地记录县域之变、城区之变、乡镇之变、街区之变、改革之变、社会之变、事业之变、思想之变，就要善于比较，就要彰显空前之变，就要让读者感到极大的震撼。看了这方面的记述，能够使读者产生像吴景超那样的新感受，即“看完了这本书”，对于一地社会的认识，比亲身到当地“参观半个月还要深刻”。

（六）方法要更加有效

第二轮修志，要实现内容上的突破，首先认识上要有突破，其次方法上要有突破。第二轮修志完全走首轮修志的路子，完全按照首轮修志你（部门单位）供稿我（方志办或总编室）编稿的方法办，势必要重蹈覆辙。首轮志书，大多平淡肤浅，部门痕迹突出，记机构多，记人事更替多，记部门、单位一般工作多，缺宏观，缺综合，缺深度，一个重要原因就是编采脱节（包括编者本身的编采脱节和对下业务指导的编采脱节）。第二轮修志，过去好的方法要继承，过去方法上的缺陷要避免，要有新的改进。这次修志，要变“众手成志”为“众手成志”与专家修志相结合。谁是专家，热心修志的学者、地情通、编纂者就是专家，其中包括我们这些志书编纂者。要变部门、单位供稿为主为供、采结合；重大问题，方志办或总编室要亲自调查，或组织力量调查，或建议党委、政府统一使用人力资源，吸收党委、政府研究室、党史研究室、城调队、农调队等部门、单位骨干人员参与调查等。我们是为党委、政府修志，我们向党委、政府提出统一使用人力资源是很自然的事。同时要注意利用已有的调查成果，如省妇联组织、有关市县区妇联参与开展的两个十年妇女问题调查，城调队、农调队开展的城、乡调查，这些资料不少都可入志。

福建省《浦城县志》能够获得省一等奖，主要一点就是通过行程 4000 多公里、420 个考察点、270 个村委会的考察调查，达到了以资料取胜。河南省舞钢市史志办在二轮修志中，进行城市市面调查，非公有经济典型调查，典型乡镇调查，种植、养殖大户调查等。河南省汤阴县未设城调队，城镇居民生活的有关数据原由县工商银行统计，后来工商银行也不再统计。县里有农调队，但他们的统计数据项目不全，难以准确反映农村居民生活的真实状况。比如到 2001 年，在农调队的统计项目中，仍没有空调、微波炉、照相机、影碟机、电脑的内容。为解决这一问题，汤阴县史志办向统计部门学习统计方法，由史志办工作人员深入城镇和农村调查获取资料。对于城镇，他们与城关镇政府联系，共同召开县城各街道办事处主任参加的会议,求得街道办事处的支持。在街道办事处的帮助下，他们下发了调查表，要求 5 个街道办事处采用随机抽样的方式，各调查 100 户居民的生活水平。为了使调查尽量准确，史志办公室还派出人员，对街道入户调查人员进行了培训。这样，县城 5 个街道办事处各调查 100 户，每户 4 张调查表，共 2000 张。他们把这 2000 张表收齐后，用随机抽样的方法抽出 120 户进行汇总，得出所要的数据。对于农村居民生活的调查，他们与县有关部门多次研究、比较后，在每个乡镇选择 1 个中等水平的村庄，开展了百户调查，得到了基本数据。浙江省杭州市萧山区方志办在第二轮修志中，大量采用了问卷调查与个案访谈的方法，如调查妇女地位状况，共调查了不同性别、不同年龄、不同行业、不同区域的人员 41 名；调查知识分子生活、生存状况，共访谈了 24 人。这些地方通过这些调查，充实志书内容，扩展志书信息量，体现志书的时代特色，使续修志书与时俱进，更好地起到“资治、教化、存史”的作用。在这里，我想就个案调查问题多说几句。问卷调查与个案访谈是个案调查的基本方法。社会学工作者从事社会调查时，大量采用的是这种方法。第二轮修志，不少方志机构也这么做了，并取得了良好的成效。此次修志，很多同志反映档案资料匮乏，搜集资料困难，在这种情况下，多做一些个案调查，以小见大，由一斑窥全豹，不失为一种良策。不管是问卷调查还是个案访谈，都要突出重点，都要讲资料价值，都要避免随意性，都要有广泛的代表性。有的县在修志中开展若干村调查，这一做法值得提倡。可以开展 10 家企业调查、10个行业调查、10个销售网点调查、10种主要疾病统计分析，以及开展志书10大亮点活动等；可以开展50个专题调查、50项之最统计，50种新情况摸底；可以开展百村调查，百户调查，百人调查等。为了好记，也可以将这些叫做“10、50、100工程”。这只是个提示，多做一点、少做一点都可以。

（选自2009年全国第二轮修志主编培训材料汇编）

再谈县志的改造

提 要 本讲课稿涉及4个问题：（1）县志改造（改进提高）的目标定位。（2）第二轮志书加强记述深度的问题。（3）关于加强对改革开放以来新情况、新变化的记述问题。（4）关于志书体例的改革创新问题。

首先，解题与衔接。30年代，社会学家吴景超写过一篇文章，名叫《中国县志的改造》，刊登在《独立评论》1933年第60号上。其大意是：第一，作者撰写该文的针对性，就是“修志为用”之书已记内容许多不可用，“有些极重的事实，在县志中并找不到”。县志如此，其他载体中也没有。他认为这是“文献界一大耻辱”。怎么办？于是他提出了“中国县志改造”的问题，进而就产生了《中国县志的改造》这篇富有真知灼见的文章。第二，作者指出了需要改造的地方，即：（1）内容要广泛，“可以包括社会中各种问题”，而且应突出重点，反映社会上“极重的事实”，反映“于民生最有密切关系的事实”。（2）时间上变六十年一修，为五年或十年一修。（3）修志机构由临时变为常设。（4）修志人员“用考试方法选用，资格是大学毕业”。（5）具体实施时，由专家指导，经过一定训练的人员落实。（6）修完志后的“平常年份”，“择县中主要问题作精密研究”。第三，作者指出了改造的目标。他认为李景汉先生所编的《定县社会概况调查》，“才是我们所需要的县志”，他可以“作别种县志的模范”。因为这本书，贴近实际，贴近民生，反映了社会中极重要的事实，“读者看完了这本书，对于定县社会的认识，比亲身到定县参观半个月还要深刻”（我们现在的志书，如果也能达到这个标准，使读者看后比亲身到该地参观半个月还要深刻，那这本书一定也是一本好志书）。

这里提到了《定县社会概况调查》，为使大家多了解一些情况，我也就多说几句。二十世纪二十年代，中国掀起了一股关注农村社会经济的热潮，一大批受西方教育归来的知识分子开始专注于农村经济和社会问题。1926 年，以平民教育家晏阳初为首的中华平民教育促进会，以河北定县为实验区，开展文艺、生计、卫生和公民教育活动。晏阳初在开展平民教育过程中感觉到，如果想了解农村及广大平民群众，必须深入开展调查研究，才能摸索到真实的情况，于是请著名社会学家李景汉先生主持社会调查工作。通过七年调查，1933 年《定县社会概况调查》编写完成并出版。该书一经出版，便得到普遍好评。这是我国首部以县为单位做出全面调查的著作，内容包括定县社会的各方面情况。为此，社会学家吴景超看后很满意，便给予上述那样高度的评价。不仅吴景超给予赞扬，后人也十分推崇。李景汉编纂的这本书，从首次问世到现在，已经再版了四五次。国内外社会学者、大学社会学的学生，研究三十年代农村情况，不会不读该书。调查和记述地情，特别是农村情况，三十年代以来有三本书，也是三个里程碑，一是李景汉这本书，二是费孝通的《江村调查》，第三仍是费孝通的调研专著《行行重行行》。这三本都是传世之作。

一部调查专著何以能成为地方志的模范？这是因为这部书

有以下两大特点。首先，在体例上他充分利用了中国地方志特有的结构和格式。该书共80余万字，分章、节、目三级架构。全书共有十七章，分别为地理、历史、县政府及其他地方团体、人口、教育、健康与卫生、农民生活费、乡村娱乐、乡村的风俗与习惯、信仰、赋税、县财政、农业、工商业、农村借贷、灾荒、兵灾。章下又设若干节，如地理章下，设疆域、地势、山川、区划、土壤、气候六节；节下又设若干目，如第十一章赋税第一节国税下，设盐税、烟酒税、征收数、卷烟统税、印花税等。另外，部分章、节前设有无题序；书前有图照，书末有附录、表次等。《定县社会概况调查》从谋篇布局上看，颇合方志“横排纵写”之体例。除没有人物、艺文、大事记等内容外，基本涵盖了现代地方志所要反映的主要内容，而与民国同时期出版的志书相比，篇章节目方面有了较大的改进。同时，在文体方面，他采用语体文，只叙述客观现象，“本书在报告多种赤裸裸的事实以外，不下评论与结论，连较细的解释也是很少的”，“好像矿工把山间的一块一块的矿石开出来送给化验师们去化炼，由他们随便炼出什么有价值的东西来”。

其次，该书资料内容丰富，部分章节资料通贯古今、沿革由来，如地理、历史、灾荒等内容大量引用史志方面的资料。另外，李景汉先生运用了西方社会调查方法，做了大量的资料搜集工作，重点对二十世纪二三十年代定县政治经济社会发展的情况进行了介绍。如：定县全县据民国19年的调查，共有大小商店2228处，其中城内计476处，三关计187处，此外农村或镇内共计1574处。全县453个村内有155个小村中没有小铺店，内有1~4个小铺者计215村，5~9个小商店者计54村，10~20个商店者计19村，超过20个商店者计10村。（见第十四章工商业第三节商业 商店）

同时，又以定县东部东亭乡村社区为重点对象，对辖区内的62个村进行深入而细致的调查。如：民国17年，62村的小学共有五种，有初级男子小学、初级女子小学、初级男女小学、初高两级男子小学、初高两级女子小学。初级男子小学为最多，共43处，学生共1369人。初级女子小学占第二，有14处，学生240人。初高级两级女子小学只1处。学生37人最少。共计学校63处，男女学生2016人（见第五章教育第二节东亭乡社区62村小学调查）。

因此，不管是从体例结构上看，还是从具体的内容上看，《定县社会概况调查》不仅仅是部调查性专著，更像是一部用科学的方法编写的新县志。

三十年代的《定县社会概况调查》与《中国县志的改造》，距今已七十多年，现在说起他们，并不是说其十全十美，但其中不乏值得我们借鉴的地方。我认为，县志在三十年代有一个改造的问题，现在同样有一个改造的问题。因此，我在去年全国第二轮修志主编培训班上，顺着吴景超“县志改造”的话茬，以《也谈县志的改造》为题讲了课。这个讲课稿涉及四个问题，一是吴氏《中国县志的改造》之提要及感悟；二是当今志书改进提高（改造）的必然性和紧迫性；三是对首轮部分志书改进提高（改造）的赏析与思考；四是志书一般性改进提高（改造）的着力点。

今天，我在这里又以“再谈县志的改造”为题，谈些想法和介绍些情况。需要指出的是，这里的标题虽然叫“再谈县志的改造”，其实是对市、县（市、区）志而言的。志书的改造（改进提高）是一个大课题，涉及范围广泛，需要大家都关注，都思考，都寻找改造（改进提高）的方面、重点、途径和方法。我在这里侧重谈以下四个问题。

第一，县志改造（改进提高）的目标定位

一部好的续志，我认为要具备一个基础，两个要点。一个基础就是全部合格。两个要点就是：明月高照，繁星满天。明月高照是大亮点。繁星满天是小亮点。全部合格是起码要求。没达到全部合格，就把着眼点放在明月高照、繁星满天上，这就本末倒置了。全部合格，追求的是体例形式的完备，基本要素的齐全，基本内容的规范，符合版本书籍出版的基本要求。明月高照、繁星满天，追求的是扩展有深度、有价值资料的范围。一个基础、两个要点的结合，意在达到广与深的统一，平面与立体的统一，可读与可用的统一，起到锦上添花的作用，防止“一俊遮百丑”。所有志书，都要达到这个要求。要说有所区别的话，就是：一般志书，在合格上能够经得起检验；在两个要点上，无多有少，虽少却精，但不能没有，没有就呈现平面化，就没有体现广与深、平面与立体、可读与可用的统一。优秀志书，在合格上要高标准，过得硬；在两个要点上，既有质又有量（这里说的量是一定的量，是与一般志书、较好志书的量相比较而言，而不是无限的量，缺乏比较的量）。

这里提到合格志书(志稿)的问题。什么是合格志书(志稿)？严谨、科学的表述，靠一个人一下子说清楚很难。从字面上理解，合就是符合，格就是法则、标准，合到一起就是符合法则标准。编修合格志书，一是合中指组《志书编纂若干意见》《地方志书质量规定》之格，合各地所制定的地方志书编纂质量标准之格；再是合国家关于版本书籍规定之格，包括语言文字法、标点符号用法、出版物数字用法规定、图书编校质量差错认定细则、版面

格式规范等。从评审、终审的志稿和已出版的志书看，对这两方面的内容，进行重新学习、研究，并切实遵照执行，是很有必要的。比如中国地方志指导小组下发的《关于第二轮地方志书编纂的若干意见》，要求“应重视社会调查”，要“加强记述深度，避免流水账式、平面式的记述方式”，但部分修志人员对此未予重视，反映在志书（志稿）中，仍然是平淡肤浅，平面化而非立体化。中指组《地方志书质量规定》要求以第三人称记述，不用第一人称，但一些评审、终审稿中，仍频繁出现第一人称。关于体例，除述、记、志、传、图、表、录外，又增加索引，但部分修志人员不知道有此规定，说明没有认真学习，反复询问设不设索引，这不是设不设的问题，而是如何编好的问题。20 世纪 80 年代起，地理学界鉴于经度反映时差，纬度反映温度，纬度直接影响生物的生长存亡，故采用先纬后经的写法，作为新的地理学规范。地方志作为严谨的科学的资料性文献，应按照新的地理学规范来记纬经度，即先纬后经。但有的同志，不善于跟踪学术研究的新成果新规范，仍按老规范办事。如此不合法则、标准的事例很多。解决这类问题，还得从源头抓起，抓对法则、标准的学习、研究和执行。

合格与不合格是相对而言的，我认为影响合格有四种情况。一是属于一般性问题，或者叫软伤，如语句不顺，标点不准，丢字错字，这有个量的问题，少了无碍大局，多了，“全书差错率超过万分之一”，那就构成不合格。二是重要问题，或者叫硬伤，数量不管多少，都影响合格，有时是“一票否决”。比如你把“六四”风波，记成“反革命暴乱”，与中央后来的提法不一致，这就是严重问题。对社会阴暗面，看成一团漆黑，用墨过多，成了揭露批判，这是构成不合格的重要因素。志书（志稿）存在《地方志书质量规定》第二章观点第七条所涉及的问题，哪怕是其中一项，都要一票否决。三是事实不准，包括事件、数字，资料不可用，构成硬伤，严重影响合格。有的志书正式出版后，结果不能发行，原因就是多处不准。志书已经出版了，后经认真查找，发现一大堆数字错误，不得不修改再版，劳民伤财，造成不良影响。四是力量薄弱，搜集资料困难，图省事，走捷径，个性资料不够用共性资料来凑，鲜活资料不够用陈旧资料来凑，数量占比很大，看起来无大错，放在哪里都适用，这样的稿子也算不合格（至少说不很合格）。

前面说的明月高照、繁星满天，是一个形象化的说法。这样讲，其目的就是希望增加志书的亮点、要点、特点。通过这样的记述，使志书由平面变为立体，由一维变为二维或三维。随着科学技术的发展，物体成像（包括嫦娥卫星对月球的扫描），逐步由一维向多维转变。我们修志也要与时俱进，跟上形势、时代和科技进步的步伐（原文所述样稿省略。详见本文论集相关内容）。

第二，关于二轮志书加强记述深度的问题

总体说，目前看到的志书（志稿），大多还是比较平淡肤浅。这是谈志书改造（改进提高）所不能回避的。解决这一问题，还得从深入挖掘和加强记述深度上下功夫。

加强记述深度，首先要澄清一个问题，就是事物本身是立体的，而不是平面的，他本身就包含着深层次的信息。我们的任务就是如何认识这种深层次的信息，把他挖掘出来并载入志书。加强记述深度，是因为事物本身就具有深度，而不是无中生有的增加或深化。首轮志书一个倾向性的问题，是平淡肤浅，缺乏深度。究其原因，就是每项事物，什么是他的深层信息，我们修志人员

对他尚未进行深入的研究；有些事物即使作了一定的研究，清楚何谓深层信息，但由于种种限制，没有把他挖掘出来，或者挖掘得不够深入、不够全面。反过来说，凡是对深层信息认识深刻、挖掘深入、记述得好，志书就有重大突破（鉴于《文论集》已载录《加强志书记述深度的思考》，为免重复，这里予以省略）。

第三，关于加强对改革开放以来新情况、新问题、新变化的记述问题

改革开放以来，各方面都发生了巨大变化，我们时时刻刻都能看到鲜活的、生动的、丰富多彩的自然与社会画面。但我们的志书（志稿），其内容不少与现实脱节，记述枯燥乏味，志书载体与地情客体存在着严重的“两张皮”现象。谈志书的改造（改进提高），这又是一个不能回避的重大问题。

续志断限之内，最突出的地情一是新，二是变，续志就应当求新求变。志书断限内从自然到社会，都发生了很大变化，新情况比比皆是。自然方面，据北方某省气象中心分析数据显示，从1958年到2007年，平均气温每10年升高0.36℃，最暖的10个年份有8个出现在1997年到2007年。降水持续减少，50年减少100毫米以上，降水最少的10个年份有5个出现在近10年。夏季降水量减少最多，平均每10年减少22毫米。自然降水减少，地下水位下降，其平原地区地下水位每年下降0.66米，平原区形成诸多漏斗，中心埋深达52.44米。由于干旱缺雨，平原地区的某设区市出现地裂缝42条，涉及10个县市30个村庄，单条长度一般为200~500米，最长的达36公里。气候对各个省份都有影响，有的省份该下雨的不下雨，造成严重干旱，连人畜饮水

都极为困难；有的省份不该下雨时总下雨，造成严重的涝灾。气候的变化，并不像我们想象的那样变化不大，可以舍弃不记，而是变化明显，必须记述（为免重复，以下省略）。

第四，关于志书体例的改革创新问题

关于体例，首轮志书，有大编、中编、小编三种结构和章节体、条目体、类目体三种体式。编纂续志，不少方志工作者倾向于大编结构和类目体式。说大编结构更适应续志“重点突、一般并”的要求。说类目体按事物固有属性和事物之间的逻辑关系，将内容分成若干门类，分设类目、分目、条目三个层次，并有序号，条目为记述实体，该体因事设目，目以类归，既有全面性的综合性条目，又有点的单一性条目，纵向层层领属递进，横向相互并列依存，结构严谨，层次清楚，文字精练，主题突出；类目体下的条目，具有相对的独立性和完整性，既便于容纳资料，又便于突出地方特色（可多设目或加大条目文字容量），还便于检索利用，适合于资料的现代化管理。浙江《龙游县志》就是采用这种体式。采用类目体式，再加上同年鉴编纂衔接和与现代信息手段接轨，使续志的层次结构更加科学合理。大编体与类目体有明显的优越性，是续志重点考虑的体例形式。但这并不是说只能有一种或两种模式，搞“千篇一律”。在体例上，要不拘一格，要百花齐放，允许各种体例形式的探索与实践。编纂续志就一部书来说，采用单一体式（比如大编体或类目体）可以，采取多种体式的扬长避短、优化组合，我看也可以。其实，章节体和条目体也各有所长。章节体层层统属，逻辑关系严谨，具有较强的系统性和条理性。条目体卷下不设章节，直接用条目布局，虚设层次少，信息含量大，归类灵活，文字洗练，检索方便。《商丘地区志》续卷，秦皇岛市、县、区续志采用的就是条目体。当然，这两种体式也各有不足。在探索时应注意扬长避短，注意优势互补。最近看到有学者提出，志书可采用新三书体，即把全志分为三部分，第一部分为章节体，简史式，侧重写起伏变化，记过程、手段，彰明因果；第二部分用条目体，百科词条式，侧重写与人、事、物有关的内容；第三部分不分文体，附录式，近于文献资料辑存。这种设想是大胆可贵的。这并非让人照搬照套，意在借此拓宽大家的思路。

在体例方面要敢于大胆地改革创新。首轮修志，当不少地方按照“概述、大事记、专志、人物、附录”五大部类进行总体设计和编纂时，浙江的《东阳市志》选择了天地、人物、社会三大部类结构形式，得到了人们的肯定。当首轮志书正在按大、中、小编谋篇布局时，山西的《临猗县志》则将全志分为上下两编，上编为“概览”，分设县情述要、经济总览、当代人物、前景展望四章，下编为地理、人口、经济、政治、军事、文化、艺文、社会各分志。

在首轮志书编纂后期，当人们在争论志书中能否设“特载”的时候，有的志书已把年鉴常用的“特载”形式引入到续志当中。能否设特载的问题，实质是个突出地方特点和时代特色的问题，也是如何看待运用“专记”的问题。因此，要根据各地的具体情况进行分析，既不要一概肯定，也不要全盘否定。你那里续志的内容需要设，设了会给志书生辉，那么就设；那里的内容不需要设，设了牵强附会，自乱体例，有损志书质量，那么就不设。至于标什么名，是叫“特载”，还是叫“特记”，那只是个名称问题。不能说“特载”只是年鉴的专利，志书就不能用，那恐怕有点太绝对。安徽《濉溪县志》续编在卷首就设了特载，效果很好。

现在是改革开放的时代，各种事物都在互相影响、渗透、借鉴、交流、吸收、融会，文体的绝对排他性已经很难固守了，所以，要敢于大胆的改革创新。

（选自 2010 年全国第二轮修志主编培训材料汇编）

研讨文章

提高志书质量要从研究工作抓起

我省的修志工作，经过几年的努力已到了陆续出成果的阶段。随着修志形势的进展，全省修志工作的重点逐渐从抓组织发动，向抓质量、促进度方面转移。从我省已出版的8部县志和即将付印的10多部县志稿看，总的说质量是好的。但也存在一些问题，主要是重要资料缺乏，记述流于表面；对主体内容记述欠缺；反映整体联系不够；地方特色不够突出；体现经验教训不够；某些是非褒贬不当；有的体例结构失当；有的文字粗糙等。出现这些问题，原因是多方面的。其中一个重要的原因，就是对研究工作重视不够，调查、编撰与研究工作结合得不好。我们常听到这样一些反映，即“领导要求我们尽快出书，我们整天忙于搜集资料、编写志稿，没有时间搞研究”；“我们水平就那么高，能照猫画虎画下来就不错了”；“我们人员少，分志稿承编单位多，顾不上研究”，等等。因此，便出现了“捡到篮里都是菜”“抓到什么写什么”的现象。这确实是一个倾向性的问题。

如前所述，影响志书质量的问题是多方面的，解决这些问题也需要从多方面努力。而研究工作，是解决诸多问题的根本性的方法。他应当和需要贯穿于修志工作的自始至终。他也可以说就是主要矛盾。抓住了主要矛盾，其他问题就好解决了。

各地修志的实践也证明了这一点。凡研究工作做得好的地方，搜集的资料价值就大，撰写的志稿基础就好，反之就差。注重研究，既可少走或不走弯路，又可确保质量。这好比磨刀，磨刀不误砍柴工。有的地方平时就很注意学习研究，对提高志稿水平起到了很好的作用。

所以，我认为提高志书质量，应高度重视研究工作，修志人员要重视，审稿人员也要重视；切实通过研究来深化认识，通过深化认识来提高志书质量。常言道：水涨船高。认识就好比“水”，质量就好比“船”。我们就是要用认识之“水”来升质量之“船”。

当然，这里说的研究，是修志工作进行中的研究，是编研紧密结合的研究。

那么研究的重点应当是什么呢？我认为，各地修志工作进度不同，研究的重点也应有所区别。目前，我省 139 个县 (市)，其中约有 50% 的县 (市) 还处于搜集资料、撰写初稿阶段。这些地方重点应是进行方志理论的研究，基本地情的研究，入志资料取舍标准的研究，事物要素及其主次关系的研究，重大历史事件、历史问题的研究，已版新编志书经验教训的研究等。

加强对地情的研究，是志书正确记述地情的前提。地方志可以说就是地情书。对地情知之越深，才能记之越准；记之越准，价值才越大。对地情的研究，往往需要多次反复。毛主席说：“一个正确的认识，往往需要经过由物质到精神，由精神到物质，即由实践到认识，由认识到实践这样多次反复，才能够完成。”不论是拟定篇目还是搜集资料，甚至在编写阶段，都应注重对地情的研究。毛主席在四十年代延安整风时就批评了那种“对于国内外、省内外、县内外、区内外的具体情况，不愿作系统的周密的调查和研究，仅仅根据一知半解，根据‘想当然’”办事的主观主义作风。这种作风，在修志工作中也是需要努力防止和克服的。

加强对入志资料取舍标准的研究，是提高志稿基础的又一个重要问题。目前我们看到的部分志书（志稿），资料还不丰富，尤其是缺乏有价值、有深度的资料。这在有些地方主要是由于资料缺乏，而在有些地方则是因为研究工作做得不够，对什么是重要的资料、什么是一般的资料、什么是无关紧要的资料，缺乏明确的认识。要解决这个问题，还是要从研究工作做起，通过研究，明确入志资料的取舍标准。因为只有标准清楚了，才谈得上鉴别资料的价值和意义。

目前，进入总纂和修改阶段的，研究工作应当深入一步，应侧重于中高层次的内容。他应包括事物主体内容的研究，宏观内容的研究，事物相互关系的研究，经验教训的研究，志书改革创新目的、内容、方法的研究，等等。从目前一些志书（志稿）的实际情况看，加强上述诸内容的研究，是非常必要的。

（原载《河北地方志》1991 年第 3 期）

续志编纂有关问题综述

一、完善志书功能目标、搞好续志总体设计问题

编纂续志，首先有一个定位问题。就是把续志的功能、作用定在什么地方。换句话说，就是你要编一部什么样的志书，要达到什么样的目的。目的明确，搜集资料才准，编出的志书作用才大。

我们现在讲志书的功能，是正确地理解他、完善他，而不是割断与旧志和新中国首轮志的联系，重新提出一个什么定论。旧志功能为“资治、存史、教化”，首轮新志沿用了这一功能。关于续志功能，有的方志工作者提出应为“资政、教育、存史”。这里只是把“存史”与“教育”调换一下位置。还有的方志工作者提出，志书“资治、教化、存史”的功能，已不能反映当今和以后发展了的社会，应修改为“存史、咨询、借鉴、科研、育人”。这里把“存史”调为第一位，把“资治”改为“咨询、借鉴”，把“育人”放在末位，同时增加了“科研”的功能。我认为这只是理解上的差异。我们给续志定位时不能因此出现

思想上的混乱。不管是“六字功能”，还是“十字功能”，其视点都是两个，一个是说志书本身记载和延续历史，一个是从志书的适用对象上说。二者既有联系，又有区别。编纂志书，不是为存史而存史，而是要发挥他的现实作用和历史作用。存史的目的，在于今人和后人的资治、教化，或咨询、借鉴、科研、育人等。研究续志的功用，不宜耗费过多精力探究孰先孰后，而应专心探讨如何使续志更好地为领导和机关决策服务，为两个文明建设服务，为人民群众服务，为子孙后代服务，使志书既成为官书，又成为民书，既利于当代，又有益于后世，具有强大的生命力。

二、续志突出重点、兼顾一般的问题

续志既要突出重点，又要兼顾一般。要防止两种倾向：一是为突出重点而舍弃了该兼顾的内容；二是面面俱到，平均用力，平淡无奇。重点和一般的关系，要讲辩证统一，防止片面性和绝对化。

续志在突出重点的同时，要兼顾一般的内容。这里说的是“兼顾”而不是“舍弃”。续志如果只有重点部类，而无一般内容，也就没有重点了，就会降低志书的实用性和存史价值，缩小志书的读者面，自然会影响到志书的社会效益和经济效益。续志兼顾一般，我认为重点要放在改进记述方法上。比如，能综合的就不做专章专节记述；能用表格的就不用文字记述；而表格能择年排列的就不逐年排列；附录的一般内容，能变小字体的就不用大一号字体。这样，既兼顾了一般，又压缩了文字，腾出更多的版面安排重点内容。

三、续志体例与内容问题

续志体例与内容问题，也就是内容与形式问题，实践中应做到二者有机结合，完美统一。但内容是第一位的，体例(形式)是第二位的，体例(形式)要服从内容。首轮志编纂中常说“要量体裁衣”，而不应“削足适履”是完全正确的，续志编纂中还必须坚持。

已出版的志书，带有普遍性的一个问题是面面俱到，平面记述，缺乏深度。北京大学肖东发先生讲：志书“花费大量篇幅反映事物内部一些小单元的起源、兴革”，使“志书格局呈现为一条多竖线拼结并列而成的薄薄平面。看起来文字不少，但多为承上启下铺垫过渡性的内容，核心资料被冲淡，反映不出多层次的、立体的、多彩多姿的现代社会全貌”。续志要下决心解决平面化的问题。如何解决平面化，加强记述深度，我曾写过几篇文章在刊物上发过，大家可以看看，在此不作重复。

四、续志对可变、不变事物的记述问题

续志既要记可变事物，又要记不变事物。实际上所有事物都是在运动着、变化着的，只是变化大小、有形无形的变化。既然是续志，就要注意一个“续”字。续的内容，有主次之分，详略之分，而不宜轻易讲“变化小或无变化者去”。有些同志提出续志记叙的时间短，有些事物在这十几年中没有什么发展变化，可以少写或是不写，如自然环境、民俗等。这个看法不

全面。自然环境看似没变，一年仍是四个季节，但他每时每刻都在发生变化，因此，我们每天要观测天气，每天要测量水位。地震的发生、地貌形态的变化、森林砍伐、植被破坏等，都在不同程度地变化。当然，自然环境的变化不会像社会的变化颠荡起伏，如果变化太大，人类自身也受不了。虽然记叙的是同样的内容，但他的数值却不同，而且第一部志书有的表格在第二部志书还应有，如历年日照时数表、气温表、降水量表，等等，为科学研究提供不断线的原始资料，这也是志书的作用之一。如果因为不变而把一些内容删去，后人并不知原因，他们可能会认为这些事物在当时已不复存在才没有记述。我们修志的历史责任是客观、全面地把这一代的各项事物载入志书，为后人留下这一历史的原始资料。变化与不变化，不应由我们这一代人来说，而是由后人做前后比较后得出结论。

不能缺项，并不是说把第一部志书的篇目完全照搬过来，而是根据我们这一时代特点，做重新组合。例如张家港市续志的篇目，根据他们城市的特点，把有些原来归“自然环境”的内容归到“基础设施”中，这也是可取的。

五、续志对政府行为与社会内容的记述问题

本轮修志，多数地方主要使用党政领导机关和各部门的档案，由各部门提供材料，编写初稿素材，口碑材料、实地调查较少。部门志的痕迹很明显，视野不开阔。一些方志工作者提出，首轮志书多是讲部门工作，而不是从整个社会的角度来取材和编写。

今后修志不仅要面向党政各部门，而且要面向社会。有人说，志书主要是“写官事”，即记政府行为。这个说法不全面。志书

不仅要记政府行为，更应记社会面貌。

志书取材，视野要扩大。除采用当地党政领导机关和各部门的档案外，要多用些口碑材料、实地调查资料、社会调查资料，包括一些民意测验材料。《广州市志·家庭志》将社会学视角与地方志体例相结合，采取了社会学的问卷调查和访问相结合、以访问为主的方法。编写组在广州市城区内，等距抽样，抽取了1200户家庭，进行了逐户的访问调查，由经过培训的调查员按照被访问者的回答如实填写了问卷。问卷收回后，请中山大学社会系帮助进行电子计算机处理，获得大量的资料和数据。为了验证和充实问卷调查所得到的资料和数据，编写组还选择了城区有代表性的几条街道，分别邀请街道干部和居民代表座谈，展开调查。在对问卷调查和座谈会取得的数据和资料进行整理和分析的基础上，写出调查报告。《家庭志》大量采用了调查、访问及经过分析后的材料，使记述真实可信。这些材料往往更能反映社会的真实状况。官方材料和民间材料并用，记述会更全面。

六、生人、故人入志问题

翻阅续志研讨文章，其中不乏“为生人立传”之说。能否“生人立传”，首轮志编纂中就有两种不同的意见。中国地方志指导小组先后颁发的《新编地方志工作暂行规定》和《关于地方志编纂工作的规定》，都明确“人物志要坚持生不立传的原则，在世人物的突出事迹以事系人入志”。生人能否立传是个十分严肃的问题。中指组这样规定是完全正确的。河北首轮修志一直是这么坚持的。我认为第二轮修志不能突破这一原则。一旦突破，必然自招麻烦。省内有一部县志因记人问题不慎重造成老干部集体告状。记人，主要是记其事迹，记其精神，记述形式多种多样，不必在“生人立传”上打转转。在这一点上，我们应保持清醒的头脑，不能追“潮流”，赶时髦。

七、续志与首轮志上下限衔接的方法问题

续志与首轮志上下限的衔接，无外乎是两种方法：一是对接。如首轮志下限是1988年，续志上限就定在1989年。二是扦接。如首轮志下限是1988年，为完整地反映改革开放的全过程，续志上限定在1978年党的十一届三中全会召开之时。续志上限如定在1949年新中国成立之时，这算不算扦接，我认为也应属于扦接的范围。

续志与首轮志的衔接，应注意历史分期的相对完整性。毛泽东早在1938年就说过：“今天中国是历史的中国的一个发展；我们是马克思主义的历史主义者，我们不应当割断历史”（《中国共产党在民族战争中的地位》）。虽然志书体例有“通志体”“续志体”之分，但一地历史是有联系的。续志的上限只是相对的断限，而不是绝对的。如果单纯强调不可越上限而书，就会割断事物的联系和发展。1981年6月中共十一届六中全会通过的《关于建国以来党的若干历史问题的决议》，在起草过程中，开始没有“建国以前二十八年历史的回顾”，后来根据陈云的意见，在篇首专门加上这一段，简要概括了解放前党的历史。这样，整个决议写党的60年，就比较全面。

有的同志提出，首轮志是县志，后改为市，现在要修市志，县志下限与建市时间隔两年，修续志时能否隔两年，上限定在建

市时。我认为续志不能隔接(姑且这么说)，应对接或扦接。因为，县改市后，名称变而行政区域未变；上下对接或扦接，不妨碍建市前后内容的记述，不影响署市志的书名。

八、众手成志与采编合一的问题

首轮志，总的来说是众手成志。采取这种方法，有利亦有弊。说首轮志大多平面记述、平淡肤浅，部门痕迹太重，记流水账，总结报告式的材料偏多，这不能不说与方志编纂工作的组织方法有关。首轮志写得好的，也与此有关。《武安县志》《辛集市志》许多精彩之处，是方志办在直接调查基础上写出来的。《安国县志》写得好，原因之一是方志办人员与借聘人员统一分工，实行“采编合一”责任制。这些经验很值得借鉴。中指组提出，编纂续志，要有新的起点、新的高度。实现这一要求，要做多方面的工作，其中一点就是要改进组织方法，由过去以众手成志为主，改变为以编内编外行家里手组成的编辑班子为主，实行“编采合一”的责任制。这与各部门、各单位、各方人员参与修志并不矛盾。编纂续志，同样需要各方提供资料。部门、单位撰稿人素质高、稿子质量好，这样的撰稿人可吸收到续志编辑班子中，让他进一步去挖掘补充典型资料。有的撰稿人不行，续志编辑班子的人员可早介入，由部门或单位人员配合搜集挖掘典型资料。首轮志，通常是部门、单位提供什么我就编什么，而续志，应当是我需要什么就去抓什么，抓到的就是有价值、有深度的资料。

九、续志中调研与编纂问题

续志中所涉及的研究问题、调查资料、编纂志稿这些环节，调、研是基础，是第一位的，编纂是第二位的。一部好的续志，与其说是笔下功夫，不如说是笔前功夫。“运用之妙，存乎一心”。深思熟虑，方可妙笔生花。因此，首轮修志，有的地方提出七分调研，三分编纂。这是很有道理的，编修续志应予借鉴。

假如是七分调研的话，那么再分，应是两分研究，五分调查。研究是前提，调查是重点。问题研究透了，调查什么也就清楚了。

目前对续志的研究，要注意提高研究的起点。对续志的研究已有若干年的历史。研究的内容，已从初期的续志书名、上下限这些简单的问题向记述内容、记述深度等深层次的问题发展。我们不要再在书名、上下限、续志需不需继承与创新、续志设不设大事记、大事记放前放后这些问题上耗费更多的时间，而应在重点内容上下功夫。

各续志单位要加强对续修志书有关问题的研讨。从编纂业务方面，要研讨新一轮修志所面临的形势与任务，本轮志书与首轮志书的相同点与不同点，新一轮志书的指导思想与设计思路，新一轮志书的编纂应坚持的基本原则，新一轮志书的断限、体例及记述方法等。从续志记述内容方面，要研究本地经济体制改革的理论与实践，研究本地对内对外开放的历史过程与经验教训；研究产业结构调整的历史与现状，研究各项事业的发展变化，研究改革开放对人们思想、观念等的影响，研究续志记述的重点及内容的取舍等。从组织领导方面，要研究与续修工作相适应的管理制度和运行机制等。在队伍建设上，要研究如何保持相对稳定的队伍及提高队伍的素质。

续志断限内的资料，有的档案中有，有的档案中没有，怎么办？如前所述，就是搞社会调查，搞实地调查，搞专题采访，多用些口碑资料。可以说，这次续志能否有大的突破，在很大程度上要看实地调查、社会调查、专题调查做得如何。因此，要眼睛向下，面向实际，大兴调查研究之风。

（此稿系在1999年5月28日至6月1日，省方志办、省方志学会在石家庄举办的续志培训班上的讲课提纲）

新编续志尤应突出时代特色和地方特色

首轮新编志书应突出时代特色和地方特色，而新编续志更应如此。这是新一轮志书开修之前必须探讨的一个重大问题。

一、改革开放和现代化建设的伟大实践，举世瞩目，必须重记

河北省已出版的市、县志，我们所见到志书的是73部。志书从下限算起，至今7年至13年的是66部，占73部总数的90.4%。其中出版最早的县志，下限是1984年，距今已13年时间。河北省志分志已出版54部，其中出版最早的分志下限是1985年，距今已12年时间。这一时期，正是我们国家在前7年（以十一届三中全会为转机）实现工作重心转移、探索发展商品经济路子的基础上，加大改革开放力度，加速发展市场经济，不断提高国家和地方综合实力及人民生活水平的重要时期。这一时期，大致有以下几个显著特点：

一是经济体制改革力度加大。这期间，确立了建立社会主义市场经济体制的目标和框架，市场在资源配置中发挥了基础性作用。按照发展社会主义市场经济的要求，进行和加快了计划、投资、财税、金融、外贸、价格等体制改革。经过改革，在这些方面取得了突破性进展。基本建立了以分税制为核心的新财政体制，以增值税为主体的新税制；以建立现代企业制度为核心的国有企业改革，思路、方针、目标更加明确，难题开始破解；国民经济的市场化、社会化程度明显提高，经济活力显著增强。所有这些，为在本世纪末初步建立社会主义市场经济体制奠定了良好基础。

二是对外开放范围和规模显著扩大。对外开放由沿海到沿线及内陆，由一般加工工业到基础工业、基础设施，由对外借款到直接吸收外商投资等，形成了总体开放的新格局。河北的开放，是从秦皇岛开始的。1984 年，河北开放史上的一件大事就是国务院批准秦皇岛市为沿海开放城市。4 年之后的 1988 年，国务院又批准秦皇岛、唐山、沧州 3 市及 12 个县为沿海对外开放市县。1990 年，省里召开对外开放工作会议，第一次提出全省全方位对外开放，也是第一次十分强调用足用活中央关于开放区的政策，并制定了开放的规划和具体政策，对外开放步伐由此大大加快。1992 年邓小平同志视察南方重要讲话后，省委、省政府及时采取了扩大开放的 12 条措施。这一年，以引进外资、兴办“三资”企业、搞土地成片开发为主要内容和特点的对外开放，迈出了较大步伐。此后，充分发挥环京津、环渤海的区位优势，扩大以“两环”为重点的全方位开放，加大引资力度，扩大对外贸易和技术合作，对外开放水平有新的提高。“七五”期间，全省实际利用外资 2.82 亿美元，相当于 1985 年以前总和的 2 倍。外贸出口，1993 年总额达 17.4 亿美元，比 1985 年增长 33.7%。“八五”期间，全省实际利用外资 26.6 亿美元，是“八五”以前累计利用外资的 6 倍。

外贸出口，1995 年总额突破 30 亿美元。

三是产业结构调整逐步加强。就河北省来说，从 1985 年到 1995 年的十年间，乡及乡以上工业协调发展，能源、原材料基础工业有所加强，加工工业比重相对下降，一些新兴行业比重有所上升，支柱行业发展迅速。十年来，十大支柱行业资产比重提高4.9个百分点。随着京九等五条大铁路，京深等十多条骨干公路，秦皇岛、京唐、黄骅三个港口，石家庄、秦皇岛、唐山三个机场新建、扩建和改造，以及环京津光缆通信、100 万门市话程控交换机和全省经济信息系统网络的建成和即将建成，形成比较完善的铁路、公路、空运、水运相结合的综合运输网和邮电信息网，为进一步推进全省全方位开放和现代化建设已经并将继续创造有利条件。

四是科教兴国、兴省、兴市、兴县战略得到实施。国家实施了一系列科技计划，各类教育事业得到迅速发展。河北省 1985 年召开了全省科技工作会议，进行了开拓技术市场、改革科研机构、推动企业建立技术开发机构、改革农村科技体制四个方面的改革。1988 年，全省科技工作围绕“科技兴冀”战略，在经济建设服务方面取得了新的成绩。1991 年，全省重点进行了科学技术服务于经济建设新机制的探索，推动科技进入和服务经济，促进企业技术进步和农村社会化科技服务体系建设。“八五”期间，组织实施了省科技攻关、星火、火炬等计划，抓了 20 个农业试验区的工作，抓了山区的技术开发，抓了农村社会化服务体系的完善等。“八五”期间，全省共取得省级先进水平以上科技成果 6063 项，其中有 3335 项得到推广应用。到 1995 年底，全省有 68 个县 (市、区) 实现了九年制义务教育，有 139 个县 (市) 县县有 1 所综合性中等职业教育中心；各级各类学校办学经费、办学条件、师资水平、教师住房得到改善和提高。

五是行政管理体制和机构改革顺利进行。河北省的机构改革，是由点到面逐步展开的。1988年，丰南县首先进行了“小机构、大服务”的县级机构改革。此后，全省普遍进行了精简机构、转变职能、分流人员、合并地市、撤并乡镇等工作。通过行政管理体制和政府机构改革，使过去存在的政企不分、关系不顺、机构臃肿、效率低下的问题初步得到解决。

六是社会全面进步得到切实推进。社会主义精神文明建设被提到更加突出的地位，呈现出积极、健康、向上的发展态势。党风廉政建设取得了一定成效。民主与法治建设进一步加强，在形成社会主义市场经济法律、法规体系方面取得重要进展。人口控制、土地管理、环境保护引起高度重视。社会保障和城镇住房制度改革力度加大，成效明显。

中共十五大报告中指出，一个世纪以来，中国人民在前进道路上经历了三次历史性的巨大变化：第一次是辛亥革命，推翻统治中国几千年的君主专制制度；第二次是中华人民共和国的成立和社会主义制度的建立；第三次是改革开放，为实现社会主义现代化而奋斗。这第三次变化，是一场革命，是一次巨变，其广泛性、深刻性、影响力超出以前。以上粗列的六个方面，是这场革命和巨变中所反映出来的鲜明的时代特点和地方特点。新编续志，必须对其加重笔墨予以反映。

二、立足实际，区别层次，记好特色内容

记好特色内容，需要深入研究，需要下很大工夫。首轮部分志书，由于研究和下工夫不够，在某些方面，出现了“多志一面”的问题。新编续志，一定要吸取这一深刻教训。我认为，记好特

色内容应解决好以下三个问题。

一是区别层次。省、市、县三级涵盖面不同，职能不同，要求不同等，与此相对应的三级志书，记特色内容也不能一个模式一样要求，而应区别层次，“各司其职”。如社会主义市场经济条件下的法律、法规体系建设，主要是国家、省、市的事，细分，法律主要是国家制定，省、市负有制定地方法规的权力。社会科学研究，省、市具有相应的科研力量，能够围绕改革发展有组织有计划、富有成效地进行理论和实际问题的研究。组织实施科技发展计划、发展高技术研究及实现产业化，进行应用性基础研究，其主力军仍在省、市。一些高新经济技术开发区，设在省会和部分有条件的市，由于具备相应的条件，才达到相应的规模、水平和效益，也才是名副其实的高新经济技术开发区。一些自定的不具备条件的所谓“开发区”，根本不能与此相提并论。国有企业改革，提出了“抓大放小”，地方执行时重点在省、市，而不在县乡。诸如此类，省、市续志应侧重记述，县市续志就不能“一哄而上”，赶时髦，“凑份子”，搞“小而全”。一些具有县乡印记又有时代特点的内容，如乡、村基层政权建设、农村综合治理、农村经济体制改革、县乡基本建设、市场建设、小康村建设、农村教育改革、农村合作医疗、农村人口控制、农村科技推广等，县(市)续志则应侧重予以记述。

二是据实详略。河北139个县(市)，分布在平原、丘陵、山区、坝上、沿海等主要地域范围内，其中沿两线(京广、京九)、位两环(环京津、环渤海湾)的县(市)，占了相当的比例。良好的发展机遇，优越的地理位置，加上正确政策的引导和人们思想的解放，使这些县(市)都发生了显著的变化。即使“两线”“两环”之外的县(市)，也照样涌动着改革开放的春潮。不管是哪个县(市)的续志，都要把本地在改革开放大潮中涌现出来的新事物、新变化，找出来、写详细，让这些具有时代和地方特点的闪光源、闪光点，亮起来，闪起来。“七五”期间县域经济“十强”、目前仍保持较好势头的丰南、辛集、鹿泉、三河、任丘、涿州、藁城、黄骅、正定、迁安10个县(市)，其续志要记好跨入强县的5个主要标志，即经济发展速度快、整体经济效益好、人均占有水平高、对国家贡献大、人民群众得到实惠多。同时，还要记好取得成功的八条主要经验，即把握县(市)情，制定自强战略，大打优势仗；建立合理县域经济结构，推动三大产业协调发展；依城带乡，以乡补城，优势互补，推进城乡一体化；乡、村、联合体、个体四个轮子一起转，大力发展乡镇企业；挖掘“内涵”与扩大“外延”相结合，向生产的深度和广度进军；以经济为主体，科技与教育为两翼，经济与科教紧密结合，统筹发展；在“深化”和“扩大”上作文章，不断推进改革开放；建立坚强稳定的领导班子，创造保障经济发展的合力。1988年被国务院批准的12个沿海开放县(市)，即抚宁、昌黎、卢龙、丰南、滦南、滦县、乐亭、唐海、沧县、青县、黄骅、海兴，有的经过7年努力，到1995年国内生产总值达到4.6亿元，提前6年实现翻两番的目标，有的则变化微小，仍被国家列为“八七”扶贫攻坚县。这些县(市)的续志，据实详略，就要坚持有经验详记经验，有教训详记教训。需要注意的是，教训与经验常相伴而生，记述时不排除兼而记之。有一些县，不临城(大城市)，不环海，不沿线(交通干线)，过去吃补贴，现在变小康。像地处黑龙港流域的偏僻小县清河县，就是如此。该县51.4万亩耕地，32万人口，不依山，不傍水，不临大城市，1996年前又远离交通干线，没有资源优势，没有地理优势，改革开放前，吃粮靠返销，花钱靠救济，是河北省18个贫困落后县之一。从1984年起，该县多种经济成分竞相发展，全县工农业总产值、财政收入和农村人均纯收入，分别以

19.9%、14.55%、14.5%的速度递增，由历史上长期吃补贴一跃成为收入富裕县、财政上解县。该县续志就要写清过去穷的表现及原因，由贫变富的发展过程，更新观念与正确决策在变化中的作用，县、乡、村、户四个轮子一齐转、哪个转得快就让其快转的经验，转变政府职能的做法，各方面所发生的巨大变化等。

三是同中求异。有些特色事物，虽令出一家，或中央、国务院，或省委、省政府，但记述的时候不能上面怎么说、文件怎么写、我就怎么记，而应同中求异，着重记述本地联系实际贯彻执行的情况。如对外开放，省委、省政府曾做出过规划，提出过12条措施，但各地在实践中又有自己的具体思路和特点。如依山傍海的秦皇岛市，是从大力改善软硬环境入手，加快对外开放步伐的。而古城邯郸市，则是以打破封闭的城堡式的经济格局为突破口，实施全方位开放。狮城沧州市，针对自身资源不丰、外贸商路不畅、信息渠道不广的劣势，另辟蹊径，南联北交，借船出海，先后在深圳、厦门、海口等地建立了实体型办事处，与绥芬河、满洲里、二连浩特等市加强了联系，从而打开了了解世界的“窗口”，架起了通向世界的“桥梁”。一些县(市)，如安国、辛集、深州、柏乡，通过举办药材节、皮毛节、蜜桃节、牡丹节，加强对外联络，扩大本地影响，为招商引资创造条件。有的县如邯郸的广平，领导带头外出找资金、找项目、搞洽谈、签合同，经过努力，到1993年，外资项目有7个建成投产，完成产值102228万元，出口创汇590万美元，分别占该县乡以上工业总产值和出口创汇总额的61%、91%。外向型经济已成为该县经济的半壁江山。新编续志，就是要着重记述这些情况各异、多姿多彩的实践活动。

有些特色事物，如财政、金融、物价改革，其内容上下基本一致，记述时要把改革的结果、改革之后所发生的变化多写几笔，以突出特点。

三、突出特色，要处理好六个关系

一是更新观念与突出特色的关系。特色是客观存在的事物。认识和记述特色事物，是人的主观活动。坚持主观与客观的统一，才能正确认识和反映特色。其中观念如何，至关重要。具有新观念，才能认识新事物。旧观念对新事物是格格不入的。用传统的计划经济观念，是难以理解建立社会主义市场经济的意义。近几年出版的某些志书和年鉴，仍然存在着工业企业只记产值，不记效益，缺少对企业的经济分析；商业只记购销，不记市场建设。究其原因，主要还是受旧观念的束缚，没有摆脱旧的思维模式。因此，要突出特色，首先要更新观念。要改变因循守旧的观念，树立开拓进取的观念；改变传统的计划经济观念，树立社会主义市场经济的观念；改变小农、小商观念，树立大商品、大市场、大开放、大流通的观念等。在观念更新的基础上，要深入研究新时期出现的新事物、新特点、新变化，并将其恰到好处地反映在续志中。

二是特点与特色的关系。特点构成特色，特色是特点的总和；特点是特色的信息载体，特色是特点由量变到质变的飞跃；特点反映微观信息，特色表达整体效果。编纂续志，突出特色，要把着眼点放在挖掘和反映特点上。记一个厂子，把他的用人特点、管理特点、经营特点、产品特点等反映出来了，他的整体特色也就展现在人们面前。若干个厂子、单位小的特点和局部特色写好了，一个市一个县的宏观特色也就突出了。

三是时代特色与地方特色的关系。时代特色与地方特色是两个不同的概念，同时又是水乳交融的关系。时代特色与地方特色不能等同，也不能说地方特色就是时代特色。但有一点是清楚的，就是地方续志所反映的时代特色，是地方化了的时代特色。因为任何事物，都发生在特定的时间空间内。反映时代特色要求略同详异，道理就在这里。首轮志书编纂，一些地方创造的“大背景，小角度”“以小见大，一滴水见太阳”的记述方法，很值得编纂续志时借鉴。这是反映“地方化了的时代特色”的一条成功经验。在这方面，修志同仁应当进行更为广泛深入的探讨。

四是成就与问题的关系。改革开放，成就巨大，但也暴露出一些深层次的问题。在整个转轨过程中，也出现了一些消极甚至腐败的现象。续志要以记主旋律和重大成就为主。对严重脱离群众的问题、对社会秩序混乱的问题、对行业不正之风的问题、对封建迷信的问题等，也不能熟视无睹，不予反映。有的地方解决问题敢于动真格，成效显著，群众反映好，就要大胆地从解决问题的角度去记述。有的地方解决问题“雷声大，雨点小”，问题依旧，具体记述又难通过，可采取间接的方法予以反映，如选载有关部门的调查、有关记者的采访、有关人员的座谈等。

五是综合记述与典型调查的关系。综合记述与典型调查是面与点、广与深的关系。新编续志反映时代特色必须将综合记述与典型调查更好地结合起来。我手头有这样几份资料：（1）北京社会心理研究所进行的“两代”近万人关于生活、婚姻、教养、工作、价值观念的调查。（2）关于城镇居民收入与受教育程度的调查。（3）中国社会人际关系的调查。（4）当代大学生面对就业的心态调查。（5）山缝里有个“秀才村”的报道。（6）农民邓为春的家庭思想道德表彰会的新闻。我看了这些资料，深感改革开放的大潮撞击着各个方面，人们的思想、认识、观念、心态也在发生着广泛而深刻的变化。这是社会的管理者、研究者求之不得的重要资料。把他选入续志正文中，或将其融入综合记述后，岂不是大大提高了续志的实用价值和学术品位。

六是相对与绝对的关系。我审阅近几年的年鉴稿，发现有些稿子记改革开放，说去年某项事业有突破性进展，某项事业飞速发展，某项事业成绩斐然，今年仍然如此。搞得好的市县如此，搞得一般的市、县有的也这样概括。由此使我想起了相对与绝对的问题。搞得好与一般，都是相对的，不是绝对的。好的、一般的、差的，存在着明显的差异，不能下同一个结论。好的不能把话说绝，要留有余地，一般的、差的更不能有溢美之嫌。

（原载《中国地方志》1998 年第 1 期）

加强志书记述深度的思考

目前已经出版的新志书，方志界公认总体质量是好的，但也存在一些不足。笔者认为不足之一是面面俱到、平面记述、缺乏深度。如何解决平面化的问题，加强志书记述的深度，我认为应沿以下思路去探讨和用力。

一、要解决好识“宝”的问题

这里说的“宝”，就是有价值、有深度的资料。人们常常“身在宝山不识宝”，而我们方志工作者则应做到“身在宝山必识宝”。解决识“宝”的问题，首先要有敏锐的观察力。增强修志人员敏锐的观察力，是修志中挖掘有价值、有深度资料的先决条件。具有敏锐的观察力，方可慧眼识真金。许多事例可以说明这个问题。在此仅举一例。某地某领导因受贿触犯刑法，受到应有惩处。他在铁窗之内恢复了良知，对我党建设和干部管理提出三点“抱怨”：一是领导干部的组织生活不正常，失去来自党的基层组织的监督、帮助；二是缺少谈心机会，大量的思想活动没有一定的方式和机会谈出来，没有说心里话的场合和气氛；三是组织部门对干部的考察流于形式，不能对有问题的干部及时提出忠告，出了事才找，太晚了。这位“领导”铁窗中的“三怨”，是他的肺腑之言，是心里话。他反映了在干部教育、管理、调配、考核工作中的沉痛教训。这里虽没有量化数字，却很真实。该“领导”的抱怨是来得太晚了，但这样的教训，确能提醒各级党组织重视抓组织建设。如果有敏锐的观察力，并认真进行分析，就会认识到这是一份很有价值的资料。如果不敏感，不去分析他，就看不到他的价值，就会把他遗失掉。

其次，要善于综合思考问题。善不善于综合思考问题直接关系到有价值、有深度资料的挖掘，自然也关系到志书的质量。在这方面是有经验教训的。有一个县在五十年代初期，县委曾采取措施保护工商业的发展。七十年代初期还处在批“唯生产力论”时，县里冒着风险成立了电缆生产地方管理处，支持部分大队搞电缆生产，逐步使社办电缆线生产厂发展到9家，队办厂发展到82家，年营业额达480余万元。为此事，县委还被迫向上级写了“检查报告”。党的十一届三中全会后，县里又很快恢复了县城农历九月的物资交流大会，等等。这些材料，只是在评论稿有关部类中十分零散地做了记述。评稿会后，该方志办的同志根据评议意见，对上述事件进行综合性思考，从而认识到他的内在联系及深层意义。通过上述材料，使人看到该县确实有一批有远见、有主见、不唯书、不唯上、敢负责的领导干部。县内各时期各业取得的显著成绩，都与此有直接的关系。对这些有价值的内容，有关部类要加强、充实，使他本身固有的丰富信息充分展示出来。特别是在概述中，要沟通联系，彰明因果，昭示规律，把经综合思考而升华的东西反映出来。从总体和联系上去把握，挖掘的资料就有了整体特色和深厚度。从这些情况可得到两点启示。对同一事件，孤立地看，就可能觉得平平淡淡，处理时就可能疏漏或一笔带过；

综合地看，就可能觉得非同一般，处理时就可能予以充实、加强。

解决识“宝”的问题，还要见微知著，从细处入手。有深度有价值的资料，既存在于宏观方面，也存在于微观方面。而微观内容，又是宏观内容的构成基础。要充实有深度有价值的资料，进而提高志书质量，不仅需要注意宏观方面的问题，也要注意微观方面的问题。正因如此，1991 年 10 月 17 日胡乔木同志说：“地方志这项工作必须专业化，要培养一支真正具有专业水平的队伍，要提高这支专业队伍的水平，不能只讲大道理，还要多讲小道理。每一个门类究竟怎么才能写好，需要分门别类的提出来，让大家都能明白，怎么算好，怎么算坏，要用具体事例来说明，这样才能让从事地方志的人打开眼界”。

有些事物要素，粗看起来细微，有无关系不大，细分析起来，作用非同一般。如人口方面，增加人口迁移变动之外人口流动的内容，就可从这个方面反映一地政治、经济的状况。一地社会风气好，市场经济搞得好，人口流动就可能呈现内流趋向，否则就可能呈现外流趋向。增加人口与经济、人口与居住、人口与就业就学的情况，就可以使人们更深刻地认识人口与经济、居住、就学、就业的关系，进而加深对基本国策的理解，增强执行的自觉性。增加人口患病率、预期寿命、长寿老人情况、残疾人比例等，就可以帮助人们了解一地人口质量。再如记乡、镇、村的概况，除记人口、土地这些共有内容外，还应记有关个性的内容，如：某村具有重视教育的传统；某村建有乡规民约，村风民风较好；某村工副业搞得好；某村重视绿化等。这样记，就记出了个性特点，记出了区别、差异，克服了雷同化的毛病。

二、要解决好取“宝”的问题

这里所说的取“宝”，就是如何把有价值、有深度的资料抓到手。一是查阅档案资料与研究考古发掘资料以及了解口碑资料相结合。档案资料不能不查，但也不能只限于档案资料。“文化大革命”中的档案资料就很不完整，就是相对稳定的时期，我们的档案工作也很落后。档案内容有许多空缺，档案中有的，许多我们不需要，我们需要的许多有价值、有深度的资料，档案中又没有。怎么办？根本的办法就是搞社会调查，找当事人调查，多查“活档案”，搜集档案中没有而志书中又很需要的重要资料。

我看到几份方志界之外人士所做的调查，对我们方志工作者是有深刻启发的。一份是一个贫穷落后小山村的调查。全村26户，没有一户有收音机、电视机；全村128人，没一人上过高中。由于无计划生育，全村人口猛增，已由七十年代末的50多人，激增到128人。该村八十年代与七十年代比，粮食总产翻了一番，人均占有量却少了74公斤。虽有一所小学，文盲却占全村人口的51%，学龄儿童中，41%的男孩、84%的女孩失学。近30个劳力中，除种地、放羊外，没有一个会其他技术。另一份调查资料，说1996年与1990年相比，文化程度对收入差距的影响呈扩大趋势。1990年，小学文化程度就业者与大专以上学历就业者人均收入之比为1∶1.2 ，1996年为1∶1.5，与大学本科就业者收入比例为1∶1.7。某小学党支部书记经大量调查得知，当前中小学生，有买零食、吃零食习惯的占67%，过春节大量收压岁钱的占90%，同学互送生日礼物，互赴生日宴会的占70%，家庭有游戏机的占26%；非生活和学习必需品以外的年消费额，小学生人均800元以上，中学生人均1200元以上，家庭经济条件好的学生，人均3000元以上，有的高达6000元以上，城市普遍高于县城和农村。某省城镇居民家庭抽样调查显示，低收入户家庭平均百户拥有录像机2.4台，中等户拥有2.6台，高收入户3.6台。低收入户与高收入户机电耐用消费品拥有量差距不大。而低收入家庭在饮食营养方面花的钱却很少，从食品中摄取的热量、蛋白质、脂肪三大营养素，比高收入户少得多，分别为25.7%、40.5%和27.4%。而1991年，仅书报杂志支出一项，高收入户比低收入户多支出70%。我看了这些调查材料，感到十分激动。因为他涉及的是现实中的一些重要问题。志书中需要的就是这样有价值、有深度的资料。方志工作者应借鉴这方面的经验，深入实际调查研究，多挖掘一些生动的、多彩多姿的社情、民情等方面的资料。

令人欣喜的是，一些方志工作者已注意通过深入调查获取档案中没有的重要资料，并将其载入志书，从而大大增强了志书记述的深度。如湖南《江永县志》生育章中所附的“湖广界等四村劣生劣育调查”即如此。1990 年，湖广界、茶垒坪等 4 村 1734 名村民中有劣生劣育残疾人 50 人，其中，先天性残疾 38 人，占总人口的 2.19%，比全国平均数 0.88%高出 1.31 个百分点；后天劣育致残 12 人，有 8 人是近亲结婚致残；有 20 人父母为痴呆人或为患有医学上认为不应结婚疾病的；有 9 人父母有酗酒、吸烟等不良习惯；有 15 人是母亲生育年龄太大或过小。这 50 位劣生劣育者出生在 43 户家庭。1990 年，这 43 户人均年收入 346 元，比所在村民小组人均年收入低 14.4%，比所在行政村人均收入低 33.2%，比所在乡低 44.37%。这 43 户年均享受国家救济金额 5000 余元。年年扶贫不脱贫。这是愚昧所酿出的苦果。治穷先治愚，道理就在这里。再如《金寨县志》卫生章“1974—1976 年死因调查”。该调查反映，全县三年合计人口 1580828

人，死亡人数14325人，死亡率为9.06%，其中男性略低于女性。死亡人数中，前10位死亡病因人数13168人，占死亡人数的91.92%。全县三年死于心脑血管疾病人员中，肺心病死亡率1.10‰，脑血管疾病死亡率为0.72‰。两者共占心血管死亡人数的64.07%，50岁以后死亡率剧增，高峰均在70岁组。先天性心脏病1岁以下为高峰，死亡率为2.68‰，1岁组为24‰。男性死亡率为2.56‰，女性为3.14‰。县城梅山镇死亡率为2.23‰，区乡死亡率为2.86%。死于呼吸系统疾病以肺炎、慢性支气管炎死亡率为最高，分别为0.79‰和0.46‰，共占呼吸系统疾病死亡总人数的92.78%。5岁以下肺炎患儿死亡率最高，占死亡数的84.41%，慢性支气管炎随年龄递增，70岁达高峰。恶性肿瘤死亡1289人，其中食管癌376人，胃癌239人，宫颈癌141人，肝癌133人，肺癌71人，直肠癌55人，共1015人，占同期癌症死亡总数78.74%，男性786人，死因居男性第四位，女性503人，死因居女性第六位，35岁以后死亡率急剧上升，45~64岁死亡者中有20%～25%死于恶性肿瘤；0~14岁死于白血病为多。接着，该志又对本县几种主要恶性肿瘤的相对高发地带和防治重点地区做了详细的记述，并对高发病、传染病的死亡率详细调查的统计数字做了记述。有了这两份调查，就使两部志书的生育章和卫生章呈现出多层次性和立体感。由此，使我们更深刻地认识到，没有深入的调查，就没有志书的广度和深度。提高志书质量，必须大兴调查研究之风。

搜集有价值、有深度的资料，还要注意撰写初稿的单位调查与方志办的调查结合起来。评稿会前的资料调查，一般应以各撰稿单位为主。市、县方志办要逐单位研究调查的重点以及调查的方法。这样才能避免搜集资料中存在的“捡到篮里都是菜”的问题。有条件的地方，比如编内人员和借聘人员较多的市县方志办，也可以在开始搜集资料和撰写初稿阶段就及早介入，精选资料，精心编写，提高初稿的起点。某县方志办人员与借聘人员统一分工，实行“采编合一”的调查采访责任制，就是一种有益的探索，值得借鉴。而评稿会后的资料补充，一般应以方志办的调查为主。据我了解，部分市县志的精彩之处，就是市县方志办在直接调查的基础上写出来的。

三、要做好用“宝”的工作

这里说的用“宝”，就是如何把有价值、有深度的资料恰到好处地安排在志书中。要达此目的，需要做多方面的工作。在此仅结合志书实际谈以下几点。

一是篇目要优化，重点要突出。篇目横分不宜太多太细，太多太细会破坏志书的整体性，也难以突出重点。我看到的两个篇目，尽管是续志，但他所坚持的原则，即突出重点，合并一般，对所有类型的志书都具有借鉴意义。一是《张家港市志》，前面是大事记、总述，接着列13卷，即体制改革，开发、开放，经济建设，国策管理，基础设施建设，政治，社会主义精神文明建设，科技教育、文化、体育、卫生、社会生活、镇情，人物，附录。二是《林州市志》，概述、要事述略，之后，设了17卷，即改革开放，三大基本国策实施，社会主义精神文明建设，基础设施建设，龙头及亿元村或小康村，农工商、服务、经济综述，财税、金融、经济管理，中共林州市委员会，林州市人民政府，重大决策及实施，人大、政协，群众团体，政法、武装，教育、科技，文化、卫生、体育，旅游业，社会生活。人物不入卷。这样的篇目，就体现了“重点突、一般并”的精神。

二是要设置和写好各类“综述”，以反映宏观内容，加强志书的整体性。目前出版的志书，设“经济综述”的较多，设政治、文化综述的较少。广东省的《新兴县志》设了“政治综述”。从记述效果看，这一探索是成功的。该志民国时期综述，着重记述了政局、政务的内容。其政局中写道，38年时间换了35任县长、县知事，其中任期15天的1人，1~3个月的7人，4~12个月的17人，1年以上的17人。这里文字不多，但反映出了政局动荡、吏变频繁、民不得宁的重大问题。中华人民共和国建立后综述，记述了主要决策与成就、工作失误和教训。广东的《番禺县志》既有“政治综述”，又有“人文综述”。该“人文综述”反映了反帝反封建的人文现象，近代文明的输入和文教事业的发展，生活习俗和宗教信仰的演变，番禺与穗港澳的人文关系。通过述体形式，彰明了因果，沟通了联系，使人对历史脉络和总体面貌看得更为清楚。

三是加强对事物主体内容的记述。如福建的《浦城县志》、江西的《分宜县志》、湖南的《江永县志》、广西的《南丹县志》、山西的《黎城县志》、天津的《武清县志》、河南的《商丘地区志》、河北的《石家庄地区志》等，注意吸取前期出版志书“重机构、轻活动”的教训，把活动这一主体内容作为记述的重点。拿《商丘地区志》来说，其中国共产党一章，把党务活动作为一节专门记述；行政机构部类，把政务活动作为一章，下分6节分类记述。各群众团体活动内容也比较翔实。广西的《南丹县志》专设“政务政绩纪要”，其中记了1981年至1990年所办的12件实事。该志政协部类9000多字，其中活动内容5000多字，约占60%。部分志书还注意记述旧政权党派的活动。浙江的《龙游县志》设“民国施政轶事”，记了“二五减租”“刘能超贪污案”“竞选国大代表”等内容。河北的《安国县志》设了“明清时期政事辑要”，记述了明清时期扩建学宫、制定法规、筑补河堤、倡种桑蚕、兴办新学等10个问题。黑龙江省的《克山县志》关于国民党克山县支部的活动，记了“组建‘新生同志会’”，确定支部组织系统，逃至泰安转入武装对抗等内容；记国民党克山铁路区党部，记了刺杀民主大同盟成员唐士英、颠覆民主联军装甲军火列车等事件。对具有促进作用的事件或反动的事件，志书如实记述，这就是历史唯物主义的态度。

四是对特色内容浓墨重彩记述。如辽宁的凌源县，有全国考古五大发现之一的红山文化遗址。这一发现将中华文明史前推了1000多年。《凌源县志》将其载入志书，提高了志书的史料价值。河北的武强县，其年画远近闻名，颇有影响。《武强县志》特设“武强年画”章，分9节详细记述了武强年画的源流、发展、品种、题材、制作工艺、艺术风格、创作队伍、刻印厂家、博物馆及艺术节、发行地域、年画研究及管理。山东的《曲阜县志》对孔子、颜子、子思的孔庙、孔府、孔林以及古代教育、乐舞、礼义等做了详细记述，使志书具有浓郁的“东方圣地”特色。安徽的《歙县志》，对体现悠久历史文化的歙砚、徽墨、艺文、文物古迹、文化流派等独立设篇或章记述，反映了歙县的文化特色。陕西的《安塞县志》，通过对安塞腰鼓、农民画、剪纸等民间艺术的发展、崛起、传播等细致的记述，突出了地方特色。四川《涪陵市志》，对长江中独一无二的“水下碑林”白鹤梁题刻、北宋理学家程颐谪涪讲学注《易》的北岩点易洞等，做了入微的记述，凸现了涪陵丰厚的历史文化积淀。浙江的《绍兴市志》设“名家学术思想”卷，专题记述了一批著名学者及其学术思想。这些成功的经验，很值得学习借鉴。

五是坚持多层次立体记述。目前出版的志书，有一些内容层次单一，只记了第一个层次的内容，而未记二、三层次的内容；

或者是只记第三层次的内容，而未记一、二层次的内容，平淡肤浅，缺乏深度。比如概述，不少只写“巨大变化”这第一个层次的内容，而未写“是何原因”这第二个层次的内容。写决策，记了决策的结果，而未记决策的缘由、决策的条件、决策的过程。反映居民生活，仅从收入和支出两个数量指标上来反映，而没有反映出居民生活内涵方面的许多很有意义的具体信息。如果具体一点，反映收入，既反映人均收入增长，又反映不同地区、阶层的不同增长幅度；既反映各时期收入多少，又反映各时期收入的构成情况（收入构成可反映经济发展的广度与深度）；反映支出，既反映人均支出量，又反映不同地区、阶层支出状况；既反映物质生活的支出情况，又反映精神生活的支出比重；既反映健康消费情况，又反映不健康消费情况等，更能看出物质、精神生活的发展变化和差异。再如案件侦查、审理、判处，仅记诸年的综合数字，就显得过于简单。这些数字，虽反映了案件升降变化的情况，但没有反映出案件发生的行业特点、区域特点、案犯的年龄、文化、职业、性别等特点。如果记述时既记案件侦查、审理、判处的综合数字，又记综合数字中所包含的经多角度、多侧面、多层次归纳分析得出的不同年份的具体数字，就可以更好地为治安决策和法制建设提供重要的历史资料和现实依据。记信访，有的只反映综合数字，未记他的构成状况。最近看到一部地级市志，记信访有新的突破。他既记信访起（件、次）数，更记信访内容结构及变化。如志中所述：“1987年受理信访3119案，4202件（次），属于遗留问题36件，占17.5%，干部作风问题762件，占18.1%，民事经济纠纷622件，占14.8%。1988年受理信访2606案，2683件（次），历史问题下降到13.6%；揭发干部腐败问题上升，占20%，同时增加了土地纠纷问题，涉及面广，并出现集体上访案件。1990年，受理信访1690案，2468件（次）。反映干部作风问题上升到26.4%，占第一位，纠纷问题占第二位，治安问题占第三位。”从中可以看出历史遗留问题的下降，大量现实问题的上升，现实诸问题年际之间的变化。志书的资政价值就体现在这里。领导翻阅志书，便知民情民意，解决热点、焦点问题，便知从何下手。

六是随文设附，深化志书记述内容。安徽的《金寨县志》做得就比较好，在这方面积累了经验，值得学习。该志在林业中附了马鬃岭木本植物名录、古老名树、林业模范李正恩功绩碑文、护林先锋何家湾简介、窝川林场事件述略；水利、水电中附了停建报废工程简介，金寨、固始两县长江河水纠纷述略；商业中附了名茶简介；金融中附了抗日战争时期县境两起货币风潮。

（原载《福建史志》1998 年第 4 期）

续志加强记述深度三题

首轮志书，既有记述深入的一面，也有记述肤浅的一面。志界之外有的学者就曾指出：志书“花费大量篇幅反映事物内部一些小单元的起源、兴革”，使“志书格局呈现为一条多竖线拼接并列而成的薄薄平面。看起来文字不少，但多为承上启下铺垫过渡性内容，核心资料被冲淡，反映不出多层次的、立体的、多彩多姿的现代社会全貌”。这里说的“薄薄平面”，与志界说的“肤浅平淡”是一个意思。在这一点上，志界内外已有共识。

铁映同志2003年1月8日在中国地方志指导小组三届二次会议上提出：“志书要经世致用，要注重质量。质量问题是关乎新世纪方志事业前途和命运的核心问题。”志书记述肤浅、缺乏深度的问题，是影响志书质量的一个要害问题，因此对其也要站在“新世纪方志事业的前途和命运”的高度加以认识和理解。

在以编纂“具有很高科学水平和重要文化价值社会价值的志书”（李铁映《在全国地方志第三次工作会议上的讲话》）为根本目的的第二轮修志工作中，怎样克服志书的“平淡肤浅”，加强记述深度呢？这无疑应当从多方面努力。比如努力提高修志人员的素质。志书记述深浅、质量高低，关键在人，在修志人员的素质、水平、知识面和功底。修志人员认识深刻，记述才可能深入。再比如要研究各部类哪些是记述的主体，哪些是有深度有价值的资料，采取什么方法才能得到这些资料，等等。笔者在此不做全面论述，仅从以下三个方面探讨续志加强记述深度的问题。

一、认真剖析，努力展示事物的多层次性

客观事物本身具有多层次性。而每一层次都蕴含着特定的信息。层次与层次之间又有着密不可分的联系。事物的现象与本质、发展与变化，就存在于这种层次之中。认真剖析事物的多层次性，有利于展示事物的多重信息，进而帮助人们透过现象看到本质，透过联系看到变化。

首轮修志出版的志书，有不少内容层次单一，只记了第一个层次的内容，而未记第二、三层次的内容。这是造成志书“平淡肤浅”的一个重要原因。续志工作中必须注重解决这一问题。为便于理解，在此以公、检、法部类为例进行分析。首轮志书公、检、法部类，记案件侦破、审判、检察，记得好的有逐年或隔年的综合数字，记得差的连综合数字也没有。而综合数字中所包含的深层次信息，如案件的构成、案件的时段和地域差异等都未反映。续志在这方面就要认真加以弥补。

为便于分析，特列两示意图附后。

从图 1 可以看出，案件总数属第一层次，城镇、农村属第二层次，流动和固定作案属第三层次，成年、青少年属第四层次，男女性别构成属第五层次，屡犯初犯属第六层次。图 2 亦如此，案件总数属第一层次，危害国家安全罪、危害公共安全罪、破坏市场秩序罪、侵犯公民人身权利罪、侵犯财产罪、妨害社会管理秩序罪、贪污贿赂罪、渎职罪、危害国防利益罪属第二层次，其

他属第三层次。首轮志书公、检、法部类一般有案件总数，而无其他层次的内容。续志记述时，就要像图1、图2那样，除记案件总数外，还要记其他层次的内容，包括地域构成、作案特点构成、犯罪年龄段及性别构成、初犯屡犯构成、犯罪类型构成。记述方法可灵活运用，可文字记述，也可文字与图表结合记述。

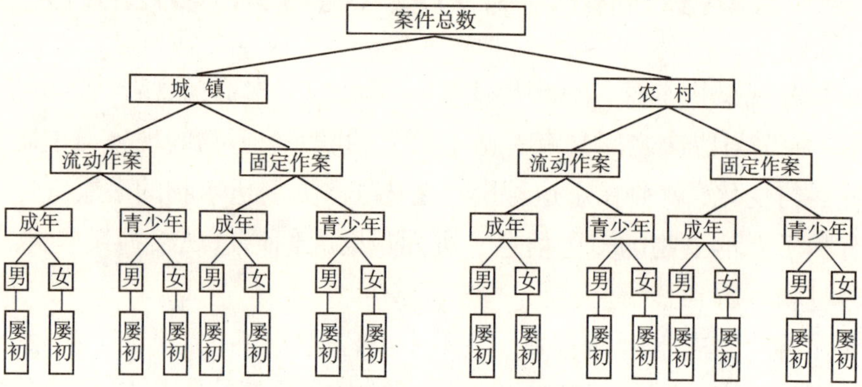

图1 作案人员、地域示意图

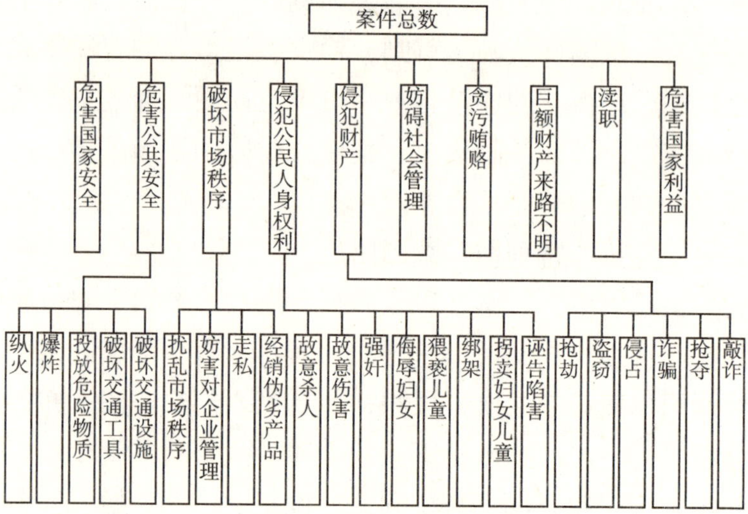

图2 犯罪类型示意图

类似的问题还有若干。如首轮志书有的未记入口流动，即使记的也只有流动总量,而无总量中所包含的流动构成及其他信息。记人口死亡，往往只记死亡总数，而无死因分析。记交通事故，往往只有逐年的综合数字，而无事发地点、车量类型、事发原因、责任、责任人特点、损失等层次的信息。科技队伍，有的志书只有队伍总数，而无分布、构成等。医疗卫生中记各类病症，往往只有病症总数，而无分布特征和结构，等等。上述所忽视的方面，往往包含着深层次的信息，其属于有深度有价值的资料，忽略记述，直接影响着志书的广度和深度。续志工作中就要注意认真剖析，努力展示事物的深层次信息，使志书所具有的功能得到最大限度的发挥。

二、注意扩充，尽可能多地集纳有深度有价值的资料

首轮志书，辖区市志一般几百万字，县、区志一般上百万字。看起来部头很大，字数不少，但仔细分析，却是水分与精粹并存，一般性内容多，精深内容少，无关紧要内容当简反倒详，核心资料、有深度有价值资料当详反倒简甚至遗漏。续志如果照此路子走，再讲扩充，势必患上重度“肥胖症”，那将危及志书的“前途和命运”。为使方志之树常青，续志应从压缩一般、突出重点两方面努力。重点就是核心内容、有深度有价值的内容。以压缩一般性内容为前提，以尽可能多地集纳有深度有价值的资料为目的，在此基础上探讨扩充问题，就不至于出现方向上的偏差。

联系已出版的志书和客观事物之实际，笔者认为，尚有相当多有深度有价值的资料有待续志工作者和热心于修志工作的人们

去挖掘、去充实。首轮志书概述，大多有果(成就)无因(取得成就的深层原因)，自然就看不出经验教训。续志概述，不仅要记述改革开放以来所取得的巨大成就，还要记述取得这些成就的原因及经验教训（为免重复，以下省略）。

三、加强沟通，切实展示宏观性的深度资料

恩格斯说过："当我们深思熟虑地考察自然界或人类历史或我们自己的精神活动的时候，首先呈现在我们眼前的，是一幅由种种联系和相互作用无穷无尽地交织起来的画面。"地方志要反映的正是这个交织起来的画面。因而，他就无法抛开对构成这个画面的"种种联系和相互作用"的反映。只有沟通事物之间潜在的关联性，才能正确反映各事物在普遍联系之中的地位和作用。由此可见，加强沟通，对于展示事物的深层信息至关重要。

首轮修志，在沟通联系上有成功的经验。河北省辖区市志《衡水市志》，被出版部门和有关专家誉为"是近年来看到的质量较好的志书"。其所以好，原因(也是重要原因)之一就是善于沟通事物之间的联系，反映各事物在普遍联系之中的地位和作用。以其文化编为例。他写"五四"运动前衡水文化艺术的综合情况是这样写的：衡水文化艺术历史悠久。本地自古为燕赵文化与齐鲁文化的融会处。从商周到春秋战国时期，是地社会经济持续发展，为接受多向文化的辐射创造了条件。这段高度概括性的文字，一是反映了衡水地方文化与燕赵文化、齐鲁文化的关系；二是反映了社会经济发展与地域文化发展的关系。接着写道：秦灭汉兴，衡水一带成为河北经济发达地区，乡邦文化亦空前兴盛，文人学者累世不穷。这里很自然地把"秦灭汉兴"的大环境与地区经济、

文化的兴盛联系了起来。往下写道：唐初社会稳定，经济繁荣，地域文化进一步发展，加之朝廷和地方官吏通过“辩论经义”“相互问难”来选用人才，促使博才多识、时有新见者脱颖而出。此处把社会稳定、经济繁荣、措施得当之因，与人才脱颖而出之果，恰如其分地反映了出来。再接着写道：明清两朝定都北京，衡水处于京南重地，受京都文化的影响得天独厚。正因如此，在文化方面受到京都的辐射，衡水早于深于冀南其他地区。关系明，地位作用就清。如果就衡水写衡水，孤立地写，封闭地写，你的文化再兴盛，读者也看不出其历史地位和作用。

如前所述，客观世界，不论自然与社会，历史与现实，都是“一幅由种种联系和相互作用”“交织起来的画面”。客观存在这种由各种联系交织起来的画面，为什么有的志书能够反映出来，有的不能，至少说反映得不好，主要原因是作者视野不开阔，认识上存在着局限性。我曾去过的一个县，地处平原，资源匮乏，无重大特点，县志办同志为此犯难，担心志书写不出特色和深度。从现象上看，这个县平淡一般，但深入分析，从事物的联系上去考察，却是平淡当中见特色。该县毗连两省、7市县，昔属齐鲁，今归河北，是齐鲁文化与燕赵文化融汇区域。毗连山东，地处要道，昔为临河商埠，这一总特点，影响到隶属的变更，人口的流动，文化的融合，信息的传播，物资的集散，省际的关系，社会的治安，总之，影响到该县的方方面面。如不善于从总体上、联系上去认识和把握，自然就挖掘不出以上诸多方面有整体特色和深厚度的典型资料。

从上述两方面的事例中可得到如下启示：对同一事物（事件），孤立地看，就可能觉得平平淡淡，处理时就可能疏漏或一笔带过；综合地看，从联系上看，就可能觉得非同一般，处理时就可能予以充实和加强。

志书改革创新之通病及其对策

自各地陆续开展修志工作以来，广大修志工作者积极响应胡乔木同志的号召，努力学习运用新观点，探索新方法，设计新体例，汇集新材料，编纂出版了一批新志书，一大批成熟的志稿也即将付印。从我所接触的志书（志稿）看，其中某些改革创新，是很值得称道的。但有一些问题应当引起重视。突出的有以下几点：

一是表面性。这里所说的表面性，主要是指重表轻里，重篇目轻内容的倾向。志书的改革创新，包括形式和内容两个方面。体例、篇目的创新固然重要，但内容广度与深度的挖掘与突破更为重要。内容与形式的关系，是本与末的关系。重表轻里、重篇目轻内容，就不可避免地会出现本末倒置的现象。比如记述政党政权，多机构、多沿革、多会议，看不到党务、政事和重大活动。记述军事，偏重于篇目的分合和位移，反映不出解放前军事斗争的残酷性、复杂性以及军事斗争与政治斗争的密切联系，反映不出解放后国防建设的地位、作用及其丰富内容。

二是随意性。其表现是随意“删增”，随意“归并”，随意“附录”，等等。比如有些志书（志稿），增记“党务政务”，想法虽好，但由于缺乏深入的研究，在尚未弄清其概念、层次以及与其他内容的关系时，随便归纳、布设，结果出现了某些不必要的重复和逻辑混乱。又如“升格”问题，极个别很有特色的内容如此处理，人们还能理解，但章、节、目多处出现“升格”，就使人觉得不伦不类了。再如篇目设置，有的志稿时而大编大章，时而中编中章，时而又想改为其他式样，究竟要达到什么新的境界，恐怕连设计者也不甚清楚。

三是趋同性。所谓趋同性，主要是指借鉴学习中存在的机械模仿倾向。比如，先行出版的县志“概述”载有三大特点、三大优势，后面出版或拟要出版的某些县志，“概述”也便出现三大特点、三大优势，甚至连写作方法也十分相似，模仿的痕迹十分明显。又如有的县志拟设“主要政绩”节、目，有关县获悉后也便如此效仿。前者作为首创者，其开拓精神值得称道，同只记机构而无活动（含成效）之书相比，是一大进步。但是如果没有“主要教训”节、目相对应，又未采取其他措施加以弥补，那就必然出现只能报“喜”无法报“忧”的情形，而报“喜”不报“忧”，又是新方志之所忌。借鉴者不加分析，凡“新”者皆原封照搬，难免“长短兼收”，影响篇目的优化和主要内容的完整记述。这样做，虽然省心省力，但却不利于纂修具有一方特色的新志书。

防止和纠正表面性问题，关键是要坚持内容与形式的统一。就像一个人一样，既要注意外在美，更要注意内在美，做到外在美与内在美的统一。要根据内容决定形式、形式服务于内容的要求，处理好篇目与内容的关系。修志第一位重要的工作是广泛深入的搜集资料，占有资料，而不应过多纠缠篇目的设置。只有在大量地占有第一手资料的基础上“量体裁衣”，谋篇布局，才能出新，才有可能实现内容与形式的完美统一。

防止和纠正随意性问题，需要大家努力从多方面探讨。重要的一点，就是要明确一个原则，以便使改革创新在“管而不死、活而不乱”的情况下顺利进行。笔者觉得，志书不管怎样改革创新，都要以能更好地扬长避短，更好地体现地方特点和行业特点，更好地反映事物的主体、本质和内在联系，增强志书的深度和整体性，更符合志书体例、逻辑等法则，提高志书的质量为目的。这样做，就可以大大减少因随意性而出现的问题。

防止和纠正趋同性问题，关键是要消除“盲目推崇”“随波逐流”“省事保险”等心理因素，增强责任感、自信心和创新意识，敢于和善于标新立异。客观事物是丰富多彩的，反映客观事物的方式方法也是多种多样的。就拿党务政务来说，各地情况不同，记述形式和侧重点也应有所不同。在标目上，别人说“党政要务”，我可以称“党政要事纪略”等。在内容的侧重点上，别人侧重于党政实绩的综述，我可以侧重于经验教训的概括等。总之，就是要在不脱离实际，不违背志书总体要求的前提下，坚持“八仙过海，各显神通”，写出特色，写出个性。

（原载《新疆地方志》1991 年第 2 期）

浅议县志反映
地方特点之不足及其对策

笔者读了几部已出版的新编县志和待印刷的县志稿，受益匪浅，从中看到，这些县志的编纂工作者为突出地方特色作了积极努力，特别是对部分“升格”内容的记述，比较详细具体，有其特色。但是也感到不少内容一般化，缺乏特色。这个问题不解决，将会明显地影响志书的质量。故此，笔者将所见与思考辑录于后，以抛砖引玉。

一

从所阅志书、志稿看，在突出地方特点方面，有以下三个主要问题。

一是轻视非“升格”、非“土特”内容的记述，造成某些地方事物共性化。一个地方的地形地貌、自然资源、民间文化、文物古迹、历史人物、风俗习惯等，蕴含较多的地方属性，应该说能够展示出地方特色。但是由于认识上的差异和重视程度上的不同，记述效果也就各异。谈到突出地方特点，有的同志首先想到的就是本地的名胜古迹、土特名产，而对其他方面的特点想得不多不透。在编纂过程中，往往把突出地方特点局限于对某些“升格”内容施以浓墨重彩。应当看到，有些内容“升格”处理，精写细记，写出了特色，确实从一个方面为志书增添了光彩。但是，如果仅偏重少数“升格”内容，轻视多数非“升格”内容，就会造成严重的不协调状况，影响志书的整体的地方特色。

从所阅志书志稿看，其多数没有“升格”处理的内容显得平淡，有的甚至记了共性，丢了个性。比如记地形地貌，有的志书志稿对本县与邻县的差异之处轻描淡写，甚至一笔带过，而对此县与彼县的雷同之处倒用墨不少。又如记历史人物，常言道“一方水土养一方人”，生活在特定自然与社会环境中的人，必然存在着明显的个性特征。地方志书应从人与环境的关系上，考察、记述历史人物的这些个性特征。但是部分志书、志稿，记人存在着模式化倾向，给人以“多人一面”之感。再如记风俗习惯，有的志书、志稿，把饮食生活的改善、服装质量的变化、高档家电的使用等，也作为风俗习惯来记述，而真正具有本地特点的习俗倒被淹没或忽略了。

二是忽视“同中求异”，存在“同详异略”倾向。全国、全省、全区共有事物，其地方特点，亦有不亚于“独有专擅”的事物者。有的地方特点虽“隐而不露”，但经细心研究，亦可予以揭示。有的地方事物虽共性大于个性，但注意“详异略同”，仍能于平淡之中见神奇。然而部分志书、志稿在反映共有事物上，无论是认识还是实践，都有一定的差距。有的片面理解“详异略同”，仅将其局限于此有彼无之详略，而忽视共有事物异同之详略；有的模仿重于创造，被“模式”束缚了手脚。在编修新方志无现成路子可沿的情况下，谁先出书，谁就成了样板。样板给人以启发，也会给人以束缚。学习方法不对头，盲目效仿，只能造成多志一面，大同小异。

上述思想方法上的局限性，必然导致记述上的片面性。比如记农业管理与生产措施，对各地大同小异的农业管理制度包括生产管理、财务管理、农机具管理等记述较详，对各地“因地制宜”所采取的生产措施与效果则记述较略。又如对党委、人大、政府、政协内容的记述，有的志书、志稿，着重记述建置沿革、机构设置、人事更迭等，而对党委、人大、政府、政协的主要活动及成效反映寥寥，蕴于其中的特点也就反映不出来。对有些具有共同背景的全国性事物，如“反右斗争”“文化大革命”等，部分志书、志稿记述雷同化，把复杂的事物看得过于简单。这些重大事件尽管是统一部署和全国性的，但在贯彻执行和后果、影响方面，是有一定差异的，差异所在就显示为特殊性。不反映这种特殊性，就不利于各地具体地吸取历史教训。

三是对一地主要特点挖掘不够，反映地方特点缺乏深度。地方特点有主次之分，一方之志，既要反映一般特点，更要反映主要特点。当前部分志书、志稿，对主要特点虽有所反映，但同反映显而易见的具体特点比，显得十分薄弱。反映各项事业的主要特点，有的志书、志稿由于缺乏横向比较和纵向比较，致使主要特点看不清楚，或者时隐时现，缺乏连贯性。反映自然与社会、事业与事业之间的主要联系和特点，除了在各部类完整记述、自然昭示外，还应重视“概述揭示法”的运用。目前部分志书、志稿的概述，多是各项业绩的浓缩，没有揭示出主要特点和规律。换句话说，这些志书、志稿所记述的地域，有何主要特点，是地少人多，并由此派生出了农业上的精耕细作，人口上的大量外流；还是山多人稀，并由此带来了一系列利弊因素；还是其他的什么特点，看了概述仍不得而知。

二

地方特点，是一方之志首要的和基本的特征。正确地反映地方特点，是编写新方志的根本要求之一。因此，应充分认识突出地方特点的重要性，认真对待志稿在这方面所存在的问题，并采取积极措施解决之。

（一）正确理解“突出地方特点”，妥善处理“升格”与非“升格”内容之间的关系。我们所说的地方特点，是一个整体概念。他既表现在自然环境中，也表现在人类社会诸方面；既有长期表露、具有相对稳定性的特点，又有潜在特点；既存在于事物的优势之中，也处于劣势之列等。事物的特点是丰富多彩的，志书反映这些特点也应当是多侧面、多层次的。横排的事项要有地方特点，竖写的内容也要有地方特点。对一方特有内容，要深究其异，精雕细刻；对各地共有事物，也要同中求异，详异略同，细心记述。“共有事物”所占比重大，是志书的主体部分，不可草率记之。总之，我同意这样的观点，即广义理解地方特点，从宽处理地方特点，增强志书的立体感，使之发挥更大的功能与作用。

（二）坚持从实际出发，妥善处理借鉴与创新的关系。坚持实事求是，一切从实际出发，是纂修新方志的根本原则。在修志过程中，不论是借鉴还是创新，都应以此为出发点和落脚点。借鉴在于学人之长，创新在于避人之短。正确的借鉴与创新，可以达到学习别人而又不亚于别人的境界。更重要的还应是学习外地如何从广度和深度上把握地方特点，全面深刻地记述本地地情。当得到一部新编志书后，首阅“凡例”和“编修始末”，寻找作者反映特点之思路；后阅正文，察其突出特点和记述方法，进而激发必须反映本地特点的强烈意识。学习之大敌是机械模仿、照抄照搬。试以《如东县志》为例，为体现本县依江、滨海之自然特点，该县志在“自然概貌”章中，增“水陆概说”“潮汐”两节和“龙卷风”“台风海溢”两目，删“地质”“水系”两节。这样的增删，足见作者是如何把借鉴与创新较好地结合起来。

(三)重视抓主要矛盾，妥善处理主要特点与次要特点的关系。在反映个性与共性这对矛盾时，凡属个性特点，不分主次，均“详异略同”。当主要特点与次要特点构成对立统一关系时，就要“详主略次”。因为主要特点，通常能影响甚至制约其他特点的形成和发展。因此，要舍得在研究特点尤其是主要特点上花时间、下工夫，弄清本地的主要特点是什么，自然地理特点对其他特点有何影响，潜在的、隐于劣势之中的特点是什么等。在技术处理上，应研究如何通过资料筛选、篇目增删、内容取舍、“规格”升降、笔墨浓淡等，来反映和突出主要特点。

(原载《中国地方志》1990年第1期)

志书几个具有关联关系部分的记述问题

部分志书、志稿在一些具有关联性的问题上，因把握不准，造成应记内容的缺漏和不应记内容的重复。为改进提高，谈以下意见供志界同仁参考。

一、境域变化与行政区划

境域变化与行政区划，是一个事物的两个方面，二者既有联系又有区别，记述时就应各有侧重，错开角度记述。境域变化，着重记面积大小的变化；行政区划，着重记所辖单位多少的变化。为避免重复，前者应回避单位多少的内容，后者应回避面积大小的内容。部分志书、志稿，记境域变化，把面积大小与所辖单位多少混在一起记述，造成与行政区划内容的重复，即将付印和正在编纂的志稿，应当纠正和防止这个问题。

二、城镇、乡、村与城乡建设

目前，部分志书、志稿在建置区划和基础设施的部分，都记述了城乡建设的内容，但由于侧重点把握不当，造成两部分内容的重复。为减少重复，建置区划中的城、镇、乡、村，着重记具体的建设结果，而基础设施中的城乡建设，着重从总体上记述，记城乡建设的演变、规划、投入，勾画重点建设阶段，介绍重点建设工程。有些志书、志稿，只注重记城乡建设的演变和建设结果，而忽视其他内容的记述。城乡建设规划，作为一项工作，是落实了的事情，是完全可以记述的。要记规划的依据、规划的论证、规划的结果，也可附一规划图。记投入、产出，有利于读者了解建设的效益。县城建设，估计有综合数字，可以综合记述与典型记述相结合。一些大的工程，什么时间开始，投入多少人力、物力和资金，何时竣工，建设结果如何，可适当详记。乡镇建设，也要点面结合记述。城乡建设阶段，着重记大的变化时期。有一部县志，记县城建设，分三个时期记述，即新中国成立后至六十年代的平稳发展时期，1976 至 1979 年震后恢复时期，1979 至 1985 年的大发展时期。这就便于人们看清某一县城建设的历史脉络。

三、县城与县城所在镇

有部分志书、志稿，将县城与县城所在镇合在一起记述，这样不妥。县城与县城所在镇，有联系又有区别。从地域角度讲，县城是在镇的范围内。但县城是县的治所，是一县政治、经济、文化的中心。从这个角度讲，县城的意义、作用，远远超出镇的范围。由此可见，二者完全应当分开记述。作为县城，着重记历史沿革，记基础设施(一般不分县与镇，作为一个整体记)；记县级企事业单位分布，特别要注意记县办企业、商贸、文化交流等情况。镇是一级行政机构，他领属着镇本身，还统辖着若干行政村和自然村。镇与县相比，虽然小一些，但也是五脏俱全，记的时候，也要从辖域面积、位置、交通、人口、政治、经济、文化等方面作全面的记述。

四、灾害性天气与气象灾害

有部分志书、志稿，在自然环境中，专设了自然灾害章或节，同时又在气候章或节中设了灾害性天气节或目。在这一节或目中，着重记述了冰雹、干热风、旱灾、涝灾形成的规律及危害。再看气象灾害部分，也记了这些内容。二者比较，尽管前者简略，后者详细，但还是存在着重复。解决这一问题有两种办法。一是灾害性天气与气象灾害各有侧重记述。前者着重记述综合性规律，不涉及具体的灾害。后者着重于逐年灾害的实录，不涉及综合规律。这样记述，其不足是显得分散，不便于查找，同时也造成气象灾害与生物灾害、地质灾害内容的不整齐(因为气象灾害将规律内容析出单独记述，而其他灾害则是将规律与实录结合记述)。二是取消灾害性天气节或目，其内容并入气象灾害章或节中。因为二者都属于对工农业生产、人民生命财产有严重危害的气候现象。记述时，每种灾害可先记基本规律，包括发生特点、分布特征等，尔后逐年记述发生的时间、范围及危害。这样记述，便于查找、阅读，具有更强的实用性。笔者倾向于这种方法。

五、人民生活与生活习俗

现在看到的不少志书、志稿，生活习俗与人民生活存在着严重的重复。如服饰习俗，往往写五十年代布料多为市布、斜纹布和灯芯绒。六十年代，衣料变为咔叽、华达呢、呢子、毛吡叽等。七十年代，的确良、针织衣物，成为人们的普通衣服。八十年代，各种毛料、棉毛混纺和各种针织衣服畅销。居住习俗，往往写解放前富裕户住房多为砖瓦结构，一般户住房多为土坯结构。解放后，大多居民盖起了砖瓦结构的新房。这些记述，与人民生活的内容有雷同之处。究其原因，主要是对人民生活和生活习俗各自应记什么，不应记什么，没弄清楚，盲目记述。人民生活中的吃、穿、住、用，反映的是生活状态、生活质量。吃上，由五谷杂粮向细米白面的转化；穿上，由土布向化纤、毛呢织品的转化；住上，由土坯房向砖瓦、水泥结构房屋的转化；用上，由传统用品向电器化用品的转化，都是生活状态、生活质量的变化。而生活习俗中的吃、穿、住、用，反映的是方式方法方面的内容。同样是白面有的地方做抻面，有的地方烙饼子。这不同的吃法，就是饮食习俗。同样的住房，有的地方在山墙上饰一八卦图，有的则在屋脊中间装一玻璃镜。这不同的装饰，就是居住方面的习俗。风俗习惯，是一种观念形态，一种不自觉的信仰意识，一种社会心理，有很强的民族性、地域性、传承性。在弄清人民生活与生活习俗的基本概念和基本特征后，就要注意把握好各自的记述范围，属于生活状态、生活质量方面的内容，就要放在人民生活中记述；带有民族性、地域性、传承性的方式方法，就放在生活习俗中记述。不论人民生活还是生活习俗，都应坚持宁精勿滥的原则。这样，既可保证各自内容的高质量，又可避免相互重复。

（原载《河北地方志》1996 年第 7 期）

志书改革创新问题

从陆续出版的新志书看，其观点、内容较之旧志，已有质的飞跃，体例形式在继承的基础上也有某些发展。但总的感到，不少志书志稿仍然是借鉴有余，创新不足。大家都不反对借鉴，志书也不可能没有借鉴，但借鉴学习要有利于改革创新。在这方面，部分同志由于对借鉴与创新的关系处理得不够好，偏重借鉴，忽视创新，结果陷入新老框框的束缚之中。我们审阅和评议志稿，常有“似曾相识”之感，原因大概就在这里。

现在大家普遍认为，志书的体例模式俗套，时代特征不鲜明，地方特点不突出，记述深度不够，整体性不强，等等。这些问题的存在，不能说与缺乏创新精神没有关系。解决这些问题进而提高志书质量，根本出路还在于改革创新。所以大家都应当重视这方面的研究、探索与实践。

当前，在志书改革创新方面，有三种倾向需要注意。一是志书探索中存在的表面性。这里说的表面性，主要是指重表轻里、重篇目轻内容的倾向。二是志书探索中出现的随意性。其表现就是随意“删增”、随意“归并”、随意“排列”、随意“揭示”等。三是志书探索中出现的趋同性。所谓趋同性，主要是指借鉴学习中存在的机械模仿偏向。比如，先行出版志书的概述，载有三大特点、三大优势，后面出版或拟要出版的某些县志的概述，也便出现三大特点、三大优势，甚至连写作方法也十分相似。这样做，虽然省心省力，但却极不利于百花齐放，推陈出新，极不利于纂修具有一方特色的新志书。防止和纠正表面性问题，关键是要坚持内容与形式的统一。就像一个人一样既要注意外在美，又要注意内在美，做到外在美与内在美的统一。要根据内容决定形式、形式服务内容的要求，处理体例形式与内容的关系。

进行志书的改革创新，要善于存疑、释疑。存疑、释疑，是一种创造性思维方法，是探索创新的内动力。一种新的学说、新的设想，代替旧的学说、旧的设想，常常产生于“存疑”，结束于“释疑”。李四光如果不对“中国贫油论”存疑、释疑，就不能为祖国找到一批大油田。这说明，如果对所见所闻都信以为真，对现成结论、设想不敢置疑，也就谈不上改革创新。方志方面的存疑、释疑，通俗点说就是带着问题去思考、去研究、去探索。比如目前志书所采取的这几种模式，各有哪些不足？有关部类，如城乡建设、水利、交通、邮电、电业、林业、人民生活等，目前排列的位置合适不合适？拿水利来说，仅把他放在大农业中来记述，我个人认为就不很合适。过去，对“水利是农业的命脉”这一点，大家认识比较清楚，看得比较重。但对“水利是各业的命脉”这一点，缺乏应有的认识。现在，水资源危机日益紧迫，才逐步引起人们重视。去年，一位著名水利专家给中央领导写了一封信，建议把水利列为经济建设的战略重点，与交通能源等并列相待。中央领导批示道：“在考虑八五计划时，得认真研究水的问题。人无远虑，必有近忧。”今年9月，李鹏总理也明确指出：“要重视水利的发展，从战略高度认识水利的地位和作用，要把水利作为国民经济的基础设施和基础产业，并从八五计划安排中加以体现”。所以说，现在就要很好研究水利的记述问题。再如农、林、牧、副、渔的排列顺序需不需要调整？最近看了一些最新研究成果，觉得有必要调整。农业应是生态农业。这样，农业才有发展前途。林木是生态系统的支柱，没有林木，生态系统就会崩溃，就没有农、牧、渔业的发展。农是人们吃饭问题，林是人类生存问题，农业搞不好会饿死一些人，林木砍光了会使整个人类难以生存下去。因此，林应放在首位。按林、农、牧、渔的顺序排列，也是有道理的。这样做，不能不说是建立在科学分析基础上的改革创新。再如对工业内容的记述，有没有应置疑的地方？我看也是有的。现在绝大多数志稿，重视记工业产值的增长，轻视增长机制的记述。这里说的机制，也就是说一地工业的增长，是在高投入、高消耗、低技术、低效益基础上的增长，还是在中投入或低投入、中消耗或低消耗、中技术或高技术、中效益或高效益基础上的增长。从提高志书资政价值说，记工业产值增长有必要，记工业增长机制更有必要，如是恶性的增长机制，其中就有教训，人们看了，就知道你这里的工业应当往哪方面调整和改革。如记述的是良性发展的机制，其中就有经验，本地人看了，就知道如何巩固提高，外地人看了，也能够学到一些有益的东西。

要达到这样的记述效果，就要提高记述的立意，或者说提高记述的目的性、自觉性。而提高立意、提高目的性和自觉性，关键又在于提高认识，比如对工业增长的认识，对工业发展的认识，对工业增长与工业发展关系的认识。工业增长，是指以“工厂法”计算的产值为主的一些数量指标的增长。工业发展，则包含技术构成、价值构成的提高，效益的提高，以及工业内部结构的合理协调，工业生产组织形式和管理体制科学合理等。工业发展包含工业增长。工业增长主要指国民经济中工业总比例的增长。工业增长不能代表工业发展。同一数量的产值，可以用高消耗的落后生产取得，也可以是在较高技术水平的生产中取得。所以，某些产值的增长，并不反映技术水平的提高程度，也不反映产出的效率高低和效益好坏，更不反映工业内部结构是否合理。“经济热”中，主要是追求产值的增长和加工工业方面的结构性产值利润率。并没有追求产出率和技术性产值利润率，把这些内容记述清楚了，就可以为调整工业结构、提高工业效益提供重要的参考资料。

别的内容，有没有重新认识和正确记述的问题？只要解放思想，开拓进取，既有热情，又有科学态度，是可以闯出新路子的。

（原载《广西地方志》1991 年第 5 期）

政治运动记述之浅探

地方志如何记述政治运动，方志界都在进行探讨，笔者仅就想到的几个问题谈些粗浅的看法，以就教于新老同行。

一、应有明确的记述目的

人们的实践活动，都是有目的的，方志记述政治运动同样如此。记述目的明确，才能使政治运动的各种资料，在取舍剪裁、排列、组合上有所遵循。记述目的不明，会严重妨碍政治运动的正确记述。

关于记述政治运动的目的，笔者认为，总的说就是保存重要资料，引导今人进行正确反思，启迪后人引以为戒，进而把大家的思想和眼界引导到搞四个现代化建设上来。同时，为便于人们具体地而不是抽象地吸取政治运动的经验教训，还应考虑记述目的的具体性。拿“文化大革命”来说，记述时就不能不考虑以下一些具体的记述目的，即通过具体记述“天下大乱”的表现和危害，引导人们充分认识安定团结的重要性；通过具体记述“以言代法”的情形和后果，引导人们充分认识加强法制建设的重要性；

通过具体记述打、砸、抢的愚昧行为和恶果，引导人们充分认识提高全民族科学文化素质的紧迫性；通过具体记述领导层中“推波助澜”的行为和影响，启发领导干部认识对上与对下负责的统一性；通过具体记述个人迷信、盲目崇拜的危害，帮助人们认识自己在国家政治、民主生活中的正确地位和作用；通过具体记述极端个人主义的表现和危害，引导人们认识加强思想政治工作和提高道德标准的重要性，等等。在记述政治运动时，总的目的越清楚，具体目的越明确，筛选的资料就越有价值，选取的内容就越有分量，也就越能更好地做到资料性与思想性的统一，内容与形式的统一，动机与效果的统一。

目前部分志书记述政治运动，或顾虑重重，躲闪回避；或空泛概之，不作具体记载；或凭兴趣，随便拼凑；或有闻必录，不加选择；或纯客观记述，不辨是非；或只见“树木”，不见“森林”；或枝蔓不分，无所侧重，等等。读者阅之，很难寻其思路，察其用意。究其原因，重要的一点，就是缺乏明确的目的和指导思想。故此，研究如何记述政治运动，应首先研究为何记述政治运动，进一步统一对政治运动记述目的的认识，切实排除各种思想障碍和干扰。

二、应从严确定记述范围

目前，列专章记述新中国建立以后政治运动的志书或志稿，其条目大体相似，主要记述了剿匪反霸、抗美援朝、镇压反革命、土地改革、“三反”“五反”、三大改造、反右斗争、大跃进和人民公社、“四清”运动、“文化大革命”。这样集中记述，其长处是便于载录运动原委，看清运动全貌，辨明运动得失，利于反思借鉴。这同分散略记式的记述比较，应当说是一个进步。但这样的记述范围，也有不尽如人意之处：面过宽，且名不符实，所记的剿匪反霸、镇压反革命，实际是完成新民主主义革命的遗留任务；所记的抗美援朝运动，实际是反侵略战争动员的通常形式；所记的土地改革和“三大改造”，是生产关系方面的变革；所记的大跃进和人民公社，是党在社会主义经济建设指导方针上的重大失误。这些虽与政治有密切的联系，并呈现出一定的规模，但严格说来，其本身毕竟不是具有特定含义的政治运动。将这些重要活动集中记之，不仅容易造成混乱，使人产生误解，以及可能出现广而不深的现象，而且还会削弱相关部类，影响部类之间的协调与平衡。

为了扬长避短，笔者不赞同记述范围上的“大包大揽”，而赞同“小包小揽”，即从严确定记述范围，有选择、有重点地记述政治运动。《中国年鉴》记述政治运动，只列了“三反五反”“反右派”“社会主义教育运动”“文化大革命”等为数不多的一些。编者这种选择和处理，有其充分的道理和明显的长处。毛泽东在“文化大革命”初期，曾明确提出了具有特定含义的所谓“无产阶级专政下继续革命”的理论。这一错误理论，萌发于1957年反右派斗争，发展于1962年至1965年期间，成型于“文化大革命”；他把社会主义社会一定范围内存在的阶级斗争扩大化和绝对化，把不同性质的问题都看成阶级斗争或阶级斗争在党内的反映，明显地脱离了作为马列主义普遍原理和中国革命具体实践相结合的毛泽东思想的轨道。具有特定含义的“政治理论”，必然酿出具有同样含义的“政治运动”。1957年反右斗争的扩大化，此后相继发生的“反右倾”“社会主义教育运动”“文化大革命”运动，都是在“无产阶级专政下继续革命”的理论酝酿、发展过程中所产生的畸形物。《中国年鉴》正是从错误理论与错误实践的关系上考虑问题，因而确定的记述范围相对来说较为合理。

像《中国年鉴》这样选择和排列，其长处在于，一是名实相符，归类适当，合乎志体；二是以如何区分和处理两类不同性质的矛盾为主线，把正确的（“三反五反”）、正确与错误交织的（反右派、社会主义教育）、完全错误的（反右倾、“文化大革命”）运动自然联结起来，真实地反映了历史轨迹，便于人们从正反对比中认识和吸取历史的经验教训；三是缩小记述范围，比“大包大揽”好驾驭，有可能写出一定的深度。

从严确定记述范围后，对析出的内容应作归类处理，可将其分别放入相关的部类中。

三、应立足实际进行记述

新中国成立以来的政治运动，都是由党中央统一部署，在全国普遍展开的，总体步骤又大致相同。对这些共性的内容，地方志不能不记，也不能详记。不记，反映不出一地政治运动发生、发展、结束的时代背景和来龙去脉。详记，容易湮没政治运动的地方特点。对各地相差无几的内容，应从略记之，能以反映出发生原因和基本脉络即可。

政治运动在各地的表现，既有其共性，又有其个性。拿城市与县、乡比，城市是一地政治经济文化的中心，城市自然是多数政治运动波及的主要范围，所受到的危害和影响也最为明显。但具体到某一市、县，情况又不相同。同样是市，有的反应迅速，有的反应迟缓；有的“有所创造”，把运动推向极端，有的表现“不理解”“消极”应付；有的是“重灾区”，损失严重，有的是“轻灾区”，损失一般。同样是县，有的紧邻大中城市，市县有呼有应，大闹大乱，中闹中乱，有的地处穷乡僻壤，“山高皇帝远”，“震”感较小；有的是政治投机者左右局势，运动愈演愈烈，有的是干部群众抵制有力，局势平稳，破坏较小；同样是“社教运动”，有的地方伤害干部较多，有的地方伤害干部较少；同样是“破四旧”，有的把珍贵历史文物付之一炬，有的则是有所选择地销而毁之；同样是武斗，有的规模大，伤亡多，有的则规模小，伤亡少，等等。

各地情况不同，记述的侧重点和方法也应允许有所不同，对历次政治运动的“重灾区”，既要写清总体与全貌，更要反映处在复杂现象背后的深刻原因和沉痛教训。在表现形式上，可采取集中与分散相结合的方法记述。集中记述，就是设立专章，通过文字、图表，反映全局、总貌，同时附上对全局总貌具有印证作用的重要资料。分散记述，就是在《大事记》中，简要记述政治运动的有关事件；在各类专志中，从自身实际情况出发，记述政治运动的冲击、后果和影响。对有危害但不深重的“中灾区”，不一定非设专章记述，高于专业志层次的综合性内容，可在“政治综述”或“党务”中记述。某些应当吸取的教训和应予肯定的做法，可放在其他专志中记述。对政治运动的“轻灾区”，重在彰明因果关系，政治运动危害到哪里就写道哪里，危害到什么程度就写到什么程度，表现方法可与“重灾区”有所区别。应当指出的是，这些地方是“轻灾区”而不是“世外桃园”，“左”倾影响和错误思潮不能说没有，因此，应注意把那些能够昭示“左”倾影响和错误思潮的重要细节材料，用附录的形式把他保存下来，以便于人们进行反思。“文化大革命”当中某地有这样一个场面：受害者被打得死去活来，绕场示众时，过道两旁的人你一拳，我一脚，殴打不断，离得远的，手脚够不着，便吐口水。这种具有典型意义的细节，作为附录载入志中，不是能更好地帮助人们认识并克服深藏在普通人性格底层的弱点吗？这样做，不仅不会“伤害大多数”，反而有利于教育大多数。

四、应把握好记述的原则和分寸

1984年6月全国五县志评稿会提出了记述“文化大革命”的“三宜三不宜”原则。这在后来，实际上成了记述各项政治运动的原则。笔者认为，这一“原则”不利于方志界正确地把握和反映政治运动的历史状况和经验教训，容易导致地方志对政治运动记述的简单化。记述新中国成立以来的政治运动，还是提以中国共产党中央委员会《关于建国以来党的若干历史问题的决议》(以下简称《决议》)为准则较好。《决议》高屋建瓴，论证精辟，既反映了历史真实，又具有辩证的观点，堪称典范。他所体现的存真求实、唯物辩证的精神，也恰恰符合新编方志的基本原则和要求。有些志书已注意把存真求实的原则和唯物辩证的观点，渗透到历次政治运动的记述之中，收到了较好的效果。这些志书既写“三反五反”这样正确的政治运动，又写“整风”“反右”“文化大革命”这样部分或完全错误的政治运动；既写政治运动的危害与破坏，又写干部群众的抵制和斗争；既写政治运动的发展过程和经验教训，又写我们党进行拨乱反正的决心和行动。这样做，就避免了政治运动记述上的简单化和片面性，有助于人们对政治运动进行正确的反思。这也说明，在总体把握上，只要以《决议》基本精神为指导，对本地政治运动作精心的分析、研究和选择，做到具体、准确、恰当，是会收到良好记述效果的。因此，方志工作者应从人为的“框框”中解脱出来，以对历史、对今人和后人负责的态度，敢于和善于全面深刻地反映新中国成立以来的政治运动。

政治运动涉及面广，且错综复杂，记述时确有一个区分不同性质矛盾，掌握角度和分寸的问题。笔者认为，对政治运动中党所犯的“左”倾错误，要站在正本清源的角度，写出主客观相脱离的危害和影响。对林彪、江青反革命集团及其紧密追随者，要站在揭露、批判、鞭挞的角度，写出他们的肮脏灵魂和丑恶表演。对被迫卷入政治运动并说了某些错话、做了某些错事的一般干部、群众，要站在群众自我反思、自我教育、自我提高的角度，写出他们如何被愚弄被利用；为体现此特点，不妨附上几篇当事人或知情人的片段回忆和现场目击记。对坚持正确原则和无端被迫害的干部群众，就是要站在褒扬的角度，写出他们的诚实与正直。对政治运动中的派性纷争，要着眼总体记述，说明原因和危害即可，没必要指名道姓作过细记述。总之，对政治运动中的事和人，要加以分析，区别对待，当详则详，当略则略，详略适度；当点名则点名，不当点则不点，点与不点都要有其道理。

（原载河北省地方志办公室、河北省地方志学会所编、学苑出版社出版《新方志编纂探论》第3集）

撰写概述要处理好四个关系

接触十几部新县志志首的概述，觉得在某些方面有值得肯定的地方，但总的感到还不太令人满意，突出的印象是肤浅、面宽、视野小、过于实。与部分修志人员探讨原因，认为不可忽视的因素是：受某些“面面俱到”要求的束缚，对所写的内容研究得还不透，落笔的重心还不甚明确，写作的技巧掌握得还不够好。据此便想到了撰写概述要处理好的四个关系。今提出与修志同仁商讨。

第一，要处理好研究与撰写的关系

写好概述，既有研究的功夫，又有撰写的功夫。研究是第一位的，撰写是第二位的。写好概述，首要的是把情况研究透。修改好概述，也有一个深化对地情的认识问题。我曾接触过一位主管修志工作的县领导，他谈到县委、县政府认识和决策的正确与否，对一县各业有着很大的影响。他谈的很有见地。当时我觉得，这些话经适当加工写进概述里就很好。我们修志的同志，包括写概述的同志，大多没这种经历和体验，认识要达到这个高度，就要进行深入的调查研究，包括对历任县委、县政府领导的调查了解，了解他们对县内大势大略、经验教训、基本规律的看法。在占有大量资料的基础上，要进行认真的分析思考，把感性认识上升为理性认识。这一步的工作，还应该包括群体的分析研究。长春市志办为了写好市志和概述，召开了长春市情研讨会，上海市志办也是这样做的。在集思广益的基础上，概述撰写者要来一个综合、深入的思考。当理丝有绪的时候，这个概述就可以说是完成了百分之七十。一篇好的概述，与其说是笔下功夫，不如说是笔前功夫。“运用之妙，存乎一心。”深思熟虑，方可妙笔生花。所以，一定要把情况研究透。

第二，要处理好主要与次要的关系

这里说的主、次关系，是指撰写概述的出发点，重在“资政”，还是重在“教化”。以“资政”为主，就会从反映事物的兴衰起伏中，论成败得失，彰因果关系，辨基本规律，以为决策之鉴。如以“教化”为主，就可能把这些内容放在无足轻重的地位去写。目前，不少概述主要是写成就、写优势、写人杰地灵。这样的概述，本县人民看了确实能够感受到家乡的变化、家乡的可爱，可以起到“教化”的作用。但如果只着眼于“教化”，这篇概述的价值就会受到影响。因为这样写，就难以反映出经验教训和因果关系。而这些内容，对于决策者来说，则具有相当大的借鉴意义。因此笔者认为，撰写概述，应重在“资政”，而不应重在“教化”。“教化”的任务主要由各分志来承担。概述侧重反映各分志不便于反映的而经过归纳、概括的内容，如经验教训、发展规律等。以“资政”为主写概述，要求高一些，难度大一些。尽管如此，也要下工夫把他写好。

第三，要处理好仰视与俯视的关系

目前看到的概述，大多仰视多，俯视少。所谓仰视多，就是仅站在本县角度写本县，只注重于一县的纵向比较。这好比站在谷底仰看，总觉自己这座山峰很高很高。假如站在全区乃至全省、全国角度去看问题，去进行横向比较，就好比站在山的最高峰俯视，就会感到“一览众山小”，就能看出本县相对于他县包括邻县的优势、劣势、成就、差距等，进而认识一县各业在较大范围内所处的地位、水平、能力及影响。一篇概述，仅引导大家看到成绩是不够的，重要的是引导大家看到差距，增强缩小这种差距的紧迫感、使命感，进而“知耻而后勇”，去努力创造新的成绩、新的生活。

第四，要处理好虚与实的关系

先举两个例子。某一县志概述，开头写一县位置、面积、地形特点，是这样记述的：本县总面积 1793 平方公里，西、北、南三面环山，中东部与某盆地相连。还有一部县志的概述，记同样的内容，是这样记述的：本县距省会多远多远，东西邻某县，南北邻某县。这两处比较，前面的概述，虚实结合就好，全县总面积，用一个总数字，这是实，是后面虚的基础，后面虚的内容，既概括又贴切，虽虚一些，但又觉得言之有物，可以感受到实的东西。看后，知道这个县是一块开放性的环山盆地。而后一篇概述的记述，就觉得太实，层次低，与地理记述的内容有重复。目前，部分县志的概述，面面俱到，缺乏重点；据实直叙，平淡无奇；数据过多，干巴枯燥。原因之一，就是虚实把握的不够好。解决这个问题，一是要述、论结合以论为主，二是要定性与定量相结合以定性记述为主，三是要注意形象化语言和能够“意会”的语言的运用。比如本县的形态像一片枫叶，就可以用枫叶来比喻。说明县城范围大小，说绕城一周需30分钟或40分钟时间，就不如用一个人们可以“意会”的概念，如“一支香烟绕城一周”。

（原载《天津史志》1991年第4期）

志书编纂中应注意的三个问题

审阅部分志稿，感到有三个问题需要提出，以引起修志同仁的重视，并采取措施加以解决。

一、要注意使用有价值的资料

胡乔木同志说：“地方志的价值，在于他提供科学的资料。”地方志的价值，说到底是资料价值问题。资料怎样才算有价值，很难下一个简单的结论。这要从实际出发，看资料是否是事物的基本要素，是否反映了事物的本质和鲜明的地方特点，是否具有较大的资政、教化、存史价值。比如记工人队伍、教师队伍、党员队伍等，有的志稿只记量的变化，排列了一串数字。这样记，就不如质与量结合记述好。要知道，有时量多不一定质量高，量少不一定质量低。再如记人口，记全县、全区的姓氏及各姓人数，对了解县情、区情有一定意义。但是，如果能将各姓、各宗族何时从何地迁至本县本区何处，意义就更大了。因为这是编写民族史、移民史的好素材，十分珍贵。再如有些事物，如行政组织、群众组织，目前的记述，大多缺少不同阶段好、中、差的比例、分布及特点，记述内容没有差异，没有广度，因此也就影响了资料的价值。有的志稿，写“解放前饲养禽畜，管理粗放，卫生条件不好，死亡率高，出栏慢，产量低”，写法不对，没多大价值。如果把“管理粗放”“卫生条件不好”“死亡率高”“出栏慢”“产量低”这些抽象的结论，换成具体的资料，把“粗放”的程度、卫生差的状况、死亡率高的表现、出栏慢的证据、产量低的数字反映出来，他的实用价值、科研价值、存史价值就大了。

如何选取有价值的资料，关键是要明确入志资料的取舍标准。标准清楚了，才谈得上鉴别资料的价值和意义。

二、要练好“概括”这一基本功

志书、志稿“言之无物”的问题比较突出。而“言之无物”，又主要表现在综合概括中。志书、志稿不少文字，都体现概括之功。因此，在综合概括上必须多下工夫。首先，要占有全面、系统、丰富的资料，这是提炼、概括的基础。就像沙里淘金一样，沙子少了，淘出的金就不可能多。目前，部分志书、志稿概括的内容不理想，一个重要的原因就是占有资料少。“巧妇难为无米之炊”。这从反面告诉我们，必须加强调查研究，必须占有大量的资料。其次是要善予进行分析、归纳、提炼、概括。一项成功的概括，往往包括如下要素：能反映事物的本质特征，能展示事物的全貌及发展过程，层次清楚，逻辑严密，语言简练。这样的概括，方能收到“实而不繁、简而不空、言之有物”的效果。分析、归纳、提炼、概括，要朝这个方向努力。对某些重要事物的概括，要拿出几种概括结果，尔后征求意见，反复比较，在比较鉴别中确定最佳概括结果。概括时，要防止“同详异略”倾向。概括的结果，放在哪个县都适用，这种概括就不成功。三是要区分层次，掌握好度。不管进行何种概括，都要先明确概括的对象处于何种层次。也就是说，是处于宏观层次，还是中观层次，还是微观层次。属于宏观层次，概括时就要统揽全局，高瞻远瞩，钩玄提要。属于中观层次，就要注意“上不越界”，下不“包办代替”。属于微观层次，概括时就要注意定性与定量相结合。

三、要加强对经济效益的记述

国家制定的“八五”计划和十年规划，明确提出“所有行业都要大力改进产品质量，增加产品品种，降低能源和原材料消耗，降低产品成本，提高经济效益”。要提高经济效益，就有一个了解过去、现在各行业经济效益的状况。如何了解？便捷的办法，就是通过志书来了解。这就要求我们要重视经济效益的记述。

比如记工业内容，除记述工业经营体制、工业门类、生产总值、利润、利税总额外，还要记材料来源、工艺设备、技术改造、新产品开发、经营管理、产品销售、能源、原材料消耗、投入产出比、物价指数等。有了这些基本内容，就可以分析某地或某一工业企业的经济效益。

在这方面，四川省《营山县志》已做了有益的尝试。这部县志，在“经济总貌”中记了“经济效益”。该志在工业中记了独立核算工业企业销售收入、盈亏、税金、全员劳动生产率；记了工业主管局独立核算实现销售收入、利润、税金；记了工业企业经济效益指标，包括6个重要年份（1962年、1965年、1970年、

1975年、1980年、1985年）14项指标。该志在乡镇企业中，记了经济效益和社会效益，这些记述是很有价值的。

（原载《河北地方志》1993年第1期）

再谈志书编纂应注意的几个问题

在今年第一期《河北地方志》综合版中，我曾谈到志书编纂中应注意的三个问题，即“要使用有价值的资料”“要练好概括这一基本功”“要加强对经济效益的记述”。现就志书编纂应注意的其他几个问题再作探讨。

一、要加强对县政府活动内容的记述

目前，不少志稿记县政府，只记机构沿革和领导人更迭，未记政务活动。这样记述，大概认为新中国成立后的各项工作，都是在县委、县政府领导下进行的，有关分志记了，政府志再记就重复了。政府领导与各部门的工作确有很强的联系。从联系上讲，上面的认识有一定道理。但政府领导与部门工作又不能等同，二者之间还存在着区别。要反映出区别，就要在政府中加一些内容，比如：政府首脑的重要活动；中心工作的部署、落实、展开；政府常务会议、报告、发文；办公制度改革，如现场办公、县长接待日；重大问题调查研究；重大问题的决策过程等。这些内容，有关分志可能涉及，但无法反映全貌。如教育，县委、县政府关于教育可能作了决定，发了文件，教育志只能点到，但对这些决定、文件形成的背景、形成的过程，就不便于展开记述，而政府志则可展开记述。所以，我倾向于在政府志中增加“施政要务”方面的内容，特别是把政府决策写好。实行党政分开后，政府决策可记的内容多一些。有一个资料记县级决策，就写得很好。他是这样写的：建筑业是本县的传统产业。1980年，全县建筑队伍有1万人，产值4800万元。在探索本县致富之路的过程中，县级决策部门认真分析了本县的实际情况，提出了“一半劳力在家种田，一半劳力外出抓钱”的口号，做出了以建筑业为龙头，发展“一条龙”产业，振兴本县经济的决策。4年时间，全县建筑队伍翻两番，达到4万人，产值增加到1.9亿元，劳务收入由1200万元增加到6900万元。但该县决策者没有就此停顿。1988年，在全国经济过热、农业徘徊的情况下，通过分析县情和国情，该县决定加大农业投入，发展农业科技，加强社会化服务，进行吨粮田开发。全国治理整顿，建筑业受很大影响，而全县的粮食生产却创造亩产810公斤的历史最高水平，后又成为长江以北第一个吨粮县。农业稳定了，建筑工人回家可以从事新的农副业生产。这样记，既简练，又符合实际，也避免了与分志不必要的重复，值得借鉴。

二、要加强对乡、镇政府内容的记述

目前大多县志，记乡镇政府，记了机构和领导人，未记活动和经验教训。人们看了志书，似乎乡、镇政府的设置是可有可无；一个县的工作，似乎都是县政府直接抓的。

不记乡、镇政府的活动内容，主要原因恐怕是乡、镇政府提供资料的同志手头现成资料少，又没进行详细调查，提供不出更多资料；县志办直接调查，又有诸多困难。如何解决这个问题呢？可以列出调查提纲，让乡里负责提供资料的同志去调查，也可以由县志办的同志与乡里的同志进行联合调查。乡太多不便于进行全面调查，也可以选择几个有代表性的乡镇，好、中、差都有，进行典型调查。纵有困难，只要想办法，还是能挖掘一些资料的。

乡镇政府的活动内容，不是可记可不记，而是应当想办法记好。之所以提出这个问题是因为，第一，我国乡建制的历史比较悠久。他萌芽于春秋战国之际，定型于秦汉王朝时期。隋文帝开皇十六年到1640年前的清王朝，乡虽不再是基层行政建制，但从清末到北京政府到国民政府时期，乡又成为县下的基层行政建制，并一直沿袭至今。第二，新中国成立以来乡建制经历的4个阶段中有3个阶段，还是健康发展的阶段，有许多工作还是应当肯定的，即1949年至1953年的第一阶段、1954年至1958年的第二阶段、1983年以来的第四阶段；即使1958年至1983年的第三阶段，即人民公社作为农村基层行政建制阶段，也不是一点工作也没做。这些内容不能不记，不能留下历史的空白。不记，不符合历史的真实；不记，不能反映基层行政建制存在的必要性；不记，在基层工作的同志就会有意见。第三，乡镇行政工作有起有伏，有兴有衰，有经验有教训，记述了这些内容，对于改进和加强基层行政工作，加强基层政权建设，密切党和政府同人民群众的联系，都有借鉴意义。所以，不能忽视乡、镇政府活动内容的记述。

乡镇政府的主要工作有9项。这在地方组织法中已有明确规定。我们可以从这些方面去调查乡、镇政府的工作。

记述时，要注意把综合概括与附记典型材料结合起来。要注意反映好、中、差的状况和比例。乡、镇工作，县里如果组织过综合评比，排过名次，这要在志书中体现出来。如果组织过单项评比，如计划生育评比、绿化评比、土地管理评比、文明乡镇评比、综合治理评比等，那就用单项评比的资料。对基层工作中存在的不正之风，也要注意反映。比如县委、县政府、县监察部门、纪检部门、司法部门调查处理了的问题，或通报批评了的问题，可采取适当方法予以反映。

三、要加强本籍在港、澳、台及国外人员的记述

本籍在港、澳、台及国外的人员，各地情况不同，但或多或少都会有一些。这些人员，有从政的、有经商的、有搞科研的等，职业涉及方方面面。其中不少年事已高，他们的晚辈和亲友与居住地各方面有着广泛的联系。加强对这方面人员有关情况的记述，有利于发挥志书在改革开放、内引外联、招商引资、发展经济等方面的作用。有的志书，已经注重加强这些内容的记述，收到了良好的社会效益和经济效益。有些地方引进的项目，就是志书所记的本籍在港、澳、台及国外的人员牵针引线所促成的。但是，有一些志书轻视上述内容的记述，因而降低了志书在改革开放中的服务功能，应当引起高度重视。以上内容不仅要记，而且要记好。本籍在港、澳、台及国外人员本人的情况要记，他们子女的情况，有的也有必要予以记述。关键是要解放思想，更新观念，树立开放意识。只要有利于激发同胞们的爱国思乡之情，有利于扩展联系网络和信息渠道，有利于引进资金和项目，有利于人才和技术的引进，该记的就要记，有的甚至还要放在突出地位并加重笔墨记。

（原载《河北地方志》1993 年第 5 期）

对一些敏感的问题要慎重处理

宗教、民族问题，错误的政治运动，党内和社会上的不正之风，劳改劳教问题，涉外活动问题等，是一些比较敏感的问题。这些内容，志书不能不记，但是要采取正确的方法，有选择地记。现在，国际间的斗争很复杂。国际上的一些敌对势力，把和平演变的重点转向了中国。他们利用宗教，渗透自己的政治主张和价值观念，有的甚至披着宗教的外衣，制造动乱，干扰中国的改革开放。他们在民族关系方面，捕风捉影，散布流言，制造矛盾，企图分裂我们多民族的统一国家。他们搜集消极材料，诋毁中国共产党的领导和社会主义制度。他们搜集我们的经济、科技情报，给我国的经济、科技工作制造困难等。我们不能“两耳不闻国际事，一心只修新志书”。志书要在国内外发行，成书之前，就要想到发行之后可能产生的影响。无论如何，不能让国际敌对势力在我们的志书中找到诋毁中国共产党的领导，诋毁社会主义制度和民族、宗教等政策的口实和把柄。今年 7 月初召开的中国地方志指导小组第九次会议明确提出：要注意对民族、宗教、涉外、保密等问题的研究，切实遵循有关政策法规。提出这一要求，目的就是要确保志书质量，避免不良影响。去年以来，国务院新闻办公室发表了两篇重要文章，即《中国的人权状况》《中国改造罪犯的状况》。这两篇文章十分重要，修志人员应很好学习。志书记述司法、劳教、宗教、民族、计划生育等，要与这两篇文章的精神相一致。历史上，汉族与某些少数民族，某些少数民族之间，在某些时候发生过一些不愉快的事情，这是我们国家兄弟民族之间的“内政”，不是“外事”。对此，不能站在大汉族主义的角度去认识和记述，不能用“侵略”“敌人”之类的词。凡对少数民族有贬低、蔑视甚至侮辱性的词一概不用。对某些不正之风和腐败现象，如记，要记那些有调查有处理结果的。这可以说明，我们党敢于正视和处理问题。对错误的政治运动，有的志稿是无目的的记述，记得很细很长很杂，读后给人的印象很不好。对这方面的内容，既要记好，又不让人“钻空子”，关键是两点：一是目的性要十分明确，二是要把握好记述的分寸和原则。对政治运动中派性纷争，着眼总体记述，记清原因和危害即可。“文化大革命”中拆毁寺庙、批斗神父事件，可不在志书中显示。

（原载《河北地方志》1992 年第 11 期）

志书居民生活部类的简要审视及若干思考

翻阅已经出版的部分志书（包括部分首轮志和少数续志）“居民生活”（有的志书谓“人民生活”）部类，感到有喜亦有忧。喜的是这些志书注意通过人均收入、人均口粮、常住居民人均消费品购买力、人均住房面积、主要商品平均销售量等，反映居民生活发展变化。其中有部分志书在此基础上，还设50户或百户居民生活状况调查，增加了典型性和记述深度。还有突出者，记解放前居民生活，通过本地流浪在外、衣食无着乞丐数（如《定州市志》），以及艰难度日的典型户（如《晋县志》），来反映贫困民众的悲惨生活。更令人欣喜的是，少数已经出版的续志，如《三河市志》，除记述收支总量、收支构成外，还反映了收入差别，包括乡镇差别、村街差别、户间差别，以及新特消费和支出，包括高消费娱乐、观光旅游、雇用保姆、雇请护院保镖。人们收入的增长和不平衡，是事物的两个方面，两方面内容都如实记述，才能真正体现“存真求实”的原则，同时也才更有利于资政。记述新特消费和支出，能够更好地体现时代特点和地方特色。

已经出版的部分志书“居民生活”部类，也还存在着一些不足。部分志书只有综合概括，而无若干户居民抽样调查，面与点缺乏有机结合。反映收入差别的志书少之又少，而造成收入差距拉大的原因更是缺乏记述。反映文化消费的志书为数不多，而教育、书报刊等文化消费的状况，恰恰隐含着人口素质的因素。部分志书注意记健康消费，而忽略了非健康消费内容的记述；注意了老百姓衣、食、住、行等消费的记述，而忽略了消费主体——人——老年人、中年人、青少年，男人、女人，长辈、晚辈消费特点的记述。上述这些内容，往往包含着深层次的信息，属于有深度有价值的资料，记述单薄或忽略记述，直接影响着志书的广度与深度。以编纂“具有很高科学水平和重要文化价值、社会价值的志书”(李铁映《在全国地方志第三次工作会议上的讲话》)为根本目的的第二轮修志工作，应特别注意总结上一轮修志的经验教训，成功之处就要坚持，不足之处就要弥补。笔者仅就充实完善续志“居民生活”内容谈一些想法，以便与修志同仁商榷。

一是要重视收入构成的记述。已出版志书部分未记收入构成；有此内容的大多也不够完善，比如只记单一时期的收入构成，而无不同时期的收入构成，因而无法进行比较，自然也看不出收入构成的发展变化，而发展变化往往体现着规律。不同时期的收入构成存在着明显的差异。改革开放前，城乡居民收入来源比较单一，城市居民的收入主要是工资性收入，农村居民收入主要是农业收入。改革开放以来，随着分配制度的改革，就业渠道的拓宽，居民收入构成趋于多样化。据河北某市统计局 2001 年第一季度抽样调查资料显示，城市居民工资外收入渠道增多，主要是：从事个体经营、离退休再就业、财产性收入、其他劳动收入。随着人们择业观念的变化，居民工资外收入还会增多。另据某市 2002 年统计资料显示，城镇居民收入呈现 3 个显著特点，即工资增长快，传统收入减少，货币化程度提高。续志“居民生活”部类应翔实记述这种收入构成的多样性及其特点。为便于比较和体现规律，可分三个阶段即改革开放前（某一阶段）、改革开放 10 年和改革开放 20 年，分别记述各时段的收入构成。

二是要记好收入差别。其内容包括城乡差别、乡镇差别、村街差别、户间差别，还要记清楚城市或乡镇或村街或家庭内部，因单位、职业、文化程度、基本素质的不同及人口的多少，所造成的收入差别。据河北经贸大学暑期社会实践小分队 2001 年 7 月，对省会 300 位 18 岁以上居民配额抽样访问调研情况看：家庭月收入在 500 元及以下的居民，主要集中在集体企业；500—1000 元的，主要在个体私营和国有企业；1000—1500 元的，主要是集体和个体私营企业的员工；1500—2000 元的，主要在机关事业单位；2000—3000 元的，集中在机关事业单位和三资企业；3000 元以上的收入群体，集中在三资、部分国有企业；5000 元以上收入群体全部集中在三资企业。而文化程度的高低也直接影响着个人的收入。2000 年底，石家庄市城市社会经济调查局抽样调查显示，1999 年，省会大学以上文化水平的人均月收入 720 元，位居第一，往后依次是大本 678 元，中专 554 元，高中 516 元，初中 488 元，小学 248 元，其他 161 元。从职业情况看，省会工程师月均收入为 841 元，助理工程师 656 元，技术员为 616 元，农林牧渔从业人员 543 元，生产运输工人 511 元，其他 435 元。续志记述这些内容，既反映了历史的真实，又利于资治、教化，使人们更为明白“知识就是财富”的道理，从而更加重视知识、重视文化素质的提高。

三是文化消费与物质消费应并重记述。已出版的志书，明显存在着重物质消费轻文化消费的现象，有的根本不记文化消费。其原因，也许认为居民文化消费支出比重偏低，没什么好记。殊不知，志书系地情书，地情如何就如何记，亦即有喜记喜，有忧记忧。记喜可鼓舞士气，记忧可增强忧患意识。客观上，国民用于文化消费的支出，在整个生活费用中的支出确实明显偏低。据有关方面统计，1983 年到 1989 年，我国城镇人口平均每人每年在生活费用的支出中,用于书报杂志和其他文化娱乐的支出比例，分别为 1.42%、1.43%、1.25%、1.21%、1.18%、1.05%、1.17%。由此可见，我国居民个人文化消费所占比例之低。而在这 7 年当中，城镇居民人均生活费支出由 505.92 元增加到 1210.95 元，其中的文化费用支出反而下降了 0.26%。究其原因，重要一点是群众中普遍存在的陈旧的消费意识、消费观念，直接影响着文明、积极、健康的消费意识和消费观念的形成。不少在经济上比较富裕的家庭，也很少想到在文化消费方面多一点投资。故有人谓之“物质上的富豪、精神上的乞丐”。

我们应该清醒地意识到，社会的文化消费活动，是一种直接影响人的精神、思想、心理、情感乃至人生观、价值观的活动。社会的整体文化消费水平，是国民生活质量指标体系中的重要内容之一。我国小康水平量化标准之一，就是教育和文化娱乐支出比重。物质上的富有、精神上的空虚，不能算真正的小康。社会的文化消费观念、消费方式、消费结构、消费能力，无一不与整个社会的文明程度、生活方式、思想道德和科学文化素养密切相关。社会的文化消费问题，不是一般意义上的消费活动，他关系到社会的未来，民族的未来。国际有关机构统计显示，国民整体素质越高，文化消费比例就越大。瑞士人较为富裕，但也最爱读书。据《日内瓦论坛报》披露，瑞士人每月读书 4 本以上的占 14.4%，读 3~4 本的占 16.8%，读 1~2 本的占 45.8%。因此，记述和记述好文化消费，不论好的方面还是问题，都是十分必要的。记述的内容，如前所述，要记文化消费观念、消费方式、消费结构、消费能力、消费差异、消费比较等。

四是要对社会消费群体进行综合分析性记述。国家统计局1998年中国城市居民消费形态调查表明，我国城市居民已形成八种消费群体，呈现不同的消费特色。这八种消费群体是：取向现实型消费群，前卫、进取型消费群，高收入阶层消费群，低收入阶层消费群，知识阶层消费群，管理人员、专业人员消费群，传统文化观念较为淡漠人群消费群，中年女性消费群。这类调查和分析，无疑对我们会有重要启迪。这是就全国某时段而言，具体到一个地方，会有差异，因此不必照套，要从实际出发进行记述。我们已知的一种倾向，即消费攀比，也不应被忽视。据河北省城镇居民家庭抽样调查资料显示，低收入户拥有的“四大件”比高收入户少不了多少，但他们花在饮食营养和精神文化方面的钱却比高收入户少得多。这种失衡的消费结构，极不利于城镇居民身体素质和思想文化素质的提高。当地情况如何，正在编纂的续志责无旁贷地应做出回答。还要注意老年、中年、青年、少年几个年龄段居民消费状况的分析记述。记中青年，有一点要给予必要关注，即成年子女沾父母光的问题。据调查，一定时期以各种方式沾父母光的成年子女占82%以上；在有些省，青年平均婚费开支超过1万元，其中80%的人从父母身上索取的婚费达6000~8000元。这反映相当部分年轻人陷入在精神上要求独立与在物质上继续依赖父母的怪圈。何为青年问题？这就是青年问题。大家都在说，首轮志书青年部类记青年工作多，记青年问题少。续志怎么办？正确的出路就是面向实际，去捕捉、调查、分析、记述前述类型的一个个具体的青年问题。城乡少年消费如何，续志亦应做出回答。北京市青少年研究所，通过对北京市重点、普通、较差三类中学及农村中学进行问卷调查了解到，城乡少年消费水平存在较大差距，消费结构有不同特点，消费能力低，消费心理正从“喜好”向“实际需要”转变。他们的做法值得续志工作者借鉴。

五是健康消费与非健康消费应兼顾记述。已出版的志书往往忽视甚至不记非健康消费内容。这是一个重要缺陷。续志在这方面应予充实和完善。改革开放以来，我国城乡居民消费出现了许多积极变化，比如投资教育，购买科技书籍，兴办新兴产业，购买电脑，上网学习、浏览，办理保险，安装电话，购置手机，外出旅游等。这种积极的消费趋向标志着整个社会在进步，人们文明程度在提高。续志要充分记述这些具有历史意义的积极变化。同时也要看到和反映非健康的甚至是畸形的消费。大家耳闻目睹的不少，比如婚丧大操大办，一些地方修坟造墓方面的攀比，一些人的豪赌豪饮，人情消费的增加，封建迷信消费的存在，色情消费的蔓延，农村“彩礼”居高不下，等等，都应予以记述。

在中小学生中出现的超前消费、畸形消费、借贷消费等不良势头，也需引起方志工作者高度重视。原河北省政协委员、巨鹿县育红小学党支部书记杨绍秋，经过大量调查研究后指出：许多中小学生沾染了互相攀比、讲吃讲穿、不爱劳动、懒惰自私、贪占便宜、花钱大手大脚的不良习气。有买零食、吃零食习惯的占67%，同学间互送生日礼物、互赴生日宴会的占70%，家庭有游戏机等高档电子玩具的占26%。据其调查统计，非生活和学习必需品之外的年消费额，小学生人均800元以上，中学生人均1200元以上，家庭经济条件好的学生年人均3000元以上，有的高达6000元以上。学生手中的钱大部分用于吃喝玩乐，用于学习和购买学习用品的不足5%。这不能不令人担忧。有人称消费教育为“又一项紧要工程”，绝不是夸大之词。续志记述类似情况，就为加强中小学消费教育提供了依据材料，意义不可小视。记述时应忌抽象笼统，要在大量调查的基础上，进行有分析有归纳有根有据的记述。

（原载《河北地方志》2003 年第 3 期）

浅谈志书对经济效益的记述

七届人大四次会议通过的“八五”计划和十年规划，明确提出“所有行业都要大力改进产品质量，增加产品品种，降低能源和原材料消耗，降低产品成本，提高经济效益”。要提高经济效益，就有一个了解过去、现在各行业经济效益的状况。如何了解？途径之一就是通过志书来了解。这就要求方志工作者要自觉地去记述而且要记好这方面的内容。

比如记工业内容，除记述工业经营体制、工业门类、生产总值、利润、利税总额，还要记材料来源、工艺设备、技术改造、新产品开发、经营管理、产品销售状况、能源消耗、原材料消耗、投入产出的比例关系、物价指数等。有了这些基本内容，就可以分析某地或某一工业企业的经济效益。所以，记述工业的内容，要注意他的系统性、完整性。其他行业，如农业、林业等，也应当如此。

总的说，我国工业企业经济效益，在第一个五年计划、“三年调整”时期，以及三中全会以来，注重经济效益的提高。这几个时期比较稳定，保存的资料可能多一些。“大跃进”和“文化大革命”时期，大多数工业企业重产值，轻利税，重速度，轻消耗，经济效益低，有的停工停产，只有损失毫无效益。这两个时期尤其是“文化大革命”时期，“效益资料”可能很少或者没有，成了志书反映经济效益的“困难时期”。尽管如此，也还要想办法反映各时期经济效益状况。缺乏文字资料，可通过挖掘口碑资料来弥补。

在这方面，四川省《营山县志》已经做了有益的尝试。该志在“经济总貌”中记了“经济效益”；在工业中记了独立核算工业企业销售收入、盈亏、税金、全员劳动生产率，记了工业主管局独立核算实现销售收入、利润、税金，记了工业企业经济效益指标，包括6个重要年份（1962年、1965年、1970年、1975年、1980年、1985年）14项指标，即百元固定资产创产值数、利润数、销售收入数，百元工业总产值实现利税、利润数、产值资金率数、资金利税率、百元销售收入创利税数、利润数，百元销售收入占用定额流动资金、人均创产品销售收入、创净产值数、创利税数，记了主要工业产品原材料和能源消耗。该志在乡镇企业中，还记了经济效益和社会效益。这些记述很有价值。什么是志书的质量和深度？上面说的这些内容就是质量和深度。

要正确地、全面地记述经济效益，就要注意分析新中国成立以来曾使用过但尚不科学的经济发展评价指标体系，学习运用科学的经济评价指标体系。

在新中国成立以来一个比较长的时期，常以工农业总产值指标来评价社会经济发展。这样的评价指标，注重了总产量、总产值，忽视了产品的适销对路；反映了生产，忽视了消耗，看不出投入与产出的比例关系，就看不出经济效果。我国多次出现的“经济热”，其中主要是工业增长热。这种增长热，反映了一定工业发展，但也反映了工业的畸形增长。“经济热”中，主要是追求产值的增长和加工工业方面结构性产值利润率，并没有追求产出率和技术性产值利润率。用尚不科学的评价指标来认识和记述经济，就难以使人看出一地、一个企业经济的增长，是在高投入、高消耗、低技术、低效益基础上的增长，还是在低投入、低消耗、高技术、高效益基础上的增长。科学的经济评价指标，从有关的书籍中即可查到，如《实用统计手册》《社会经济统计词典》《国民经济部门分类目录》《国民经济行业分类标准》《中国百科年鉴》《现代中国经济事典》《技术经济学》《工业经济效益问题探索》《中国国民经济各部门经济效益研究》等。这些，大多为国家和省有关部门或研究机构编辑或组织编辑的工具书、专业书，其内容包括经济领域各行业分类标准、分类方法和一些概念等。了解了这方面的知识，调查和记述经济效益就有了遵循。

比如评估工业生产，国家早先曾规定 8 项指标，即产量、品种、质量、消耗、劳动生产率、成本、利润、流动资金占用。后来，为了从宏观上考察工业生产经济效果的动态情况，又增加了若干指标，即工业总产值和增长率、工业产品优质品率、每万元产值消耗能源和降低率、工业企业销售收入和增长率、工业企业上缴利润和增长率、工业企业产值利税率、工业企业定额流动资金周转天数和加速率、工业企业销售收入利润率、工业企业职工重伤及死亡人数和降低率等。这些指标，包含了数量、质量、管理等多种因素。明确了这些标准，搜集、评价、取舍工业生产方面的资料，就有了基本依据，选择的资料，相对来说价值就大。

其他行业，也都有个科学认识、科学评价、科学记述的问题。比如，考核交通运输经济效益，有人就提出从 6 个方面考核，即运价低廉，运输及时，运输安全、质量好，运量大，运输服务面广，运输正规、经常、均衡。再如，考核科学技术活动效能，一些专家学者提出要从三个方面进行考核。一是科技投入指标，就是以研究与开发为中心的科技活动所投入的资金和人力。二是产出指标，包括学术研究论文、发明创造、技术转移、税收、劳动生产率、人才培养等。三是科技活动指标，包括科技“活动”过程的结构、机能、体制、政策、实施、管理、合作交流、技术服务等。

记述经济效益，还应注意进行比较。通过纵比来反映自身的进步幅度；通过横比来反映差距变化。例如一个企业，横比就看得出这一企业的现状、水平、能力、影响，以及在全国、在国际上的水平、地位等。省、市、县各类工业企业，能比较的都要进行比较，从比较中看他所处的位置、水平等。

（原载《广西地方志》1992 年第 6 期）

续志公、检、法部类加强记述深度断想

首轮新编志书公、检、法部类的一个通病就是平淡肤浅，缺乏深度。案件侦破、检察、审判，记得好的有逐年或隔年的综合数字，记得差的连综合数字也没有。而综合数字中所包含的深层信息，如案件的构成，案件的时段和地域差异等都未反映。续志在这方面就要认真加以弥补。我认为续志公、检、法部类加强记述深度，至少要做好以下三个方面的工作。

一是如实反映案件的构成。假如单一年度案件数为50起，那么续志就要记清这50起案件的构成状况。从城乡构成上说，如果县城或县级市的市区为30起，那么其他区域的势必占20起。再往下剖析，30起和20起中，从作案特点上分，流动作案和固定作案各占多少起；从犯罪者构成上分，成年人与青少年、男性与女性、屡犯与初犯各多少人；从文化构成上分，文盲、小学、中学、大中专各多少人；从犯罪类型上分，危害国家安全罪，危害公共安全罪，破坏社会主义市场经济秩序罪，侵犯公民人身权利、民主权利罪，侵犯财产罪，妨害社会管理秩序罪，危害国防利益罪，贪污贿赂罪，渎职罪，各多少起，所占比例。各大类下还可适当细分，如危害公共安全罪，可将放火罪、爆炸罪、投放危险物质罪、破坏交通工具罪、破坏交通设施罪等加以区分，反映各自数量及所占比例。破坏社会主义市场经济秩序罪，还可将生产、销售伪劣商品罪，走私罪，妨害对公司、企业的管理秩序罪，扰乱市场秩序罪等加以区分，反映各自起数及所占比例。侵犯公民人身权利、民主权利罪下，可将故意杀人罪，故意伤害罪，强奸罪，侮辱妇女罪，猥亵儿童罪，绑架罪，拐卖妇女、儿童罪，诬告陷害罪相区分，反映各自起数及其比例。侵犯财产罪下，可将抢劫罪、盗窃罪、侵占罪、诈骗罪、抢夺罪、敲诈勒索罪相区分，反映各自起数及其比例。将综合数字中所包含的多方面、多层次的信息反映出来，一来可以体现时代特点和行业特点，二来可为党政领导、党政机关、政法部门改进治安工作提供参考资料。

二是要如实反映案件的地域差异。城市犯罪与农村犯罪，其特点有着显著的不同。城市犯罪，某些时期外来人口往往是重点人口，而流入城市的农村人口犯罪成为城市犯罪的主要部分。城市人口中，青少年是城市犯罪的主要部分。财产是城市犯罪的主要目标。共同作案是城市犯罪的重要形式。暴力是城市犯罪的重要手段。市内作案，郊区、郊县窝赃销赃，是城市犯罪的一个重要特点。

同一城市也还存在着地域差异。一般商贸区容易出现诈骗作案，工矿集中地区容易出现偷盗作案，党政机关集中地容易出现冒充机关人员盗窃作案，城郊结合部、偏僻交叉路口容易出现抢劫(夺)作案，等等。

农村犯罪，在一些地方一定时期，表现为农民和一般群众多，团伙犯罪占一定比例。河北某地 1994 至 1998 年 5 年内判处罪犯 352 人，其中农民 258 人，占 73.3%；一般群众 305 人，占86.6%。其中2人以上的共同犯罪38起，计94名罪犯，分别占12.6%和26.7%。文盲和半文盲犯罪较多，初中以下文化程度的326人，占92.6%，其中小学文化程度及文盲206人，占58.5%。少年犯罪24名，占6.8%。故意杀人、故意伤害、强奸等侵犯人身权利的犯罪123人，占34.9%。抢劫、盗窃、诈骗等侵犯财产权利犯罪的160人，占45.5%，其中盗窃犯罪的100人，占28.4%。由此可见，农村法制教育的薄弱，农民法律意识的淡薄，文盲与法盲对社会所造成的危害，以及农村侵犯人身权利和侵犯财产两大重点犯罪的普遍性和严重性。

续志如实反映案件的地域与地域之间以及地域内部的差异，才能更好地体现地方特点，更有利于加强治安工作的针对性、有效性。

三是要如实反映案件的时段差异。前述案件的地域差异，涉及的是横向内容，此处所述时段差异，涉及的是纵向内容。案件的时段差异（纵向内容），往往体现着与当时大环境密切相关的规律性。志书使命之一在于反映规律。续志公、检、法部类反映案件的时段差异，目的就在于此。以河北某县为例，该县1985年至1996年12年间，盗窃案逐年为84起、80起、68起、97起、116起、84起、214起、209起、214起、305起、308起、154起；抢劫案逐年为0起、4起、4起、2起、5起、9起、16起、9起、16起、26起、11起、17起；诈骗案逐年为3起、3起、3起、0起、7起、3起、3起、23起、3起、5起、4起、6起；杀人案逐年为0起、3起、1起、0起、2起、9起、3起、2起、3起、1起、7起、5起；强奸案逐年为16起、17起、11起、8起、20起、7起、14起、9起、14起、14起、10起、14起；犯罪人数逐年为107人、118人、106人、123人、180人、109人、158人、150人、294人、247人、204人、234人。从这些数字可以看出，盗窃案呈逐年上升趋势；抢劫案稳中有升；诈骗案基本平稳，无大升降；杀人案总体得到控制；强奸案居高不下；犯罪人数逐年上升。这是近12年的年度差异记载。为了便于从历史的长河中总结经验教训，还可将这12年的案件情况，与50年代、60年代、70年代同样跨度、同类案件进行比较，以反映同类案件不同时段的差异，让读者从中了解这些案件的变化轨迹。如果编修的仍然是通志，历史上的案件无法查找，那就将新中国成立后50年代、60年代、70年代、80年代同样跨度同类案件进行简要比较。断限内与断限外某些内容的历史比较，可加强志书的贯通与联系，强化志书的“资政、教化、存史”功能，是现实需要，而不是可有可无。

（原载《黑龙江史志》2003 年第 4 期）

新方志记述爱国拥军内容的几点思考

笔者对军民关系方面的问题，不论是历史的还是现实的，都比较关心。正因如此，在查阅新志和阅读志稿时，同样留心军民关系方面的内容。总的印象是，志书、志稿对这些内容有所记述，但不尽如人意，有的还很欠缺。本文仅就军民关系的一个重要方面——“爱国拥军”，围绕其记述的必要性、内容和方法，谈点粗浅的看法。

一、新方志记述爱国拥军内容的必要性

新方志记述爱国拥军内容是十分必要的。这种必要性，是志书自身的功能、作用所决定的。首先，爱国拥军是一个时代特点。在长期革命斗争中，广大人民群众深明中国共产党领导的军队的正义性，踊跃参军参战，甚至在经济十分困难、斗争极为严酷的环境中，人民群众也与其患难与共。中华人民共和国成立后，地方各级党委、政府和群众，积极支持部队建设，做出了巨大努力。

爱国拥军热潮的蓬勃兴起，有力地促进了军队的发展，进而保证了革命战争的胜利和国家的独立与稳定。社会主义新方志，理应对此认真加以记载。只有这样，才能无愧于历史，无愧于人民。

其次，爱国拥军是中国人民在长期革命战争中形成的优良传统。这一传统，无论是现在还是将来，都需要继续发扬光大。

军队是国防力量的主体。任何一个强盛、独立的国家，无不重视军队建设。今天，全国人民的中心任务是进行经济建设。但是，这绝不意味着可以轻视军队的地位和作用。保持和建设一支强大的革命军队，对于保卫人民的和平劳动，巩固国防，抵御外来侵略，都是十分重要的。正因如此，党中央、国务院历来重视军队建设，并于1958年发出了尊重、爱护军队、支持军队改革和建设的通知。地方各级组织和群众，把关心、支持军队作为自己义不容辞的职责。特别是近几年，各地还适应新形势的要求，创造了不少支持部队建设的好形式，使这方面的工作有了新的发展。

当然我们也应看到，由于长期的和平环境，某些社会成员国防观念淡薄了，对军队的地位、作用认识不足，有些青年对保卫祖国缺乏义务感和责任感，有些地方优抚政策不落实，有些地方甚至发生军人利益被侵害、军事设施遭破坏、军人家属受冷遇的现象。因此，应进一步加强国防教育，增强全民的国防意识。志书重视记述爱国拥军内容，就能为国防教育提供丰富、系统而又有说服力的资料，进一步形成尊重、爱护、支持军队的良好社会风气。某县志稿采取以事系人的方法，记述了本县籍一战士不计个人得失、安心戍边卫国的典型事例，被部队广泛宣传，出现了“一人入志书、百人创先进”的局面。但从目前一些志书、志稿的内容看，对爱国拥军的记述还很不够，有的对爱国拥军内容记述寥寥；有的没有把爱国拥军放在他应有的位置上，没有适当加以突出；有的偏重记载共性的内容，忽视记载本地的个性内容；

有的只有原则性记述，看不到典型事件和人物。因此，加强爱国拥军内容的记述，应当引起高度重视。

二、实事求是记述爱国拥军内容

爱国拥军是总的命题，其具体内容如何记述，要根据各地的具体情况而定，不可千篇一律。最近，笔者接触了一些爱国拥军资料，我认为记述时应注意以下三个问题：

第一，应注意反映中共地方组织、人民政权（包括战时人民政权组织）在关心、支持军队方面所做的工作。抗日战争时期，陕甘宁边区政府，曾公布了《拥护军队的决定》，制定了《拥军公约》，开展了“拥军运动月”活动。晋察冀等革命根据地，也组织了拥军优抗活动。发动群众参军参战、支军支前；组织人民武装，开展游击战争，有力地配合了人民军队作战，各解放区实行土地改革，鼓励发展生产，为军队解决吃、穿问题，为抗日、国内革命战争的胜利奠定了基础。全国解放后，地方党政组织为部队选送兵员，安置复员、转业军人，关心照顾军烈属，支援部队完成各项任务，还定期不定期地走访部队，帮助解决困难，并及时总结推广拥军优属经验，表彰宣扬爱国拥军典型等等。所有这些，构成了地方工作的一个重要特色。他不仅培养了全民的爱国拥军意识，更主要的是使军队感受到了地方的尊重、爱护和支持，从而加倍努力，做好工作。

第二，应注意反映各族人民爱国拥军的伟大功绩。“战争的伟力之最深厚的根源，存在于民众之中”（见《毛泽东选集》第二卷）。第一次国内革命战争时期，南方数省的工人、农民、学生等，直接参战或支援革命军，使北伐战争胜利发展。第二次国内革命战争时期，湘、粤、赣、鄂、豫、皖等省人民群众，在党的领导下举行了约200次武装起义，对国民党反动派进行了英勇回击，为创建革命根据地和壮大红军做出了重要贡献。抗日战争中，广大人民群众积极配合人民军队抗日作战，并广泛运用破袭战、地雷战、地道战、麻雀战袭击敌人，在极端艰苦的环境中，粉碎了日本侵略军千百次的残酷“扫荡”。解放战争时期，广大人民群众在“一切为了前线”的口号下，做到军队要人有人、要粮有粮、要物有物，部队打到哪里，人民支援到哪里。中华人民共和国成立后，广大人民群众继承发扬爱国拥军的优良传统，从人力、物力、政治、思想上支援军队，从而使军队不断发展壮大，成为举世闻名的新型人民军队。特别是抗美援朝和边境自卫反击作战中，人民群众踊跃支援，极大地鼓舞了部队的士气。

无论是在艰苦的战争岁月，还是在新中国成立后的和平年代，都涌现了许多爱国拥军的英雄模范和先进人物。他们是支前拥军的骨干。他们以民族解放为己任，甚至冒着被杀头的危险，毅然送夫送子参军参战。他们宁肯吃尽人间千般苦，也要让自己的军队吃饭、穿暖、睡好。他们不怕流血牺牲，为军队抬担架、运弹药、送情报、当向导。在和平建设时期，他们想国家安危，主动送子当兵，即使当亲人在保卫边疆中英勇献身，也不伸手向国家要照顾；他们争做“开明妻子、开明父母”，支持亲人安心部队工作，献身国防事业；他们自发捐赠物品，慰劳戍边卫国的将士；他们义务照顾军属烈属，为消除部队后顾之忧尽心尽力。他们的思想和行动，充满爱国主义精神和献身精神，应当在志书中得到充分反映。

第三，应注意反映爱国拥军方面具有鲜明时代特点的新内容。近10年来，随着改革开放和商品经济的发展，爱国拥军也有许多新变化、新发展。以河北来说，至少在以下几方面为爱国拥军注入了新的内容。一是同本地籍战士集中的部队挂钩，开展思想工作送军营活动。地方将反映战士家乡喜讯和亲人嘱托的录像片、录音带送往部队，并派出党政领导到部队同战士座谈对话，征求战士对家乡优抚工作的意见和要求，勉励战士为家乡亲人争光，做“四有”军人。二是开展智力拥军活动。设法克服困难，办起了汽车驾驶、汽车修理、家电维修、计算机等专业培训班，为部队培养军地两用人才。地方还积极举办退伍军人两用人才介绍所。三是富裕起来的群众，创立优秀战士奖励基金，鼓舞战士成才、立功。四是有些地方建立“军人家庭服务中心”，帮助军人家属解决住房、子女入托入学等问题。五是国家、地方拨款和群众捐资帮助军烈属困难户脱贫致富。六是个别单位的群众，利用业余时间开展劳动服务，用提取的劳务费为前线本地籍指战员家庭财产免费保险等。对这些内容，我们都应在志书中予以反映。

三、对爱国拥军内容记述方法的几点意见

在对爱国拥军内容的记述方法上，我认为至少要把握好以下三个问题：

（一）相对集中记述，适当突出爱国拥军内容。在军事篇中，可设“军民关系”一章，章下设“拥政爱民”“拥军优属”两节。“拥军优属”节下设“组织领导”和“群众在拥军优属中的作用”两目。具有时代特点的新内容，不必单独列目，并入同类内容中。

（二）通盘考虑，有所侧重，减少重复。拥军优属问题，涉及军地双方多方面的内容。志书有关篇章，比如“政治篇”的“民政章”，“军事篇”的“军民关系章”，“社会篇”的“风

俗习惯章”，都可能涉及拥军优属。笔者认为，以集中记述为主，集中与分散相结合也是可以的。关键是要明确集中与分散记述的侧重点。集中记述的内容，应侧重爱国拥军的综合情况，记述具有全局意义的重要典型，昭示拥军优属的特点及规律等。而分散记述的内容，只是与其章节关系密切的个别内容，比如义务照顾军烈属的典型，把爱情献给残疾军人并照顾其终身的典型等。

（三）采取“以事系人”的方法，适当增加对爱国拥军突出事例及典型人物的记述。比如记述河北涉县 61 岁的老妈妈、爱国拥军模范刘金鱼，述其“致富不忘国家和军队，毅然拿出 1 万元设立优秀战士奖励基金，拿出 3 万元扶持军属及退伍军人发展生产，脱贫致富”，文字虽不多，但动人事迹已跃然纸上。

如果忽略了对这方面内容的记述，志书的“要事不漏”也就成了空谈。

（原载《河北地方志》1988 年第 6 期）

河北省已出版市、县志质量初步分析

如何科学地评估本轮志书的质量，是摆在全体方志工作者面前的一个重要问题。大家都在分析思考，寻找答案。

中国地方志指导小组二届一次会议纪要明确指出，本轮志书质量虽然从总体上讲基本合乎要求，但具体到每一部志书，又参差不齐，有的还存在不小的差距，提高志书质量仍然是一项严峻的任务。这一分析，是建立在调查研究基础上的，是切合实际的。

河北本轮修志的目标，省地方志编纂委员会的要求是：全部合格，部分优秀，有一些是出色的。各级方志机构为此进行了不懈的努力，并取得了一定的成绩。从河北已出版的市县志情况看，基本接近于省编纂委的要求。

河北省本轮修志应完成市、县志149部，目前已出版67部，另有42部正在印刷或即将付印，其余40部尚未完成。

已经出版的67部市、县志，根据评稿、终审、评奖的情况看，都在合格、基本合格的范围内，其中好的和比较好的有33部，约占已出版市、县志总数的49%。这个比例似乎高一些，但是把他放在149部这个总量中分析又是正常的。正在印刷和即将付印的42部市、县志，好的和比较好的大致在10部左右，约占23%。尚未完成的40部，从目前掌握的情况看，好的和比较好的预计在7部左右，约占17%。以上总计在50部左右，约占总数的33%。从这个分析可以看出，一是好的和比较好的志书重头在已出版的志书当中；二是修志工作越到后期，志书质量形势越为严峻，提高志书质量的任务越为艰巨，质量意识越要加强，保证质量的措施越要跟上。

已出版志书中好的和比较好的市、县志，其质量的好和比较好，是与一般合格和基本合格的志书质量相比较而言的。这些志书，在正确运用辩证唯物主义和历史唯物主义的立场、观点、方法分析事件和人物，实事求是地反映历史和现实的本来面目；在遵循党的方针、政策，正确处理志书有关内容；在以《关于建国以来党的若干历史问题的决议》(以下简称《决议》)，正确记述新中国成立后的政治运动等方面，把握得较好一些。如《三河县志》着眼历史重大变革，反映了鲜明的时代特点。该志通过大量的事实，真实地记述了本县人民在中国共产党的领导下所进行的艰苦卓绝的斗争。侵华日军为占领三河，以县城为中心构筑了诸多明碉暗堡，并以此为据点四处烧杀抢掠，制造血腥惨案数十起。三河人民毫无畏惧，用土枪、长矛、大刀等，与敌人展开顽强斗争。抗日战争、解放战争中，三河人民有数百人献出了宝贵的生命。《邢台县志》《卢龙县志》，都浓墨重彩地记述了抗日根据地的情况，包括日本侵略军的罪行，抗日军民的英勇斗争及贡献。《辛集市志》《藁城县志》还满腔热情地记述了抗日堡垒户的情况。《武安县志》对人民公社、党的领导、政府工作、政治运动等内容作了认真的记述。该志对人民公社，不是用“一哄而起”“一大二公”等简单结论式语言来概括，而是用一定的篇幅，在农业志、党政志中详细记述了他成立的背景、过程、变化、矛盾、弊端，给人以全面深刻的印象。对党的领导，除全面体现外，还增设了县委决策，抓住县委在重大历史时刻对重大问题的决策，着力记述，充分体现了中国共产党在武安的核心领导作用。对新中国成立后的政治运动，单设一章，集中记述，客观全面地记述了“三反”“五反”“反右”“四清”“文化大革命”在武安开展的背景、过程及影响。记述中，坚持以《决议》精神为指导，正确把握，使人们对新中国成立后武安的政治运动有一准确、全面、清晰的认识。有些比较好的市县志，还注意认真克服早期志书“重机构、轻活动”的问题，努力挖掘、充实党政、人大、政协、群团活动的内容，以提高政治部类的质量。像丰宁、大厂这样的少数民族自治县，对少数民族的内容，不仅加重了分量，还在他的内在质量上下了工夫，即严格按照党的民族政策，如实反映各民族的历史与现状、各民族的团结与交往、少数民族的风俗习惯等。

在内容方面，在资料的翔实程度上，这30多部好的和比较好的志书更为突出一些。这些志书的编纂者，对“资料是志书的基础”认识更为深刻，工作更为扎实。其大多起步于1984年、1985年，成书于1990年至1995年之间，搜集资料的时间一般在4年左右。有的在评稿会之后，又有重点地进行了一次内查外调。一般搜集资料在千万字左右，成书资料在百万字左右，搜集资料与成书之比，大致在10 ：1至6 ：1范围内。广泛发掘、搜集、调查得来的珍贵资料，大多被载入了志书，大大提高了志书的质量，增强了其存史的价值。如《迁西县志》，在记述1938年7月的冀东抗日大暴动时，先交代了是根据毛泽东、刘少奇等中央领导同志的指示，派李运昌任冀热辽特委书记，在冀东广泛开展游击战争，做了思想、组织、军事等准备之后进行的；

然后记了冀东22县20万民众参加暴动的过程及成果；接下来记了违背中央指示，坚持西撤，致使暴动失败的情况。在记述这一大背景的同时，着重记了迁西在大暴动中的活动与作用，境内西庄村为暴动指挥机关驻地，成了暴动策源地；全县有5000多人参加暴动，成为暴动骨干力量。这一资料确实起到了补史之缺之功效，同时也昭示了坚持共产党的领导、坚持党的正确路线的极端重要性。《辛集市志》记述高等教育时，详细记述了1946年11月至1947年11月华北联合大学在束鹿县(今辛集市)大李庄一带村庄办学的情况。华北联大一千多人，聚集了大批著名的哲学家、经济学家、历史学家、作家、画家、艺术家等，是党中央撤出延安后到新中国成立前这段历史时期中国革命的高级知识分子，特别是文艺人才最集中的地方。在敌后的解放区，中国有这样一批一流的著名学者、教授和艺术家，在艰苦的条件下办大学，同人民一起生活、战斗，这是历史的奇迹，也充分体现了中国共产党人的博大胸怀和远见卓识。《栾城县志》将搜集到的清末散失的举人、进士、知县名录载人志书，填补了县内历史的一项空白。《枣强县志》还把20年代的放足、剪辫子，30年代的民间戏剧社团、寺庙，40年代的股份合作社、乡村医院等资料载人志书，使志书具有鲜明的时代烙印和浓烈的乡土气息。这些市县志还注意针对早期志书的薄弱环节，充实加强宏观经济内容；充实工业投资效益、劳动生产率、生产效益等；充实人口流动、人口质量等内容。大部分志书还通过考证的资料解惑释疑，还历史本来面目。如三河县名来历，康熙、乾隆、民国三部旧志及各种史书众说不一。《三河县志》编纂者查考资料，与京津史地学者探讨，并去洳河源头考察，最后得出三河以洳(河)、洵(河)、鲍(邱河)三水得名的结论，纠正历史书中记载的错误。这方面的事例颇多，可以说是本轮志书的特点之一。

在体现地方特点方面，这30多部好的和比较好的志书略胜一筹。他们注意紧密联系本地实际，全方位、多角度、多层次地反映地方特点；既注意反映一般特点，又注意从事物的内在联系上反映主要特点。如秦皇岛市区位优越，旅游资源丰富，旅游事业兴旺，并由此带动起了一系列相关产业。《秦皇岛市志》就注意从总体上记述旅游业的地位及对相关产业的影响。井陉县、灵寿县、迁西县是山区县。山对各业具有重要的制约、影响作用。过去的穷，原因之一在山，现在的富，也离不开山。这些县志，注意写山这一主要特点以及与山相关的特点。黄骅是1989年改的滨海县级市。该市以渔、盐业为主，1985年渔业收入占农业收入的25.8%，盐税收入占全市财政收入的50.7%。该市与海息息相关，与“渔盐”紧密相连。志书反映了这一特点，就反映了黄骅的一大实际。该市志书正是抓住“海”这个主要矛盾，或者说是矛盾的主要方面，以海洋与陆地互为依存和制约的关系为主线，自然地统领起与此相关的诸多事物，展示总体市情与特点。对某些独特的事物(事件)，如秦皇岛的港口、丰宁的旅游、玉田历史上的农民武装暴动、藁城的冷藏、井陉的苍岩山等，其志书采取位置前移或(并)作升格处理，以突出其特点。

在章法技巧上，这30多部好的和比较好的志书，更注意自觉地进行探索与追求。一是记、志、传、图、表、录诸体并用，合理配置。各部志书都配置了用现代技术绘制的地图，有的还配有遥感图或航拍图。照相技术被普遍采用，必要的资料照片，或载于卷首卷末，或随文附出。如《晋县志》记述馆藏文物时，在文字之中插入了北齐石菩萨雕像、东汉神兽镜、唐代石药碾、宋仿西汉昭明镜、宋代瓷枕等13幅黑白照片。在经济部类，运用现代方法绘制了各种图表，如曲线图、塔形图、扇形图等。

二是详记略叙，伸缩有度。从具体部类看，着眼“资政”详政策措施，详成效结果，略机构、会议。从详略关系上看，坚持了详中有略，略中有详，详略结合。如水运，有的地方古时水运发达，记述时当详则详，近代水位下降，水运萧条，记述时当略则略。近若干年乡镇工业异军突起，迅速发展，志书就对乡镇企业浓墨重彩，详加记述。对交叉内容，或区分主从，此详彼略，如自然灾害，地理编详、大事记略；或错开角度，各有侧重，如衣食住行，“人民生活”侧重反映生活水平，“风俗习惯”侧重反映习俗；或互相参见，如乡镇私营工业，“乡镇企业”中详记，工业“经营体制”中参见。三是面点结合，“立体记述”。对本地基本面貌及各类事物的历史与现状，既有综合记述，又在有关编章之后，特设专记或附录，以载典型人物、典型事件。《武安县志》记高树勋起义时，附了毛泽东、朱德拍来的电报；记“人民公社”时，附了周恩来总理1961年视察武安伯延村对人民公社、大跃进等问题的调查。《邢台县志》记“农业合作化”，附了毛泽东为邢台县东川口农业合作社的批语。《广平县志》在农业章中安排了10个承包专业户的简介；在畜牧章中选取了几个养殖业大户的材料；在乡镇企业章中，附了全县手工业专业村简介。四是以事系人，“动态记述”。如《辛集市志》以事系人的地方达3000多处。这样，就把各行各业的干部群众在两个文明建设中的业绩，同各行各业的发展、进步、成就联系在一起，把内容写活了。五是改进记述，完整事物。建置区划中记乡、镇、村，部分志书是在各乡、镇中带出各自所辖村的人口、耕地、经济收入等。这样做，避免了乡镇与所属的村“分家”，同时也便于比较。自然环境中记土壤，部分志书没有把土壤分成平行的几节分开记，而是以土类立目，以土类带出分布、性质、结构、耕性、肥力等。这样记述比较完整，也便于阅读。记自然灾害，将综括记述与逐年实录相结合。这样记，起到了前者提携后者、后者印证前者的目的，也便于分析和查找。在经济部类，注意靠前记述农业区划和生产条件等。

好的和比较好的志书，同样存在着明显的不足。一是卷首一般彩色照片偏多，显得庸俗。二是平淡肤浅的概述比例过大。三是历史资料显得单薄。四是引用典籍存在照抄照搬现象，缺乏认真考证。尤其是大事记、人物，照抄旧志现象比较普遍。五是交叉问题解决得不够好，存在着明显的重复现象。六是注意面的记述，典型资料不足。七是表格数字与文字记述中的数字存在不相符的问题。八是在语言的运用和专业内容的记述上，还有不规范的问题。九是图表形式还显得死板、单调。十是大胆创新不够，部分志书存在着“多志一面”的现象。

已出版市、县志中一般合格的、基本合格的志书质量，鉴于篇幅所限不再详述。总的说，这部分志书在政治、资料、特点、语言、体例等方面，也有一些应当肯定的地方。与前面说的好的和比较好的志书相比，尽管存在明显差距，但与旧志相比还是有很大进步。其不足，除同样存在着上面说的十个问题外，还有凡例与志书脱节、篇目统辖不当、内容缺项断线、重大事件把握不当、语言粗糙、数字不一、纪年错误等问题。这都有待进行认真总结和探讨。

（原载《中国地方志》1997 年第 1 期）

实施“方志精品工程”若干问题的思考

中指组办公室转发了方志出版社实施志书精品工程的方案，将从建立长效机制方面，把培育精品、力推佳作提上议事日程。如何开展好这项活动，笔者浅陈意见如下，以便与志界同仁商榷。

一、实施“方志精品工程”是一项严肃而紧迫的任务

其一，方志事业的发展要求必须这样做。胡锦涛总书记曾经指出，要“着力深化对重大现实问题研究”。中国地方志指导小组原组长李铁映要求，新一轮修志，就是要推出一批符合时代要求，具有很高科学水平和重要文化价值、社会价值的志书。这是时代的要求，是方志事业发展的客观需要。

其二，读者反馈与需要是创编精品的动力。20 世 30 年代社会学家吴景超提出，志书要能够反映社会“极重的事实”，反映“于民生最有密切关系的事实”。北大教授肖东发先生指出，志

书要能够载纳“核心资料”（《现代汉语词典》解释，核心就是中心，就是主要部分），反映“多彩多姿的现代社会全貌”。《人民日报》社记者李舫指出，志书要能够反映深度的“地情信息”。贵州当今方志学者罗再麟指出，“续修志书要与时代发展进步合拍”，要避免与现实脱节，防止载体与客体“两张皮”。这些文字中有几个关键词，即“极重的事实”“核心资料”“深度地情信息”“与时代发展进步合拍”，都很值得认真回味和思考。

其三，这是贯彻中共十七届六中全会精神的必然要求。十七届六中全会《决定》指出：“有影响的精品力作还不够多，文化产品创作生产引导力度需要加大。”志书为文化产品之一。六中全会《决定》对文化产品现状的分析与要求，同样十分符合与适用于当今正在编修的新志书。

二、正本清源，理清思路，是实施“方志精品工程”的先决条件

我们修志，现在回过头来看，是有深刻教训可以总结的。其实修志，一开始不应先拉篇目，不应就篇目说篇目，就修志说修志，而应该就地情说修志，就地情说篇目。就篇目说篇目，就修志说修志是本末倒置。就地情说修志，就地情说篇目是正本清源。因为志书是地情书，有什么地情，就拉什么篇目（也就是常说的“量体裁衣”），就记什么内容，做到贴近实际、贴近生活、贴近群众（也就是常说的“三贴近”）。本末倒置的结果，造成大家常说的“削足适履”，志书千篇一律，篇目雷同或大同小异，内容与实际脱节，出现“两张皮”的现象。地情假设是10分，我们的篇目仅统揽了部分事物，我们的志书仅载录了部分地情。

这个“部分”，我的分析大概是5分吧，那么还缺漏了5分。事实也正是这样。联系实际分析，我们就会看到这个明显的缺漏。人们的生活生动、丰富、多彩，我们的志稿则枯燥干巴。人口流动是那样的频繁和初具规模，我们的志稿则寥寥数语。社会阶层变化那样明显，我们的志稿则熟视无睹。人们的工作和生活与互联网密不可分，但我们记信息产业则一笔带过。“三农”中农村农民，段限内新情况、新变化层出不穷，但我们的志稿，仍在老篇目框架内徘徊，不敢越雷池半步。段限内妇女地位状况，国家搞了3个10年的调查，而志稿妇女部类仍是“机构、会议、工作”“老三样”。风俗习惯有的消亡，有的延续，有的新生，今非昔比，但我们的志稿不少是“新资料不够，老资料来凑”，等等等等，不一而足。面对这一现状，我们才不得不反反复复强调要做好“加减法”这篇大文章。缺漏的就得加上，重复的、臃肿的、次要的、记得不好的，就得删减。不加不减，志书质量是不可能提高的。对此要引起高度重视。

解决“本末倒置”，就要讲“本位回归”。其实修志，选好人员后，一开始在学点修志基本知识的基础上，就是立足于地情，与部门（单位）结合，在自然、人口、基础设施、人民生活、文明新风、风俗习惯、经济、政治、文化、社会等方面，根据实际列出一系列题目，分工负责搞调查。一个县（区），体现重点的、像样的题目有300个也就可以了。一个设区市，体现重点的、像样的题目有500个也就可以了。

在首轮志书中，《广东省志·政治纪要》，就是由111个专题所组成。这样的体例姓不姓志？一些专家认为他仍然姓志。因为：第一，他全面系统地记述了广东从秦汉时期至1998年的重大政治历史事件，是专为志书精心设计的，而不是随意收集来的一些专题文章。第二，他的选材、体裁、文字符合志书要求。第三，内容决定形式。该志的内容用专题的形式比其他更好些。没有任何文件规定、也没有足够理由说志书只能用规定的一两种形式，而不能用专题，我们不必“作茧自缚”。

说他是在传统体例基础上的改进，就是说，传统体例形式外延小，而专题的外延大。该志共111个专题，44.7万字，平均每个专题约4000字，长一些的专题，如“第一次国共合作”是9400字，“土地改革”是10550字，“文化大革命”10700字，这显然与一般的体例形式是不同的。

这种改进，有几个明显的优点：1. 重点突出。对重点问题可以作比较详细的记述，不致淹没于一般材料之中。2. 来龙去脉清楚。材料系统全面，能保持问题或历史事件的历史联系，不会被肢解或分散。3. 有利于写出深度，减少“流水账式”“罗列式”或“填充题式”的写法。4. 有思想性和可读性。

这些题目确定后，可走“众手成志”与“专家修志”相结合的新路子。最近，我参加《中国地方志》刊物创刊以来优秀论文评比，发现 14 年前一位同仁写的文章，他当时就呼吁改革方志编纂体例和编纂方法。他提出要改变志书多层级的框架结构，改变过去复杂的成书方式，采取“小兵团”型的专家修志模式。如果思路理顺了，既大胆又细心，这样有可能真正做到“又好又快”。

笔者在多种场合讲过：内容上的突破有赖于方法上的突破，方法上的突破可促进内容上的突破。这里说的方法，包括搜集资料的方法和撰写志稿的方法。我们可以自我问一下，完全靠部门（单位）给提供稿子，仅仅走这一条路子行不行？笔者认为，这是一条重要的路子，但仅局限于此是不行的。仅限于此，势必受到诸多限制。修志班子再有能力，“巧媳妇也难做无米、少米之炊”。怎么办？根据各地的经验，就是多条腿走路，多渠道搜集资料。第一条腿，重要的资料，通过部门（单位）抓一些。第二条腿，从现成资料中找一些。第三条腿，联系社会热心人承担一些。有的地方，采取“一事一说”的办法，网罗了一批方方面面的业余人才给提供稿件，收到“少花钱、多办事”的良好效果。第四条腿，与学校和村委会结合，发挥学生和村干部的作用，搜集最为基层的第一手入志资料。有的地方如此进行大胆尝试，效果甚佳。第五条腿，通过领导协调，请统计局，包括城调队、农调队，根据修志需要进行地情调查。笔者所知的一部二轮县级志书，其社会阶层结构变化、人口老龄化、婚姻家庭等，就是在统计部门人员调查基础上撰写的，资料价值、稿件水平陡然提升。第六条腿，个别重要的内容，聘请学者直接撰写。像安徽二轮《合肥市志》的吴王事略、包公文化、李鸿章与淮军创建、刘铭传轶事、段祺瑞纪闻，就是请几个行家分别撰写的。因为是行家，所写内容严谨、准确，富有较高学术品位。第七条腿，修志班子也自己采访一些。修志班子自己采访，一是需要更新观念，不要认为别人提供、我就是编辑，“等米下锅”可就被动了；二是要破除“畏难情绪”，相信自己一定能干好。

每个课题调查时，纵向脉络、横向状态（包括面点）、发展动因（联系因果）、演变过程、四个节点（起点、终点、高点、低点）、兴衰起伏、经验教训等，都要了解清楚。有了这些资料后再去动笔撰写。撰写时，每个题目 3000 字左右，有话多说，话少少说，把话说清楚为准。要求写作到位，其标准，一是和客观情况相吻合，二是让读者想得到的东西能够获得到，而不是像现在人们所议论的那样：范围似乎看起来十分广泛，但“隔靴搔痒”“蜻蜓点水”，想要的没有，有的也很肤浅，要素短缺，书写缺位（不到位）。按这样去匡算，一部县（区）志，重点、特点、亮点性内容 90 万字，其他常规性、一般性内容有 30 万字左右，加起来是 120 万字左右；一部设区市市志，重点、特点、亮点性内容150万字，其他常规性、一般性内容定150万字左右，加起来是300万字左右。笔者所知道的一些二轮设区市市志，像《杭州市志》500万字、《洛阳市志》562万字、《绵阳市志》390万字、《淄博市志》是380万字。看来，一部设区市市志300多万字也差不多。

这样结构调整了，重点突出了，内容适度了，可读性、可用性增强了，这不就是巨大的进步？！大众文艺出版社出版了一本书，名叫《经典阜平》，封面有这样一句话："不求记录阜平全部，但求展现阜平经典"。笔者很欣赏这句话。这里说的"经典"，也就是特点、重点、亮点。《经典阜平》没有面面俱到，只列13个板块，70个条目，但钩玄提要，精彩纷呈，栩栩如生，引人入胜。

到目前这个阶段，时间并不宽裕，回归本位，从头再来，重打鼓另开张也不现实，怎么办？本人认为，有条件的地方可以大刀阔斧地改良，其他地方可以小幅度改进提高。但前面说的许多内容还是可以借鉴的。本人在大范围讲课，一谈、二谈、三谈志书的改造，意图就在于立足现实，改进提高，走一条切实可行的路子，"又好又快"的路子，"出力又落好、多落好"的路子，而不是"少慢差费""出力不落好"的路子。本人殷切希望志界在这方面能够取得共识。

三、实施"方志精品工程"，关键环节之一是要统一对精品志书特征的认识

认识统一了，一是便于编纂单位着力用劲，真正把握标准，夯实基础；二是便于缩小申报与评审的距离，达到从严要求与可

望可及相统一。本人理解，精品志书不同于一般志书，他应当有六个更为显著的特征。第一，记述内容要更为全面丰富。精品志书应符合《地方志书质量规定》关于“内容全面”的要求。尤其要注重反映有关重大问题，包括段限内农村农民新情况，城乡居民方面的新情况（含改革开放以来阶层结构变化、人口流动情况等），人民生活方面的新情况，居民习俗方面的新情况，电子网络方面的新情况，段限内消失的某些重要事物，段限内重大的决策和施政活动等。第二，记述方法要更为灵活多样。注重综合概括、彰明因果、反映起伏，坚持“点面结合”“以事系人”、纵横对比、定性定量、图文并茂等。第三，记述文字要更为博观约取。县（市、区）级续志，百十万字左右，设区市志书三百万字左右，但信息含量还应比较丰富。重点与非重点，比例结构要合理，要有倒挂性的4：6变为正序性的6：4。第四，记述效果要更具学术品位。要变编为纂，做好总纂工作。部分重点部类，比如生活习俗、文学艺术、非物质文化遗产、重点人物、有关考证等，聘请有一定学术造诣者承担编纂。要处理好8对关系，即综合加表格、全面与典型、动态与静态、经验与教训、综述和分析、观点和记事、平衡与协调、详细和简略。已见志书（志稿）的倾向性问题，如平淡肤浅、“流水账”记述、主次倒置、宣传色彩、部门志痕迹、总结、公文影响等，当有明显克服。要有一些像陈桥驿先生肯定的《萧山市志》中那样有深度有价值的资料。萧山区在修志中搞了一篇《1987—2003年萧山农田害鼠种群的动态调查》。著名地理学家陈桥驿看了这篇调查，“很有感慨”。在谈及眼下志书存在的主要问题时，他认为主要是“学术品位不高”。他说：“我们修志同仁所唯一能做的主要就是提高志书的学术品位。这次看到此篇，感到富于学术性，而且具有重要的实用价值，对于提高志书的学术品位，这是一种有效的途径，是值得提倡的。”志书引文要有出处，要有必要注释。第五，内在外在要更合乎编纂规范，全书差错率应不超过万分之零点五。第六，装帧设计要更加符合要求，具有时代感、庄重感。

四、实施“方志精品工程”，坚持“人无我有、人有我优”尤为重要

要想实现新的跨越，就应树立“求异存同”的理念。在“同”与“异”的关系上，人们习惯“求同存异”。但在学术活动上，应当倒过来，像季羡林先生说的那样“求异存同”。因为学术活动贵在出新，不宜陈陈相因，踩着别人的脚印走，或按着别人的腔调吆喝，而是要有所发现，有所创新，有所前进。这就要有“异”于他人之处。否则，不过是雷同重复，谈不上有什么重要价值和意义。修志要特别强调“人无我有，人有我优”。

中国文化领域包括修志要出好书，就必须弘扬创新精神。什么是创新？直白说，创新就是要允许跟过去、跟别人不一样。钱学森是科学巨匠，是做学问的楷模。他说：“创新不能局限于迈小步，那样很快就会被别人超过。你所想的做的要比别人高出一截才行。你必须想别人没有想到的东西，说别人没有说过的话，做别人没有做过的事。”笔者认为，如果总是在山寨氛围内互相模仿，那是永远出不了好书的。

要做到“求异存同”，就必须解放思想，突破常规思维。法国作家莫泊桑说过：“应该时时刻刻躲避那些走熟的路，去另寻一条新的路。”他强调这是“制造新生命的唯一法门”。

强调“人无我有，人有我优”，也就是强调突出特色。特色就是生命力，特色就是吸引力。没有特色，就难有起色，没有特

色，就难以出色。

就“人无我有”来说，一些地方即使有特色，因为研究不够，所以就觉得无特色可写，表现在志书（志稿）上，基本都是常规篇目，让人产生疑问：是限内没有特色事物？还是客观上有但没有把他突出出来？对“人无我有”的特色事物，不能随意升格，但也不是排斥升格。中小篇形式的志书，不说升格，有的特色事物，他本身就处于篇的层次。现在有越来越多的志书，对重大特色事物往往单独设置，让人一看就很感兴趣。井陉的苍岩山、旅游、拉花等，栾城的神威药业、苏味道、三苏与栾城，赵县的赵州三宝（桥、寺、梨），丰宁的民族、旅游、扶贫、滕氏布糊画，山东淄博的齐文化、聊斋文化等，志书特别给予关照，在篇目上一看就十分清楚，读者反映良好，反映好，说明他有这种实际需求。

一地特色，有显性的，像赵州桥、清西陵、白洋淀、孔府、泰山等；还有隐性的，不易轻易看出来，需要分析比较才能彰显。对前者一般现成资料较多，相对好写一些；对后者，一般现成资料较少，需要深入研究和挖掘。突出特色，应当显性、隐性一起抓。

2012 年 5 月，本人参与评审的一部县志稿，全是各地雷同的常规篇目。于是我就带着疑问帮助挖掘，结果发现该地还是有相当鲜明的特点。我在 2012 年 5 月 22 日《燕赵都市报》看到一篇报道，标题是《内生之力——民营托起县域经济的样本》，反复研读，觉得该县非同一般，大有挖头和写头。目前没有把这些优势挖足挖够，没有写出厚重感，无外乎是供稿渠道出了问题。该文显示：2012 年河北省民营经济发展先进市县排名，该县以综合成绩第一排名全省市县首位，彻底摘掉了戴了十几年的国家级贫困县的帽子。该县民营经济的发展，使 2000 多回乡农民家门口就业；使传统桑蚕之乡焕发新生；因铁而兴，县域经济连续以高于 30% 的速度增长；着眼长远，民营经济开始转型升级。

显然，民营经济为该县经济起飞起到了关键性作用。

于是，我对该县志书编辑部人员讲，对民营经济以及与此相关的事物，应当在卷首总述、经济综述、流动人口、施政辑要等部类将这些内容记好。卷首总述，不一定像别的志书那样面面俱到，也可以以民营经济为主线来写。经济综述中，可像有的志书那样，单设民营经济类目。流动人口中，可通过前后对比，反映过去人口的外流情况，民营经济的崛起，如何吸引人口内流。施政辑要中，要反映政府是如何为民营经济的发展创造条件的。

在“人无我有，人有我优”方面，有个技巧性问题值得志界同仁思考和实践，那就是“较大特点不够，中小特点补救”。突出地方和时代特点，要求“明月高照，繁星满天，荧光闪闪”。明月是大特点，繁星是中特点，荧光是小特点。大特点少时，繁星满天，荧光闪闪，也不失为一种补救的好办法。二轮《张北县志》水利中的“安固里淖干涸现象调查”，《行唐县志》中的“从出行工具变化看断限内居民生活的变化”，《永清县志》中的“城乡居民网上购物调查”，《清河县志》中的“电子商务”内容，虽然只有千二八百字，但其贴近实际，个性突出，十分吸引人的眼球。这样的中小亮点多了，志书照样光芒四射。

（选自《巴蜀史志》2013 年第 1 期）

问题、差距、目标、对策

——对精品志书现状问题的思考

提　要：分析精品志书现状，实际是分析志书质量现状。在这方面不能低估，也不能估计过高。客观说，国家层面的方志精品尚未出现。“有影响的精品力作还不够多，文化产品创作生产引导力度需要加大。”针对社会环境方面的负面因素，主要是宣传和强调依法修志。针对通行篇目框架不完善的问题，主要是结合变化了的地情进行调整、修改和完善。针对指导（引导）力度不够问题，主要是在体制保障、政策扶持、资金支持等多方面去努力。针对因袭有余、创新不足的问题，主要是提倡和弘扬创新精神，把创新贯穿于修志全过程。

关键词：精品志书现状　问题对策思考

由出版社、中指办领导组织或指导的精品志书现状问题座谈会，选题好，很及时、很有必要。这实际是一个认识形势、研究现状、分析原因、决定对策的研讨会。开好这个会，对于今后健康顺利开展精品志书工程大有益处。这种益处不只将对方志出版社而言，他还可起到导向的作用，起到在大范围创造一种氛围，一种在健康轨道上开展志书“创先争优”的氛围。

分析精品志书的现状，也就是分析志书质量的现状。在这方面，我们不能妄自菲薄，但也不能估计过高。做到这一点，要有一种文化的清醒、觉醒，清醒、觉醒了，才谈得上文化的繁荣和复兴，自然包括方志的发展与繁荣。这种发展与繁荣，既有量的体现，更有质的反映。精品志书的多少，也是方志是否发展繁荣的重要标志。千万不能一说到问题，就与否定我们所做的工作相联系，那样就无法深入地分析、探讨并解决问题。在这方面，我们应当坚持“五自”精神，即自我觉醒、自我净化、自我完善、自我革新、自我提高。

我们今天探讨的问题，是个理论与实践结合的重大课题。由于目前尚未拿出一个统一的精品志书的标准，那么对精品志书的理解，也就是智者见智，仁者见仁，千差万别。笔者同意方志精品评审组的分析，就是国家层面的方志精品尚未见到（这是当前，今后也许会出现），但从方志出版社角度衡量不排除有精品。因为层面和标准不同，其结果也就不同。

中共十七届六中全会《决定》指出：“有影响的精品力作还不够多，文化产品创作生产引导力度需要加大。”这个判断，我认为也符合方志产品编纂出版的现状。现在出版的志书，绝大多数离精品志书的要求还有不小的距离，包括一些申报方志精品工程评审的志稿。最大的问题是重点内容与非重点内容比例失调，重点内容少，一般内容多；志书载体内容严重脱离地情实际，存在着诸多重要内容的缺漏。缺什么？概括说，缺乏改革开放以来出现的许多新情况新变化新问题，缺乏鲜活的大量的社会民生情况，缺乏大量的农村、农民情况（也就是“三农”中的“两农”）；缺乏无处不在的互联网情况，缺乏“资政”作用大的经验、教训、规律、特点等。正因为这样，方志系统的一位退休的老人这样总结到：从理论上说，方志“如何写”“写什么”的问题似乎得到解决，但实际上，“写什么”的问题没有得到很好解决，不少志书除历史的追述、地理环境的描写外，大多是写管理体制和管理工作，鲜活的社会生活被大量枯燥的数据所取代。于是，我们的志书远离了实际，远离了群众，远离了生活，不能培养各层次的读者群，仅限于部分领导干部、科研人员翻阅和地方志内部循环。[①]从地情实际来考量，具有“地情百科”之称的地方志，离“全面系统”的要求存有较大差距，地情信息，志书记述了一部分，同时还缺漏了一部分。这就是我们所面临的现状。因此说，志书“写什么”的问题，仍然是摆在我们面前的一个现实而又紧迫的课题。

志书编得如何，读者的反映是最好的检验。听听读者的意见，对于我们改进工作会有巨大的帮助。在此简要提供点资料。北大教授肖东发先生曾指出，志书“花费大量篇幅反映事物内部一些小单元的起源兴革”，使“志书格局呈现为一条多竖线拼结并列而成的薄薄平面。看起来文字不少，但多为承上启下铺垫过渡性内容，核心资料被冲淡，反映不出多层次的、立体的、多彩多姿的现代社会全貌”[②]。《人民日报》社记者李舫在充分肯定修志成绩的同时，也指出修志“存在着‘因义剪裁，因义生文’的情况”“政府各部门的篇目设置和记述是从记述部门工作出发，未能从国家管理的角度设篇立目和记述。大量篇幅记述的是各个部门的机构设置、人员多寡、各项工作、各种代表大会、单位任职人员和时间等，未能从部门设置的职能发挥、发展变化上提供管理方面的经验教训以资借鉴。[③]”河北省作协副主席谈歌在《光明日报》发

①罗再麟：《矫枉必须过正》，《史志林》，2004年第2期。

②肖东发：《年鉴学概论》，中国书籍出版社，1991年12月。

③李舫：《披沥五十载 丹心入青史》，《人民日报》2004年7月7日。

表文章，也指出当前修志有了变化，说志书字数渐多，页数变厚，有的状若砖头，内容却变得枯燥……事无巨细，一概记录在案 。[①]这些逆耳之言，饱含深情，对于我们改进修志工作大有帮助。

存在这些问题的原因，分析起来不是单一的，而是多方面的。有社会环境负面因素的影响问题，有通行篇目框架不完善的问题，有指导（引导）的力度不够的问题，有因袭有余、创新不足的问题等。社会环境方面的负面因素，主要是部分领导干部认识缺位，不少供稿单位敷衍塞责，要么不提供资料，要么提供的资料不能用。对此情况，一些地方领导干部不予调度，即使调度了，一些供稿单位也不当回事。这就造成“巧媳妇难做无米或少米之炊”。提供什么原料做什么饭，可想而知，这样的“饭”怎么能达到“色、香、味”俱佳的状态？通行的篇目框架不完善，就是载体形式与地情实际部分吻合，部分脱节，有供稿单位就拉出内容，没供稿单位就不拉内容，即使有供稿单位的内容拉的也不全面；早期是这样，后期绝大多数修志单位也未对篇目进行必要的调整和完善。为什么大家感到志书千篇一律，原因就在这里。说指导（引导）的力度不够，就是对志书（志稿）存在的问题认识不够，即使认识到了，采取改进的措施也不够得力，偏重弹性，少有刚性；抓典型、搞试点，标准不高，指导欠缺，堪称典范的样板没有真正拿出来。说因袭有余、创新不足，主要是说编纂者只想跟在别人后面亦步亦趋地模仿，人家设个特载，我也这样做，人家搞个“国策篇”，我也模仿学习……陈陈相因者众，特立独行者少。在这样一种乏味而平庸的“山寨”氛围里，是不可能产生什么精品力作的。

---

① 参见谈歌《探寻〈史记〉与县志中间之路》，《光明日报》2011 年 1 月 2 日第 4 版。

找到了症结，就有了解决的办法。针对社会环境方面的负面因素，主要就是宣传和强调依法修志，有法必依，违法必究。针对通行篇目框架不完善的问题，要结合变化了的地情，对其进行调整、修改和完善。针对指导（引导）的力度不够的问题，要深入贯彻十七届六中全会《决定》，切实加大引导力度。要像《决定》提出的那样，要在体制保障、政策扶持、资金支持等多方面去努力。修志工作，容易被人们误以为是一项可有可无、可快可慢、可严可宽、可好可差、可软可硬的工作，这样就不可能把事情办好。应当减少弹性，加大刚性，把软事办硬。比如终审、评定精品和方志评奖，有一些内容，特别是地情存在、志书又没有记述或记述十分单薄的那些重要内容，包括改革开放、经济综情、居民生活、各阶层状况、农村农民、互联网落等，要有些刚性规定，缺漏这些就不能放行，就不能认可，就不能评奖。对那些“远离实际，远离群众，远离生活”的志书（志稿）要设卡拦截，告诫改正；对那些“贴近实际，贴近群众，贴近生活”的志书（志稿），要大力褒扬，以强化正能量作用。从一些地方的修志经验看，哪些地方刚性要求多了，哪里志稿的水平就会有相应提高；修志基础在资料，哪些地方坚持多渠道搜集资料，哪里志稿的内容就与地情实际结合的更紧，就更为全面系统。全国恐怕也会是这样。抓点带面，要讲层次性，培养堪称典范、具有全国示范意义的精品志书，不能撒胡椒面，不能分散精力，要少而精，要各级通力扶持，要建立一个确实胜任指导工作的专家组给予智力支持。针对因袭有余、创新不足的问题，要大力提倡和弘扬创新精神，把创新精神贯穿于修志工作的全过程。特别是要提倡文化宽容。因为讲创新，就是说要跟过去不一样，其结果很可能会推翻公认的定理，改变习以为常的惯例，打破某些条条框框，而这些很可能会引起不解甚至反对。大家是否包容这样的突破，是否鼓励这样的创新，就变得非常重要了。美国学者佛罗里达提出发展文化创意产业的“3T”理论，即人才、技术和宽容。而他认为，宽容是三者中最重要的因素 。[①]

实施方志精品工程，不单是出版阶段的事，他是有一个培养成熟的过程；他是个综合性的工作，因此他也需要齐抓共管。出版社要讲社会效益，但也不能回避他是一个出版企业，还要讲经济效益；申报精品单位的高期望值，与志稿的实际水平和评审专家组的学术职责，如何妥善的统一起来，这都是需要很好研究和解决的问题。单靠出版社后期阶段的工作，很难弥补志稿前中期存在的重大缺欠问题。因此必须考虑早下手、早介入、早培养、早提高的问题，这样就可以做到“瓜熟蒂落”“水到渠成”，避免“瘸子里面挑将军”“拔苗助长”“勉强凑数”等问题的发生。

今后如何培养国家层面的精品志书，需要提到各级方志机构的议事日程上来。中指办有多种优势，其一就是组织协调，可像制定《地方志书质量规定》那样，举各方之力，制定出国家层面的精品志书的标准。有了标准，接着是抓试点。对这样的试点，要认真考察，各方面条件具备了才能确定。被确定的单位，真正是领导重视、班子高强、基础较好。确定后要有固定人员、包括专家经常指导，直至真正拿出大家公认的精品志书来。这方面工作做好了，已经或接近达到高层次精品的标准，到出版社这个环节评审，认识就比较好统一，所有工作就比较好做了。因此笔者一直主张，要把主要精力用在评审之前，也就是过程之中，切实做好打基础的工作。

（根据本人2013年2月22日在中指组办公室、方志出版社精品志书现状问题座谈会上的发言整理）

①参见张贺《文化创新离不开宽容》，《人民日报》2011年11月4日。

试谈确定志书记述要素的有关问题

提　要：本文指出确定志书记述要素对于规范志书内容的重要性。指出其是总结经验教训、改进修志工作的需要；是解决志书主次失衡、进而调整内容结构之必需；是减少随意性、增强科学性之必然。解决记述要素问题，应“突出重点，兼顾一般”；应用系统论的观点考虑要素问题，处理好综合性、主体性、单一性条目要素的关系，指令性要素与指导性要素的关系等。

关键词：志书　记述要素　问题探讨

前几年，中国地方志指导小组为确保志书质量，采取了一系列措施，包括制定下发《关于第二轮地方志书编纂的若干意见》《地方志书质量规定》等。2009 年 4 月，中指组办公室又组织进行了志书记述要素的研讨。由此可见，保障志书质量的措施，由虚到实、由原则到具体，一步一步在向记述实体靠近。这是一件令人鼓舞的事情。方志界同仁都应参与其中，以促其早日大功告成。本人在此就制定志书记述要素的有关问题，谈以下三个方面的意见。

一、确定记述要素的必要性

1. 确定记述要素，有利于把“总结首轮修志经验教训、改进提高二轮修志工作”的要求落在实处。制定记述要素，无疑是在特定的时空范围内进行的，他必然带有承上启下、继往开来的鲜明特点。实际上制定记述要素的过程，也就是总结经验教训的过程，改进提高二轮修志工作的过程。首轮志书的一些基本内容，在二轮志书断限内仍继续保持稳定的，那么在制定记述要素时，就要考虑继续予以保留；发生变化了的，就要考虑做出必要的调整。而首轮志书的不足，包括漏记重要内容，又是二轮志书改进提高的重要方面。志书内容，笔者把他概括为七记，即一记建置，二记天地，三记设施，四记居民（含人物），五记管理，六记产业，七记事业。以往修志，前三项记得好一点，但不是尽善尽美；后四项不足更为明显，特别是缺漏一些重要内容，因此改进提高的余地更大。居民缺人口与土地、就业、居住、就学的内容，缺观念、心态变化的内容，缺农民状况的内容，缺男女人口比例状况的分析，缺人口流动状况的内容，缺人口老龄化状况的分析，居民生活的记述缺乏多样性，居民婚姻家庭内容缺乏厚度和学术性，等等。管理方面，正如《人民日报》社记者李舫所说 ，新编志书一是未能从国家管理的角度设篇立目和记述。[①]大量篇幅记述的是各个部门的机构设置、人员多寡、各项工作、各种代表大会、单位任职人员和时间等。二是未能从部门设置、职能发挥、

①参见李舫《披沥五十载，丹心入青史——中国新编地方志纪实》，《人民日报》2004 年 7 月 27 日。

发展变化上提供管理方面的经验。从管理者本身所做的工作记了一些，但管理对象方面：农村，农村究竟有些什么新情况、新问题；农业，究竟有些什么新情况、新问题；农民，有些什么新情况、新问题，没有反映，或反映的很少。再如城市，职工的重要组成部分——女职工下岗与再就业情况如何，整个弱势群体的状况及救助没有反映，或反映的很少。记产业，缺少兴衰起伏 4 个点，缺少典型企业典型事例。记事业，视野狭窄，把生动的事业记得僵硬死板。比如记教育事业，仅记学校教育，即使记学校教育内容也不全。记教育，不能忽视家庭教育、社会教育。这些教育不像学校教育那样有专职主管部门，搜集资料困难，但也不是毫无办法。有的地方组织人员对 0—14 岁儿童家庭教育情况进行调查，其资料就非常珍贵。实践证明，没有主管部门，并不等于资料无法获得，事在人为，只要去办，就有作为。学校教育，记文化教育多（以文化教育为主是对的），对素质教育、法制教育、品行教育、生理教育有所忽视。

2. 确定记述要素，有利于通过制度规定解决志书内容主次失衡的问题，进而对志书内容结构做出新的调整。已经出版的志书，其重点内容与一般性内容比例结构不够合理，存在着前者轻后者重的问题，若量化分析，笔者感到前者大致占 40%，后者大致占 60%。二轮修志，应改变以往志书前轻后重的问题，把前者调整到60%，后者调整到40%，使二者的比例结构趋于合理。对此，不仅要有总的量化目标，还要有具体的细化目标。比如地理、人口、政治、经济、文化，以及各自的下类目，其重点与非重点应各占多大比例，都应予以明确。实现这样的目标难免会遇到许多困难，也可能难以一步到位，但我们这一代方志工作者应尽到我们的责任，应做出历史性的贡献。有条件的地方和单位，调整的幅度可以大一些，条件差一些的地方和单位，也要尽力而为，不能无所作为。在这方面，认识要有所突破，不突破走不出一条新的路子。要有所为，有所不为，有所得，有所失，有所破，有所立，要在抓要项上（亦即重点内容）多为多得多立，在非要项上（亦即一般性内容）少为少得少立。地理、政治、经济、文化、民情之要，改革之要，问题之要，举措之要，变化之要，特色特点之要，等等，都应重视调查和记述。这要在记述要素上首先体现出来。

3. 确定记述要素，有利于在供稿、纂稿、评稿、审稿、评奖等环节，按照统一的内容标准去把握，进而减少随意性，增强科学性。二轮修志仍然是“众手成志”，主要由各部门（单位）提供资料。他们搜集资料的依据，绝大多数就是方志机构提供的那个大致的篇目大纲，没有更细的内容提要。在实践中，全凭各自的感觉、理解和认识，其结果是想要的资料，送来的稿子中没有或者不多，不想要的资料倒写得不少。笔者将其粗略概括为14多14少，即一般内容多，重要内容少；微观多，宏观少；条分缕析多，提炼综合少；表象内容多，本质内容少；从部门、单位角度记得多，从地方国家管理角度记得少；一般管理工作多，管理经验教训少；管理主体内容多，管理对象内容少；记机构、会议多，记重要活动少；记官方行为多，记民间行为少；逐年或隔年“流水账”记述多，把握兴衰记转折少；静态记述多，动态记述少；横面多，典型少；记事多，记人少（含思想、精神）；有形多，无形少（包括观念、心态）。诸多诸少，归结到一点，就是具有较高资政价值的资料偏少，一般性的资料偏多。

造成这种状况，与方志机构无所依据有着密切关系，下面送什么我就编什么，所供稿件好，我就编得好，稿件差，我也跟着差。本人曾经参与评审的一部续志稿，就因为作者对应记的内容研究得不够，存在着严重的随意性，形式的运用随意、资料的取舍随意、内容的归属随意。形式上，要求可读可用，好读好用，要把好的文字与好的配图结合起来，但这部志稿有的部分想起来的就比较注意，大多想不起来的就有所忽视。资料取舍随意。改革开放是这一时期的最大特色，也是最突出的地情，但志稿对此记的不好，缺漏内容太多。还有一些内容随意取消了，如建置区划中的乡镇内容，除经济，其他内容有缺漏。人口中，无人口的机械变动；人口控制，记了流动人口计划生育管理，但无固定人口计划生育管理。人口或居民部类，是有东西可写的，是容易出彩的部分，容易写出学术性，而这部志稿则写得很简单。良风美德，包括爱岗敬业、助人为乐、尊师重教、捐资助学等，是精神文明建设的成果，应予反映，但志稿又没有这方面的内容。人物部分，省以上劳模、五一劳动奖章获得者、特殊园丁、副高职以上人员、硕士博士院士、有突出贡献的专家学者、发明家革新家、侨居海外的本籍人士、高考状元、体育明星等，都可调查并入表，但实际上又没有记述。该志稿取舍随意，除应记的主要内容未记外，还包括不必要记述的内容记述了。比如地质，应简略记述，实际上追溯过远，记述过详；城乡建设中，把照明设施记得十分具体，实无必要。开发区不是一级行政建置，不应放在建置区划中。把抗“非典”文档和抗“非典”诗选放在医疗卫生中，是明显的归属不当。还有一部续志稿，根本不记改革，还把党代会代表、人大代表、政协委员，一个不漏地列表入志，都各占了十几个页码，充分暴露了取舍内容的随意性。

在无记述要素作为统一遵循的情况下，一些评稿会也出现了评者与被评者的意见相左，有的争得脸红脖子粗，有的甚至拂袖而去，不欢而散。

二、确定记述要素，要注重反映社会“极重的事实”

三十年代，社会学家吴景超在《独立评论》杂志上发表了一篇文章，名叫《中国县志的改造》[①]。他在这篇文章中指出：“有些极重的事实，在县志中并找不到。”他认为这是“文献界中一大耻辱”。怎么办？于是他提出了“中国县志改造”的问题。他真诚地呼吁志书要注重反映社会“极重的事实”。这对于今天修志，包括制定记述要素，都具有现实意义。

我们稍加分析，就可看出一些“极重的社会现实”，在志书中未予反映或反映的很不够。

例如社会阶层结构。党的十一届三中全会决定实行改革开放，就是要把中国从传统的农业社会引向工业化、现代化的社会。传统农业社会与工业化、现代化社会相比，其经济发展水平、产业结构、社会阶层结构，完全是两回事。就社会阶层结构来说，传统农业社会阶层结构形态是金字塔型，富裕面小，贫困面大，这极易引起社会动荡；而现代社会阶层结构呈橄榄型，处于较高和较低社会等级的面较小，中间中产阶层面较大，这样的社会最稳定、最可持续发展。中国经济的现代化，需要其社会阶层结构的现代化，亦即由金字塔型变为橄榄型。当然，这种转变是长期的、渐进的。在历史的长河中，30年改革开放仅是短暂的瞬间，但其间中国经济社会的变化，包括社会阶层结构的变化，不论城乡，也不论速度、数量、质量都是前所未有的。正确认识和记述

① 吴景超：《中国县志的改造》，《独立评论》，1933年第60期。

改革开放以来社会阶层结构发生的变化，正确认识和记述各个社会阶层的地位和特点，有利于正确认识当前的国情地情，有利于据其形成新的理论和新的经济社会政策，用以协调好党和政府同社会各阶层的关系，正确处理社会各阶层之间的关系，保持社会长期稳定，推动经济社会持续、健康向前发展。第二轮志书应责无旁贷地承担起这一光荣任务。志书记述要素就应当将其纳入其中。如果这样，新出的志书其作用就会大大增强，其价值就会大大提高。

已经出版的志书(包括部分续志)“居民生活”部类，也存在浅薄和缺漏的问题。部分志书只有综合概括，而无若干户居民抽样调查，面与点缺乏有机结合。反映收入差别的志书少之又少，而造成收入差距拉大的原因更是缺乏记述。反映文化消费的志书为数不多，而教育、书报刊等文化消费状况，恰恰隐含着有关深层次的信息。我们应当看到，社会的文化消费活动，是一种直接影响人的精神、思想、心理、情感乃至人生观、价值观的活动。社会的整体文化消费水平，是国民生活质量指标体系中的重要内容之一。我国小康水平量化标准之一，就是教育和文化娱乐支出比重。物质上的富有、精神上的空虚，不能算真正的小康。社会的文化消费水平、消费方式、消费结构、消费能力，无一不与整个社会的文明程度、生活方式、思想道德和科学文化素养密切相关。社会的文化消费问题，不是一般意义上的消费活动，他关系到社会的未来，民族的未来。因此，记述和记好文化消费，不论好的方面还是问题，都是十分必要的。记述内容，如前所述，要记文化消费观念、消费方式、消费结构、消费能力、消费差异、消费比较等。部分志书注意记健康消费，而忽略了非健康消费内容的记述；注意了消费对象衣、食、住、行等消费的记述，而忽略了消费主体——人——老年人、中年人、青少年，男人、女人，长辈、晚辈消费特点的记述。这些内容记述单薄或忽略记述，直接影响着志书的广度与深度。续志对这些问题不能熟视无睹，不予解决。记述要素就应当将其纳入其中。

续志既要记“有形”的事物，还要记“无形”的内容。“无形”包括思想、观念、意识、心态等。“有形”与“无形”都是客观存在，志书都应予以记述。首轮志书记“有形”多，记“无形”少，甚至有所忽视。第二轮修志，误区应当消除，遗漏应当弥补。著名方志学家傅振伦先生纂修的“近代新型志作”——民国《新河县志》[①]，其社会现状部类就载有心灵态度的内容。本人见到的这样几份调查资料，对我们很有启发。一是北京社会心理研究所进行的“两代”近万人关于生活、婚姻、教养、工作、价值观念调查；二是现代中国人婚姻、家庭、择业等基本观念的调查；三是中国居民社会心态跟踪分析；四是北京人的公德现状调查；五是河北省百户家庭伦理道德状况的调查；六是当代青年择业观调查。这类调查，在一个市、一个县、一个区都可以进行。这类资料，是社会管理者、研究者求之不得的重要资料，把他载入续志中，就可大大提高续志的实用价值和学术品位。因此记述要素应当将其纳入其中。

再如工、青、妇部类，既要记“工作”，更要记“问题”。首轮志书主要记“工作”，很少记“问题”。这里说的是广义上的“问题”，包括正面的、中性的、反面的。从一定意义上说，记“问题”比记“工作”更重要。比如改革开放以来工人阶级内部结构变化问题，工人下岗及再就业问题，从困难企业困难职工中派生出来的贫困群问题等，都需要续志工作者认真调查和记述。再如妇女的生育和健康问题，妇女受教育问题，家庭暴力问题，拐卖妇女

① 傅振伦：《新河县志》，民国18年（1929年）铅印本。

儿童问题，妇女自杀问题，男女两性社会地位差距问题，等等，续志都要予以反映。有关方面对男女两性社会地位差距进行调查，结果反映，男女社会地位仍然存在明显差距 。[①]其表现是：① 两性经济收入差距拉大。1990年，男女收入比城镇为1.24，农村为1.56，而2000年这两个比值分别上升到1.49和2.18。女性择业动机的进取性出现一定程度的下降。在择业时考虑的首要因素中，女性选择“工作地点近便”“服从国家需要”“工作稳定/有保障”的比例，分别比1990年提高了7.3、6.7和5.9个百分点，而追求“收入高”“有自主性”和“能充分利用自己现有资源”的比例则有所下降。②女性对公共事务的关注和参与程度有待提高。除最近三年参加过捐赠活动、宗教活动的女性比例略高于男性或与男性持平外，其他有过诸如“主动给所在单位、社区/村提建议”“向政府有关部门反映情况”“参加志愿者活动”的女性比例，都显著低于男性。除联谊组织外，女性参加工会、专业行业组织、民间自主互助组织的比例，也显著低于男性。③农村女性教育水平与男性差距较大，农村女性的平均受教育年限，比农村男性低1.42年，而城镇女性的平均受教育年限，仅比城镇男性低1.08年。农村女性中小学文化程度的高达50.3%，而农村男性为30.9%。农村女性在接受继续教育方面也不及农村男性。在具有高中以上教育程度的农村女性中，仅有6.0%的人最高学历是通过成人教育获得的，比男性低10个百分点。影响农村女性参与继续教育的主要因素是家务负担重。④女性在家庭重大经济决策方面参与程度下降。女性决策权较大的方面主要涉及日常生活和孩子，而在涉及家庭经济、生产方面的决策权则较小，且较十年

① 参见第二期中国妇女社会地位调查丛书——《河北妇女社会地位调查》，中国妇女出版社，2004年9月。

前有所减少。如在“投资或贷款”“购买高档商品 / 大型农机具”等方面，完全由丈夫做主的比例，2000年分别为44.5% 和41.9%，而十年前的比例，分别为25.3% 和16.5%。家务劳动主要由女性承担的格局没有改变。大多数家务活动，包括做饭、洗碗、洗衣服、收拾屋子、做卫生、照料孩子，主要由女性承担的比例，都在90% 以上。⑤女性的健康水平偏低。女性对健康的自我评价低于男性，自评健康状况良好的女性，比男性低11.6个百分点。36.9% 的妇女患有妇科病，特别是城市35岁以上妇女，患有妇科病的比例更是显著高于其他妇女。在患有妇科疾病的妇女当中，无论城市还是农村，均有三成左右的妇女未采取治疗措施。⑥女性闲暇时间减少。无论城乡，虽然女性的工作时间都有所减少，但并没有相应地带来闲暇时间的增长。相反，除看电视的时间增加外，女性其他休闲活动时间和学习时间都明显减少，造成女性总的闲暇时间下降。⑦农村女性自身的维权意识尚有待加强。在对待已出嫁的女儿应怎样继承家里财产的问题上，有46.1% 的农村女性认为“不应该要”，比1990年提高了4.3个百分点。与此形成鲜明对照的是，农村男性持此看法的比例却下降了5.7个百分点。⑧传统性别观念有一定程度的回潮。对“男人以社会为主，女人以家庭为主”的传统性别分工模式，26.0% 的男性和22.1% 的女性表示非常赞同，而1990年的比例，分别只有8.5% 和4.6%。对近年来社会上“干得好不如嫁得好”的说法，33.9% 的人表示赞同，女性支持该观点的比例，高于男性3.9个百分点，达35.7%。这篇调查资料值得续志工作者认真阅读。首轮志书妇女部类，侧重记妇女工作，很少记妇女问题。这是一个重要缺陷。续志应当充实这方面的内容。妇女社会地位，是妇女问题的重要方面。他是不同群体妇女在社会生活和社会关系中，与男性相比较的权力、资源、责任、作用被社会认可的程度。妇女社会地位的发展变化，既反映了一定时期男女平等的程度，又体现了社会进程中的妇女发展状况。妇女社会地位包括经济、政治、教育、婚姻家庭、健康、生活方式、法律、社会性别观念等八个方面。在某些方面进行男女两性横向比较，更有利于体现时代特点。这些资料是第二期中国妇女社会地位调查河北部分的内容，反映的是1990年至2000年10年的情况。这正是续志断限内的内容。修志中，可以参照其调查指标、调查方法等，对一市、一县、一区的情况进行搜集。对搜集来的资料，有的可入妇女部类综合部分，有的可作为专题。如这样做，妇女部类内容就有了深度。青年方面，如青年心态问题，青年择业、婚姻、家庭、生活、价值观问题，农村青年进城务工问题，青少年犯罪问题等，都是方志工作者不能回避的重要问题。因此，记述要素应当将其纳入其中。

再如“三农”问题。中国作为农业大国，“三农”问题关系到社会稳定和国家富强。中国农业是国民经济的基础，但却尚未形成规模经营，相当一部分农村还处于自给自足的状态，大部分农村存在购销体制不畅的问题，很多农产品种出来不能及时运出去，成了影响农民收入的重要问题。近年来农村劳动力转移成了一个新的热点。从全国第五次人口普查看，中国有 13 亿人口，其中 9 亿在农村；但在二、三产业就业人员中，46.5% 是农业户口，其中建筑工人来自农村的已超过 79%，农业人口发展呈现出多层次性。事实上，70% 的农村人口成为所有农村问题的症结。减少农村人口，推进农村城镇化进程，完善农村基础设施，减轻农民负担，成了解决农民问题的根本途径。在很长时间内，“三农”问题将是全面建设小康社会的重要问题。作为中国政府行政管理的基层——县、乡是“三农”问题最直接管理层。县志，作为县域政治、经济、文化等综合反映的载体，理所应当重点反映“三农”问题。

首轮和先行出版的二轮志书，已经记述了部分“三农”内容，但由于缺乏经验和受最早所拟志书篇目的影响，造成对记述“三农”内容认识不高，收录内容范围狭窄，且欠缺深度。第二轮修志，应站在一个全新的角度审视、搜集、记述“三农”内容。反映农村，应考虑农村生态、农村民主政治建设、农村税费征收、农村财务管理、农村治安、“空心村”问题、“老板村官”问题、农村医疗问题、农村人口流动问题、农村老人赡养问题、农村“留守儿童”缺少关爱问题等。反映农民应考虑农民劳力、农民教育、农民劳作、农民收支、农民生活、农民负担、农民养老、农民心理、农民家庭、农民婚姻、农民新风、农民阶层变化等。反映农业，应考虑农业产业结构调整、农业产业化经营、绿色、特色、高效优质农业生产、农业管理（指导）方面的经验教训、农业方面应予重视的问题等。

对上述资料，抓到他与使用他是两回事。有人提出，续修县志要设篇立目集中反映“三农”问题。笔者认为不必如此。农业方面的归农业篇或农业章即可。农民方面的，分归人口、居民生活、农业生产力等部类即可，在传统篇目中未立节、目的，只要需要，现在也可以设立节、目，有了酒，总得找个瓶子装吧，不要拘泥陈规。农村方面的，也要分类归属。

第二轮修志，记述“三农”内容已出现可喜现象。河南《新郑市志》农业卷第一章就是农民，设四节，第一节为农民队伍，着重记述农民这个群体在数量上的变化。这个群体从户籍上看，他们还是农村户口，农民身份，但是从实际情况看，他们正在分化，有相当一部分流入城市，有的成为市民，有的是双重身份，闲则入市打工，忙则回乡务农，而大部分则长年在农村务农。这个群体具有较大的流动性，要准确记载，难度较大。不过这种变化，各地有一定的阶段性，其基本轨迹还是可以觅踪的。第二节是农民队伍构成，其中包括年龄构成、文化构成、从业构成和科技构成等。现在的农民队伍，已不再是70年代以前的状况，从年龄和性别看，从事农业生产者多是中老年和妇女；从文化程度看基本上是中小学或高中文化，已很少有文盲；从从业结构上看，大部分从事种植业、养殖业生产，有相当一部分青壮年进入非农业领域；从科技结构看，涌现出一批科技型的青壮年农民。这个结构上的变化，部分地反映了农民队伍素质提高，反映了市场经济的供求关系和人们观念上的变化。河北省张北县在第二轮修志中①，注重“三农”内容调查，他们写出了两面井乡跨区域联合发展调查，二台镇窑儿沟村农业发展调查，大西湾乡明喜营行政村农民问题调查。这些调查，与综合记述结合，就构成了“三农”方面二维甚至三维的立体画面。栾城县史志办结合实际搞了若干“三农”调查②，如农业产业结构调整给农民带来实惠，柳林屯草莓节的形成与发展观光农业的调查，实施高效生态林网工程建设的调查，栾城水资源状况的调查，栾城拓宽农作物秸秆消化渠道的调查等。还有不少修志机构也在作“三农”的文章，势头很好。将“三农”方面的一些新内容，纳入记述要素中，并在总结实践经验的基础上，把其制定好完善好。

工业部类也尚有改进提高的余地。如一地工业企业，有的从小到大、经久不衰，有的先兴后衰，有的有兴有衰，在曲折中发展，内在外在原因是什么，这其中包含着很有借鉴意义的经验教训，续志应有意识地加以反映。笔者见到这样几份资料，一是《光明日报》记者写的《江西富铜公司快速兴衰警示录》③；二是新华

①参见《张北县志（1989—2006）》：河北人民出版社，2010年3月。

②参见《栾城县志（1993—2005）》：中央文献出版社，2010年8月。

③参见《光明日报》2002年9月25日，通讯员翁益云，记者王绍雄。

社发的河北两家乡镇企业兴衰调查，标题为《改制缘何两重天》；三是《河北日报》记者写的石家庄食品四厂被蛀空原因剖析，标题为《痛哉！飞翔的“双鸽”坠了地》。这些资料如果是修志人员所为，并把其放在续志工业部类，那该有多好啊！这类资料，在记述要素中也应有所显示。

类似上述有深度有价值的重要资料很多，在此不可能、也很难全部列出，需要有关人士共同努力去分析研究确定。

志书篇幅有限，不能只加不减，要“加减法”综合运用，还要考虑压缩一些内容，压什么？就是压那些一般、次要、枝节性的。

三、要用系统论的观点考虑记述要素问题

一是要处理好综合性条目要素、主体性条目要素、单一性条目要素的关系。二轮修志，要通过大量的综合来达到“要素不缺、文字简约”的目的。搜集资料重在扩展，挖掘资料越深越广越好，有深度、有价值的资料越多越好。而选取资料重在提炼，统纂志稿重在浓缩。浓缩的目的就是约文丰事，简言赅意。正如新编地方志的倡导者胡乔木所说：地方志应做到详细，同时应做到简略。所谓详细，指他所应讲到的方面都讲了；所谓简略，就是指每个方面的说明要像打电报、编辞书那样地精炼，要惜墨如金。作为一部实用性的文献，不能分量太大，分量太大会引起种种不便。[①]笔者看到的两部地（市）级续志，由于着眼点不同，文字的简约程度也就不同。拿自然地理部类来说，一部仍然像首轮志书那样，

① 参见胡乔木《在全国地方志第一次工作会议闭幕会上的讲话》，《中国地方志》，1987 年第 1 期。

分篇、章、节、目设置，将地理位置、地质地貌、气候气象、水文土壤、植物动物、自然灾害展开记述，长达三万多字。而另一部志书，没有细分章节详加记述，而是抓住要素，注重综合，把通常需三四万字的内容缩写成8400多字，压缩了两万多字。其压缩的方法，一是在章的层次下设有题概述（卷首为总述），把自然环境诸要素（地质、地貌、气候、水文、土壤、植被、野生动物、自然灾害）中的核心内容，如区位、面积、地貌类型、平原山丘所占比例、资源种类名称、平均日照气温降水等，精练为850多字。二是在有题概述之后择要立目，在概述中已说清楚的次项就不再单独立目。该志作者在要项要素上有所作为，在非要项和记事之铺垫过渡与起承转合上有所不为或小为，这是值得学习的。续志的五大部类（地理、政治、经济、文化、人口人物）如果都这么做，那么至少可压缩几十万字。

第二轮修志，要求博观约取，但从实际情况看，还存在较大差距，还须做出巨大努力。解决这一问题，加强综合记述是有效途径之一。因为与综述相对应的内容，设章节目记述，就要讲对等、对称、均衡，都要有一定的内容相支撑，这样势必要增加容量；而改为综合概括记述，记述要素不缺，伸缩有度，文字精练，又可沟通联系，增强整体性。有不少内容，包括部分一般性内容，先期志书往往分细目展开记述，续志为了既说明问题又节省文字，可不分细目，采取综合浓缩的方法记。所谓综合浓缩记，就是把一系列事物具体的分散的资料，整理归纳提炼，从总体上综合反映这一类事物发生发展过程及程度状态等。如记医院，不一定一个一个医院进行简介，着重从医院的总量、类型、职能区别、地域分布、医疗特色上进行综合记述。又如记种植业，不一定分得太细，展得太开，分十节八节记，从总体上记清产业结构、发展阶段、经济效益等即可。

二是要处理好指令性要素与指导性要素的关系。目前修志当中，大多是被动工作，是你（上级或本级领导、业务指导部门）让我干什么我就干什么，你让我记什么我就记什么，而不是主动工作，不是我应干而且应干好，我应记而且应记好。鉴于此种情况，以及“取乎其上，得乎其中”之古训，在确定记述要素时，应把“地情之要”列入指令性范畴，以加强其刚性作用，不宜把其作为指导性、参考性要素，可执行也可不执行，毫无约束力，那实际结果可能就是自觉者执行，不自觉者不执行，这样就难以达到确定记述要素的初衷。笔者认为，应当“要求从严、评价从宽”，宽严适度，宽严相济。实际上你要求十分，落实到七分、八分就很难，落实到五分、六分就很不错了。这就是水与船的关系，水涨船高，水不涨船难高。在这一点上应当统一认识。

三是在组织稿件上要处理好分与合、内与外的关系。为了做到既好又快，使记述要素及早成型，及时服务于修志实践，笔者认为要集众力于此役，坚持集中与分散相结合，内力与外力相结合。这就是说，在中指组办公室领导下，先设计方案，尔后制定凡例，编写样稿，组织培训等。这些任务，可由一个精干的小班子（十个八个人）来完成。在此基础上，可从全国遴选一批胜任者承担更为具体的任务，这可根据章这一层的多少来筛选人员。实施当中，先培训，中抽查，后验收，加强全过程的质量控制。即使有的稿子需要反复，因为每人承担的任务量小，“船小好掉头”。内与外的结合，就是志界与非志界人士合作，比如地理记述要素，请懂地理的帮忙（不止一人），经济部类要素，请懂经济的帮忙（需要数人），社会部类要素，请搞社会学的帮忙，使记述要素更为科学。

（原载《内蒙古史志》2015 年第 1 期）

关于篇目选择与内容记述有关问题

二轮修志，关于篇目选择与内容记述，以己之见，认为大致有三种情况，一是百分之百地按照通行做法去修，篇目与内容和别人一样，不论对错一概沿袭；二是有继承也有改进，坚持长处继承，短处避免，缺欠弥补，像二轮《井陉县志》《栾城县志》《内丘县志》《涉县志》《清苑县志》《黄骅市志》《任丘市志》《新河县志》就是这一类型；三是在总量控制的情况下，走“突出重点、兼顾一般”的道路，进行大胆的改革创新，像安国市、桃城区 就是这一类型。

这三种情况，各自究竟怎么样，只有具体分析才能得出结论。

第一种，我认为是越来越面临着危机。这种危机包括阅读危机、信任危机、使用危机、传承危机。这是站在负责任的角度来说的。当然也有不以为然的。持这种看法的人，也许认为危机不危机，与我们无关，好赖编出书就不错了。

说面临着危机，从我们的反思看，志书是地情书，地情是客体，是记述的对象，志书是载体，是承载地情的，二者应吻合或接近，应融为一体，而不应当是“两张皮”。但实际情况是地情是 10 分，志书只记述了 5 分或 6 分，缺漏了 5 分或 4 分。缺漏了什么？最明显的是缺漏了重点、特点、亮点、看点性内容，缺漏了深层次内容，缺漏了宏观方面内容，缺漏了管理对象方面的内容等。

从读者角度来说，他们所反馈的情况也给我们发出了警示。中指组原组长李铁映为河北方志展览题词时写道：修志为用。志书编的如何，要让读者来检验。北京大学教授肖东发先生评价一些志书时指出，志书“花费大量篇幅反映事物内部一些小单元的起源兴革”，使“志书格局呈现为一条多竖线拼接并列而成的薄薄平面。看起来文字不少，但多为承上启下铺垫过渡性内容，核心资料被冲淡，反映不出多层次的、立体的、多彩多姿的现代社会全貌”[①]。人民日报社记者李舫，在充分肯定首轮修志成绩的同时，也指出首轮修志“存在着‘因义剪裁，因义生文’的情况，具体表现在以记工作、存史为目的的编纂宗旨，政府各部门的篇目设置和记述是从记述部门工作出发，未能从国家管理的角度设篇立目和记述。大量篇幅记述的是各个部门的机构设置、人员多寡、各项工作、各种代表大会、单位任职人员和时间等，未能从部门设置的职能发挥、发展变化上提供管理方面的经验教训以资借鉴。未能围绕‘志义’组织材料和设立篇目展开记述，地情信息缺乏深度。很多事物的记述只是从表面上轻描淡写，缺乏具体深入的记述，如建置篇，只从面上记载其境域、行政区设置，没有深入记述各政区的特点。人物入选也只是从标榜地方人杰地灵的角度和需要衡量”[②]。河北省作协副主席谈歌在《光明日报》发表文章，名为《探寻〈史记〉与县志中间之路》。该文指出：中国行政的区划，县一级举足轻重，记述其发展历程的县志，同样举足轻重。老县志多是精粹的，他通常字数少，页数薄，内容

①肖东发：《年鉴学概论》，中国书籍出版社出版，1991 年 12 月。

②李舫：《披沥五十载丹心入青史》，《人民日报》2004 年 7 月 27 日。

却厚重。时下，县志写作有了变化，字数变多，页数渐渐变厚，有的状若砖头（我还见过多卷本的县志，如分成上、中、下三册种种），内容却变得枯燥，果真有那么多可以入志的人或事吗？多是修志者唯恐遗漏了地方各界领导的政绩，事无巨细，一概要记录在案。且行文也乏味，八股样式，照猫画虎。或是受时下公文写作影响太深？贵州省方志办原副主任罗再麟讲：首轮志书编纂的最大问题是，虽然基本上解决了“如何写”的问题，但没有很好解决“写什么”的问题。所见志书，除历史的追述、地理环境的描述外，大多是写管理体制和管理工作，鲜活的社会生活被大量枯燥的数据所取代，缺少人文关怀。于是，我们的志书远离了实际，远离了群众，远离了生活（也就是三脱离），不能培养各层次的读者群，仅限于部分领导干部和部分科研人员翻阅及地方志内部循环。

上述读志用志者对志书的反映，对于我们改进修志工作，包括调整志书内容结构，具有重要的镜鉴作用。这说明，过去那种修志方法、体例形式、所述内容，到了不得不改的时候了。不改就不是一部好书，不改就得不到社会的认可，不改就经不起历史的检验，不改就可能昙花一现。李铁映讲到，志书质量如何，这关系到方志事业的前途和命运。改革与质量密切相关。从一定意义上说，修志工作坚持不坚持改革创新，他也关系到方志事业的前途和命运。

第二种，就是改进型、结合型，就是谈歌说的那种“《史记》与县志的中间道路”。

结合型的特征，我的理解，是否有以下一些。

①传统篇目加新的要素。例一，以二轮《井陉县志》为例。其居民部类，就体现了传统篇目加新的要素。这一部分，和别的志书篇目基本一样，包括人口总量、分布、变动、素质、构成、

计划生育、习俗、婚姻、家庭，这是传统的；新的要素有附1井陉县人口老龄化，附2劳动力职业结构与社会阶层结构分析，附3对井陉县城乡居民收入差距的调查，这是新的要素。例二，以《青田县志》为例。其教育，包括学校、学生、惠学、教师、教学。他与传统县志教育篇目有相同也有不同，相同的是学校、教师、教学，不同的是学生和惠学。这也是传统篇目加新的要素。他这个传统篇目，也是经过改造的，而不是百分之百的，百分之百的传统篇目，学校肯定不是一块，是若干块，包括小学、初级中学、高级中学、专科学校、成人学校、特教学校等，一类一块，少说也有五六块、七八块，而《青田县志》学校就一块，他是把五六块、七八块整合成一块。

② 在文字总量上，少于像谈歌说的三卷本、像块砖头那样的志书，比最精练、文字较少的志书要多一点。

③ 在“突出重点、兼顾一般”上，能够进行一些新的探索。拿政治部类来说。调整篇目时，我是这样列的，即综述、重要决策（党委）、主政（人大）参政（政协）、施政辑要（政府）、政务管理、纪检监察、政法军事。为保证全书120万字左右的目标能够实现，政治部类也必须坚持“有所为、有所不为”，在“四点”（重点、特点、亮点、看点）上有所作为，非“四点”内容，也就是一般性内容少作为。这一部分的重点，我认为就是党委决策、人大活动（主政）、政协参政、政府施政、政务管理、纪检监察、政法军事。这和通常篇目有相同也有不同，不同的是重点突出了，一般（内容）压缩了。一部县级志稿假如要设8编（大编）的话，按120万字控制，平均每卷可分15万字（这仅是为便于研究问题所做的假设，实际操作时允许根据需要适当增减权重）。政治部类如果按老篇目去办，15万字根本无法落实（其他部类也是如此）。事在人为，办法有的是。我的想法是：一般性的内

容，大多是横排竖写，竖写时要么逐年写，要么择年写，基本是点到为止，这些简而又简的内容，把他归在大事年表中，不也是“兼顾”的一种好办法吗？把这些“兼顾”住了，别人再挑你的理，说你“挂一漏万”，我们就有足够的理由回答他了——我们没有缺漏，无非没有放在原来的地方，没有详加记述，而是放在大事年表中简要记述。常规篇目中的党委、人大、政协、政府，其内容除党委决策、人大活动、政协参政、政府施政外，其他都可梳理后归入大事年表中。至于政务管理、纪检监察、政法军事，政治部类按15万字说，这三类各自可分2.1万字（其他4类占8.4万字）。如按传统办法处理，字数肯定压不下来，改革一下就可以了，改的办法即采取“综合加表格”，或“综合大要，一般析出”（析出的可归入大事年表中，也可归在其他合适的地方）。

政治卷可以这样办，环境、居民、经济、文化、社会卷也可以这样办，人物、旧踪觅影卷情况特殊，这两类只是力争科学、规范、精练的问题。全书的机构、会议和人事更替，建议尝试以表代替。

④ 在其他方面也有新的探索。以二轮《合肥市志》（以下简称《合志》）为例。《合志》的改进完善，首先当说压缩文字，控制篇幅。好的志书（志稿），应当文约事丰，博观约取，好读好用。如果像专家学者说的“文字不少”，水分很多，“状若砖头”，枯燥乏味，谁还愿读愿用呢？合肥作为省会城市，断限20年，可记内容很多，但该志最后限定在300万字范围之内，没有一点魄力是难以办到的。我手头恰巧存有另外5部第二轮设区市市志，他们字数从低到高说，分别是340万字，360万字，380万字，430万字，560万字。相比较，《合志》作者还是在从严从紧控制文字总量。控制方法，一是当专则专，当合则合。属于重点、特点、亮点、看点性内容，该专门设置的专门设置，如城市建设、

政党、改革开放、工业经济、农业经济等。属于可以合并的，如环境、资源、人口，人大、政府，政协、人民团体，军事、公安、司法，人事、劳动、综合政务等，两至三项合并为一块。横者归并类项，纵者删削层次，这样可以减少衔接、铺垫等过渡性文字，从这个方面对志书“减肥瘦身”。二是坚持“综合加表格”处理。如乡镇企业与民营经济，分别设立乡镇企业和民营经济概况。在这一部分着重于综合，勾勒纵向脉络，横向状态，简明扼要，写清为止。十分微观的资料，如企业个数、职工人数、总产值、总收入、利润、税金、职工工资等，则以表格的形式出现，而且使用小于正文的字号，这有利于减少版面，压缩篇幅。三是注重发展概况与重点企业简介结合记述。工业中的轻工工业、纺织工业、食品工业、冶金工业等，都是如此处理。这体现了“突出重点、兼顾一般”的要求，同时又较好地实现了总体与局部、面与点的有机结合，达到了既压缩文字又无碍主体内容的恰当表述，收到一举多得之功效。四是坚持有所为、有所不为。正如著名教育家、出版家叶圣陶 91 岁时在开明书店 60 周年纪念会上所说：“我们有所为，有所不为：有所为，就是出书出刊物，一定要考虑如何有益于读者；有所不为，明知对读者没有好处，甚至有害的东西，我们一定不出。”一部书、一份刊物是这样，修志当中，一个事件、一份资料，是取是舍，是详是略，同样要考虑其影响。《合志》人民政府章，改变了以往那种以“政务辑要”标目和不乏“空虚”的写法，对政府办得好、百姓看得见的实事，以“为民办实事纪实”为题，持朴实的笔法“实打实”记述，在这方面有所作为。再如文化，其主体在文化形式及其活动，作者将这些适度展开，列了 4 节，其他仅列 2 节，以便“就重避轻”，从而把调整内容主次结构落到实处。五是“内容互见”。如归国华侨联合会，在侨务节中仅列篇目，不展开记述，内容参见第五编《政协·人民团体》。

《合志》的改进完善，其次当说对述体的改进。二轮志书，有的采取卷首、篇、章三级设述，有的是卷首、篇两级设述。《合志》根据需要，在卷首、章这两层设述。这是《合志》的个性特点。笔者理解，如此处理大概在于减少重复，也便于统摄概括。全书83章83个概述，大多颇见功夫。这些概述采用楷体字以与节、目宋体字相区别，着力钩玄提要，勾画纵向脉络，横向状态，揭示兴衰起伏，展现成绩问题，彰明因果变化，使之真正成为读者阅读该章内容的钥匙和向导。

《合志》的改进完善，第三当说其章法技巧的运用。一是通过比较显现优劣态势。记水资源，作者以2000年为例写道全市人均水资源占有量405立方米，仅为全省人均水资源量的1/3左右，不足全国人均水资源量的1/5，小于国际公认的人均500立方米的严重缺水线，为严重缺水地区，被水利部列为全国重点缺水城市之一。人们看了这样的记述，不会不产生水的危机感，进而不会不考虑节约用水的问题。二是进行分析性记述，把偏重静态的数字，变为动态的资料。如反映合肥市用水变化，先列《1980—2003年合肥市用水变化表》，开列城镇生活、农村生活、工业、农田灌溉、林牧渔业、总用水量若干项。紧接表格，把体现变化的节点作分析性记述，写农业灌溉仍是第一用水大户，1980—2000年，农业灌溉用水量年均增长率为0.3%；工业用水增长迅速，用水量从1980年的0.79亿立方米，增加到2000年的3.91亿立方米；生活用水持续增长，20年间，城镇生活用水年均增长率为7.24%。注重作分析性记述，更能揭示事物变化的规律，同时也更方便读者对资料的选用，不至陷入密密麻麻、不知所然的困境当中。三是博观约取，抠准要点。这个点就是起点、终点、高点、低点。事物发展，曲线运动，有曲线就有这4个点，无论断限长短，概莫能外，要说有区别的话，就是循环往复的频率有所不同。《合志》作者对此理解和记述颇为到位，因此资料的功用性就较强，文字也比较简约，可以说是文约事丰。如记日照，是这样写的：合肥市年平均日照时数大约1900小时，其中7月、8月日照时数最多，占全年总日照时数的21%，1月、2月日照时数最少。从变化趋势看，合肥市上世纪50—60年代日照时数处于偏多时段，1999年以来日照时数一直处于偏少时段。平均温度、降水量年际变化等也有类似记述。

《合志》的改进完善，第四当说“合肥丛谈”入编。这一编载录了吴王事略、包公文化、李鸿章与淮军创建、刘铭传轶事、段祺瑞纪闻，总数达9.4万字。这些人和事，最能反映合肥的历史人文和地方特色，也是《合志》的重点、特点、亮点所在，较好达到了作者预想之目的，即补前志记述之不足，彰显合肥文化之精神，存地方史研究之成果。同时还由于其知名度高，影响广远，志书借此也大大提高了自身的知名度和影响力。这些文字均出自专家学者之手，其考据慎重，表述严谨，人事结合，脉络清楚，把握重点，挖掘个性，具有相当高的学术品位，堪称精品佳作。他与经过精心选择列入人物传介的古今人物，以及卷末附录中的“淮军将领与圩堡群”“合肥市（庐州）历代方志辑目”“历代合肥人著述选目”，构成了一道厚重、亮丽的人文风景线。

《合志》的改进完善，第五当说对部分易被弱化内容的加强。如民主党派，包括民革、民盟、民建、民进、农工党、致公党、九三学社，不仅记代表大会、组织建设，还记参政议政，累计字数达2.5万字，是中共合肥市委内容的三分之二。如此记述，彰显了合肥市各民主党派与中共合肥市委同心同德，同舟共济，以爱国敬业的热情，围绕合肥市的政治、经济、社会事业建言献策，为合肥市的发展所做出的积极贡献。再如八大人民团体，总字数是8万字，而易被淡化处理的工商联、文联、科协、残联、侨联，累计是3.4万字，占人民团体总字数的42%，可见比例不小。像残联团体，记了残联沿革，残疾人代表大会，残疾人状况，残疾人康复，扶残助残，残疾人教育体育，残疾人维权，先进单位和先进个人，范围涉及残疾人事业的方方面面。对弱势群体的关注是建设和谐社会的应有之义，同样，加强对弱势群体活动的记述，也是新方志编纂者的应有志德。

第三种，就是带有全新性的设计。这种全新性的设计，目前虽无现成的样子，酝酿中的肯定不会只有一种。2005年3月，在一次河北省方志系统的会议上，我将设想的某某部类按照综述、专题、备查资料三块进行设置的想法，向天津市方志办的郭主任请教，他说他在指导《静海县志》编修时，也提出总述、举措、资料库的板块设想，听后我就感到很受鼓舞，因为一种新的探索是不容易得到人们理解的，在这种情况下找到了知音是很让人高兴的。

清河县二轮修志，前期是在进行全新的探索，后因人员变动作罢。他们的探索是：全书按编章设置，章下分四部分，即综述、事录、专题、图表。综述部分，是把某一行业和门类的基本情况跳跃性地写出来。这一部分是简要的写。事录部分，是把部门、行业的事采取大事记的形式逐年去写。专题部分，是记重要事项。图表部分，是补充性、辅助性的资料。

河北文安也是在进行此类探索。他们的意图就是：力求深入挖掘和展示文安县本轮县志断限内（1986—2008年）的新地情，突出重点、兼顾一般，彰显重点、特点、亮点、看点。这种意图值得充分肯定。如果这种探索最后真正成功了，他具有里程碑性的意义。因为他更为简练了，重点特点亮点看点更多了，读者面更宽广了，“资政教化存史”价值更大了，开头所转述的一些问题就会得到更好的解决。

另一方面也要看到，不论干什么事情，走老路容易走新路难。路子看准了就要坚定地走。同时要有充分的思想准备，学习要比别人更为认真，思考问题要比别人更为深入，面对不理解或者议论要比别人更为有主见，对地情的研究要比别人更为投入，搜集资料要比别人更为勤奋，撰写志稿要比别人更为缜密，总之花费的心血要比别人更大。

续志编写，以往有两个、三个、四个、五个层次，而现在提倡的是两个或三个层次。按三层说，一级（相当于编或卷）叫类目，二级（相当于章）叫分目，三级（相当于节）叫细目。这个分目和细目都叫条目。而条目又分综合性、主体性、单一性三种类型。综合性条目，即编或卷下的概述，为宏观记述类条目。这类条目，其内容主要包括纵向脉络、横向状态、关键节点、因果关系，同时还可囊括一些不太重要、其他地方又未加记述的内容。写这一部分应注意：一是站位要高于第三层次（也就是章）、低于第一层次（也就是卷首总述）的述，写他应记内容，不要越位，也就是不要写一、三层次的内容；二是第二层次的“述”，以准确贴切的定性记述为主，定量记述宜少不宜多。

那么主体性条目，其特征，或是关乎全局的，或是在同类事物中是重要的，或是读者关注的热点问题，是“资政、教化、存史”价值大的内容。

单一性条目，顾名思义，是相对单一的，但同时又是典型的。

每一类项下，综合性条目仅有一个，而主体性和单一性条目可以有若干个。三种条目在层次上是并列关系，在内容的逻辑关系上是领属关系，即主体性条目和单一性条目从属于综合性条目，单一性条目从属于主体性条目。这三种条目，是面、线、点的关系。综述性条目反映面，主体性、单一性条目反映线和点。这样设置，可避免上轮志书见物不见事、见事不见人，过于平面化及趋于模式化的缺陷，从“面、线、点”三个方面立体地反映一地的全貌。

按照上述这个基本概括来衡量，就可以看出目前一些地方志书的篇目，其主体性和单一性条目，有的基本可以，有的选择不当，也不够协调，主体性条目偏少，单一性条目偏多。在座各位都有分工，下一步我们在完善篇目时，要吸取别人的长处，避免别人的问题，力争高人一筹。

下一步每人要先看几部志书，主要是看自己分管部类，对口学习。尔后进行研究，研究时要考虑：一是要研究每一个综述性条目写什么、写多少；二是从三个方面寻找新的题目，包括研究地情、与行业沟通、查阅好的志书等，在此基础上再选一些好的主体性条目及专一性条目。只要认真和拓宽视野，会有新的发现。比如老人抚养，这是个重要问题，如果列一个主体性条目，经调查又写得很好，那将是很有意义的。据我所看到的一个资料，就是北京市老龄办有关负责人 2011 年 9 月介绍：据统计，截至 2010 年底，北京市户籍总人数为 1257.8 万人。其中，15 至 59 岁劳动年龄人口 906.8 万人，60 岁及以上老年人口 235 万人（比上年增加 8.4 万人），0 至 14 岁少儿人口 116 万人，按 15 至 59 岁劳动年龄人口抚养 60 岁及以上老年人口和 0 至 14 岁少儿人口计算，北京市总抚养系数为 38.8%。其中，老年抚养系数为 26%，比上年增加 0.7 个百分点。这相当于近四个劳动人口抚养一个老年人。老年抚养系数，是指人口中非劳动年龄人口数中老年部分，对劳动年龄人口数之比。其他方面也还是有挖掘的余地。

（原载《西藏地方志》2014 年第 3 期）

从相似中探求弃弊趋利之法

——以制造业的“3D”打印与修志的方法为思考对象

世界上的某些事物，不论是物质范畴的还是非物质范畴的，往往有着惊人的相似之处。总观整个制造业与当今修志活动（就方法而言）即是如此。本文就二者的有关问题做些初步探讨，以便从中获得对修志具有“事半功倍”价值的东西。

一、弊端相似。这里是指“传统制造”与“传统修志”之弊。传统制造主要是“去除型”。他需要模具、翻砂、成胚，尔后使用切割、磨削、腐蚀、熔融等办法，去除多余部分，得到零部件，再以拼装、焊接等方法组合成最终产品。这种制造工艺投入大、耗时长、质量受限、浪费严重，就连美国最新的F—22战机主要承力部件——大型铸造钛合金框架，其原料的95%也会被作为废料切掉。联想到修志，传统的方法也主要是“去除型”。时间上，首轮修志，短的七八年，长的十三四年；二轮修志，一般说短的三五年，长的八九年。程序上，要经历谋划筹备、组建队伍、分层培训、调查资料、撰写分志、分纂总纂、三级审查、补充加工、打磨修改、定稿付印、审核校对等。资料利用率，一般是调查资料与成书资料为2：1。本人所知的两部设区市市志，一部是搜集资料600万字，成稿资料是300万字；一部报审稿是450万字，成书稿是380万字。已出的三级志书，有精彩之处，也有水分和瑕疵，“社会上有些极重的事实，在县志中并找不到”①，“有的状若砖头，内容却变得枯燥”②。志书是地情书。修志工作“是在各级党委领导、政府主持下对地情、国情的全面调查”③。志书为载体，地情为客体，客体的重要方面，都应在“全面调查”之列，经调查之后还应予“全面记述”。但当今修志实践情况如何呢？本人认为，大多志书（志稿）仅反映了五六分地情，还有四五分尚未反映。这就是有些重要事实在志书中找不到的原因。如上所述修志的时间、所付出的代价、所得到的结果，是我们所根本不愿意看到的。事实证明，传统修志，其繁复的程序、落后的“工艺”、冗长的时间、不菲的消耗、有限的效果，已远远不适应转型期“又好又快”修志的需要。

二、拐点相似。对于整个制造业和修志事业来说，目前都到了一个新的转折点。以“3D”打印为特征的制造业，将出现一次新的技术革命。英国《经济学人》杂志认为，“3D”打印技术将“与其他数字化生产模式一起推动实现第三次工业革命”，整个世界的制造业与物流格局都会因此被彻底颠覆。此言并不为过。对于各国来说，在这场“3D 大战”中的输赢可能决定着未来的命运。

那么何为“3D”打印技术？“3D”打印，是1984年美国开发出从数字数据打印出3D 物体的技术，并在两年后开发出第一

① 吴景超：《中国县志的改造》《独立评论》，1933 年第 60 期。

② 谈歌：《探寻〈史记〉与县志中间之路》，《光明日报》，2011 年 1 月 2 日第 4 版。

③ 2001 年 12 月 20 日，李铁映在全国地方志第三次工作会议上的讲话。

台商业3D打印机。所以叫“打印机”，是因为他借鉴了打印机的喷墨技术。普通打印机是在纸上喷一层墨粉，形成二维（2D）文字或图形，而3D打印则能“打”出三维的立体实物来。与传统的“去除型”制造技术相比，3D打印则是“增材制造技术”。他无须原胚、模具、切割、磨削、腐蚀、熔融，直接根据计算机图形数据，通过一层层增加材料的方法直接制造出任何形状的物体。这不仅缩短产品研制周期，简化产品制造程序，提高效率和质量，而且大大降低了成本，因此被称为“增材制造”。我国在一年之内连续制造出歼—15、歼—16、歼—31等多型先进战斗机并试飞，很大程度上得益于钛合金3D打印的低成本、高质量、快周期。原本相当于材料成本1~2倍的加工费，现在只需原来的10%。加工1吨重的钛合金复杂结构件，传统工艺的成本约为2500万元，而激光3D焊接快速成型技术的成本为130万元左右，仅是传统工艺的5%。更重要的是，由于采取快速一体成型，不仅节约了时间，还大大提高了强度，在相同情况下，构件重量最多可减少40%。3D技术不仅在航空航天领域初露锋芒，在其他工业制造、生物医疗、建筑工程、个人化定制等领域已有广泛应用。

而修志事业也随着改革开放的深入，进入了一个以“又好又快”为着眼点的大发展、大繁荣时期。实现这一目标，不借鉴“3D”打印技术是不行的。这种技术在修志中的体现，就是像制造业那样，编纂什么样的志书，首先确定标准，总的容量，各部类字数及所要的材料，用什么方法来实现等，事先都设计好，我要的就设计进去，不要的就不考虑，形成类似于工业产品制造时所依据的“三维计算机图形数据”，尔后进行“增材制造”。过去修志中“秋后算账”的许多工作，如一审、二审、三审时的删削，在新的修志过程中其任务均可前移，都变成“及早算账”，也就是在谋划阶段即定取舍。这样像“3D”制造那样，没有制模、翻砂、车削等程序，也就大大节约了时间和资源，一步实现了质的跨越，达到了“又好又快”。坚持走高端设计、高端成型的路子，那么最后的结果必然是高端产品（以下简称“三高”）。

具体到一部志书（指续志），本人对“三高”的初步构思如下。主旨，应坚持“民生立志”，官、民内容之比应大致是4∶6。体例，采取“两级结构”或“三级结构”的模式进行编修，以减少层次，避免“叠床架屋”。这样的架构模式，立足点在于“解决综述的深度问题，尽量避免模式本身去分割一件较完整的事物，从而使编者有较多的时间和空间去研究、筛选一些‘观点’材料，集中反映事物发展变化的内在规律性和某些重大问题”[①]。着点，应“突出重点、兼顾一般”，量质兼顾以质为主，坚持有所为有所不为，在重点、特点、亮点、看点（以下简称“四点”）上敢作为、会作为、多作为，在非“四点”上慎作为、巧作为、少作为。字数，设区市市志300万字左右，县（市、区）志100万字左右。在这方面坚持“以一当十”，而不能“以十当一”。删增，鉴于按照传统篇目编修的志书（志稿），一般性内容过多，重要性内容欠缺，包括地情存在、志书（志稿）未录的，前者删、后者增各50%。删的对象，应是机构、会议、人事更替，一般铺垫、过渡、衔接、交叉、重复，流水账、低层次的内容等。增的对象，大的方面，应是居民（人口）、人民生活、改革开放、经济综览、互联网络、农村农民、精神文明建设等；中观方面，应是处于章之层次的内容，如灾害规律及特点，阶层结构变化，人口老龄化，居民投资理财状况，收入差距状况，长寿老人、“失独老人”“空

① 夏临昌：《改革方志编纂体例与方法刍议》，《中国地方志》，1998年第4期。

巢老人”结构及特点，妇女地位及变化，知识分子状况，企业家状况等；微观方面，应是举不胜举、无处不在的“新”和“变”，如环境和环保方面的新和变，人们观念方面的新和变，接人待物的新和变，婚姻家庭方面的新和变，“衣食住行”上的新和变，文化生活上的新和变，社会治安方面的新和变，“三类”教育（学校教育、家庭教育、社会教育）方面的新和变，疾病方面的新和变等。成型，应走“增材型”的修志路子，需要什么挖掘什么。参照“3D”打印的修志方法，应以“小兵团”性的专家修志为主，“众手成志”的方法为辅。“从分析研究资料到文字的纵写，都适宜于有一定层次和水平的专业人员来完成。这不仅对提高志书质量有保证，而且由于模式本身给纵写提出了较高的要求和资料的选择搭配更应准确、严密与科学”[①]。这里说的“小兵团”性的修志人员，范围包括编制内的专业人员，熟知地情、退离一线的有关领导，专业相近的院校和研究机构的学者，社会上方方面面知情者、文笔好并有志于此的热心人。效果，应符合《地方志书质量规定》，具有较高科学价值、文化价值、社会价值，大家公认，堪称典范，经得起社会和历史的检验。差错率要低于国家规定的万分之一的标准。特征，应当文约事丰，结构合理，特点鲜明，求新求变，科学严谨，印制规范。

三、延展相似。由“3D”打印到方志编纂，延展开来，除以上所述外，还有一些深层次的问题值得思考。一是选帅问题。这里是指业务总管。要实现修志工作跨越式发展，必须像制造业那样，有像孙聪一般对“3D”技术理解到位的总设计师（歼—15、歼—31 总设计师）——志书总纂或总编。有了这样的总设

---

① 夏临昌：《改革方志编纂体例与方法刍议》，《中国地方志》1998 年第 4 期。

计师，歼—15项目才会率先采用数字化设计理念，其结果是三维数字化设计改变了设计流程，提高了试制效率；五级成熟度管理模式，冲破了设计和制造的组织壁垒。同样有了这样的总纂或总编，才能深谋精虑，巧妙构思，科学组织，高效运作。二是选材问题。制造航空航天等尖端产品，所选材料既要轻巧、又要刚柔相济，还要精细到“纳米”等级。钛合金即是重要被选对象。联系到修志，选取材料一在“普选”，二在“精选”。选材与分志撰稿人有密切关系，但这毕竟是条块的、局部的，而不是全局的、统揽的，起此作用的主体是志书核心编纂班子，也就是总纂、副总纂、分纂和责任编辑这个群体。加强对断限内地情全面、系统的研究，了解各个行业纵向脉络、横向状态、特点规律等，是搞好“普选”的关键。精选对象着重是前述的“四点”性内容。这“四点”就是修志中的“钛合金”。三是选“台”问题。这里是指工作平台。前述制造业的工作平台，其重要组成是“3D”激光打印机。修志的平台，核心是类似于“3D”打印的“三维计算机图形数据”，执行是类似于“3D”的激光打印机——核心班子的编纂人员。这台“打印机”要装满“墨粉”，“喷涂”位置要精准，运转效率要快捷，所达结果要细腻、斑斓、立体。这里涉及的主要是统合、剪裁、取舍、拼接等技巧性问题。因此就要求核心纂稿人员，要研究、博取、熟练编纂技艺，达到驾轻就熟的程度。

（原载《巴蜀史志》2014年第2期）

试谈二轮志书内容结构的调整

在新世纪新阶段，要实现党和国家提出的经济、社会发展战略目标，重要方面就是要继续调整经济结构和社会结构。那么在此期间，要推动修志事业的长足发展，重要一点就是要强化志书功能意识和资政教化作用，调整志书记述内容，使其更加可读可用，好读好用。尽管这是一项长期的任务，但“千里之行始于足下”，现在就需要我们着手去做，而且要做出显著成效。现对二轮志书内容结构调整有关问题试谈如下。

一、二轮志书内容结构调整的必要性、紧迫性

首先，调整二轮志书内容结构是历史的必然。自地方志这项新事物诞生起，其优长与不足便相伴而生。在当时信息载体比较单一的情况下，志书确实保存了大量的、可供查找的地情资料。但也不可否认，历史上封建官吏修志，难免存在着很大的局限性和严重的功利主义。正如后人对其所评价的那样：为官一任，修志一部，名垂青史。因此，调整二轮志书内容结构是当今修

志工作者的一项历史责任。

其次，调整二轮志书内容结构是现实的需要。目前志界有一种说法，就是现在出的志书不像续志。他们认为续志要有新的面貌，老面孔、老样子自然就不像续志。现在出的志书不像续志，那么像什么，我认为更多的像第一轮志书，有的还不如第一轮志书。20年后修的志书还是这个样子，是个很大的问题。为什么不像，就是首轮志书精华与糟粕同时得到继承，甚者是继承缺点多，继承优点少。

从部分读者（也是使用者）反馈的情况也告诫我们，对首轮志书应批判地继承，而不能全盘照搬。有的大学教授评价首轮志时指出，志书“花费大量篇幅反映事物内部一些小单元的起源兴革”，使“志书格局呈现为一条多竖线拼接并列而成的薄薄平面。看起来文字不少，但多为承上启下铺垫过渡性内容，核心资料被冲淡，反映不出多层次的、立体的、多彩多姿的现代社会全貌”①。有的新闻工作者在充分肯定首轮修志成绩的同时，也指出首轮修志“存在着‘因义剪裁，因义生文’的情况，具体表现在以记工作、存史为目的的编纂宗旨，政府各部门的篇目设置和记述是从记述部门工作出发，未能从国家管理的角度设篇立目和记述。大量篇幅记述的是各个部门的机构设置、人员多寡、各项工作、各种代表大会、单位任职人员和时间等，未能从部门设置的职能发挥、发展变化上提供管理方面的经验教训以资借鉴，未能围绕‘志义’组织材料和设立篇目展开记述，地情信息缺乏深度。很多事物的记述只是从表面上轻描淡写，缺乏具体深入的记述”②。

面对上述情况，原中央政治局委员、中指组组长李铁映十分

① 肖东发：《年鉴学概论》，中国书籍出版社，1991年12月。

② 李舫：《披历五十载丹心入青史》，《人民日报》2004年7月27日。

重视，强调指出：对于所修志书和新一轮的修志工作，在质量上应该有新的更高的要求，从一开始就把质量放在第一位。如果质量上出了问题，那会造成什么样的结果？不仅贻害子孙，还会危害当代，失去他的文化价值和社会价值。李铁映的讲话精神，对于我们调整志书内容结构具有重要的指导意义，为我们做好这项工作指明了方向。我们应该通过学习认识到，重视志书质量是多么的重要；认识到质量的核心是资料价值，检验的标准是社会实践和现实需要；认识到提高志书质量，特别是提高志书的资政作用，其关键点是要坚持严肃认真的工作态度。

第三，调整二轮志书内容结构，是摆在全体修志工作者面前的一项紧迫任务。第二轮修志，一般在一届政府5年任期内完成，快者3年即可，修志周期远比首轮修志周期要短。但二轮志书的标准又远比第一轮志书要高。正如中国地方志指导小组所要求的那样，新一轮志书应有新的起点、新的高度。在这种情况下，如果对志书内容结构调整重视不够，或者是抓得不紧，一大批志书相继很快出版，数量上去了，但质量无法恭维，那么我们就要犯历史性的错误。因为“质量问题是关乎新世纪方志事业前途和命运的核心问题”（李铁映语）。

二、二轮志书内容结构调整的量化目标与着力点

已经出版的志书，其重点内容与一般性内容比例结构不够合理，存在前者轻后者重的问题，若量化分析，我感到前者大致占40%，后者大致占60%。二轮修志，我认为应改变以往志书前轻后重的问题，把前者调整到60%，后者调整到40%，使二者

的比例结构趋于合理。对此，不仅要有总的量化目标，还要有具体的细化目标。比如地理、人口、政治、经济、文化，以及各自的下类目，其重点与非重点应各占多大比例，都应予以明确。实现这样的目标难免会遇到许多困难，也可能难以一步到位，但我们这一代方志工作者应尽到我们的责任，应做出历史性的贡献。有条件的地方和单位，调整的幅度可以大一些，条件差一些的地方和单位，也要尽力而为，不能无所作为。在这方面，认识要有所突破，不突破走不出一条新路。要有所为，有所不为，有所得，有所失，有所破，有所立，要在抓要项上（亦即重点内容）多为多得多立，在非要项上（亦即一般性内容）少为少得少立。地理、政治、经济、文化之要，民情之要，改革之要，问题之要，举措之要，变化之要，特色特点之要，等等，都应重视调查和记述。

为使二轮志书内容结构趋于合理，我曾提出过一个现实而紧迫的问题，即在二轮修志中，该压缩的要大胆地把他压下来，该增加的要大胆地把他加上去。提出这样一个加减法，就是要解决前面说的一多（一般性资料偏多）一少（具有较高资政价值的重要资料偏少）问题，增强志书的资政教化作用。我们都有责任做好这篇加减文章。

那么哪些内容该压缩，哪些内容该增加呢？在此本人先谈些粗浅的看法，权作引玉之砖。

从压缩方面说：1. 压缩大事记。大事记采取编年体，不采用纪事本末体，不展开记述。2. 文字与图表，把重复的部分压到最低限度，表的字号一律变小，有的甚至可以用小两个级别的字号。3. 压缩建置区划中乡镇的内容。要根据志书的需要来掌握，做到简明扼要。湖南《江永县志》乡镇内容，一个乡330多字，基本要素不漏，特点又很鲜明，可以借鉴。4. 各类机构、会议可不入正文，列表并变小字号。5. 相当一部分内容，而且是一般性内容，原分细目展开写，为了既说明问题又节省文字，可不分细目，采取综合浓缩的方法记。所谓综合记述，就是把一系列事物具体的分散的资料，整理归纳，以类系事，从宏观上综合反映这一类事物的发生、发展过程。如记园林，不一定一个个公园逐个简介，着重从宏观上记述，综合记述园林的发展变化。又如记医院，不一定一个一个医院进行简介，着重从医院的总量、类型、职能区别、地域分布、特色上进行综合记述。又如记种植业，不一定分得太细，展得很开，可以简明扼要进行综合记述。这涉及的内容比较多，压缩的余地比较大。6. 志书横排纵写，有的认为正文逐年记述就是纵写。有一部志书，写储蓄存款，正文从 1944 年写起，逐年写来，一直写道 2002 年。这样写不就加大了文字量。实际上逐年情况列个表即可，而且把字号变小。正文真正需要记的是事物发生与发展变化。齐家璐先生曾说过，第二轮志书，记述的时限是一个时期，不可能把每一事物按这一时期的每一年都按顺序一一记述下来。这样就需要从这一时期的若干年份中，选取有代表性的年份作为点来记述事物的变化。有这样几个年份应该是记述的关键点。首先是事物的发端，即起点。其次是事物发展的最好年份，这是事物发展的高潮。再次是事物发展的最坏年份，这是事物发展的低潮。最后记述事物的终端。我们称作“最早、最后、最高、最低”。有了这四个点，把握起止，联系起伏，也就把握了事物发展的脉络。这是压缩文字的一个重要方法。7. 随文附的内容，不太重要的就不要作附。8. 压缩共性内容，保留个性内容。9. 妥善处理交叉，尽量减少重复。

从增加方面说：1. 自然环境中，其自然灾害中要增加规律性内容。首轮《三河县志》自然灾害章，先按灾害性质分类设节，尔后逐类采取编年体记述。这样类别清楚，便于查找和分析。早涝、冰雹、震灾是三河县的主要自然灾害。为保存这些灾害的重要资料并反映其规律，该志采取了特殊的处理办法，即先综括记述某灾害的分布成因、概率、强度及危害，尔后附以实录，起到了前者提携后者、后者印证前者的作用。这样所反映的规律，更实在、更可信、更有价值。从这些综括记述和实录中可以看到三河县旱涝、冰雹、震灾形成的特点及规律。如：该县涝年约4年一遇，初夏涝约两年半一遇，盛夏涝约4年一遇，初秋涝约4年一遇。旱年平均4年一次，春旱10年7遇，初夏旱约4年3遇，伏旱约10年一遇，秋旱约3年一遇。2. 居民部类要增加：①人口文化素质方面，为提高其深度，还需要重视反映以下情况：一是文化程度性别差异及变化情况，二是文化程度各年龄段分布及变化情况，三是文化程度的行业分布及变化情况，四是文化程度的地域分布及变化情况。人口素质形成除先天遗传因素影响外，还受社会制度、经济水平、生活、医疗、卫生、教育等因素的重大影响。应通过记述，看出人口文化素质分布的不均衡性，看出文化教育的成效和薄弱环节，看出GDP增长、产业结构调整、就业情况与文化素质的联系，看出经济增长方式转变对高素质人力资本的需求，看出提高人口科学文化素质，对经济社会可持续发展的作用。②人口流动内容。③人口与经济与就学等内容。④社会阶层结构变化内容。⑤人口老龄化状况内容。⑥收入差距变化内容。⑦居民生活多侧面内容。⑧婚姻家庭方面的内容。⑨劳动力状况。有的续志记劳动力状况，既记了劳动力结构变化，包括农村劳动力总览、城镇劳动力总览（含结构状况、从业状况），农村流动劳动力（含本地农村型、外地流入型、本地乡镇型、本地城镇型、外地农村型、外地乡镇型、外地城市型），城镇流动劳动力（含机关型、事业型、全民企业型、城镇集体企业型、城镇个体企业型），还记了劳动就业变化，包括观念变化、就业多元化。3. 经济部类要增加：①民营经济发展历程、社会进步作用等综合性内容。②第一、二、三产业方面的典型。③兴衰两方面的典型案例。部分县在修续志中已着手开展此项工作。栾城县史志办搞了《冀峰集团酒精厂兴衰调查》和《南高麸皮市场兴衰调查》。徐水县方志办组织人员搞了《徐水县玻璃钢业兴衰调查》《徐水拆车市场衰退过程调查》。调查这些资料并将其纳入志书中，必将大大提高志书的资政价值。④管理主题方面的经验教训。有关资料反映的涉县组建民生担保公司，借此破除融资瓶颈，实现银企双赢，肥乡县创建饮水工程建管机制，柏乡县国家粮食储备库科学保粮，创造“自然综合平衡法”保粮新模式，宁晋县科研生产一体化加速单晶硅产业发展，围场县把蔬菜产业真正做大做强，临漳县创建政府村民循环管理农田设施新模式，乐亭县科技投入多管齐下、农业结构调整步入良性循环，遵化市“广野”（广野农产品合作社）模式塑造新型合作社，这一类材料就是管理主体方面的经验。成功为经验，不成功为教训。两方面内容都应反映。⑤管理对象方面的典型资料。第一、二、三产业本身以及具体从事第一、二、三产业的人员，就是管理对象。如河北一些农村人均耕地悬殊矛盾突出，耕地分散经营制约农村生产力发展，耕地产权虚化、农民利益受损、亟待健全机制，这些资料就属于管理对象方面的资料。一些县、区方志办正在做这方面的工作。如栾城县史志办着手水资源调查，“空心村”调查，徐水县正在搞奶牛养殖业状况调查，吊索具产业调查，种植业经济效益调查，城镇职工就业再就业调查，选题都很好，很有地方特点。志书最缺乏的是这方面的资料，解决好了，增加志书的亮点也在这方面。他是党和政府制定政策、调整政策的根据，是“高含金量”资料，必须深入挖掘。政治方面要增加：①决策要写得有血有肉。决策不仅要写决策内容和结果，还要写决策依据和过程。②公检法司部类要增加对一定时段案件深层次信息的归纳分析。③断限内信访特点及规律。④基层民主政治建设的典型。⑤人大、政协方面的经验。⑥妇女社会地位变化状况。⑦断限内青年人员的思与行。4. 文化方面要增加：①教育中增典型人、典型事。《栾城县教育志》(续志)，在学生中加了“希望之星”一节，在教师中加了“良风美德”一节，这就把志书写活了，同时也提高了志书的教化作用。教育中还可增加素质教育与应试教育，学校教育与校外教育，教育投入与家庭负担。②科技中可增加公民科技素养方面的调查资料。有关资料显示，2003 年，中国公众的科学素养在个人素养中的比重仅为 1.98%，50 人中仅有 1 人具备基本的科学素养，比发达国家落后二三十年。本地情况如何，也可搞点调查。③卫生中要有本地疾病规律的分析，要增加城乡医疗负担、病员、病种变化，医德医风状况。

三、调整二轮志书内容结构应注意的几个问题

(一) 要正确选定立足点。一是站在党委的角度选材和记述，以提供在重大决策、政治思想领导方面的经验教训。二是站在政府的角度选材和记述，以提供管理方面的经验教训；而不能仅从部门、单位工作出发，大量记述部门、单位机构设置、职能定位、人员配备、领导更迭、各种会议、各项工作等。立足点问题不解决，部门、单位的痕迹就难以消除，志书内容结构调整就难以落到实处，因此要高度重视。

(二) 要掌握好衡量标准。标准与资料取舍密切相关。而标准有过时标准、现行标准、前瞻性标准；又有国内标准、国际标

准。我们在权衡资料价值时，既要考虑到不同阶段标准的特点，又要尽量与符合科学发展观要求、能够体现时代发展方向的标准相对照。考察自然状况如此，考察经济社会发展状况也应如此。

（三）要运用抓主要矛盾的方法去解决志书内容结构调整中的问题。主与次，要多考虑主要方面的问题；现象与本质，要多考虑本质方面的问题；内容与形式，要多考虑内容方面的问题；机构与活动，要多考虑活动方面的问题；宏观与微观，要多考虑宏观方面的问题；热点与非热点，要多考虑热点方面的问题；一般过程与经验教训，要多考虑经验教训方面的问题；垂直点与转折点，要多考虑转折点等。

（四）要从一、二轮志书内容的衔接上考虑问题。比如地理，两轮志书都有此内容，那么二轮志书内容调整时，就可从简考虑，着重综合，把基本地质地貌特点、气象水文特点、土壤植被特点、自然资源特点、灾害规律特点说清楚即可，不一定再条分缕析展开逐一详写。再如习俗，前后两部志都记，那么后一部志就可从消弭习俗、传承习俗、新兴习俗角度记。有的续志，仍摆不脱首轮志书的影响，首轮篇目怎么设置、怎么记述，续志照样怎么设置、怎么记述，既重复又缺乏新意，没有反映出事物的演进变化，因而缺乏时代特点。前车之辙，后车之鉴。后来者应认真吸取这一教训。

（五）学习提高编纂者素质是关键。志书内容是历史与现实的反映。客观事物本身就有主次之分。如何更好地详主略次，对编纂者来说就是要向懂行业、懂产业、懂事业、懂管理（包括党政领导）的高人学习，弄清楚谁主谁次，在此基础上决定轻重和取舍，使志书内容的轻重主次与客观事物的轻重主次相吻合。再者，志书内容的取舍要满足使用者的根本需要（或最大需要）。有用才有价值，有大用才有大价值，要追求价值的最大化。这就要求编纂者要换位思考，在修志初始就要了解各方面使用者的根本需要，倾听他们的愿望和要求，并据此调整志书的篇目和内容。还有一些重要内容是需要通过相关理论的学习来加深理解的。知其然，又知其所以然，在调整志书内容结构时才能减少盲目性，增强自觉性。比如要求第二轮志书要注意记述社会阶层结构的变化。为什么这样要求？这是因为党的十一届三中全会决定实行改革开放，就是要把中国从传统的农业社会引向工业化、现代化的社会。传统农业社会与工业化、现代化社会相比，其经济发展水平、产业结构、社会阶层结构，完全是两回事。就社会阶层结构来说，传统农业社会阶层结构形态是金字塔型，富裕面小，贫困面大，这极易引起社会动荡；而现代社会阶层结构呈橄榄型，处于较高和较低社会等级的面较小，中间中产阶层面较大，这样的社会最稳定、最可持续发展。中国经济的现代化，需要其社会阶层结构的现代化，亦即由金字塔型变为橄榄型。当然，这种转变是长期的、渐进的。在历史的长河中，28 年改革开放仅是短暂的瞬间，但其间中国经济社会的变化，包括社会阶层结构的变化，不论城乡，也不论速度、数量、质量都是前所未有的。正确认识和记述各个社会阶层的地位和特点，有利于正确认识当前的国情地情，有利于据其形成新的理论和新的经济社会政策，用以协调好党和政府同社会各阶层的关系，正确处理社会各阶层之间的关系，保持社会长期稳定，推动经济社会持续、健康向前发展。正因如此，胡锦涛总书记在 2005 年 2 月 21 日中央政治局第二十次集体学习时强调，要加强对社会结构发展变化的调查研究，深入认识和分析阶层结构、城乡结构、区域结构、人口结构、就业结构、社会组织结构等方面情况的发展变化和发展趋势，以利于深入认识在发展社会主义经济和对外开放条件下我国社会发展的特点和规律，更好地推进社会建设和管理。

（六）要正确认识和处理远期规划与近期目标的关系。如同经济、社会结构调整一样，既要有长远规划，又要有近期目标。长远规划是奋斗的动力，是希望之所在。近期目标是实现远期规划的环节和基础。落实规划是一个过程。我们不能苛求一步到位，但也不能无动于衷，要从现在做起，迈好第一步，走好每一步。修志中的困难不可否认，但正如大家常说的一句话："只要思想不滑坡，办法总比困难多。"有没有作为，要看精神状态如何，想不想办法，想办法就会有希望。同样的修志环境，同样的"青黄不接"，同样的资料匮乏，有的无所作为，有的迈出了改革创新包括结构调整的新步伐，这本身就说明了问题。

（原载《广西地方志》2007 年第 1 期）

续志编修要注重解决“像”与“不像”的问题

现在出版的一些续志，方志界不少有识之士认为“不像续志”。他们认为续志要有“新的起点、新的高度”、新的面貌、新的特征，老面孔、老样子自然就“不像续志”。辛辛苦苦修出的志书“不像续志”，劳而无功，那就值得我们很好反思。“像”与“不像”的问题，不是一个小问题，而是一个大问题，很有必要对其进行深入的探讨。笔者在此仅谈一孔之见，权作引玉之砖。

一、什么样的志书像续志

在探讨这个问题之前，须首先弄清“是续志”与“像续志”两个概念。只要是承接前志编修出来的志书，不管质量高低，应当说都是续志，不能说不是续志。但续志不一定编的都很“像”，有的“像”，有的“不像”，少数“像”，多数“不像”。“是续志”指的是类型，“像续志”指的是标准。那么，什么样的志书“像续志”呢？其实，中指组老组长李铁映同志已经讲得很清楚了。他指出：新一轮修志就是要推出一批符合时代要求，具有很高科学水平和重要文化价值、社会价值的志书。这样的志书才“像续志”。只有这样的志书，才能流芳百世，为后人所借鉴，为当代人资政。我们追求的目标，不能仅仅“是续志”，而应当真正“像续志”。学习李铁映的讲话及中指组的要求，结合当今时代特点和地情及修志实际，我认为具有以下一些特点或特征的志书才“像续志”。

第一，能够把续志理解为一部广义的改革开放志，并以此统揽续志编修全局；各个部类都能够抓住改革开放这条主线，充分反映改革开放的必然性，改革开放的阶段及内容，改革开放波及的范围，改革开放的巨大成就，改革开放的艰难曲折，改革开放中存在的问题和不足。反映过程，能够体现“四个深刻”，即经济体制深刻变革，社会结构深刻变动，利益格局深刻调整，思想观念深刻变化。记述成就，能够从总体上反映十一届三中全会以来，社会的进步，政治的昌明，经济的发展，设施的完善，科技的鼎新，人文的关怀，人民生活水平的提高等，使续修志书与时代发展进步合拍，具有鲜明的时代特征。

第二，能够唯物辩证地认识和记述事物，为构建社会主义和谐社会提供有用的决策参考。社会和谐是中国特色社会主义的本质属性，是中国共产党带领全国人民不懈追求的目标。新中国成立后，中国共产党在这方面进行了积极探索，积累了正反两方面的经验。中共十一届三中全会后，党和国家大力推进改革开放和现代化建设，努力推动经济发展和社会全面进步，为促进社会和谐做了大量工作，取得了举世瞩目的成就。但是，也还存在着不少影响社会和谐的矛盾和问题，诸如城乡、区域、经济社会发展严重失衡，人口资源环境压力加大；就业、社会保障、收入分配、教育、医疗、住房、社会治安等关系民生的问题比较突出；一些领域的腐败现象比较严重；一些社会成员道德失范，荣辱颠倒，诚信缺失等。因此，党中央明确提出，要保持清醒头脑，居安思危，深刻认识我国发展的阶段性特征，科学分析影响社会和谐的矛盾、问题和原因，更加积极主动地正视矛盾、化解矛盾，最大限度地增加和谐因素，最大限度地减少不和谐因素，不断促进社会和谐。在党委领导、政府主持下编修的第二轮志书，责无旁贷、理所当然地应反映三中全会以来推动社会和谐所做的工作与取得的经验；同时应调查分析记述影响社会和谐的矛盾、问题及原因，为党委、政府化解矛盾提供参考，让志书在最大限度地增加和谐因素，最大限度地减少不和谐因素中发挥应有的作用。在这方面做得如何，对作者是一个检验，检验其责任意识的有无和强弱；对志书是一个检验，检验其社会价值的高低和作用的大小。

第三，要具有综合、宏观、升级了的资料库和独家资料库的特征。新一轮志书，不应当是各部门、各单位初级信息的简单拼加，应做到各部门、各单位有的，那志书就要做到他原始我升级，他分散我集中，他微观我宏观，他局部我全面，他间断我系统。在此，重温温家宝同志十多年前讲的一段话，对于我们思考问题会有重要帮助。温家宝同志 1989 年（当时担任中办主任）在中办召开的秘书长、办公厅主任座谈会议上讲：“初级信息是对各地各部门报送材料的初级加工，领导机关可以用他了解动态，但不能据此决定政策。高层次信息是对原始信息的归纳、综合、分析，并在此基础上提出的对策，也包括经过调查研究写出的有深度的材料。高层次信息是对初级信息的开发和深化，有更大的参谋作用。”温家宝同志讲的这段话，把如何提高信息的质量和层次讲得十分清楚，对第二轮修志同样具有重要的指导作用。修志人员就是要在开发高层次信息上下功夫，在提高决策价值的“含金量”上下功夫。还有另一种情况，就是有的资料是我们需要而部门单位又没有，那我们就要组织力量，深入挖掘，做到他无我有，让志书独家资料库的作用充分发挥出来。

第四，注重抓主要矛盾，能够反映现代社会多层次、立体性、多彩多姿的全新面貌。客观事物本身具有多层次性。而每一层次都蕴含着特定的信息。层次与层次之间又有着密不可分的联系。事物的现象与本质，发展与变化，就存在于这种层次之中。认真分析事物的多层次性，有利于展示事物的多重信息，进而帮助人们透过现象看到本质，透过联系看到变化。现代社会的立体化，也要求志书内容呈现立体化而非平面化。现代社会的多姿多彩，同样要求志书内容的丰富多彩。比如改革开放以来人口的大迁移、大流动，社会阶层结构的新变化、新特点，消费观念、消费方式、消费结构、消费差异方面的新情况、新变化，婚姻家庭观念方面的新变化等，志书都需要认真反映，使志书更贴近现实，更接近生活，更富有灵性，更让人感到五彩缤纷和亲切生动。

第五，更为注重将现代政府以人为本、执政为民的理念体现在修志当中，更加突出人的主体地位。人是社会生活的主体，社会事物都是人们活动的结果。志书要客观地反映社会生活、社会事物，就必须以人为中心，见物、见事、见人、见思想、见精神。第二轮志书要体现官书与民书的结合。他要既记官事，又记民事。要使志书走进寻常百姓家，使之喜闻乐见，甚之爱不释手，就应该把记载重心进一步下移，多写各行各业的先进人物及先进事迹，多写广大人民群众的生活情况，多写广大人民群众关注的问题。总之，百姓的劳作与生活，百姓的欢乐与痛苦，百姓的期盼与追求，百姓的文化与意识，在志书中都要有生动的反映。

第六，志书内容结构比例趋于合理。已经出版的志书（包括续志），其重点内容与一般性内容比例结构不够合理，笔者感到前者大致占 40%，后者大致占 60%。二轮修志，应把前者调整到60%，后者调整到40%，使二者的比例结构趋于合理。对此，不仅要有总的量化目标，还要有具体的细化目标。比如地理、人口、政治、经济、文化，以及各自的下类目，其重点与非重点应各占多大比例，都应予以明确。实现这样的目标难免会遇到许多困难，也可能难以一步到位，但我们这一代方志工作者应尽到自己的责任，应做出历史性的贡献。有条件的地方和单位，调整的幅度可以大一些，条件差一些的地方和单位，也要尽力而为，不能无所作为。

以上六点，概括的不一定准确，但我认为应当朝这个方向努力。用这六点来衡量，已经出版的续志还存在不小的差距，还需要做出不懈的努力。

二、已经出版的续志像什么

现在出版的志书不像续志，那么像什么？笔者认为更多的像第一轮志书，有的还不如第一轮志书。20多年后编修的志书还是这个样子，是个很大的问题。为什么不像，就是首轮志书的精华与糟粕同时得到继承，甚者是继承缺点多，继承优点少。那么首轮志书的主要缺点是什么，概括说就是14多14少（具体问题省略）。诸多诸少，归结到一点，就是具有较高资政价值的资料偏少，一般性的资料偏多。

当前是第二轮修志的初期，先行出版的志书存在一些问题并不可怕，关键是敢于正视和解决问题，使今后陆续问世的志书少一些问题，多一些精彩。

三、已出续志存在问题的原因

前面所述续志的若干问题，究其原因，我认为主要有以下几点。

第一，有的领导者急功近利，不按修志规律办事。修志有其自身的规律，从准备、启动到搜集资料、撰写志稿和评审修改、定稿出书，一般需要4年左右。但有的领导把修志看成是一件很容易的事，认为抽2至3个人，用2至3年即可完成。有的地方因为换届，因为人事变动，因为要迎接建县建区多少周年，领导就要求要搞突击。有个别地方的领导甚至要求8个月写出一部志书来。一味求快，结果是“萝卜快了不洗泥”，存在着粗制滥造的现象。

第二，修志领导（指导）机构认识滞后。为了使续志有新的起点新的高度，把志书编成具有较高科学水平和重要文化价值、社会价值的地情书，方志界有过一些积极的探讨，比如有的提出，第二轮志书应在继承的基础上，不论方法和体例，不论广度和深度，都应有大幅度的改进和提高。还有的提出，在新的历史时期，要用新的观点、新的思路、新的视觉来进行理论创新，以适应社会的发展和科学的进步，等等。对这些很有见地的观点和理论，没有引起有关方志领导（指导）机构的重视。他们认为这些理论好是好，就是基层修志环境差，条件不到位，人员素质低，要求高了做不到，能够写出一本书完成任务就不错了。由于存在“不求写得好、只求过得去”的思想，所以在指导（引导）时，就难以高标准、严要求。正因如此，有的地方向上级推荐的所谓优秀续志，让专家们一评，平淡无奇不说，还挑出了一大堆毛病。这与标准不高、把关不严、轻易放行有直接关系。

第三，修志人员尚不适应修志的需要。修志实践一再证明，只有高人才能修出佳志。何为高人？有学识、懂地情、事业心强、文字功底好者就是高人。现在说起来是党委领导、政府主持、专家修志，但实际上有不少地方不愿把有真才实学者放在修志岗位上，或者是缺乏诚意和措施去聘请高人，结果是“能者不来，来者不能”。现在修志队伍的状况是人员新、知识面窄、经验缺乏，与编修良志佳作的要求存在较大差距。加上一些地方学习培训工作做得不好，只注重实干，忽视学习提高，人员的素质不能适应修志工作的需要。本轮修志人员多为聘用，所聘人员部分结构合理，兼顾到自然、社会、政治、经济、文化等方面人员，但还有相当多一些地方所聘人员结构不合理，偏重于教育和文科人才，偏重于刚毕业的大学生。

第四，修志过程中缺乏严、细、深、实精神。编修优秀志书，必须坚持严、细、深、实，而修志实践往往与此存有较大差距。就严而论，不够严格、严谨，程序欠严，标准欠严，把关欠严。就细而论，不够细致细心，工作环节上欠细，工作内容上欠细。就深而论，在准备工作、宣传发动、理论研究、培训提高、工作指导、调查研究、搜集资料、内容记述等方面，欠深入、深化。就实而论，求真务实欠缺，一些应做的工作没有落在实处。

第五，修志方法陈旧，搜集资料渠道单一。修志内容的突破有赖于方法的突破，修志方法的突破必将带来内容的突破。对这一点，目前还未形成大家的共识。第二轮修志，不少地方还是走首轮修志的路子，还是按照首轮修志部门单位供稿、方志办或总编室统稿的方法办。首轮修志的方法有利有弊，第二轮修志应扬长避短，否则就会误时误质。有一部县级续志的后记就总结了这方面的经验教训。该部志书后记写道：在编纂的组织领导和具体运作上，《续志》仍采用《前志》的部门负责制。由于经济体制的改革和撤县建区等原因，行政部门有所撤建，职能有所变化。如县物资局，原掌握全县重要物资的分配和调拨，知“一局”即可知全县物资的消耗，而随着改革开放的深入他逐步成为物资大流通中的一条渠道。又如县粮食局，国家取消粮油统购统销制度后，也不再掌握粮食流通的全面情况。有的部门名称未变，但已由管理职能变为服务职能,对下属单位由直接管理改为间接管理。而我们仍然一味依靠各部门采编资料，编纂室只有 3 名专职人员在那里“守株待兔”，待发现有些部门提供的资料残缺不全，有些重要资料落实不到哪个部门去采编，为时已晚，而只能自己动手。这是《续志》总纂历时两年之久的主要原因。看来，今后编纂续志，既要调动各部门包括企事业单位的积极性，又要编纂部门集中一批熟悉情况“能文学而通史裁者”直接采编，定可收到事半功倍之效。

四、从“不像”到“像”应采取的对策

首先，要统一认识，明确续志由“不像”到“像”是一次历史性的转变。尽管这种转变是一个过程，但我们站在转变的起始点上，就有一种顺应和引领的历史责任，意识不到这一点，我们就将犯历史性的错误。任何无视这种转变或企图推迟这种转变，都是不明智的，因而也是不可取的。在我们面前，只能有一种选择，就是毫不犹豫抢抓机遇，力促续志由“不像”到“像”的转型。

纵观方志历史，可以说他就是从无到有从不完善到逐步完善的发展史。方志事业既有显著的阶段性，又有与时俱进的鲜明特征。经过第一轮 20 多年的修志实践，我们应该也完全有条件提

出新的修志设想。总之，第一轮修志的成功经验和深刻教训，第二轮修志面对的鲜明时代特点和多彩的地情实际，以及文字载体的多样性与相互砥砺等，都要求我们在改革创新和提高志书质量上，要有大的决心、大的气魄、大的作为。不然，我们怎么去破解铁映同志 2003 年 1 月 8 日提出的“质量问题是关乎新世纪方志事业前途和命运的核心问题”这一重大命题呢?

其次，要注重勾画理想续志的模样并抓好“理想”续志的试点。你要让人画出逼真的老虎，那就要让他看到虎的画像，或让他看到真实的老虎。勾画理想续志的模样，就好比让人看到虎的画像，抓好试点、拿出样书，就好比让人看到真实的老虎。没有这样的先决条件，没有明确的坐标系和参照物，瞎想瞎编，其结果是可想而知的。有的地方的续志评稿会，有人说好，有人说差，争论不休，甚者不欢而散，主要原因就是标准不统一，“像”的问题没有解决。已出版的一些续志，举荐者认为是优秀之作，而评论者大多并不看好，其原因也在这里。勾画理想续志的模样，抓好“像样”续志的试点，主体应是国家地方志指导小组办公室和省级方志机构。提出既有可行性又有前瞻性的设想，靠一两个人不行，要举全国或全省之力，并且要论证几次。抓试点，要精心选择，领导重视、修志力量强、特别是主编素质高的地方才能委以重任。

第三，要抓好选人育人用人这一关键环节。要选择懂地情、事业心强、文字功底好的人员参与修志。不论编内的，还是借聘的，都要考虑到年龄结构、知识结构、专业结构。志书的主编，最好是从首轮修志人员中选拔，这样能够较快进入角色，并在较高层次上思考问题。抓培训，要考虑培训对象的“可感知、易接受”问题。1991 年 10 月 17 日胡乔木同志讲：“地方志这项工作必须专业化，要培养一支真正具有专业水平的队伍，要提高这支队伍的水平，不能只讲大道理，还要多讲小道理。每一个门类究竟怎么才能写好，需要分门别类的提出来，让大家都能明白，怎么算好，怎么算坏，要用具体事例来说明，这样才能让从事地方志的人打开眼界。”我对胡乔木这段话意思的理解是，培养提高修志人员，要从实际出发，坚持动机与效果统一，要考虑到修志人员的差异性和感悟能力与接受能力，要大、小道理一起讲，要结合事例谈好坏、谈优劣，让修志人员看得见，感受得到，接受得了，由感性认识开始，逐步向理性认识发展，最终实现认识的升华，再用升华了的认识指导修志实践。这实际是胡乔木为我们指出了一条切实可行、切实有效培养提高修志人员的路子。我们要沿着这条路子往前走。培训修志人员，重点是修志核心班子人员。这些人员的学习培训，时间应长一点，范围应宽一点，修志的基本知识、改革开放的政策规定、社会调查的有关知识等都应涉及。工作开展起来后，要将工作成效的大小，特别是志稿质量的高低，与对个人的奖惩和荣辱挂钩，最大限度地调动修志人员特别是修志核心班子人员的积极性。

第四，修志全过程都要体现严、细、深、实精神。第二轮修志的实践证明，谁坚持严、细、深、实，谁就能在提高质量上取得显著成效，否则工作就会受到严重影响。因为严、细、深、实，覆盖了工作态度、工作作风、工作标准、工作目标、工作效率诸多方面，既是衡量工作做得如何的重要标准，又是做好工作的基本保证。

第五，要重视修志方法的改进。第二轮修志，过去好的方法要继承，过去方法上的缺陷要避免，要有新的改进。这次修志，要变“众手成志”为“众手成志”与专家修志相结合。谁是专家，热心修志的学者、地情通、编纂者就是专家，其中包括我们这些修志人员。要变部门、单位供稿为主为供、采结合，重要问题，方志办或总编室要亲自调查，或组织力量调查，或建议党委、政府统一使用人力资源，吸收党委、政府研究室、党史研究室、城调队、农调队等部门单位骨干人员参与调查等。

（原载《广西地方志》2008 年第 4 期）

所见二轮志书（志稿）有关问题与对策

二轮修志以来，我接触省内外上百部志书（志稿），有对初稿抽查的，有评审的，有终审的，有出书之后撰写评论的，感到有喜有忧，喜忧参半。今天着重谈谈有关问题与对策，与大家共谋解决之道。总的目的就是分析问题，寻求对策，提高质量，力求在较大范围内推力作，上层次，出精品。

一、通用性方面的问题与对策

（一）对所修志书的目标定位还未达成共识

修志当中，说起来是要编一部好书，但究竟什么样的志书算是好书，有的在研究探索，但总的说还是在传统的体例结构和记述框架内运作，未能从老框框中跳出来。因此，所编志书（志稿）上档次的不多，大多还是平淡肤浅。就一部志书来说，好的方面也不算很多，像有的同志所说，对志书“挑缺点容易，挑优点难”。

这种情况恐怕不属于个案。正因为如此，中指组常务副组长朱佳木反复强调，修志中要控制节奏，确保质量。中指组秘书长田嘉讲到志书质量时，也深有感触地说到“悠悠万事，唯此为大”。

什么样的志书才算高质量？从理论上说，高质量的志书，就要像30年代社会学家吴景超提出的那样，能够反映社会“极重的事实”，反映“于民生最有密切关系的事实”；就要像中指组老组长李铁映说的那样：新一轮修志，就是要推出一批符合时代要求，具有很高科学水平和重要文化价值、社会价值的志书；就要像北大教授肖东发先生说的那样，能够载纳“核心资料”(什么是核心,《现代汉语词典》解释就是中心，就是主要部分)，反映“多彩多姿的现代社会全貌”；就要像《人民日报》社记者李舫说的那样，能够反映深度的“地情信息”；就要像当今方志学者罗再麟说的那样，“续修志书要与时代发展进步合拍”，避免志书与现实脱节，防止载体与客体两张皮。这段文字中有几个关键词，即“极重的事实”“核心资料”“深度地情信息”“与时代发展进步合拍”，都很值得咀嚼和回味。

(二)对现有志书(志稿)重大缺欠认识不足

我认为当今的志书(志稿)，重大的缺欠有 3 点。一是重点内容与一般性内容比例结构不合理,存在着前者轻后者重的问题。二是管理主体性内容与管理对象方面内容结构不合理，管理主体性内容相对较多，管理对象方面内容较少甚至没有。三是广义性内容与狭义性内容结构不合理。

(三)二轮志书如何解决偏重广度、忽视深度的问题

首轮志书一个倾向性的问题，是平淡肤浅，缺乏深度，二轮

志书（志稿）同样存在这个问题。究其原因，就是修志任务分解之后，承编单位对每项事物什么是他的深层次信息，尚未进行深入研究；有些事物即使研究了，清楚何谓深层信息，但由于种种限制，也没有把他挖掘出来，或者挖掘得不够深入、不够全面。

（四）志书（志稿）要注意解决抽象笼统和雷同化问题

抽象笼统和雷同化，是志书包括续志一个共性问题，应引起大家高度重视。什么是抽象笼统和雷同化？下面摘抄的续志志文就是抽象笼统和雷同化的表现。原文是："食品消费，70年代大部分农民过着吃粮靠返销，花钱靠救济的日子。城市居民吃粮比农民有保障，以人按月定量，凭粮食供应证购买。到80年代中期，多数农民收入增加，生活改善。衣着消费，80年代初，人们穿着以蓝、黑、灰等暗色为主。随着改革开放的深入，服装款式、面料更新加快，农民知道赶时髦，城里流行什么，农村也购买什么。城镇居民的衣着消费比农村高。衣服的款式，男人由中山装向西服革履过渡。女人各类款式的裙子风靡一时，不仅盛夏穿，而且隆冬也穿。近年，城乡服装的款式由单一向多样化转变，西装、夹克衫、休闲服同时流行。"住房消费、交通消费也是采用这种方法记述。说这样记述有问题，主要是缺乏个性特点，抽象笼统，稍有社会阅历的人坐在屋里就能想得出来。这样的概括，放在这部志书里可以，放在别的志书里也可以。这就是志书雷同化的毛病。这样的资料无法引用，因为他缺乏个性，缺乏准确性。究其原因，无外乎一是别人这样记，我也这样记，随大流；二是图省事，求方便，不作深入调查。

我看到的另一部县级续志，记得就比较好。他好在有面有点，有根有据，贴切实在。拿该志"农村居民消费"来说。原文是：

“随着收入的提高，消费水平发生巨大变化。1996年，临涣、百善、南坪、双雄4个集镇用上了自来水，城关、新蔡2个镇村村通自来水。1996年，全县农民拥有程控电话3696户，平均75户拥有1部电话。电视机拥有量占总户数的88.22%。据刘桥、韩村、祁集、铁佛、杨柳、陈集6乡镇统计，共有摩托车3854辆，平均每乡(镇)550辆。最多的韩村镇为1313辆，平均每7户拥有1辆。濉溪镇城西村1199户，有程控电话的400户，平均每3户拥有1部电话。百善镇黄新庄村三里井自然村56户农民，户均收入超万元，拥有大型货车60辆，摩托车30辆，家家有程控电话，并有5户农民拥有桑塔纳轿车。农村居民在解决温饱后，消费结构发生巨大变化。生活消费水平逐步向舒适、享受、文化娱乐服务等较高水平发展。用于食物的消费下降，用于衣着居住、家庭高档消费品、文化娱乐服务的消费上升。据农村住户抽样调查统计，1996年，农村居民平均每日蛋白质摄入量为76.10克。全年生活费用支出896.91元，占纯收入的57.35%。衣着消费支出占生活费用支出的9.11%，文化生活服务支出占12.04%，食品消费支出占53.56%。对照联合国恩格尔系数规定，农村居民生活水平虽仍属温饱型，但已有相当多收入较高的农民家庭已达小康型。同时，也有约千分之一的农户处于贫困线上。”这样的记述，有全县综合情况，又有点上的情况，综合情况反映的是广度，点上情况反映的是深度。这里的面与点，都是个性内容，只能是这个地方的，而不是别的地方的，他与别的志书同类内容不可互换。这就解决了抽象笼统和雷同化的问题。这才是真正的地方志。这样的资料，闭门造车是造不出来的，他是通过深入调查得来的。毛泽东说过，没有调查就没有发言权。同理，就修志而言，没有调查就没有修志权。深入调查研究，是解决志书抽象笼统和共性化的根本出路。

（五）加强对新情况、新问题、新变化的记述问题

前面已述，地方志就是地情书。地情在变，地情书也要随之变化。民国时期，社会转型显著，那么志书内容拓展也就较大，在志书内容的新颖程度上，比过去就大有进步。我们现在也处于社会转型期。断限与转型期相对应的二轮志书，要有面目一新的特点，让今人和后人看了，像一部改革开放初期编纂的新志书。

（六）解决机构、文山与会海问题

也就是说，志书（志稿）正文记机构多、文件多、会议多。有的志稿，把县委制定的文件，与县委决策等同，文件一年一年列出，汇总到一起，就成了决策。会议多，表现在党、政、群、团的会议都记得多，有的不仅记会议，还记与会人员的名字，每次会议都记，仅参加人大代表会议的代表就列 4、5 页。不是说机构、文件、会议不能记，而是说分量不要那样大，让这些内容少一点，为记述更重要内容让路。现实当中，在精简机构、文件与会议，我们的志书（志稿），也要从机构、文山与会海中解放出来。解决这个问题，重要一点就是要做好“转化”工作，将文字转化为表格，位置由正文转化为附录，字号由大号转化为小号，不论党代会、人代会、妇代会等，设计个表格，把时间、地点、人员、内容、特点、实际效果等填进去就行了。

（七）注重解决“流水账”问题

现在的不少志书（志稿），“流水账”记述比例很大，资料琐碎，记述浅薄，看不出内在的一些有价值的东西。解决这个问题，一是要注意归纳、提炼、综合。二是要注意反映几个关键点。志书

记述的是事物发生与发展变化。第二轮志书，记述的时限是一个时期，不可能把每一事物按这一时期的每一年都按顺序一一记述下来。这样就需要从这一时期的若干年份中选取有代表性的年份作为“点”来记述事物的变化。有这样几个年份应该是记述的关键点。首先是事物的发端，即起点。其次是事物发展最好的年份，这是事物发展的高潮。再次是事物发展最坏的年份，这是事物发展的低潮。最后记述事物的终端。我们称作“最早、最后、最高、最低”。有了这四个点，把握起止，联系起伏，也就把握了事物发展的脉络。

（八）注重把各种章法技巧运用和落实到实处

一是要“加减法”相结合。二是搜集补充资料，坚持他采与自采相结合。三是要注意线、点、面结合。在志稿编写中常见的方法是，由线写道面，线和面中突出点，点、线、面三者结合，就能较全面反映事物的历史和现状。所谓“线”，就是事物发展的主脉络；“面”，就是横向展现事物的整体面貌，他包括隶属于该项事物的一个个具体门类；所谓“点”，就是在发展脉络和整体面貌记述中，对重点部分要浓墨重彩，记的详细些，以突出典型情况。这样，由线到面，在线与面中突出点，以点支面，线、面、点有机结合，才能使志稿有广度、有深度，见木见林，全貌了然。四是要善于分析对比。要注意进行纵向、横向对比，通过对比反映变化，增强阅读效果。自然环境、基础设施、生活状况，方方面面都可以对比。现在的志稿，注重记断限内情况，而忽视比较，我们要加强一下。我最近看到一个资料，反映的是心血管病成倍增长的问题。他运用的方法就是对比。该资料根据《中国心血管病报告 2010》，将 2008 年情况与 2002 年情况对比，结果是：我国城市居民冠心病死亡率上升了 2.31 倍，农村上升了 1.88 倍；

城市居民心肌梗死上升了2140倍，农村上升了2.84倍。著名心血管病专家高润霖指出：1980年，以冠心病为诊断出院的患者只有15万人多一点，2008年已经超过240万人；1980年以脑卒中为诊断出院的患者仅10万人左右，2008年已经达到200万人。由此可见他的发展速度。如果只有一年的情况，我们就无法对比，也看不到他的发展速度。这个方法值得我们学习。现在部分修志单位已引起重视，在志书(志稿)中已有这样的范例。江西高安市方志办在这方面做得不错。该地志书记述国民经济运行中，专设经济发展比较，统辖与宜春各县(市、区)比较，居全省经济排位，在全国经济中的可比特色。这三项，其中前两项，别的志书也有记载，但第三项，我仅看到《高安市志》是这样做的。纵横比较，说起容易，但修起志来，却又容易忽视，更不用说增加新内容了。通过比较，高安在全国的名次、地位，让人看得更加清楚——高安曾多次被国家列为农业生产基地县，汽车运输业闻名全国，建筑陶瓷享誉大江南北，粉末油脂在全国市场占据主导地位，大观楼牌腐竹多次在国际国内评比中获奖，2006年全国第六届县域经济基本竞争力评价，在中国中部6省497个县(市)排名中，高安居第86位，在全国2008个县(市)排名中，高安居第408位。展示大范围的名次、地位，自然也就提高了资料价值，让本地人既增加自豪感，也平添一点危机意识；让外地人也多了解一些高安的地情信息。五是要注重定性与定量相结合。定性也是能够很准确地反映此地而非彼地的实际情况。举个例子。浙江《建德市志》写梅城镇，一段一个特点，如浙西千年古镇，境域东南多山，经济以工业为主，是国内低压电器、自行车配件生产基地之一，是建德市重要水产、蔬菜基地，是本县主要中心集镇之一，著名红学家戴不凡生于该镇等。这是综合概括式的定性记述，记述得很准确。这样的记述，说其准确，就是此地与彼地不能互换，如能互换，放在此地能用，放在彼地也能用，那就定性不准确了。定量记述，我所知的二轮《新河县志》(也就是方志学家傅振伦的老家)做得不错。他们也是由教训转为经验的。一开始也是共性化,后经提醒进行改进提高,收效良好。比如服饰,该志先定性记述，后定量记述，对新欣嘉园小区118岁以上妇女进行抽样调查，记了18至22岁、23至45岁、46至60岁、60岁以上4个年龄段，佩戴饰品人数、所占比例，饰品种类、饰品质地；又对美发馆作抽样调查，记了1990年、2008年理发和焗油的人数、比例和年龄结构。抽样调查的内容，只能是此地而非彼地的情况，这样的资料就有使用价值。

二、部类方面存在的问题与对策

(一)总述、概述方面

这里说的总述，是指卷首的述，概述是指编下的述。所见志书(志稿)的总述，其主要问题是，对总述的几个关键点缺乏准确地把握，注重反映断限内的变化，而忽视变化原因的揭示，以及事物之间联系的沟通等。有的志书做得较好，如《建德市志》，该志卷首总述，分为四块，以改革为主线来贯穿，一写简况，二写变化，三写经验，四写隐忧。简况900余字，包含置县历史、考古佐证、人口面积、气候特点、区位交通、经济状况、城市名片7方面要素。28年进步，4500余字，概括了十大变化。经验4条，1800余字。最后一分为二分析，计400字，指出了值得重视的3个问题。全文约7700字，总量适度，该说的话都说清楚了。目前所看到的续志卷首总述，大多以陈述巨变为主旨。这是一种写法。另一种写法，就是着眼志书“资政”功能，着力开掘变化、经验之因果。这样写，难度虽大，但写好了“资政”作用也大。改革开放以来，各地变化巨大，前所未有，放手去写，三万、五万字也写不完。因此，这一部分不是扩展而是缩写的问题。仅有这一部分，只能让人看出发生的变化，变化的原因则不得而知。原因有客观的，更有主观的，政策都要靠人去落实。总结这方面的经验教训意义更大。因为改革开放任重道远，前车之辙，后车之鉴，需要不断改进调整。大家都说要提高志书的功用性，《建德市志》卷首总述的实践便是体现之一。

编下概述，我所看到的志书(志稿)，基本上把握的都不够好，表现是层次低，与属下章的内容严重重复。编下概述，应站在低于卷首总述、高于章的层次进行分析提炼概括。它要勾画纵向脉络，言明横向状态，尤其是揭示典型切面之特征。他要沟通、彰显内部、外部的联系与因果。拿自然环境来说，假如他是独立一编，其下概述，就应沟通、彰显人与自然的关系，从相互的影响(包括积极和消极两个方面)中考察事物的利弊得失。这些内容，章下小序是无法承担的。又如居民或人口，假如他是一编，发展变化中的经验教训，人口与生活、与居住、与就学、与就业的关系，在章的层次是不便记述的，只有编下概述能够承担。再如基础设施，如果是一编，他与各业的促进或制约关系，也只有在编下概述中反映较为合适。实际当中反映不好，根本原因是站位低，对客观存在的联系缺乏深入研究。改变编下概述记述欠佳的状况，就得提升站位，面向实际，透过现象，深究联系。

(二)大事记方面

在这方面存在的主要问题，一是编年体与纪事本末体结合时，量的把握失度，存在畸轻畸重问题；二是自然灾害内容，在大事记和自然环境中都涉及时，存在本末倒置问题；三是大事记事条偏重政治、经济，忽视人文和“草根”阶层，忽视转折、第一和之最等。改进时，由于志书篇幅所限，大事记以编年体记述为宜。自然灾害，本在自然环境中，自然环境中的自然灾害要详，大事记中的自然灾害要选择，要精练。大事记选事范围与各编内容范围要对应，要兼顾，不能顾此失彼，具有一定影响的能工巧匠、教育世家、见义勇为者、海外游子、创业能人、改革先锋、高考状元、一地之最、发端事物、奇闻轶事、突发事件等，在大事记中都要有所反映，以弥补人文和“草根”阶层方面的缺欠。

（三）建置区划方面

在这方面存在的问题，一是把境域变化与行政区划混淆；二是城镇、乡村与城乡建设混淆，三是县城与县城所在镇混淆，四是乡镇村概况详略失当和缺乏特点。境域变化与行政区划，是一个事物的两个方面，二者既有联系又有区别，记述时就应各有侧重，错开角度记述。

（四）自然环境方面

（内容删减，详见本文集相应内容。）

（五）基础设施方面

1. 城乡建设中，有的缺漏环境卫生、公共厕所、城市管理的内容；有的把市内交通内容，并到长途交通运输中记述；对近若干年发展较快的建筑与房地产业，有的未写，有的一笔带过；对乡镇村建设，书写随意，缺乏概括；城乡建设缺乏前后对比，缺乏图文并茂。

环境卫生、公共厕所、城市管理，是城乡建设的必有内容，不能不记。可如下设置：环境卫生设一节道路清扫保洁、二节垃圾清运处理、三节公共厕所；城市管理设一节市容管理、二节城市执法管理。市内道路、公交、出租，放城市建设中记述。鉴于大多续志采中小编设置，对近若干年发展较快的建筑与房地产业，可以单独设置。

对乡镇村建设的记述，既要记规划，又要记建设，建设以综合记述为宜，要反映出发展阶段、起伏变化、不同类型、所占比例、存在问题等，不要一个一个乡、镇、村去介绍。

2. 水利设施部分，有的志稿把水资源、水产养殖也放在这一部分，属于归属不当；有的记机井设施，把成井工艺也写进去了，没有必要。水利设施部分，着重点在于记述水库、坑塘、水渠、机井等状况，提水设备状况，节水灌溉设施设备情况，投入产出情况，设施管理情况。水资源并入自然资源中，水产养殖放养殖业中记述。

3. 有一部分志稿，将设施与产业合并在一起记述，首轮这样处理可以，二轮这样处理就不妥当。基础设施都是人工环境，而交通运输业、邮政业、电信业、供电业，都是第三产业，发电则是第二产业。第二轮修志，应分清事物的基本属性，按性质分类记述。有一些志稿已是这样分类记述的。

4. 电信部分，目前的志书（志稿）写得都不够好，主要是两大公司没提供详细资料。尚未出书的地方，要注意挖掘补充。在固话、移动、各类新业务等方面，要尽量反映出城、乡三中全会前、志书上下限时的状况。仅有一个总数字，反映不了巨大变化的地情实际，信息含量也远远不够。

（六）人口方面

人口部分，其内容与首轮志书大同小异，大致包括人口总量、分布、密度、变动、结构、素质、计划生育。记述这些内容并不为过，问题在于传承有余，改进不足，没有随着地情的变化而完善和深化记述。事物都是一分为二的。既有人口部分的篇目，有其所长，也有所短。短在一是城乡人口混合记述；中国人口多在农村，从篇目看不出这个重点，农民似乎仅是个附着物。二是缺乏对城乡社会阶层结构变化情况的记述。胡锦涛总书记要求要加强对社会结构发展变化的调查研究，充分认识和分析阶层结构、城乡结构等方面情况的发展变化和发展趋势，以利于深入认识我国社会发展的特点和规律，更好地推进社会建设和管理，而我们的志书(志稿)则错失良机，该作为时未能作为。三是缺欠婚姻家庭、人口与经济与居住与就学就业关系方面的内容。四是缺欠改革开放以来人口方面许多新情况、新变化的记述。

解决以上问题，(1)人口文化素质方面，为提高其深度，还需要重视反映文化程度性别差异及变化情况；文化程度各年龄段分布及变化情况；文化程度的行业分布及变化情况；文化程度的地域分布及变化情况。(2)人口部分还要增加人口与经济与就学就业等内容，社会阶层结构变化内容，人口老龄化状况内容。(3)记长寿老人，不仅记姓名、年龄、性别、籍贯，还要记其长寿秘诀。(4)反映农民情况，不要只在结构中点一下，要适当扩展细化。反映农民应考虑农民劳力、农民教育、农民劳作、农民收支、农民生活、农民负担、农民养老、农民心理、农民家庭、农民婚姻、农民新风、农民阶层变化等。农村出现的“留守儿童”“留守妻子”“空巢老人”，这些情况也要很好调查和记述。

(七)居民生活方面

居民生活部分，已看到的志书(志稿)，包括抽查的志稿，有的写得好些，但数量偏少，大多写得不够好。其表现：(1)生活方面的新元素体现不够。(2) 不同层面人员的生活状态分类记述不够。(3) 重视物质生活的记述，忽视精神生活的记述。(4) 面上记述偏多，缺乏典型资料。(5) 记述过于抽象笼统，不是“详异略同”，而是“详同略异”。(6) 与习俗一样，同样缺乏准确的定性和定量记述。(7) 以中小编分类立目的志书，不少受旧框框的束缚，不敢把“人民生活”放在台面上，让其自立门户，成为独立的一编。要求志书要突出重点、特点、亮点。这就是说，一部志书不可能都是重点、特点、亮点，有的部分，你挖地三尺也掘不出金来，像这样的情况，写清纵向脉络、横向状态就行。但人民生活部分，客观上有真东西，既丰富又多彩；“入统”生活资料又比较多；志人对此认识也在逐步深化，因此对其应提升规格，加重笔墨。解决居民生活方面存在的问题，一是要重视收入构成的记述，二是要记好收入差别，三是文化消费与物质消费应并重记述，四是要对社会消费群体进行综合分析性记述，五是健康消费与非健康消费应兼顾记述（对原稿作了删节）。

（八）习俗方面

习俗部分更是问题成堆。我看到的省内外一大批二轮市、县（市、区）志书（志稿），其中绝大多数习俗写得不好。我们抽查的志稿也未能跳出这个框子。其表现：(1) 未用心挖掘断限内习俗资料，包括传统习俗的演变资料，短期内形成的习惯资料等，而是用首轮志书习俗资料来凑数；个性习俗资料不够，用各地共有的资料来拼凑。(2) 缺乏准确的定性和定量记述。(3) 缺乏提炼、归纳、综合，看不出断限内与断限前习俗的演变特点和规律。(4) 把生活状态与生活习俗混合记述，造成混乱。解决志稿习俗方面存在的问题，一是要研究习俗的特点和记述的重点，二是要注意将人民生活与生活习俗的区别弄清楚（对原稿作了删节）。

（九）农业部分

农业部分，不少志书(志稿)，农业生产条件项目不全，或者位置不当；有的志书(志稿)，对农业综合开发、农业产业化、特色农业缺乏记述或记述不足。农业生产条件，有的志书(志稿)记得较全，他包括了耕地、农机具和劳动力，值得参考。农业生产条件的位置，应靠前而不应放在中间或后面。对农业综合开发和农业产业化经营，山东《成武县志》做得较好，值得借鉴。该志没有像有的志书那样仅对几家龙头企业作逐个简介，而是归纳分类，分为公司加农户型，集团公司带动型，专业协会带动型，专业市场带动型，逐类进行全面深入记述。这一部分不说内容，仅从小标题就可以看出该县加强农业产业化的做法与经验。再如记农业综合开发，分 4 个时期设 4 节系统深入记述。成武系农业县，续志浓墨重彩写农业综合开发是很有必要的。人们从这样的记述中，清晰地看到了农业综合开发的历史脉络和发展变化，以及每个阶段的开发内容、投入、效益等。

（十）工业部分

这一部分主要的问题是没有反映出兴衰起伏和经验教训。现在的志书(志稿)记一般情况多，深层次的内容记述较少。好的工业企业，好在什么地方，原因是什么；不好的企业，包括倒闭的，是何原因，修志中注意调查和记述，是可以大大提高资料价值的。大家知道，河北有个双鸽火腿，是名牌产品，但现在的双鸽已不是原厂子生产的，是另外的厂子生产的。为什么发生了变化？省报专门发了一篇文章，名为《飞翔的双鸽落了地》，说清了事情的原委。我编了一本书，叫《就材说志话续修》，就收录了这篇文章。探究原因，就是厂子有章不循，管理混乱，漏洞百出，每况愈下，最终由明星企业变为倒闭企业。其中蕴含着多么深刻的经验教训！志书要资政、教化、存史，把上述这些情况记下来，不就大大增强了志书的资政价值？该厂所在市市志打算将其载入志书，说明已经意识到了这一点。其实这类情况，包括正面的反面的，各地都有，各级志书都有挖掘和记述的必要。

（十一）建筑与房地产部分

这一部分，所有志书（志稿）都有涉及，但问题是大多着墨不够，如同以往轻描淡写。志书要突出重点、特点、亮点，建筑与房地产就是应突出的方面。改革开放以来，特别是近十多年，建筑与房地产业发展突飞猛进，在一些地方，财政收入主要靠这一块支撑。这一块内容，由于重视不够或资料难以搜集，造成记述十分单薄。去年我看到的《建德市志》有所改进，值得学习。该志将建筑与房地产业单独成编。建筑业着重记述施工企业、工程招投标、质量、安全管理、建筑设计、建设项目与名优工程。房地产业着重记述房地产开发，包括所建楼盘（含名优楼盘）、房地产市场管理；城镇住房制度改革，包括公有住房商品化、解困住房、住房公积金等。

（十二）地方党组织部分

这一部分一个主要问题是，如记党委决策：一是名不符实，标题叫党委决策，但改为党务辑要更为合适；二是要素不全，称为党委决策，但没有决策背景、决策主导人、决策过程。如何改进，有两种方案可供选择。一是继续叫决策。但不能像目前这样写。要做些改进，坚持面点结合记述。仅改革开放以来的重要决策就很多，有保护环境的，政治经济的，文化社会的，不可能都一一展开写，但又要保留这些资料，怎么办？可考虑正文综合记，随后列一详细表格，把重要的决策（含时间、类别、内容、背景、效果等）一一列出，字号可以小于正文。这是面。在此基础上，每一类中选一两项展开记述，既记时间、主导人员，又记背景、过程、结果。这是点。面点结合，比较可行，能够做得到，看后既知全局，又知局部，既有广度，又有深度，效果会更好。还有一种办法，不叫决策，叫党务辑要，从党委角度记，记党委应管的事（少与政务辑要重复），包括如何加强民主政治建设，党如何管党，如何提高执政能力，如何密切干群关系，如何加强精神文明建设等。这样可能好写一些。

（十三）人民代表大会部分

这一部分，主要是有关数字中所包含的深层次的丰富信息尚未展示出来，如写人大评议工作多少次，执法检查多少次，视察调研多少次，个案监督多少件等，人们只知道数字，不知其中的详细信息，资料价值降低。因此，应注意将数字所包含的丰富信息抛开展示，以增加信息含量。还要像上海《嘉定县志》续志那样，选几份有代表性的视察、调研文章，原文或摘要刊出，这样就可看出工作的广度与深度。

（十四）人民团体部分

这一部分记述要素不全，缺漏机构、会议、工作之外的内容。改进时，要从完善篇目开始，除记机构、会议、工作外，还要增加“其他”类项。工会部类的“其他”，要记改革开放以来工人阶级内部结构变化问题，工人下岗及再就业问题，从困难企业困难职工中派生出来的贫困群问题等。妇联部类的“其他”，要记妇女的生育和健康问题，妇女受教育问题，家庭暴力问题，拐卖妇女儿童问题，妇女自杀问题，男女两性社会地位差距问题等。共青团部分的“其他”，要记青年心态问题，青年择业、婚姻、家庭、生活、价值观问题，农村青年进城务工问题，青少年犯罪问题等（此处作了删减）。

（十五）公检法司部分

这一部分的主体是案件。目前的志书(志稿)，涉及案件多是数字，而综合数字中所包含的深层次信息，如案件的构成、案件的时段和地域差异等都未反映。稍加分析即可看出，案件总数属第一层次，城镇、农村属第二层次，流动和固定作案属第三层次，成年、青少年属第四层次，男女性别构成属第五层次，屡犯初犯属第六层次。志书(志稿)公、检、法部类一般有案件总数，而无其他层次的内容。续志记述时，除记案件总数外，还要记其他层次的内容，包括地域构成，犯罪年龄段及性别构成，初犯屡犯构成，犯罪类型构成。记述方法可灵活运用，可文字记述，也可文字与图表结合记述。

（十六）教育部分

这一部分的主要问题，一是缺素质教育、家庭教育、社会教育的内容，二是对教师与学生的记述有缺欠。改进当中，要注意反映应试教育向素质教育转变中，本地所做的工作、存在的问题、主要症结、主要教训等。对家庭和社会教育，少数志稿已引起重视，开始注意挖掘和记述这些内容。教育中还要增加典型的人、典型的事。某地教育志续志，在学生中增加了“希望之星”一节，在教师中增加了“良风美德”一节，这就把志书写活了，同时也提高了志书的教化作用。改革开放，促使人口流动加速，农民工和留守儿童相继大量出现。不少志书对此有所忽视，尤其是对留守儿童尚未发现记述。江西《高安市志》敢为人先，如实反映了留守学生的教育问题。关心留守儿童、留守学生，不是一个小事情，是个重大的社会问题，如实记述，是一种社会责任。

（十七）文化部分

这一部分有一个重要问题，就是文化艺术内容单薄。改进时，要把这一部分好好写写，因为这是容易出彩的地方。江苏《锡山市志》写得不错，可以借鉴。该志文化部类的文学艺术，作者注意有关内容的开掘和深化。如戏曲艺术，写“县锡剧团演出的《青蛇传》，立意新，艺术上发挥‘有唱有打’‘能文能武’的特长，开拓‘文武并重’的新路子”。绘画摄影，写中国摄影家协会会员马玉焕，说“其作品寓意深刻，哲理性强，构图简单而巧妙，画面朴实而优美，风格独特，被誉为农民摄影家”。书法篆刻，写孙磷的作品“各体具备，质朴自然，格调高雅，清新脱俗，尤以隶书见长”；写“钱振亚的篆刻作品构思巧妙，布局严谨，精雕细刻，长于创新，多方作品入选省级展览并被送往日本等国展出”。此前我所看到的，大多写道某一艺术形式，先是写群体，后是写代表人物、代表作品，搞过什么展览，获过什么奖励，到此止笔，至于艺术特点，不再深究，看到这里总觉得意犹未尽，感到很遗憾。多这一笔和少这一笔，效果大不一样。多一笔，就多了品位，多了艺术性，被写者就多了成就感，也给读者多一份借鉴和启迪。

（十八）医药卫生部分

这一部分，疾病是重点，应着以重墨，但不少志书（志稿）仅点到为止，这样的记述是远远不够的。改进时应大力加强。《锡山市志》卫生部分写得不错，同样可以借鉴。该志卫生部类的期望寿命和死因分析，把1986年、1990年、1995年、2000年几个年份的死亡率和死因顺位逐一列出，让人清楚地看出，1986年死因顺位是心血管病、肿瘤、脑血管、意外死亡、消化疾病、新生儿病、呼吸疾病、肺结核病、泌尿疾病、内分泌营养代谢性疾病；2000年死因顺位是恶性肿瘤、循环系统疾病、呼吸系统疾病、意外死亡、消化疾病、精神疾病、泌尿疾病、内分泌疾病、传染疾病、神经系统疾病。由此可见，经济发展，医疗改善，肺结核病、新生儿病已不在前10位内；生活好了，环境质量下降了，恶性肿瘤、循环系统疾病、呼吸系统疾病、消化疾病、精神疾病、内分泌疾病、神经系统疾病也多起来了。医疗卫生部类，其重点是疾病、病人、治病的人、怎么去治，抓住这些就抓住了要害。

（原载《河南史志》2011年第5、6期）

浅议二轮志书（志稿）自然环境部类存在的问题及对策

提 要：二轮志书记述自然环境有喜有忧。本文着重分析了部分志书（志稿）存在的8个方面的问题：部分内容归类失当；部分大同小异内容重复设置；城区志自然类内容繁简失当；编（章）概述要素不全；舍难求易，忽视反映一些重大和深层次的问题；记气候要素缺乏对比，内容不够完善；多处涉“水”内容记述混乱、重复；记自然灾害，只有逐年实录而无规律概括。对此，本文提出要从科学文献中吸取营养，界定内容，避免随意性；要错开角度记述，避免不必要的重复；要详主略次，突出重点，加强记述深度；要加强提炼、概括和对比，以反映变化和规律。

关键词：志书 自然环境 问题与对策

所见二轮志书（志稿），其自然环境部类，有的记述较好，既有继承，又有改进，达到了扬长避短、完善提高之目的。但是也有部分志书（志稿），只重沿袭，忽视改进，结果良莠不分、精华糟粕并存，使志书（志稿）质量大受影响。因此在修志仍处于紧张进行阶段，自有必要将问题与对策加以总结与梳理。在此仅就本人所见二轮志书（志稿）自然环境部类存在的一些问题谈些初步意见，以利于探讨、改进、提高自然部类的记述质量。

其一，部分内容归类失当。有的志书（志稿）把环境保护放在自然环境中的做法欠妥。环境保护对应的是自然与人工两个环境，而不是只对一个环境。现在的志书（志稿），一般是按中小编设置，因此，作为基本国策的环境保护，应单独设编（篇）或章为宜。他可包括环境质量、污染状况、环境监测、环境治理、环境管理几章（节）。其位置可放在自然环境、基础设施之后。有的志书（志稿）把人工养殖（植）的动植物，也归入自然动植物中，属于归类不当。自然环境中，只记自然属性的，不记人工饲养和种植的。有的志书（志稿）不加区别，把所有自然动植物都归入自然资源中，这样不妥。自然资源是指具有社会有效性和相对稀缺性的自然物质或自然环境的总称。联合国环境规划署（UNEP,1972）对自然资源的解释是："在一定的时间、地点条件下，能够产生经济价值，以提高人类当前和未来福利的自然环境因素和条件 。"[①]这里界定的自然资源，是能够为人类提供福利，也就是为人类所利用。自然动植物中，有的能够为人类提供福利，有的则不能，自然就不能算为资源。自然资源中，主要记土地资源、水资源、矿产资源。有的地方有海洋资源、风力资源，自然风光也很好，可以把他们放在自然资源中。自然生物还是回归到"自然动植物"标目上为好。因为此标目由于不受生物资源概念的制约，凡自然的动植物，不管有用无用或益处大小，予以归集不为违规。气候水文中记了气候资源，那么自然资源中就可以不记气候资源了。一些平原县，自然动植物寥寥无几，可以不设自然动植物章或节，让他与土壤合并，称为土壤生物，自然生物（包括动物、植物）有多记多，有少记少。

其二，部分大同小异内容重复设置。部分志书（志稿），在

---

① 《高中地理 · 湘教版 · 选修六》：湖南教育出版社，2004 年 6 月。

自然环境中专设了自然灾害章或节，同时又在气候章或节中设了灾害性天气节或目。在所设节或目中，着重记述了冰雹、干热风、旱灾、涝灾形成的规律及危害。同时气象灾害部分，也记了这些内容。二者比较，尽管前者简略，后者详细，但还是存在着不必要的重复。解决这一问题，有两种办法，一是灾害性天气与气象灾害各有侧重记述。前者着重记述综合性规律，不涉及具体的灾害。后者着重于逐年灾害的实录，不涉及综合规律。这样记述，其不足是显得分散，不便于查找，同时也造成气象灾害与生物灾害、地质灾害内容的不整齐（因为气象灾害将规律内容析出单独记述，而其他灾害则是将规律与实录结合记述）。二是取消灾害性天气节或目，其内容并入气象灾害章或节中。因为二者都属于对工农业生产、人民生命财产有严重危害的气候现象。

其三，城区志自然类内容繁简失当。本人随机抽看了12部省内外城区志（不含郊区志、偏远矿区志和县改区志），了解其对自然环境的反映，结果是9部有载录，3部未记述。说其繁简失当，就是繁者与县志同类内容无大区别，简者简到一概抹去。城区志不能不记自然内容，但也不能与县志雷同。这里的关键在于如何把握。从二轮志书应“好读好用、可读可用”之经验来说[①]，城区志不能取消自然内容，应当选取“密切”与“主要”，采取合并类项、综合概括、详异略同、详略互见之法记之。地质地貌、气候水文、土壤植被、自然生物、自然资源、自然灾害，县志应适当展开，而主城区志则应有取有舍，取地质、地貌、气候、水文、土壤主类，舍或简生物、资源、灾害等副类。

其四，编（章）概述要素不全。自然部类编或章下概述同样

① 2004 年 6 月，在全国第二轮修志试点工作经验交流会上，全国修志试点单位之一——秦皇岛市方志办所介绍的经验。

要求要总括类情、钩玄提要、沟通联系、彰明因果、指明隐忧。所见志书（志稿）通常的做法是浓缩志文、简要概括，缺乏沟通联系、彰明因果、指明隐忧，要素十分不全。究其原因，无外乎是墨守成规、研究不够和怕抹黑露丑。志书不能“越境而书”“越类而书”，但这不能绝对化，还是要具体问题具体分析区别对待，与所记事物关系密切的内容，不仅要记而且还要记好。比如人与气候的关系——人为的活动对气候的影响，人与耕地的关系——人口的增加、耕地的减少所带来的生存问题，人与水的关系——水量减少、水质变差对人们生产生活的制约，人与自然灾害的关系——在某种情况下人祸猛于天灾、天灾加重人祸等，这些具有关联性、因果性的内容，是当记之事，而不是“违规而书”。对这些内容，需要透过现象加以分析提炼概括，不细心研究是寻觅不到的。怕抹黑露丑，是知错将错，更应该从解决认识问题入手加以扭转。恶性开采、随意排放、水质污染等，后患无穷，不及时敲响警钟，不注意人与自然的和谐，最终是要受到“惩罚”的。早觉早悟，还可弥补。

其五，部分志书（志稿）舍难求易，忽视反映一些重大和深层次的问题。志书是地情书。前者是载体，后者是客体，载体与客体应一致或基本如此。但部分志书（志稿）载体与客体严重脱节，自然部类也是这样。据本人所知，一些地方出现大范围的地裂、地陷等自然现象；一些地方因开矿、采石、采砂或搞基础设施建设等，将山峰、丘陵、河流状态予以改变；一些区域盲目扩建深水井，导致水位严重下降，甚至出现“大漏斗”；有的地方迫于环保压力，暗自向地下排放污染物，严重污染地下水等。查阅该地志书，少有或根本未予涉及，殊不知这是十分珍贵的地情资料，缺之甚为可惜。不少志书（志稿）记自然动植物，仅有名称、作用，而无动态性的分布与演变，而这些内容比名称、作用更为重要，舍主就次，严重淡化了志书的功用性。

在这方面，我所知的海盐、张北、抚宁三县方志办做得较好。二轮《海盐县志（1986—2005）》[①] 在自然环境中，用2000多字记述了海盐地面沉降情况；文中既有沉降地点、沉降绝对数，又有平均年沉降量和降幅排序，其资政、存史价值甚为可观。二轮《张北县志（1989—2006）》[②] 在自然环境中，专设了一篇《张北县安固里淖干涸现象调查》。安固里淖曾是华北第一大高原内陆湖，素有“坝上明珠”之称。该淖2004年干涸见底，是新中国成立以来60年代、70年代、80年代三次干涸后的又一次见底。此次干涸再次敲响了生态警钟。国家水利部、河北省、张家口市主要领导也曾先后做出批示给予极大关注。具有环保意识、问题意识和质量意识的张北修志人员，与市县水利部门联合，专门搞了一篇基本情况、历史演变、干涸原因、影响分析的调查，资料丰富翔实，颇具学术品位和使用价值。二轮《抚宁县志（1979—2002）》[③] 自然环境中安排了《人祸猛于天灾》一篇文稿。作者对大新寨镇罗家沟村两度遭受洪水袭击进行了调查。从调查可以看出，严重遭受洪水袭击的罗家沟其损失是毁灭性的；其主要原因是天灾加人祸；其警示是发展经济，必须尊重科学，尊重自然规律。这些着力而为的资料与其他一般性资料相比，孰轻孰重、孰深孰浅一目了然。

其六，记气候要素缺乏对比，内容不够完善。反映对比变化，其资料价值会更大。气候统计量通常要求有较长年代的观测记录，以使所得的统计结果比较稳定，一般取连续 30 年以上的记录。为了对全球或某个区域的气候作分析比较，必须采用相同年

① 《海盐县志（1986—2005）》：浙江人民出版社，2013 年 11 月。

② 《张北县志（1989—2006）》：河北人民出版社，2010 年 3 月。

③ 《抚宁县志（1979—2002）》：方志出版社，2010 年 11 月。

代的资料。为此，世界气象组织建议把1901—1930年和1931—1960年两段各30年的资料作为全球统一的资料统计年代。但在一些气候变化不大的地区，或年际间变化不大的一些气象要素，连续10年以上的资料统计结果也具有一定的代表性。本人所接触过的一部志稿，就比较注意对比。他是这样记述的：1986—2005年，本地年均日照2432小时，日照百分率55%，比1956—1985年（30年）年均日照2715小时减少283小时，日照百分率下降10%。这是平均日照前后两个时段的对比。接着写道：5月日照最多256小时，日照百分率58%，比1956—1985年同期日照296小时减少40小时，日照百分率下降9%。12月日照最少155.2小时，日照百分率54%，比1956—1985年同期日照195.5小时减少40.3小时，日照百分率下降14%。这里写的是日照最多、最少年份的前后对比。他的温度也是这样记述的。通过前后对比记述，使内容得到扩展和深化。我们常说，某某内容记述到位或不到位。前面这些内容，记述就很到位。许多部类，都应加强前后对比。不对比，不知变化幅度大小，不对比，就难以产生强烈的视觉冲击力。

其七，多处涉“水”内容记述混乱、重复。与“水”相关的有地貌、水文、资源等，掌握技巧，就可避免混乱和重复，至少可以减轻此类问题，否则不加区别、不错角度，逢水必记，问题自然难免。为避免不必要的重复，要注意错开角度记述：地貌中记“水”（也就是河流、湖泊），着重从总体、形态、成因、水对“成土”和“失土”的影响等来记述，重心不在“水”，而在水之载体——河床、湖床，与山、陆之关系（时空关系）；资源中记“水”，着重从总量上记述，水文中可回避总量，或者水文中记分水量，资源中记累计之总量；水文中记“水”，一是地表水，记河流湖泊，包括流域水系、分段及特点、断面、水位、基面、流速、径流及径流量、径流形成过程、含沙量、汛期长短等，二是地下水，记水文地质情况、特征及分布、质量、储量等。

其八，部分志书（志稿）记自然灾害，只有逐年实录而无规律概括。志书不去揭示规律，但通过合乎自然逻辑的对资料的科学归类和编排，是完全可以体现规律的。志书（志稿）如果只有逐年实录，其中虽然潜藏着规律，但读者一般无暇顾及这些，映入眼帘的只能是一堆琐细的“原料”，距离“可读可用、好读好用”尚有差距。比如雹灾，不少志书（志稿）仅有雹灾实录，而无雹灾线路叙述，殊不知“雹打一条线，霜冻一大片”，这其中就包含着自然规律，是单一记述还是复合记述，其信息的“含金量”是大不一样的。令人欣慰的是少数志书（志稿）已引起重视。本人所知的一部新县志——《三河县志》①对此就写得较好。其自然灾害章，先按灾害性质分类设节，尔后逐类采取编年体记述。这样类别清楚，便于查找和分析。旱涝、冰雹、震灾是该县的主要自然灾害。为保存这些灾害的重要资料并反映其规律，该志采取了特殊的处理办法，即先综括记述某灾害的分布成因、概率、强度及危害，尔后附以实录，起到了前者提携后者、后者印证前者的作用。这样所反映的规律，更实在、更可信、更有价值。从这些综括记述和实录中可以看到该县旱涝、冰雹、震灾形成的特点及规律。如：该县涝年约4年一遇，初夏涝约两年半一遇，盛夏涝约4年一遇，初秋涝约4年一遇。旱年平均4年一次，春旱10年7遇，初夏旱约4年3遇，伏旱约10年一遇，秋旱约3年一遇。

（原载《中国地方志》2015年第7期）

---

①《三河县志》：学苑出版社，1988年12月。

续志政治部类问题与对策初探

一

所见续志政治部类不乏长处，但也存在不少问题。本人认为，这些问题主要表现在以下若干方面。

一是内容主次结构失衡。要求志书内容要“详主略次”，但事实上往往是平分秋色、平均用力，导致主要“不详”，次要“不略”。如人大部分，只注重人大代表、代表会议、常务委员会、主要工作几方面的均衡，而忽视“主要工作”这个主体的展开和加重。再如农民，中国有13亿人口，9亿是农民，其量大、问题多，理当浓墨重彩，但事实上则将其与其他内容混合记述，特色被淹没，个性未彰显。如此状况，不一而足，既严重影响志书的“功用性”，也极大妨碍了阅读效果。正如作家谈歌所言：“老县志多是精粹的，他通常字数少，页数薄，内容却厚重。时下，县志写作有了变化，字数渐多，页数渐渐变厚，有的状若砖头，内容却变得枯燥，果真有那么多可以入志的人或事吗？多是修志者唯恐遗漏了地方各届领导的政绩，事无巨细，一概记录在案。”①

①谈歌：《探寻“史记”与县志中间之路》，《光明日报》2011年1月2日第4版。

二是平淡肤浅，缺乏记述深度。志书“花费大量篇幅反映事物内部一些小单元的起源兴革”，使“志书格局呈现为一条多竖线拼接并列而成的薄薄平面。看起来文字不少，但多为承上启下铺垫过渡性内容”①。“未能围绕‘志义’组织材料和设立篇目展开记述，地情信息缺乏深度。很多事物的记述只是从表面上轻描淡写，缺乏具体深入的记述”②。

三是管理主体与管理对象记述内容存在偏颇。此一问题，主要存于政治部类。问题在于记管理主体方面的内容多，记管理对象方面的内容少。如“三农”问题，政府是如何管理的，做了哪些工作，志书不乏这些内容，那么所管理的对象——农业、农村、农民，其自身情况如何，如农业投入严重不足、农产品滞销、农业存在撂荒现象等；农村规划混乱，“空心村”突出，治安堪忧，卫生较差等；农民因病致贫，老人赡养问题突出，“空巢老人”、“留守妻子”“留守儿童”大量增加等，志书则很少涉及。社团部分，注重反映工青妇等社团机构、会议、工作，而管理对象的情况，如工人下岗与再就业情况，青年就业观、价值观情况，妇女社会地位变化情况，公民科技素质情况等，缺乏反映或反映极为单薄。

四是机构、会议、人事更替过多过滥。志书“大量篇幅记述的是各个部门的机构设置、人员多寡、各项工作、各种代表大会、单位任职人员和时间等，未能从部门设置的职能发挥、发展变化上提供管理方面的经验教训以资借鉴”③。

五是“流水账”式记述较为普遍。本人曾参与终审过的一部

---

①肖东发：《年鉴学概论》，中国书籍出版社，1991 年 12 月。

②③李舫：《披沥五十载，丹心入青史——中国新编地方志纪 实》，《人民日报》2006 年 7 月 27 日。

志稿，特意统计了他的政治部类，总字数是39.8万字，“流水账”式的记述就有3.6万字，占9%。此类问题并非个案，明显带有普遍性。这样记述的结果，让人知其局部，不知全局；看到直线，不知转折；反映结果，不知起因；有一定的广度，欠缺应有的深度等，降低了信息的“含金量”和资政价值。

六是“党委决策”名实不符。此一内容，早期的志书称“党务辑要”，后来才出现“党委决策”，一家如此，众人模仿，只重形式，忽视内容，结果出现了偏差。这一部分要素不全，标题叫党委决策，但没有决策背景、决策主导人、决策过程，有的甚至也没有决策实施的效果。特别值得引以为戒的是，有的竟把党委决策等同于文件规定，在这一部分大量记述所出台的文件、所制定的规定，殊不知文件、规定仅是决策的一个环节，二者根本不是等量齐观的问题。

七是对有关数字信息缺乏剖析。此类问题，在人大、政协、公检法司部分表现尤为突出。主要是有关数字中所包含的深层次信息，未能剖析展示。如写人大评议工作多少次，执法检查多少次，视察调研多少次，个案监督多少件等。公检法司中，涉及案件多是数字，而综合数字中所包含的深层次信息，如案件的构成、案件的时段和地域差异等都未反映。人们只知道数字，不知其中的详细信息，资料价值明显降低。

八是涉密内容处理不够严格。一些涉密内容，在评审稿乃至终审稿中时常出现。如“610”办公室的内容，计划生育中的人流数字，防空警报的详情，军事设旅包括军械仓库、人防工程的情况等，都是应当舍去而不应当记述的内容，结果还是在志稿中显现了出来。

对待上述问题，本人认为应从以下诸方面去寻求解决之道。

二

一是通过删增调整主次结构。志书主次内容，也就是重点与非重点内容，过去往往是前者轻、后者重，结构失衡，现在就要加以调整，变为前者重、后者轻，使其变得更为合理。解决之道就是删增结合。只删不增要漏项，只增不删要“肥胖”。遵循的基本精神应是“突出重点、兼顾一般”。拿容量假设为120万字的县级志书政治部类来说。调整篇目时本人是这样考虑的，即综述、重要决策(党委)、主政(人大)参政(政协)、施政辑要(政府)、政务管理、纪检监察、政法军事。为保证全书120万字左右的目标能够实现，政治部类也必须坚持“有所为、有所不为”。在四点(重点、特点、亮点、看点)上有所作为，非“四点”内容，也就是一般性内容少些作为。这一部分的重点，本人认为就是党委决策、人大活动(主政)、政协参政、政府施政、政务管理、纪检监察、政法军事。这和通常篇目有相同也有不同，不同的是重点突出了，一般(内容)压缩了。一部县级志稿假如要设8编(大编)的话，按120万字控制，平均每卷可分15万字(这仅是为便于研究问题所做的假设，实际操作时允许根据需要适当增减权重)。政治部类如果按老篇目去办，15万字根本无法落实(其他部类也是如此)。事在人为，办法有的是。本人想法是：一般性的内容，大多是横排竖写，竖写时要么逐年写，要么择年写，基本是点到为止，这些简而又简的内容，把他归在大事年表中，不也是“兼顾”的一种好办法吗？把这些“兼顾”住了，别人再挑你的理，说你“挂一漏万”，我们就有足够的理由说服他了。常规篇目中的党委、人大、政协、政府，其内容除党委决策、人大活动、政协参政、政府施政外，其他都可梳理后归入大事年表中。至于政务管理、纪检监察、政法军事，政治部类按 15 万字说，这三类各自可分 2.1 万字(其他 4 类占 8.4 万字)。如按传统办法处理，字数肯定压不下来，着眼改革问题就好解决。改的办法即采取“综合加表格”，或“综合大要，一 般析出”(析出的可归入大事年表中，也可归在其他合适的地方)。

二是“深、广”结合着力深化。加强记述深度，在于事物本身是立体的，而不是平面的，他本身就包含着深层次的信息。我们的任务就是如何认识这种深层次的信息，把他挖掘出来并载入志书，而不是无中生有增加或者深化。

有深度有价值的资料，本人把他称为专题性资料。这类资料，与志书(志稿)所附的专题有联系，但还不是一回事，一个是资料阶段，一个是志稿阶段。本人主张多抓一些专题类资料，抓来之后能入正文的尽量入正文，确实需要的再作附录。有的资料，他既不跨编也不跨章，入正文比较合适；有的资料，他可能跨编或跨章，放在哪一编哪一章都不合适；另外，他集中作为专题，更系统更完整，客观效果更好，那么就可以单独作为一个专题。在这方面，就是要坚持两条，一条放手多抓，另一条是巧妙运用。

有深度、有价值的资料多，志书资政、教化、存史的作用就大。浙江杭州萧山区在修志中搞了一篇《1987–2003年萧山农田害鼠种群的动态调查》。著名地理学家陈桥驿看了这篇调查说“很有感慨”。在谈及眼下志书存在的主要问题时，他认为主要是“学术品位不高”。他说：“我们修志同仁所唯一能做的主要就是提高志书的学术品位。这次看到此篇，感到富于学术性，而且具有重要的实用价值，对于提高志书的学术品位，这是一种有效的途径，是值得提倡的。”[①]同样是萧山区，他们在修志中搞的《杭州市萧山区非公有制企业党建工作经验》，在2009年被中共中央党史研究室刊物《党史研究内参》所刊用；《建国以来农民思想观念变迁调查分析》被列入2010年度国家重点社会课题。由此可见，资料价值的大小，他所引起的反响是大不一样的。所以，本人强烈呼吁志书（志稿）多一些这类专题类资料，以此消解志书（志稿）平淡肤浅的问题。

从笔者掌握的情况看，有些修志单位在这方面已迈出了较大的步伐。如宁波市在修志中，围绕社会发展状况，搞了9个方面的专题研究，这9个专题是：宁波社会结构转型与变迁历史和现状的分析研究，宁波社会风俗时尚的变迁历史和现状的分析研究，宁波社会职业（工种）的变迁历史和现状的分析研究，宁波社会婚姻家庭组织结构、家庭职能变迁历史和现状的分析研究，宁波市居民生活方式、工作方式和生产方式的变迁历史与现状的分析研究，宁波市市民科学文化素养的变化和现状的分析研究，宁波市居民体质体能素质指标变化的分析研究，宁波市人口状况的变迁历史和现状的分析研究，宁波市票证使用的变迁历史和现状调查研究。他们还围绕自然与人文方面的特殊事物搞了10个方面专题性研究，这些专题是：宁波市地面沉降等地质灾害调查研究，宁波市新发现的地质构造和地形、地貌调查研究，宁波市新发现的考古遗址调查研究，宁波市非物质文化遗产调查研究，宁波市围垦历史与现状情况调查研究，宁波市湿地情况调查研究，宁波市物种的变化和现状调查研究，宁波古村落、古戏台、古宗祠等古建筑历史变迁与现状调查研究，宁波百岁以上长寿人群集聚村落分布调查与

①陈桥驿：2004 年 9 月 24 日写给萧山区党史地方志办公室的信。

研究，宁波居民疾病(病种)谱、死因谱变迁历史与现状调查研究。

二轮《义乌市志》[①]已经出版。在这部志书中，附了部分颇有价值的专题性资料，如：陈望道翻译《共产党宣言》及参加党的“一大”筹备，冯雪峰与鲁迅，第一次国共合作在义乌，金义浦、诸义东抗日根据地建设，义乌鼠疫血泪史，建国前后的长途贩运，东兰共产主义幸福大渠落马记，小商品市场起源，专业街特色及专业街对市场的影响，专业村的形成与发展，打假保名牌，洋商在义乌，义乌国有土地出让制度出台前前后后，双拥在义乌，义乌旧城改造，外地人看义乌，义乌的留学生，投融资改革在义乌等。

已经出版的第二轮《井陉县志》[②]，其中附了部分专题性资料，包括断限内社会阶层结构调查，人口老龄化调查，收入差距调查，妇女社会地位调查等。由于这些资料体现了社会转型期的时代和地方特点，具有重要的参考价值，因此受到有关专家学者的高度评价。

随着认识的深化，修志实践也在深入，这方面的事例也在增多。关于互联网的内容，二轮《永清县志》[③]就记了断限内永清县城乡居民网上购物的情况；二轮《清河县志》[④]专门记了电子商务，有面有点，颇有新意。文中记到：2010年，全县电子商务渐成规模，每月发往国内外的各类包裹、快件达6万多件，占邢台市同类发货量的50%以上，名列全省EMS网上业务榜首。

---

①《义乌市志》：上海人民出版社，2011年12月。

②《井陉县志》：新华出版社，2006年5月。

③《永清县志》：方志出版社，2012年5月。

④《清河县志》：中华书局，2011年12月。

当年，全县总计拥有各类网店、网上商城4000余家，年电子商务销售额突破3亿元。仅东高庄，这个不到2000人的小村，就拥有常年从事网络销售羊绒纱线人员1200余人，拥有注册商品品牌400余个，拥有年销售额在100万元以上的网店20余家。尚未出书的保定安国市和衡水桃城区，修志人员正在搞互联网内容的综合调查。这是断限内的一个新事物、大事物，对其注重详细调查，方向对头，值得提倡。对于这一新生的重大事物，像过去那样几句话是交代不清楚的。

关于断限内疾病的特点，二轮《阳原县志》①专门搞了阳原县癌症病例调查。方志办征求有关专家和医务人员的意见，设计了调查问卷。问卷内容包括患者年龄、性别、家庭病史、生活习惯、兴趣爱好、治疗结果、经济承受能力等33个大项、153个小项。接受调查的有9个乡镇511人的家属或知情人。调查中，一般先由村委会提供癌症患者名单，乡镇确定调查人员后，进行集中培训，然后组织调查人员深入住户，采取填写调查问卷的形式进行调查。通过调查，获知阳原县51例癌症患者中，肺癌135例，占26.4%；胃癌111例，占21.7%；肝癌107例，占20.9%；食道癌68例，占13.3%；肠癌40例，占7.8%；其他癌症50例，占9.8%。通过调查，还弄清楚了诱发癌症的七大原因。这样的内容，过去我还未见到志书中这么记过。这是真正的地情，这是真正的志书，这才是读者的需要，这就是我们提倡的质量！这样的资料越多越好。从中也可看出，修志人员只要强化责任意识，克服畏难情绪，就没有办不到的事情。由此还可以举一反三，搞得更好。

三是“管理主体”与“管理对象”结合记述。管理主体方面

①《阳原县志》：河北人民出版社，2011年12月。

的内容，主要是指基本情况、发展变化和经验教训。在这方面虽然比“管理对象”记述要好，但还是缺漏经验教训类内容，有待弥补充实。管理对象方面的内容，主要是指要素、状态、联系、问题、趋势等。如工、青、妇部类，既要记“工作”，更要记“问题”。首轮志书主要记“工作”，很少记“问题”。这里说的是广义上的“问题”，包括正面的、中性的、反面的。从一定意义上说，记“问题”比记“工作”更重要。比如改革开放以来工人阶级内部结构变化问题，工人下岗及再就业问题，从困难企业困难职工中派生出来的贫困群问题等，都需要续志工作者认真调查和记述。再如妇女的生育和健康问题、妇女受教育问题、家庭暴力问题、拐卖妇女儿童问题、妇女自杀问题、男女两性社会地位差距问题等，续志都要予以反映。

妇女社会地位，是妇女问题的重要方面。他是不同群体妇女在社会生活和社会关系中，与男性相比较的权力、资源、责任、作用被社会认可的程度。妇女社会地位的发展变化，既反映了一定时期男女平等的程度，又体现了社会进程中的妇女发展状况。妇女社会地位包括经济、政治、教育、婚姻家庭、健康、生活方式、法律、社会性别观念等八个方面。如此记述，妇女部类内容就有了深度。

青年方面，如青年心态问题，青年择业、婚姻、家庭、生活、价值观问题，农村青年进城务工问题，青少年犯罪问题等，都是方志工作者不能回避的重要问题。

与“三农”有关而过去往往忽视的一些问题，如农业方面由于信息不灵、盲目种植引起的农业效益衰降问题，建设生态农业的状况及问题等；农村方面的规划滞后问题，乱占宅基地问题，“空心村”问题，道路堵塞问题；农民方面的老人超负荷抚养隔代子女问题，农民就医困难问题，孤寡老人的照顾问题等，第二轮修志当中都应注意调查和记述。这并不是说将“三农”集中设篇立章，而是说应有这些内容，至于如何处理可灵活掌握。

四是采取措施解决“文山、会海、机构”问题。会议多，表现在党、政、群、团的会议都记得多，有的不仅记会议，还记与会人员的名字，每次会议都记，仅参加人大代表会议的代表就列四五页。不是说机构、文件、会议不能记，而是说分量不要那样大，让这些内容少一点，为记述更重要内容让路。现实当中，强调精简机构、文件与会议，我们的志书（志稿）也要从机构、文山与会海中解放出来。解决这个问题，重要一点就是要做好“转化”工作，将文字转化为表格，位置由正文转化为附录，字号有大号转化为小号，不论党代会、人代会、妇代会等，设计个表格，把时间、地点、人员、内容、特点、实际效果等填进去就行了。

五是通过综合解决“流水账”问题。 2004年全国修志试点单位经验交流会议提出：志书要好读好用，可读可用。我们将纷繁的资料梳理综合概括，让读者一目了然，这就是好读好用，可读可用。如果奉献给读者的仍是较为原始性的资料，那就不好读不好用了。

温家宝同志1989年在中央办公厅召开的秘书长、办公厅主任座谈会议上讲：“初级信息是对各地各部门报送材料的初加工，领导机关可以用他了解动态，但不能据此决定政策。高层次信息是对原始信息的归纳、综合、分析，并在此基础上提出的对策，也包括经过调查研究写出的有深度的材料。高层次信息是对初级信息的开发和深化，有更大的参谋作用。”①这段话把如何提高信息的质量和层次讲得十分清楚，对第二轮修志同样具有重要的

①转引自河北省政府副秘书长宋振华2002年在省政府办公厅信息会议上的书面讲话。

指导作用。我们就是要在开发高层次信息上下工夫，在提高决策价值的“含金量”上下工夫。加强综合，是解决信息多而不精的有效办法。要善于对大量零散、孤立的信息进行分析，发现他们之间的内在联系，进行由此及彼、由表及里、由个别到一般、由局部到整体地归纳整理，使之成为具有决策参考价值的高层次信息。从另一个侧面说，对资料的分析、归纳、提炼、综合、概括，也是志书学术性的重要体现。这是一种高层次的学术研究，体现着修志人员的学术素养。①志书的所有部类，都有一个分析、归纳、提炼、综合、概括的问题。

那么综合、概括什么内容，需要我们很好研究。本人认为至少应综合、概括 8 个方面的内容，即对事物具有重要影响的背景资料，事物本身的纵向脉络、横向状态，该事物的关键节点（起点、高点、低点、终点等），该事物与彼事物的关联性，在该事物中起过重要作用的个人和群体，事物过程中的成败得失，与“面、点、线”相关的内容，最终结果所处于的地位作用等。

进行概括，要求要占有大量资料，要求对所记事物烂熟于心，概括准确恳切达意，寓意深刻厚重。较好的做法就是采用综合加表格，以及综合性概括和典型事例（包括典型的人、事、物）并举的方法，普遍中突出特殊，一般中突出个别，做到有点有面，点面结合，使记述具有深度。志书内容离不开时间、空间，但这与“台账式”记述是两回事。我们需要的是经过分析归纳提炼概括、能够体现事物发展变化及横切面特征的时间、空间，而不是账房先生的“流水账”。概括可以是单一大时段（比如上限到下限）连缀几个小时段、小特点，也可以是几个小时段统辖若干小特点。

①参见胡巧利《志书资料性和学术性问题辨证》，《中国地方志》，2004 年第 11 期。

逐年的资料也有用处，未入正文的年份资料，可列表载录。

六是从实际出发完善重要党务内容。如何改进，有两种方案可供选择。一是继续叫决策。坚持“面点结合”记述。仅改革开放以来的重要决策就很多，有保护环境的、政治经济的、文化社会的、不可能都一一展开写，但又要保留这些资料，怎么办？可考虑正文综合记述，随后列一详细表格，把重要的决策（含时间、类别、内容、背景、效果等）一一列出，字号可以小于正文。这是面。在此基础上，每一类中选一两项展开记述，既记时间、主导人员，又记背景、过程、结果，这是点。面点结合，比较可行，能够做得到，看后既知全局，又知局部，既有广度，又有深度，效果会更好。还有一种办法，不叫决策，叫党务辑要，从党委角度记，记党委应管的事（少与政务辑要重复），如如何加强民主政治建设，党如何管党，如何提高执政能力，如何密切干群关系，如何加强精神文明建设等。这样名实相符，也好写一些。

七是注重剖析，挖掘内涵。坚持将有关数字中所包含的深层次信息展示出来。如人大评议工作多少次，执法检查多少次，视察调研多少次，个案监督多少件，属于贯通古今的志书，可列表隔年显示，属于断代志书，断限时间不长，可逐年列表显示。政治部类的其他方面，涉及数字也可这样处理。还要像上海二轮《嘉定县志》那样，选几份有代表性的视察、调研文章，原文或摘要载录，这样就可看出工作的广度和深度。

八是保守秘密，慎之又慎。编纂人员应学习并牢记保密规定，而且将其落实在撰稿、审稿当中。除自身的工作外，还要请保密部门审查把关，确保万无一失。

（原载《浙江方志》2013 年第 6 期）

二轮志书对社会范畴几项重点内容记述之弊及对策

提　要：二轮志书（志稿）社会范畴的人口、习俗、生活，有记述之长，也有记述不足。不足之处是传承有余，改进不足；共性有余，个性不足；抽象笼统，缺乏定性与定量结合记述；内容陈旧，对断限内人口、习俗、生活方面的新情况、新变化反映十分缺欠。解决之道，在行为主体方面，要找准本源定位，资料定位，编纂定位；在行为对象方面，要学习提高，熟悉人口、习俗、生活专业知识，研究地情，了解真实情况，并把二者有机结合，实现内容与形式的完美统一。

关键词：二轮志书　社会范畴　重点内容　记述之弊　解决之策

综合性志书设不设社会编，如果设他应包括哪些内容，方志界一直存有争议。本文对此暂不涉及。笔者仅根据《地方志工作条例》对地方志书的界定，即“地方志书，是指全面系统地记述本行政区域自然、政治、经济、文化和社会的历史与现状的资料性文献”，采取排除法，将志书自然、政治、经济、文化、人物部类的未记内容，如人口、姓氏、婚姻、家庭、习俗、民族、宗教、人民生活、社会保障、方言等，归为社会范畴，在较少或不存争议的情况下，来探讨其中人口、习俗、生活几个要项在二轮志书记述中的不足和对策。

一、记述不足

人口部分，其内容与首轮志书大同小异，大致包括人口总量、分布、密度、变动、结构、素质、计划生育。记述这些内容并不为过，问题在于传承有余，改进不足，没有随着地情的变化而完善和深化记述。事物都是一分为二的。既有人口部分的篇目，有其所长，也有其所短，短在一是城乡人口混合记述，中国人口多在农村，从篇目看不出这个重点，农民似乎仅是个附着物。二是缺乏对城乡社会阶层结构变化情况的记述——胡锦涛总书记要求要加强对社会结构发展变化的调查研究，充分认识和分析阶层结构、城乡结构等方面情况的发展变化和发展趋势，以利于深入认识我国社会发展的特点和规律，更好地推进社会建设和管理，而我们的志书（志稿）则错失良机，该作为时未能作为。三是缺欠婚姻家庭、人口与经济与居住与就学就业关系方面的内容。四是缺欠改革开放以来人口方面许多新情况、新变化的记述——新的时期，处于不同层次和年龄段的人，都有着许多新的特点。老年人，中国也进入老龄化社会。目前，我国老龄人口达到 1.67 亿人，已经占到中国总人口的 12.5%。60 岁以上的老龄人口，其中有一半以上过着“空巢”生活。城市老年人“空巢”家庭已达 49.7%，与 2000 年相比提高了 7.7 个百分点，大中城市老年人“空巢”家庭高达 56.1%。与发达国家独居及夫妇“空巢”户高达 70%—80% 的比例相比，我国老年人“空巢”比例持续增加的趋势将不可逆转。农村不仅有“留守老人”，还有大量的“留守妻子”“留守儿童”。据有关资料显示，中国农村有4000万农民工“留守妻子”，有“留守儿童”5800万人（2005年统计）。这些真真切切的事实，在我们的志书（志稿）中几乎看不到。五是对流动人口缺乏记述或记述单薄。人口流动，流进人口从何处来，其结构成分，分布在哪些行业；流出人口流向何处，落地分布等等，都是需要掌握的重要资料。因为人口流动特别是民工的流动，预示着两个根本性的转变，即生活方式、社会关系从以血缘、地缘关系为主的乡土社会行为方式，转变为以业缘为主的现代社会行为方式；社会地位发生变化，预示着由农民向市民的转变。国家倡导的小城镇建设、城市户籍改革、城市部分保障制度向农民工的倾斜、督促落实农民工工资等问题，都源于社会结构改革和社会发展的大局。

习俗部分，更是问题成堆。我看到的省内外80来部二轮市、县（市、区）志书（志稿），其中绝大多数习俗写得不好。其表现：⑴未用心挖掘断限内习俗资料，包括传统习俗的演变资料，短期内形成的习惯资料等，而是用首轮志书习俗资料来凑数；个性习俗资料不够，用各地共有的资料来拼凑。⑵缺乏准确的定性和定量记述。⑶缺乏提炼、归纳、综合，看不出断限内与断限前习俗的演变特点和规律。⑷把生活状态与生活习俗混合记述，造成混乱。

生活部分，已出志书有写得好的，但数量偏少，大多写得不够好。其表现：⑴生活方面的新元素体现不够。如过去来了客人，外出采购，在家款待，如今条件好转，在宾馆、饭店待客已习以为常；过去过节，在家聚会，现在预订饭店，在外团聚；过去追求是物质生活改善，现在是吃穿不愁，还追求点精神享受，在住地唱唱卡拉OK，外出旅游观光等，但我们的志书（志稿）大多对此熟视无睹，听而不闻。⑵不同层面人员的生活状态分类记述不够。⑶重视物质生活的记述，忽视精神生活的记述。⑷面上记述偏多，缺乏典型资料。⑸记述过于抽象笼统，不是“详异略同”，而是“详同略异”。什么是抽象笼统？下面摘抄的续志志文，我认为就是抽象笼统的表现。原文是：食品消费，70年代大部分农民过着吃粮靠返销，花钱靠救济的日子。城市居民吃粮比农民有保障，以人按月定量，凭粮食供应证购买。到80年代中期，多数农民收入增加，生活改善。衣着消费，80年代初，人们穿着以蓝、黑、灰等暗色为主。随着改革开放的深入，服装款式、面料更新加快，农民知道赶时髦，城里流行什么，农村也购买什么。城镇居民的衣着消费比农村高。衣服的款式，男人由中山装向西服革履过渡。女人各类款式的裙子风靡一时，不仅盛夏穿，而且隆冬也穿。近年，城乡服装的款式由单一向多样化转变，西装、夹克衫、休闲服同时流行。住房消费、交通消费也是采用这种方法记述。说这样记述有问题，主要是缺乏个性特点，抽象笼统，稍有社会阅历的人坐在屋里就能想得出来。这样的概括，放在这部志书里可以，放在别的志书里也可以。这样的资料无法引用，因为他缺乏个性，缺乏准确性。究其原因，无外乎一是别人这样记，我也这样记，随大流；二是图省事，求方便。⑹与习俗一样，同样缺乏准确的定性和定量记述。⑺以中小编分类立目的志书，不少受旧框框的束缚，不敢把“人民生活”放在台面上，让其自立门户，成为独立的一编。要求志书要突出重点、特点、亮点，这就是说，一部志书不可能都是重点、特点、亮点，有的部分，你挖地三尺也掘不出金来，像这样的情况，写清纵向脉络、横向状态就行。但人民生活部分，客观上有真东西，既丰富又多彩；“入统”生活资料又比较多；志人对此认识也在逐步深化，因此对其应提升规格，加重笔墨。

二、应对之策

要写好人口、习俗、生活这三方面的内容，首先要正确定位。这三大类项，是地情、社情之要，此为本源定位。因其重要，新闻传媒、社会学者、统计等部门较为重视对其进行调查研究，已有部分材料，此为资料定位。巧媳妇不愁有米之炊。一部志稿，涉及广泛，但不是所有部类都能写出亮点，因为有的部类不具备这个条件，而人口、习俗、生活则是可能出亮点的部分，此为编纂定位。定位准确，方能强化精品意识，把志稿写活写好。其次要转变观念。要破除因循守旧，坚持与时俱进。好的传统要坚持，但老的局限要破除。社会在变，地情在变，变是绝对的，不变是相对的。在这种情况下，形式要跟着内容变，要适应内容的需要。新的时期，丰富的人口信息，多样的习俗特点，鲜活的社会生活，要求灵活的写作形式和方法，固有的形式和方法已远不适应修志的需要。再次要找准突破口。⑴从读者的根本需要上寻找突破；⑵从研究吃透地情上寻找突破；⑶从对已出志书的重新审视上寻找突破（已出志书，有长有短，我们取长补短，才能发展提高，这就提出一个问题，就是对已出志书的重新审视，弄清楚优长不足之所在，从而扬长避短）。

（选自《内蒙古史志》2011 年第 4 期）

关于二轮区志编纂的几个问题

一、以往区志（区志稿）的教训与不足

我所看到的区志书（稿），一是重点内容与一般性内容比例结构不合理，存在着前者轻后者重的问题，若量化分析，我感到前者大致占40%，后者大致占60%。二是管理主体性内容与管理对象方面内容结构不合理，管理主体性内容相对较多，管理对象方面内容较少甚至没有。三是广义性内容与狭义性内容结构不合理。

二、好的志书（志稿）的特征

好的志书（志稿），其特征我概括了8条：⑴文约事丰，博观约取。县（区）级续志，百十万字，但信息含量应比较丰富。为达此目的，我们采取的办法是：两头把关，硬性规定，量化处理。修志前期这一头，对篇目所对应的内容，按照轻重，对数量作必要的规定。拿一部县（区）志来说，按120万字控制，并将此数字分解到各部类中。分解结果是：限前史略0.3万字，限内概述0.5

万字，大事记2万字，政区环境10万字，居民10万字，特色篇章6万字，改革开放5万字，经济综览5万字，人民生活15万字，政治辑要20万字，产业辑要20万字，事业辑要15万字，人物6万字，附录0.3万字。评稿时这一头的把关，主要是根据主次内容的多少来处理，如果一般性内容偏多，我们就提出量化的删减数字，有的要求删减30万字，有的要求删减50万字。从终审志稿情况看，这些要求一般都能够落实。(2) 结构合理，目前大多志书结构不合理。这里结构主要指重点内容和非重点内容的结构比例。合理的结构比例，应该是重点六、非重点四，但现在的情况是重点四、非重点六，结构不合理。意识到这一点，才能去调整结构。我们讲要删增结合，加减法结合，就是为了使志稿由不合理转变为合理。(3) 断限内的新情况、新变化。如改革开放，以及由改革开放带来的方方面面的变化，包括环境变化、社会结构变化、阶层结构变化、思想观念变化、生活状态变化、产业结构变化、信息网络变化，等等，在志书中都有生动的反映。这方面是个很大的缺陷，今后需要大力加以弥补。(4) 注重章法，注意综合概括，坚持“点面结合”“以事系人”纵横对比、定性定量、图文并茂等。在这方面，单一章法的运用并不鲜见，综合运用且运用得很好的不多。(5) 在合格的基础上，做到“明月高照，繁星满天”。也就是既有大亮点，也有中亮点、小亮点。(6) 反映官情官意，也注意反映民情民意，使志书既成为官书，又成为民书，让老百姓也感到亲切，也喜闻乐见，如果爱不释手那就更好了。(7) 科学规范，符合版本图书出版的各种要求，差错率低于国家规定的万分之一。(8) 已见志书（志稿）的倾向性问题，如平淡肤浅、“流水账”记述、主次倒置、宣传色彩、部门志痕迹、总结、公文影响等，已有明显克服。

三、区志受县志的影响表现在哪些方面

区志受县志传统模式的影响，主要表现在哪些方面？需要大家都来考虑。市志、县志与区志，有共同点也有不同点，共同点至少说：一是都可以按篇章节目或板块类目体设置，并不是县志可以这样，区志应该那样；二是大类基本相同，都是建置区划、地理、基础设施、人口、政治、经济、文化、人物，并不是县志可以多一块，区志可以少一块；三是顺序基本相同，一般说都是“三宝体”，都是舞台、演员、剧目的顺序，自然环境、人工环境就是舞台，居民人物就是演员，管理、产业、事业就是剧目，这样设置比较合乎逻辑，对县志、区志都是这样。他们之间也有区别，区别主要表现在记述实体上，比如人口，传统农业县，可以将农民、农业抽出，分别单独记述，但区志，即使有部分农业、农民，但不宜将农民、农业抽出。县志产业顺序，一般是一二三，区志产业顺序一般是二三一，或三二一或二三无一。细分析，还是有不少区别，只是在第一层次大致相同，但在三四层次，也就是实体层次，区分比较明显。

由于修志方法是众手成志，提供资料者有的图省事、走捷径，你抄我，我抄你，或者“个性不够，共性来凑”，有的称此现象为“饭不够，水来凑”，没有坚持“详异略同”“同中求异”，结果失去了区的个性，或者是将区的个性淹没在共性之中，展现在读者面前的是前面说的县志与区志共性的一面，而遮盖了他们不同的一面。解决区志特点不突出的问题，重在把他们不同面研究透彻，深入挖掘这些资料，记述时再作些技术处理。出书时，让读者给个“这本区志还像个区志”的评价就可以了。

四、怎样突破旧框框，修出好的区志

旧框框的表现：(1) 横不缺项，纵不断线，是修志的要求之一，起过积极作用，但也束缚了不少人的思想，影响到志书，就是面面俱到，重点不突出，后来提出“横不缺要项，纵不断主线”，这有益于突破这个老框框。(2) 传统篇目，有积极的一面，但也有缺陷，缺陷就是类项不全，和地情实际不吻合。传统篇目，是有供稿单位就给你建个庙，没供稿单位就不给建庙；从管理主体角度设篇立目考虑多，从管理主体与管理对象结合方面设篇立目不多；从狭义角度设篇立目多，从广义角度考虑较少；共性要素列得多，为个性要素预留空间较少。(3) 注重编辑，忽视调研，结果是受制于“捡到篮里都是菜”，送来什么料，我就做什么饭，好料做好饭，赖料做赖饭，“巧媳妇难做无米之炊”。这同样是一个框框，是修志方法上的老框框，对我们束缚得很厉害。因此，提倡编辑班子坚持“编辑与调研相结合”达成共识比较困难或者比较缓慢，迟滞了“又好又快”修志的进程。

怎样突破旧框框？我的想法：一是深刻反思，冷静分析，深化认识。二是有魄力，像小平同志讲的那样，要大胆试、大胆闯，不要畏首畏尾，前怕狼后怕虎，要敢于成为“第一个吃螃蟹的人”。三是不破不立，有破有立，破立结合，先立后破，“以新换旧”。怎样突破前面说的三个方面的旧框框呢？我认为：一是要摆脱指导思想（就是横不缺项，纵不断线）方面的束缚，对应的就是要横不缺要项，纵不断主线（一定要注意这里的“要”和“主”合到一起就是“主要”），有所为，有所不为，在大事要事上，在突出重点特点亮点上，在突出区情上，敢作为、多作为、精作为；

与此相反的方面，慎作为，少作为，对志书“忌讳”的方面不必作为。目前的现状是，这二者正好颠倒，该慎作为、少作为、不作为的，反而不慎、不少、不缺，该作为、多作为、精作为的，反而不敢、不多、不精。改变这种状况迫在眉睫。二是要解决“只编不调”(不调就是不调查)的问题，就是要编辑与调查相结合，部门提供资料与其他渠道及自采资料相结合。三是要解决篇目方面的问题。管理主体方面一般性内容多，对应措施，我们可以通过“综合加表格”予以压缩，增加兴衰起伏、经验教训方面的资料。欠缺管理对象方面的内容，对应措施，我们可以在篇目上予以弥补，如人民团体，工会除记机构、活动，增一项“其他”，把工人结构状况、生活状况、下岗与再就业情况、体质状况、老有所居、老有所医、老有所养情况等，放在“其他”中记述。妇联中，除记机构、活动，还可增加“其他”，把改革开放以来妇女地位的变化等，放在“其他”中记述。共青团中，除记机构、活动，还设“其他”类目，把青年在断限内出现的新情况，如有的不找固定工作、甘当自由职业者，有的不去创业、甘当“啃老族”，有的虽有工作、但甘当“月光族”等，放在“其他”中记述。针对缺欠广义方面的内容，对应措施，我们可以予以充实，如教育，在反映学校教育的同时，也可以反映家庭教育、社会教育。

五、城区志怎么突出城区特点

一是深入研究和全面掌握区情特色。这是反映城区特色的前提和基础。二是把具有城区特点的事物，如城区设施、城中村改造、城区交通、社区与居民、城区管理、商贸服务、建筑房地产、农村城市化进程、现代化农业、街道办事处特色活动(如街道经济、文明建设、社区环境、社区管理、社区服务、社区稳定、社会治安)等，或升格处理，或加重笔墨，对县、区大同小异的事物，归并类项，压缩记述，以免喧宾夺主，确保详主略次(主就是城区，次就是与县、区大同小异的事物)。二是要注意同中求异。有些事物，如互联网利用，虽然城乡都涉及，但城市总是先于优于农村，可记内容多于农村，要予以加强。三是善于对比，要注意进行纵向、横向对比，通过对比反映变化，增强阅读效果。城区环境、城区设施、城市生活，方方面面都可对比。现在的志稿，注重记断限内情况，而忽视比较，我们要加强一下。

六、二轮志书如何解决偏重广度、忽视深度的问题

加强记述深度，首先要澄清一个问题，就是事物本身是立体的，而不是平面的。他本身就包含着深层次的信息。我们的任务就是如何认识这种深层次的信息，把他挖掘出来并载入志书，而不是无中生有的增加或深化。

有深度有价值的资料，我把他称为专题性资料。这类资料，与志书(志稿)所附的专题有联系，但还不是一回事，一个是资料阶段，一个是志稿阶段。我主张多抓一些专题类资料。抓来之后能入正文的尽量入正文，确实需要的再作附录。有的资料，他既不跨编也不跨章，入正文比较合适；有的资料，他可能跨编或跨章，放在哪一编哪一章都不合适；另外，他集中作为专题，更系统更完整，客观效果更好，那么就可以单独作为一个专题。在这方面，就是要坚持两条，一条放手多抓，另一条是巧妙运用。有深度、有价值的资料多，志书资政、教化、存史的作用就大。

浙江杭州萧山区在修志中搞了一篇《1987–2003年萧山农田害鼠种群的动态调查》。著名地理学家陈桥驿看了这篇调查说“很有感慨”，在谈及眼下志书存在的主要问题时，他认为主要是“学术品位不高”“我们修志同仁所唯一能做的主要就是提高志书的学术品位。这次看到此篇，感到富于学术性，而且具有重要的实用价值，对于提高志书的学术品位，这是一种有效的途径，是值得提倡的”。同样是萧山区，他们在修志中搞的《杭州市萧山区非公有制企业党建工作经验》，在2009年被中央党史研究室刊物《党史研究内参》所刊用；他们搞的《建国以来农民思想观念变迁调查分析》被列入2010年度国家重点社会课题。由此可见，资料价值的大小，他所引起的反响是大不一样的。所以，我强烈呼吁志书(志稿)多一些这类专题类资料，以此消解志书(志稿)平淡肤浅的问题。

（原载《山东史志》2013年第1期）

续志编纂细节问题处理十议

笔者因工作关系接触到一些续志的评审稿和终审稿，总体上感到随着修志人员认识的提高，修志实践的逐步深入，修志成果的优特之处日渐增多，令人鼓舞。但存在的问题依然不少，有宏观性的，更有中微观性的。现摘列十个具体问题略作探讨，以供修志同仁需要时参考。

一、大事记的覆盖范围

大事记的覆盖范围，应当与志书各部类(至少在卷、章这一层)相对应，照顾到各个方面的大事要事，每年不能得到保证，至少3—5年间要照顾到。但是现在的部分志书(志稿)，覆盖范围存在着明显的随意性，就像投圈取物一样，投着谁就是谁。笔者粗略统计了两部县志大事记的事条，其中一部在10年的大事记中，列有自然环境1条，人口、人物5条，基础设施8条，领导视察4条，政治59条，经济22条，大文化(含教科文卫体)9条，精神文明建设和公益事业8条；另一部为环境8条，居民6条，基础设施1 8条，政治72条，经济26条，大文化2 5条，外事3条，领导视察 21 条，灾害 36 条，事故 13 条。从这些情况看，自然环境、人口人物、良风美德、大文化事条偏少，还缺少改革开放、内外交往、突发事件、发明创造、第一、之最、消失事物方面的事条等。按照载体与客体一致的原则，缺失方面的内容就应当有意识地予以弥补。人口、人物方面，尤其要重视海外侨胞突出者、县内“草根阶层”突出者、良风美德方面的佼佼者、高考状元、院士博硕士等。这是原则提示，有的可能存在却未被抓到，有的可能也不存在，但要很好抓一抓，在此基础上进行筛选。也就是说要实事求是，确实有的就广泛深入挖掘，没有的不可勉强。

二、境域变化与行政区别

部分志书(志稿)，记境域变化，把面积大小与所辖单位多少混在一起记述，造成与行政区划内容的重复，应当防止和纠正这种倾向。境域变化与行政区划，是一个事物的两个方面，二者既有联系又有区别，记述时应当各有侧重，错开角度记述。境域变化，着重记述面积大小的变化，行政区划，着重记述所辖单位多少的变化。为避免重复，前者应回避单位多少的内容，后者应回避面积大小的内容。

三、灾害性天气与自然灾害

部分志书(志稿)，在自然环境中，专设自然灾害章或节，同时又在气候章或节中，设灾害性天气节或目。在这一节或目中，着重记述了冰雹、干热风、旱灾、涝灾形成的规律及危害。再看自然灾害部分，也记了这些内容。二者比较，尽管前者简略，后者详细，但还是存在着明显的重复。解决这一问题，有两种办法，一是灾害性天气与自然灾害各有侧重记述。前者着重记述综合性规律，不涉及具体的灾害；后者着重于逐年灾害的实录，不涉及综合规律。这样记述，其不足是显得分散，不便于查找。二是取消灾害性天气节或目，其内容并入自然灾害章或节中。因为二者都属于对工农业生产、人民生命财产有严重危害的气候现象。记述时，每种灾害可先记基本规律，包括发生特点、分布特征等，尔后逐年记述发生的时间、范围及危害。这样记述，便于查找、阅读，具有更强的实用性。

四、与“水”相关的内容的记述

志书内容，与“水”相关的有地貌、水文、资源等。为避免不必要的重复，要注意错开角度记述：地貌中记“水”(也就是河流、湖泊)，着重从总体、形态、成因、水对“成土”和“失土”的影响等来记述，重心不在“水”，而在水之载体——河床、湖床，与山、陆之关系(时空关系)。资源中记“水”，着重从总量上记述，水文中可回避总量，或者水文中记分水量，资源中记累计之总量。水文中记“水”，一是地表水，记河流湖泊，包括流域水系、分段及特点、断面、水位、基面、流速、径流及径流量、径流形成过程、含沙量、汛期长短等；二是地下水，记水文地质情况、特征及分布、质量、储量等。

五、关于长寿老人的记述

记长寿老人，不仅记姓名、年龄、性别、籍贯，还要记其长寿秘诀。如一则关于寿星的记述：某某，109 岁，1899 年 1 月 14 日生。秘诀：儿女孝顺 + 注重养生。饮食习惯：每天早晨一个鸡蛋，一瓶牛奶，中晚稀饭、面条，睡前一瓶酸奶。几十年不间断喝酸奶。对周遭事物始终保持好奇心。性格开朗，爱和他人交流。这样记述，就保留了一些可资借鉴的重要资料。

六、关于党委决策的记述

部分志书(志稿)记党委决策，一是名不符实，二是要素不全，没有记决策背景、决策主导人、决策过程。如何改进？有两种方案可供选择。一是继续称为决策。坚持“面点结合”记述。仅改革开放以来的重要决策就很多，有保护环境的，政治经济的，文化社会的，不可能都一一展开写，但又要保留这些资料，怎么办？可考虑正文综合记，随后列一详细表格，把重要的决策(含时间、类别、内容、背景、效果等)一一列出，字号可以小于正文。这是面。在此基础上，每一类中选一两项展开记述，既记时间、主导人员，又记背景、过程、结果。这是点。面点结合，比较可行，能够做得到，让读者看后既知全局，又知局部，既有广度，又有深度，效果会更好。还有一种办法，不叫决策，叫党务辑要，从党委角度记党委应管的事(少与政务辑要重复)，如党如何管党，如何加强民主政治建设，如何提高执政能力，如何密切干群关系，如何加强精神文明建设等。这样可能好写一些。

七、关于人大志稿数字信息展示

这一部分，有关数字中所包含的深层次的丰富信息往往未能展示出来，如写人大评议工作多少次，执法检查多少次，视察调研多少次，个案监督多少件等，人们只知道数字，不知其中的详细信息，资料价值降低。因此，应注意将数字所包含的丰富信息展开，以增加信息含量。还要像上海《嘉定县志》续志那样，选几份有代表性的视察、调研文章，原文或摘要刊出，这样可看出工作的广度与深度。

八、关于志书文化艺术内容扩展深化

不少志书（志稿）文化艺术内容记述单薄。江苏二轮《锡山市志》作了新的探索，值得借鉴。编纂者将该志文化部类有关文学艺术的内容加以发掘和深化。如戏曲艺术，写“县锡剧团演出的《青蛇传》，立意新，艺术上发挥‘有唱有打’‘能文能武’的特长，开拓‘文武并重’的新路子”。绘画摄影，写中国摄影家协会会员马玉焕，“其作品寓意深刻，哲理性强，构图简单而巧妙，画面朴实而优美，风格独特，被誉为农民摄影家”。书法篆刻，写孙磷的作品“各体具备，质朴自然，格调高雅，清新脱俗，尤以隶书见长”；写“钱振亚的篆刻作品构思巧妙，布局严谨，精雕细刻，长于创新，多方作品入选省级展览并被送往日本等国展出”。许多志书述及某一艺术形式，多是先写群体，后写代表人物、代表作品、做过的展览、获过的奖励，到此止笔，至于艺术特点不再深究，令人意犹未尽，感到很遗憾。多这一笔和少这一笔，效果大不一样。多一笔，就多了品位，多了艺术性，被写者就多了成就感，也给读者多一份借鉴和启迪。

（原载《浙江方志》2012 年第 3 期）

志书评论

全国部分志书选萃

近期摆脱琐碎事务，集中时间查阅了一批省内外新编志书，受益匪浅。其中部分志书不乏创新之处，令人振奋。现择取部分志书精粹，供修志同仁参考。

一、篇目

省内外部分志书的篇目，既有所遵循，又不拘一格，有特点，有创新。如江苏的《无锡市志》，卷首设总述，卷中有经济综述、工业综述、商业综述，全书设59卷，其中有5卷(化学·医药工业卷、财政·税务·审计卷、公安司法卷、外事·侨务卷、档案·方志卷)是组合体，53卷是单一体或叫小编体。江苏的《徐州市志》，共分62卷，卷首有总述，每卷设置有题分述，62卷中有56卷是小编单一体，仅有6卷是组合体(机械·电子业卷、纺织·服装业卷、水路·航空·管道卷、金融·保险卷、劳动·人事管理卷、外事侨务卷)。这两部市志如此结构，是作者分析小编利弊，进而扬长避短、取长补短的结果。这样做，宏观与中、微观结合，增加了综合性内容，又减少了虚设的层次，提升了记述实体，也便于操作。一些独特的事物，在此篇目中"水涨船高"，自然得到凸显。某些事物内容单薄，按照"相近"的原则组合，并不影响革新了的小编体的风格。

部分志书的篇目，为反映事物的完整性，增强志书的整体性，改变一般志书分卷或分篇的习惯做法，取消卷或篇，像法律条规那样，鱼贯排列几十章上百节，一气呵成。中间不再分卷或篇，也就没有了一些志书在某种程度上存在的那种隔离感。这样的一部志书，统辖若干章、节，结构十分紧凑，整体性很强，读者一看，就知全书由多少章节组成，很快就形成了一个整体概念。像安徽的《六安市志》《怀宁县志》《利辛县志》《盱眙县志》，河北的《临城县志》《山海关志》，即采取了这种篇目结构。

部分志书坚持以人为中心，按"地、人、事"的脉络设置篇目。浙江的《东阳市志》、山西的《临猗县志》、四川的《万源县志》、河南巩义市的《白沙志》即如此。这些志书先记建置、自然环境，接着记生存在这块土地上的人，再记人们的经济、政治、文化等活动。这里的"人"，除人口变动、人口总量、人口构成、人口控制内容外，还包括生活、方言、习俗、人物。这样的设置，不是一般的位置移动，而是方志工作者对人与自然、社会关系认识的深化，是方志理论上的重大突破。地、人、事的关系，犹如舞台、演员、剧目的关系。按照这样的关系设置篇目，既符合客观实际，又突出了人的主体地位。

志书篇目的创新，表现是多方面的。某些有特色的事物，一些志书将其"升格"处理，有的还将其位置前移。如河北秦皇岛的旅游、休疗养，唐山的大地震，江苏苏州的园林名胜，湖南江永县的女书，江西余江县的血吸虫病防治，贵州遵义县的"红军长征过遵义"，陕西蓝田县的蓝田玉，甘肃山丹县的"山丹军马场"，新疆和静县的巴音布鲁克草原等。其市或县志，或设卷或设编或设章予以加强。部分志书如浙江的《龙游县志》、山东的《武城县志》、河北的《枣强县志》《大城县志》等，将城乡建设、水利、电力、交通、邮电等基础设施、基础产业，集中设置，并排在经济部类之首，这比靠后分散排列前进了一大步。他反映了方志工作者对基础设施及产业认识的深化。基础设施及产业状况如何，对社会特别是对经济的发展影响极大。就拿水利来说，过去他是“农业的命脉”，现在已公认为是“各业的命脉”。因此，有的水利专家建议：将其列为经济建设的战略重点，与交通能源等并列相待。此建议在“八五”计划中已得到体现。在篇目上将其集中前移，就体现了国家产业政策精神，自然也是一种积极的导向。部分志书，如山西的《河津县志》《五台县志》、四川的《万源县志》《安岳县志》、天津的《宁河县志》、河北的《邢台县志》《栾城县志》等，将劳动力、生产工具等生产条件，集中靠前排列，这也是一种改进。先有生产条件，后有生产经营。把生产条件集中前移，反映了这种因果关系，因而排列也更科学。部分志书如山东的《青州市志》，河北的《丰宁满族自治县志》，四川的《万源县志》，浙江的《遂昌县志》，湖北的《嘉鱼县志》等，用“居民”取代“人口”，将过去通常放在社会部类的生活、方言、风俗、宗教也包括其中，既解决了以“社会”立卷或编不够严谨的问题，也解决了“人口”与其他部类畸轻畸重的问题，不失为一种根据方志需要而进行的新探索。某些志书创设特记，专题记述特事、要事。如河南巩义市的《白沙志》，在“概述”“大事记”之后设一“特记”，集中记述历史上全国闻名的四大兵工厂之一的“巩县兵工厂”。上海的《松江县志》最后设一“特记”，辖“松江府纪略”和“文革纪略”。《上海县志》也在志末设“特记”篇，辖“1843年前的上海县”“1843—1928年的上海县”“马桥文化”“有关黄道婆的资料”“龙华寺塔”“龙华烈士陵园”等9目。如此“特事特设”，实可起到醒人耳目、凸显特点之功效。

二、建置区划

1. 强化有关历史建置。湖北省的《江陵县志》，将“建都”列为“建置志”第一卷，下辖楚郢都、临江国都、齐和帝都等9目。山东的《威海市志》，在“建置沿革”编中，专设了“英国租借地”一章，辖强签租约、反抗划界、勘定租界、收回租借地4节。湖北的《红安县志》，在“建置”中设置了“革命根据地行政区划”专记。

2. 图文并茂。河南省《商丘地区志》“建置政区”一章中，附了西周时的宋国略图，秦时的砀郡略图，东汉西晋时的梁国略图，唐时的宋州略图，北宋时的应天府略图，金、元、明、清时的归德府略图。广东的《番禺县志》，设置了番禹县境变迁图，选载了清宣统三年(1911)番禺县总图。河北的《任丘市志》，记清以前区划，附了乾隆二十七年任丘县地图；记古县城，附了乾隆二十七年任丘县城图；这样文、图相配，形象直观，增强了可读性。

3. 记述城镇乡村，注意抓特点，记个性。湖南《江永县志》的乡镇内容就很富有个性特色。如上江圩乡，写这里有世界罕见的妇女文字“女书”，明末成圩，是县东北和道县西南部农副产品集散地。松柏瑶族乡，写道每年农历二月初一，邻近瑶民云集于松柏村欢度“赶鸟节”。这里属高寒山区，水源少。主产茶油、红枣，年产烤烟1100吨。制陶历史悠久，其产品行销广东广西。明代枇杷御千户所遗址，位于境内枇杷所村。其他15个乡镇，都有如此个性鲜明的内容。河北的《栾城县志》，记城镇乡、村，也很注意记个性内容。如冶河镇蘑菇种植远近闻名，小麦、玉米育种居县内首位，南高乡人均贡献商品粮居全省前茅，乡村企业发展缓慢；西安庄乡乡办纺织业规模在全县首屈一指，乡办企业规模、效益居全县第二等。这样记，就记出了特点，记出了区别、差异，克服了雷同化的毛病。

三、自然环境

1. 宏微观结合记地貌。如黑龙江省的《克山县志》，记了山前倾斜平原，堆积地形，火山地形，还记了冲沟、宽谷、坡积等微地貌。

2. 滨海市、县注意记海域自然特点。如山东的《威海市志》、河北的《秦皇岛市志》、浙江的《普陀县志》，专设海域章，详细记述了海岸、港湾、潮汐、海浪、海水盐度、温度等。

3. 某些县志集中记述了自然保护区。如浙江的《遂昌县志》，对九龙山自然保护区的概况、动植物资源作了详细的记述。

4. 采取以类型带其他的方法记土壤。如河北的《藁城县志》，记述土壤，没有像有的志书再将土壤分成平行的几节分开记，而是以土类立目，以土类带出分布、性质、结构、耕性、肥力等。这样记述比较紧凑完整，便于阅读。

5. 对野生动植物注意记区系、分布及消长。陕西的《陇县志》植被中记了植被的区系，动物中记了动物的区系。河北的《大城县志》，记刺猬写道，五、六十年代多见于农家茅舍，近年数量增长较大；记青蛙写道，近年来由于雨水下降，数量大减。这样记，增加了信息量，比单纯记名称要好。

四、人口

1. 部分志书增加了人口与经济、居住、就学、就业的资料，使“人口”部类的内容得到深化。安徽的《马鞍山市志》、河南的《商丘地区志》、陕西的《陇县志》、广东的《饶平县志》、四川的《荣县志》、贵州的《遵义县志》、云南的《绿春县志》即如此。如《商丘地区志》“人口与经济”章中，反映了该区人口增长，人口密度加大，人均资源占有量普遍较低的现实。全区人均耕地 1.55 亩，低于全国水平；人均木材蓄积量，仅为全国人均蓄积量的十分之一；人均淡水量 372.7 立方米，相当于全省人均数的 57.4%，人口同资源的矛盾十分突出。人口的增长，严重地抑制了人均产值的提高。该志写道，1985 年与 1950 年相比，工农业总产值增长 5.17 倍，人均产值增长仅 1.53 倍；粮食总产增长 2.2 倍，人均粮食增长只 83.66%；耕地总面积减少 20.43%，人均耕地面积减少 54.55%。这些数字，充分显示了控制人口增长的紧迫性和实行计划生育的必要性。

2. 部分志书在人口自然、机械变动之外，增加了人口流动内容。这从一个侧面反映了一地政治、经济的状况。如河北的《灵寿县志》，在山区、平原人口流动目中，记了新开乡玉泉庄村 1963 年为 203 人，后因本村姑娘远嫁外地，山外姑娘又不愿上山，到 1987 年下降到 150 人，24 年时间减了 53 人。深山区南营乡寨倾村，老的去世，小的外走，进入 80 年代竟成为废墟。陈庄镇五郎寨，祖居 11 户人家，最多时有 20 多人，因上寨须攀陡壁 2 公里，80 年代人口也全部迁走。这是很珍贵的资料。从中使人看出，新中国的建立给社会带来了稳定与繁荣，也看到了治山、修路、发展经济的重要性。

3. 有的志书所附的专题调查很有资政、教育、存史价值。如湖南《江永县志》生育章中所附的“湖广界等四村劣生劣育调查”即如此。1990年，湖广界、茶垒坪等4村1734名村民中，有劣生劣育残疾人50人，其中，先天性残疾38人，占总人口的2.19%，比全国平均数0.88%高出1.31个百分点；后天劣育致残12人。有8人是近亲结婚致残；有20人父母为痴呆人或为患有医学上认为不应结婚疾病的；有9人父母有酗酒、吸烟等不良习惯；有15人是母亲生育年龄太大或过小。这50位劣生劣育者出生在43户家庭。1990年，这43户人均年收入346元，比所在村民小组人均年收入低14.4%，比所在行政村人均收入低33.2%，比所在乡低44.37%。这43户年均享受国家救济金额5000余元。年年扶贫不脱贫。这是愚昧所酿出的苦果。治穷先治愚，道理就在这里。

五、经济

1. 增加了经济综览，以反映宏观经济。如江苏的《无锡市志》、湖南的《长沙县志》、浙江的《遂昌县志》、江西的《萍乡市志》、四川的《安岳县志》、贵州的《遵义县志》、云南的《镇沅彝族、哈尼族、拉祜族自治县志》、山西的《乡宁县志》、河北的《晋县志》即如此。共有的是经济体制改革、经济结构、经济指标；不同的是，有的增加了经济发展概略，有的增加了经济纵览，有的增加了居民经济生活，有的增加了经济投入。

2. 部分独特事物位置前移或(并)作升格处理，以突出其特点。黑龙江省的《克山县志》，将土地开发独立成章，详细记述了招垦放荒、移民垦荒、兴办农场等内容。浙江的《普陀县志》第三编即为“岛屿港口”。该编详细记述了40个住人岛、136个无人岛和418个群礁、港口、水道，充分反映了海岛特色及其历史变迁。浙江《萧山县志》《龙川县志》《澄海县志》的“围垦”，浙江《慈溪县志》、河北《乐亭县志》的“滩涂开发”，河南《汝州市志》的“汝瓷”，陕西《陇县志》的“药材”，新疆《和静县志》的“屯垦”，都析出设编或章，浓墨重彩记述，以突出地方特点。

3. 注意记述经济效益。如山西的《乡宁县志》、《永济县志》，山东的《威海市志》、云南的《凤庆县志》、四川的《营山县志》，河北的《藁城县志》即如此。拿《营山县志》来说，其“经济总貌”中记了“经济效益”；工业中记了独立核算工业企业销售收入、盈亏、税金，全员劳动生产率，记了工业主管局独立核算实现销售收入、利润、税金，记了工业企业效益指标，包括6个重要年份 (1962年、1965年、1970年、1975年、1980年、1985年)14项指标；乡镇企业中记了经济效益和社会效益。这些记述都很有价值。

4. 有的志书设专记记述革命根据地经济状况。如湖北的《红安县志》，在经济部类设了4个专记，即革命根据地工业、商业、财政、金融专记，突出记述了这些具有鲜明时代特色的内容。

5. 注意运用典型材料。如河北的《广平县志》，在农业中安排了10个承包专业户的简介；在畜牧中选取了几个养殖业大户的材料；在乡镇企业中，设了全县手工业专业村简介。

6. 有的志书随文设附，深化了内容。如安徽的《金寨县志》，林业中附了马鬃岭木本植物名录、古老名树、林业模范李正恩功绩碑文、护林先锋何家湾简介、窝川林场事件述略；水利、水电中附了停建报废工程简介、金寨、固始两县长江水利纠纷述略；商业中附了名茶简介；金融中附了抗日战争时期县境两起货币风潮。

六、政治

1. 某些志书设“政治综述”，反映了政治方面的宏观内容，加强了政治部类的整体性。广东省的《新兴县志》《番禺县志》、福建的《浦城县志》即如此。《新兴县志》是采取分时期大跨度的方法记述。该志民国时期综述，着重记述了政局、政务的内容。其政局中写道，38 年时间换了 35 任县长、县知事，其中任期 15 天的 1 人，1 个月至 3 个月的 7 人，4 个月至 1 年的 17 人，1 年以上的 17 人。这里文字不多，但反映出了政局动荡、吏变频繁、民不得宁的重大问题。中华人民共和国建立后综述，记述了主要决策与成就、工作失误和教训。《番禺县志》是采取条目式记述。该综述分为 6 章：第一章晚清时期的反帝反封建斗争，着重记述了虎门之战、三元里抗英、反进城、反租地、天地会“洪兵”起义、反侵占、反傀儡、反清革命活动；第二章民国时期的县政，着重记述了县长的更迭和贪污舞弊、捐税、地租和恶霸盘剥、兵匪祸患、日伪盘踞期间的罪行；第三章民国时期番禺人民的抗争，着重记述了“五四”前后番禺人民的新觉醒、大革命前后的革命活动。

2. 重视各类组织活动内容的记述。如福建的《浦城县志》、江西的《分宜县志》、湖南的《江永县志》、广西的《南丹县志》、广东的《五华县志》、湖北的《广济县志》、四川的《合川县志》、贵州的《遵义县志》、新疆的《和静县志》、山西的《黎城县志》、天津的《武清县志》、河南的《商丘地区志》、河北的《石家庄地区志》、内蒙古自治区的《托克托县志》、《鄂托克旗志》等即如此。这些志书注意吸取前期出版志书“重机构、轻活动”的教训，把活动作为记述的重点。拿《商丘地区志》来说，其中国共产党一章，把主要活动作为一节专门记述。行政机构部类，把政务活动作为一章，下分6节分类记述。各群众团体活动内容也比较翔实。如工人团体章，下辖4节，其中3节是记述工人团体的活动。工会工作节中，记述了组织劳动竞赛、技术革新、合理化建议、企业民主管理、思想政治工作等九个方面的工作。农民团体活动6000多字，占农民团体章总字数的80%。青年团体、妇女团体活动内容也加重了笔墨。对科技协会、社联、文联，既记述了机构，更记了活动。如社联开展理论研究、进行学术交流、普及社科知识、加强横向联系、组织学术报告会等都载入了志书。广西的《南丹县志》专设“政务政绩纪要”，其中记了1981年至1990年所办的42件实事。该志政协部类9000多字，其中活动内容5000多字，约占60%。

3. 重大政事、党政要事集中记述，使政治部类内容更为厚重，特点更为鲜明。山东的《庆云县志》，在“党、政、群”编之前，设了“民主革命斗争纪略”编、“社会主义革命运动纪略”编。湖北《广济县志》设“政事纪要”卷，分清末、辛亥革命前后、“五四”运动迄大革命时期、土地革命时期、抗日战争等10个时期，系统全面地记述了这些时期的重大政治活动和事件。四川的《安岳县志》、新疆的《和静县志》，在“党政群团”卷中专设了“重大政事”章。《苏州市志》在军事后设了“政事纪略”卷。湖南《长沙县志》在“中国共产党地方组织”篇中，设专章记述“重大政治活动”。内蒙古自治区的《鄂托克旗志》，设“施政要略”篇，着重记述了废保建政、镇压反革命、社会主义改造等内容。

4. 注重对革命根据地内容的记述。江西的《余干县志》设“苏区斗争”卷，分党的建设、政权建设、群众团体、武装斗争四章记述。山西的《武乡县志》设抗日战争和解放战争时期的革命斗争，分建立和巩固抗日民主政权、人民群众的对敌斗争、减租减息与土地改革三节予以记述。内蒙古自治区的《武川县志》特设“抗日游击根据地”编，详细记述了日军暴行、根据地开辟、军事建设、党政建设、统一战线、民众支前、地下斗争、主要战事。浙江的《余姚市志》设“革命根据地”编，《文成县志》设“革命根据地斗争纪略”编，《慈溪县志》设“三北敌后抗日根据地”编，江西的《瑞金县志》设置了“老苏区概况”，河北的《邢台县志》《临城县志》《饶阳县志》，都专门写了抗日根据地的情况，包括日本侵略军的罪行、抗日军民的英勇斗争及贡献。河北的《平山县志》特设“西柏坡”编，分5章记述了西柏坡村、中共中央、解放军总部、西柏坡搬迁与中央旧址重建、西柏坡轶事等。河北的《辛集市志》《藁城县志》还记述了抗日堡垒户的情况。

5. 部分志书注意记述旧政权旧党派的活动。浙江的《龙游县志》设“民国施政轶事”，记了“二五减租”“刘能超贪污案”“竞选国大代表”等内容。河北的《安国县志》设了“明清时期政事辑要”，记述了明清时期扩建学宫、制定法规、筑补河堤、倡种桑蚕、兴办新学等10个问题。黑龙江省的《克山县志》关于国民党克山县支部的活动，记了组建“新生同志会”、确定支部组织系统、逃至泰安转入武装对抗等内容；国民党克山铁路区党部，记了刺杀民主大同盟成员唐士英、颠覆民主联军装甲军火列车等事件。对历史具有促进作用的事件或反动的事件，志书如实记述，这就是历史唯物主义态度。

七、文化

1. 对文化特色内容浓墨重彩记述。如辽宁省的凌源县，有全国考古五大发现之一的红山文化遗址。这一发现将中华文明史向前推进了1000多年。《凌源县志》将其载入志书，提高了志书的史料价值。河北的武强县，其年画远近闻名，颇有影响。《武强县志》特设“武强年画”章，分9节详细记述了武强年画的源流、发展、品种、题材、制作工艺、艺术风格、创作队伍、刻印厂家、博物馆及艺术节、发行地域、年画研究及管理。山东的《曲阜市志》，对孔子、颜子、子思和孔庙、孔府、孔林以及古代教育、乐舞、礼义等作了详细记述，使志书具有浓郁的“东方圣地”特色。安徽省的《歙县志》，对体现悠久历史文化的歙砚、徽墨、艺文、文物古迹、文化流派等设篇或章记述，反映了歙县的文化特色。陕西省的《安塞县志》，通过对安塞腰鼓、农民画、剪纸等民间艺术的发展、崛起、传播等细致的记述，突出了地方特色。四川省《涪陵市志》，对长江中独一无二的“水下碑林”白鹤梁题刻、北宋理学家程颐谪涪讲学注《易》的北岩点易洞等，作了入微的记述，凸现了涪陵丰厚的历史文化积淀。新疆的《库车县志》设专卷记述了龟兹乐和龟兹石窟艺术，浙江的《绍兴市志》设“名家学术思想”卷，专题记述了一批著名学者及其艺术思想。《余姚市志》设“学术文献”编，详细记载了“姚江学派”和“浙东史学派”。

2. 注意记载革命根据地文化。如安徽的《金寨县志》，教育章中附了抗战时期境内省属中学简介、境内苏区红军学校、境内省属专科技机构及活动；文化章附了抗战时期省属文化机构、戏剧团体。湖北的《红安县志》为突出革命老区的文化特点，在教育中设了革命根据地教育专记，在文化卷中设了革命根据地文化专记，在卫生中记述了革命根据地的军医院。

3. 加强了对文化人士的记述。如河北《辛集市志》在教育章列了“教育世家选介”“30年以上教龄的中小学教师名录”“辛集市获省以上奖励的中小学教师名录”。四川省的《富顺县志》专设“富顺文化人士”章，记述了富顺文化人士51人。浙江省的《新昌县志》设文存编，载入了历代客籍文化名人的资料。

（原载《黑龙江史志》1997年第5期）

十三部二轮志书优劣得失综谈

有幸接触到13部二轮志书，并逐一拜读，受益匪浅。这些志书是河南《商丘地区志》续卷(条目体，28个类目，150个分目，1066个条目，131万字。以下简称《商志》)，《郏县志（1987—2000）》（设26编，78万字。以下简称《郏志》），河北《三河市志（1985—1996）》（设26编，171万字。以下简称《三河志》）、《丰南县续志（1986—1993）》（设20编，168万字。以下简称《丰志》）、《邯郸县志（1986—2002）》（设9编，130万字。以下简称《邯志》)，山东《滨州地区志（1979—2000）》（设30编，208万字。以下简称《滨志》），吉林《白城市志(1986—1995)》(设34篇，180万字。以下简称《白志》)、《辉南县志(1986—1997)》（设29篇，158万字。以下简称《辉南志》)，宁夏《盐池县志(1981—2000)》(设30编，127万字。以下简称《盐志》)，四川《眉山县志(1988—2000)》(条目体，38个类目，265个分目，2500个条目，117万字。以下简称《眉志》)，浙江《普陀区志(1987—1995)》(设46章，140万字。以下简称《普志》)，安徽《濉溪县志续编(1986—1996)》(设18卷，124万字。以下简称《濉志》)，上海《嘉定县续志(1988—1992)》(设33章，140万字。以下简称《嘉志》)。现从外在、内在两个方面，将上述志书优劣得失综合简述于下，以供志界借鉴。

一、外在方面的优长、不足及有待商榷的问题

（一）优长

1. 护封。13 部志书，有 12 部有护封，1 部无护封。护封具有保护封面、美化版面、传递信息、体现特征的作用。护封的设计要求要个性突出，构图严谨，色彩典雅，富有美感。12 帧护封基本体现了前述护封的功用及要求。一是彰明是通志、断代志还是续志。12 帧护封中，有 9 帧标明某某市志或某某县志、某某区志，另行括注上、下限，让人一眼就看出是何时、何类、何跨度的志书。二是突出地方特点。《白志》护封选用的是城区局部夜景照，突出了城市高楼、大道、夜景的特色；《商志》护封采用的是具有“稀世国宝”之称的汉墓《四神风云图》壁画图照，内置小幅意含腾飞的雕塑照，将古与今鲜明地展现在读者面前。《嘉志》护封书名为红色，底色为青色，青色中可见高楼大厦的轮廓；楼宇设施作淡化处理，一来暗示了嘉定县的城市特色，二来避免了喧宾（楼宇）夺主（书名）。《盐志》护封采用的是蓝天、丛林、羊群照，展示的是“农耕、游牧交融”“边而不荒、蔚茂彬雅”的特点。《眉志》护封书脊下端置有“三苏”的轮廓像，借此将“三苏”与眉山的关系展现出来。《普志》护封中置有一枚“普”字的篆刻，形如香火正浓的香炉，以此体现海天佛国的特点。三是构图简洁明快，色调朴素柔和，与志书朴实、严谨、

科学的总体特征相吻合。四是护封书名用汉、英双语标示，以方便英语读者阅览。《三河志》《邯志》即如此。

2. 环衬。部分志书注意利用环衬的有限空间，尽力突出地方特点。如《商志》卷首环衬，用的是《京九铁路与陇海铁路在商丘交汇处》大幅彩照，让人开卷即如临其境，一眼就看到纵横交错的钢铁大道和立体穿梭的列车长龙，与正文“双十字交汇的交通枢纽”之文字形成并茂之势，使该地的交通区位优势得到强化。《郏志》前后环衬用的是蓝天、湖畔、红牛的大幅彩照，意在印证全国八大优良品种之一的郏县红牛，体质强健、结构匀称、骨骼坚实、肌肉发达之特点。《滨志》卷首环衬安排的是一幅大写意式的区位示意图。让读者翻开志书即知滨州处于山东北部、渤海湾南岸、黄河三角洲腹地的总体方位。

3. 卷首彩页。13 部志书卷首均安排部分彩页。其选材和排序与目录基本一致，前后对应，相辅相成。某些志书首面彩页的安排很令人回味。《嘉志》首面彩页是改革开放的总设计师邓小平 1991 年 2 月 6 日视察上海大众汽车有限公司。这样编排意味深长。其用心，用序一中的一句话来揭示再好不过，即 1991 年邓小平视察上海和 1992 年视察南方重要谈话传达后，嘉定人民思想获得第二次解放。续志记述的这一段历程，使我们深刻认识到，没有邓小平理论就没有我们的今天。《商志》首面彩页，是江泽民视察商丘的画面，说明文字是“1996 年 9 月 17 日，江泽民接见商丘领导人时高兴地说：‘商丘这个地方大有希望’”。为何大有希望，答案就在书中。这不就激起你强烈的读志欲望。编排的巧妙之处就在这里。《丰志》首面彩页，是 2000 年 2 月 22 日朱镕基总理在丰南市领导干部“三讲”教育会议上作动员报告的画面，这在一定程度上增强了志书的思想性和影响力。

4. 篇目。13部志书，分章、节体和条目体两种类型。《商志》

与《眉志》是条目体。采用条目体式，减少了虚层，强化了实体，有利于突出个性，便于操作和检索。其他是章、节体。此体式又可细分为编(篇、卷)、章、节和章节(无编或篇卷层)、大编、中编、小编几类。分编(篇、卷)、章、节层次的有9部，无编(篇、卷)有章的2部，分别是《嘉志》《普志》;大编的1部，中编的2部，小编的10部(含条目体类志书)。《嘉》《普》二志明不含篇而实有篇，篇就是《嘉》《普》二志这篇大文章。他们鱼贯排列33章和46章，其结构十分严谨、完整。不论条目体还是章节体，大多置有两级述，少数有三级述，以此弥补了首轮志书中宏观记述之不足。《三河志》既有限内概述，又有历史概况，这样比较清晰明了，既沟通了历史与现实的联系，又方便了读者查阅。该志与《邯志》篇目还采用汉、英对照，这是很有必要的。13部志书都设了大事记；尽管有9部置前，有4部置后，但有此即好。《商志》《潍志》在卷首设了特载，实属志书领域开拓之举。大多(10部)有自然环境和习俗类目。从方便读者查阅和避免内容缺漏(断限内自然与习俗细分析亦有变化)角度说，设自然环境和习俗还是有必要的。多数志书如《商志》《白志》《滨志》《郏志》《眉志》《三河志》《丰志》《辉南志》等，按照政区、自然、人口、事业、产业(或产业、事业)的顺序排列篇目，说明志界人士对天、地、人、事关系的认识日趋统一和成熟。《商志》将记人的部分由过去的前后分置变为合二为一并前置，将人物放在自然环境之后、经济之前，这样可凸显人的中心地位，而且符合“先人后事”的常理，同时可避免分散设置那种隔离感，增强志书的整体性和凝聚度。《商志》《郏志》《潍志》《丰志》《普志》，将基础设施集中前置，其用意和效果显而易见。不少志书篇目对产业先列生产条件，后列生产活动；对中文化(相对于大、小文化)类按教、科、文、卫、体的顺序排列，这些都体现了科学谋篇布局的精神。在一些志书的篇目中，还能明显看到具有强烈时代特点的章节或类目，如改革开放、综合开发、经济合作、文明创建等，以及具有鲜明地方特点的类项，如海洋环境、盐业、芦苇、红牛等。

5. 卷末。所见志书卷末内容至少有4点值得称道。一是附录或辑存资料系精心挑选，体现了宁精勿滥的要求，具有较强的存史价值。如《商志》附录中的《张光直说商》《商丘汉画像石概说》，《郑志》附录中的《古地图选》等。二是13部志书中，有5部有补有勘，有4部有补或勘，体现了作者对历史、对子孙后代高度负责的精神。三是部分志书，如《商志》《嘉志》《濉志》《丰志》《普志》编后记，既介绍组织领导、编纂过程、成书原因，更总结编纂经验和教训，以及对有关技术层面问题的处理方法，其必要性在于既可供同行借鉴，使之少走弯路，提高志书质量，又可为建立方志编纂学积累基础资料。四是有7部志书设有索引，这既与国际图书实现了接轨，又极大地方便了读者的检索、查阅。

（二）不足

所见志书外在方面的不足主要表现在篇目上。总的感到所见二轮志书，在篇目上沿袭有余，创新不足，有的志书篇目甚至还不如第一轮志书篇目设置的好。对志书篇目改进完善以至创新的着眼点，志界早有共识，这就是从“内容决定形式、形式服从内容”出发，坚持科学分类与社会实际相结合，遵循事物的逻辑法则，分类、统辖及排序得当，有利于减少虚层、强化实体，有利于统携事物的主体要素，有利于反映起承转合和经验教训，有利于突出时代特点、地方特点和行业特点，有利于展示事物的深层信息等。时至今日，所见篇目部分还在老的模式中循环，有的还在犯着首轮志书初、中期出现的那种“原始的低级的错误”，这不能不让人警醒。

篇目方面的具体问题：一是缺要项。有3部志书未设自然环境类项，其中有1部连卷首宏观层次的总述(笔者认为，高屋建瓴的文字综述与图、文、表可完美结合，但不能也无法被取代)和建置沿革都未设置，这些可以简记但不应舍弃。二是归类不当。有的志书篇目把设施与产业揉在一起，把财税保险归在一起(财政和税务，是政府对经济的管理，而金融则是第三产业，把政府的管理与产业合在一起，其基本性质混淆了。应把财、税管理放在经济管理中，金融放在第三产业中)，犯的仍是与第一轮志书同样的毛病。有的志书把应归入正文的居民生活归在附录中，有的志书把应归入简介或名录的人物归入人物篇尚无必要设置的“附录”章中。三是某些类项排序欠妥。例如有的志书把党政决策列为全书第一章(该书未设编)，用心良苦，但编排并非科学，甚至说还有一定的随意性。有的志书共设30编，而城乡建设与环境保护排为第18编，人口与人民生活排为第29编，这种位序明显过于偏后。有8部志书的基础设施，包括城乡建设、水利、电力、交通、邮电设施，仍依首轮修志初、中期时的认识和做法，按照农、林、水、工、交、邮、电(力)、商、供、财、税、金(融)、城(乡)顺序布排，其思维与处理方法显然过于陈旧。随着时间的推移，人们越来越深刻认识到环境(含自然环境和人工环境)对人类生存发展的影响。基础设施集中靠前，合乎常理，并有利于突出其重要地位。体育应放在教科文卫之后，而部分志书则把其放在教育或小文化之后。有的志书把机构从各类组织中析出，合在一起，作为倒数第二编，让人感到突兀、随意，实际并未达到预想的效果，如果想压缩文字又便备查，简化成一个机构表放在随文或志后附中即可。四是标题并列概念不相等或标题范围小于统辖内容。某志书畜牧、特产组合为一篇，特产包括种植业、养殖业、采集业、狩猎业几个方面，将二者并列组合欠妥。某志书将教科文卫组合成一编，标题不含体育，而实际又将体育列为其中的一章。

外在方面的问题还有其他一些。个别志书卷首彩页偏多，达45页90面，领导活动的彩页太多，而且夹杂一些带有广告性质的彩页，如有5部志书卷首安排有地方领导的题词，有的达10幅之多，宣传色彩太浓。13部志书虽都有编后记，但其中有7部无编纂技术层面的总结、归纳和升华，这会让愿意、需要看这部分内容的读者失望。再如有6部志书未编制索引，这就极不方便检索。

（三）值得商榷的问题

有些问题，如将某地、县续志（续编、续卷）作为书名问题，书名与目录需不需要中、英文对照的问题，设不设历史纪略的问题，大事记置前置后的问题，应不应补、勘的问题，都需要通过讨论逐步统一认识。书名是否加“续”字，笔者认为，如原为地区或县，后改为辖区市或县级市，断限定在前志下限次年至改市之前，其志书书名署某某续志（续编、续卷）也无可厚非，如建置、体制未变，书名不应加“续”字。关于中、英文对照，笔者认为在对外交往日益频繁的情况下，志书书名与目录需要中英文对照，只是目录可以简化一点，到篇、章这一层即可。关于历史纪略，本人认为设比不设好。《关于建国以来党的若干历史问题的决议》，开始时没有“前28年的回顾”，后来加了这一部分，大家认为很好。有了这个回顾，就将历史与现实的联系沟通了。有了铺垫过渡，再讲建国后，就不感到突兀。历史纪略也可起到这样的作用。处理时，历史纪略与限内概述可分设，也可合并，不管是分是合，历史纪略都从略掌握。关于大事记，他是全志之纲，其以时为经，以经织纬，提要钩玄，如此作用，就决定其位置只能在卷首概述之后，各分志之前。关于正在编修的志书是否设补遗、勘误，要看实际情况，前志有遗有误，就应补勘，否则可不设。

二、内在方面的优长、不足及有待商榷的问题

（一）优长

13 部志书在内在方面各有诸多优长，难以在一篇材料中详细叙述，只能择要评析。

1. 注重宏观综合内容记述。这集中表现在卷首和篇、章三级“述”中。《商志》编写人员汲取上轮志书的教训，增强了宏观记述的力度。他们认真梳理，合理归纳，精心提炼，使有关宏观记述的内容达到应有的高度。统领全书内容的总述采取撷萃举要式，用“四省接壤的区位特点”“双十字交汇的交通枢纽”“特色鲜明的历史文化名城”“迅速崛起的能源基地”“源远流长的商业贸易”“声名远播的名酒之乡”“廪满库实的豫东粮仓”“闻名全国的平原绿化”“潜力巨大的旅游产业”“初见成效的试验区建设”十大特点，来概括商丘地区的总体情况。上轮《商丘地区志》总述采用横剖浓缩体，写的是“面”与“线”的内容，而《续卷》总述写的是“点”的内容。由此可使全志总述遥相呼应，相辅相成，交相辉映。《续卷》在经济、政治、文化板块中各设综述，“经济综述”“政治综述”“文化综述”记述了三大板块的宏观情况，反映事物发展的客观规律。每个分目下都设概述，

或总括地情，或竖写发展历程，“线中显面”，或突出重点、特点，“点中显线”，从而彰显部门或行业特点。概述补充综述，综述补充总述，三个层次环环相扣，紧密相连，构成宏观记述的网络。另有几部志书卷首的概述与总述，有开拓、有新意。《丰志》卷首概述，除写基本地情、发展变化外，还写了4条基本经验，同时通过横向对比，反映前进中存在的6个方面的问题。首轮志书卷首概述，相当一部分报喜不报忧，也看不到取得成就和存在问题的深层原因，自然也就谈不上经验教训了。由此可见《丰志》概述改革实践的可贵之处。《嘉志》《郑志》卷首的总述、概述，改变以往“浓缩各业”的写法，以解放思想和改革开放为主线，统携各业，提炼精华，钩玄提要，使总述、概述有了高度和思想性。

2. 突出记述改革开放。所见志书大多注意全方位、多角度记述改革开放。如《白志》将政治、经济、文化等领域的改革一一列出，设计成11章、35节，专门记述改革开放。在方法上坚持多措并举，概述中宏观概括，大事记中重点记述，各部类中全方位体现，附录中原文附载改革开放文件。在内容上翔实记述改革开放的全过程，从“招标抵押”记述到“企业租赁制”，从“企业综合配套改革”记述到“国有民营”“公有民营”，再从实行股份制记述到企业“出售”“破产”等。同时还如实记述改革中的失误和问题。《商志》为了把改革写得厚重一些，一是把一些主体条目赋予专记性质，如试验区建设中的粮食商业“四分设”改革、粮食经营体制改革、深化供销社改革、物资系统企业改革；二是随文设附，收录了改革方面的一些调查报告，如乡级体制改革的调查，第一轮承包期间企业短期行为的调查，睢县商业局推行“国有民营”的调查，发展民营经济情况的调查等。这样处理，使改革内容既有广度又有深度。

3. 注重对新时期新情况新问题新事物的记述。以下一些具有新特点的内容，在所见一些志书中或多或少都有所体现。例如环境污染与保护，人口老龄化，人口流动状况，小康建设，减轻农民负担，治安综合治理，民主评议干部和党员，“三法两条例”执法大检查，加强基层政权建设，开展“军民共建活动”，改善办学条件，兴办“希望工程”，微机应用，“扫黄打非”，开发区试验，农业产业化，生态农业建设，扶贫开发，实施名品战略，发展旅游经济等。有的志书在记述现代化建设方面，以记述新兴行业、现代化管理、高新技术为重点，专设信息产业、“中介服务”等现代行业门类，并在三大产业纪实中单列“新技术应用”“现代化管理”类目。

4. 对具有地方特点的事物特殊处理并加重笔墨记述。吉林白城市是全国五大芦苇产区之一，芦苇资源总面积居全国第一位。为反映这一地方特点，《白志》特辟《芦苇业》专篇，下设“芦苇资源”“苇田”“芦苇收购”“储运销售”“苇政”等7章13节。安徽濉溪县口子酒被誉为中国酒业中杀出的一匹黑马，酒海中一颗璀璨的明珠。《濉志》除设节目展示口子酒业的质量管理、技术革新、新产品外，还专门安排了一篇《安徽省濉溪县口子酒业建厂之路》的调查，以揭示口子酒厂由名不见经传到走向辉煌的深层原因，即靠的是务实生产、务实经营、务实发展。宁夏盐池县是畜牧大县，经济以农牧业为主，半农半牧。为突出这一特点，《盐志》将农业排为第二编，将畜牧业排为第三编。畜牧业中将项目建设列为一章，记了综合试验基地县建设、主要项目建设、畜牧业产业化；将草场资源列为一章，记了天然草场、草场特征、饲用植物、草场建设。在林业编中安排了《宁夏回族自治区盐池机械化林场》专记。在水利电力编中，把“盐环定扬黄工程盐池灌区”作为一章，下分六节展开记述。浙江舟山市普陀区，属海岛地区，海域辽阔，海洋资源丰富，自然环境优越，为舟山群岛经济较发达区域。为充分反映这一特色，《普志》把“经济开发区建设”“风景区建设”“海洋资源”“海洋捕捞业”“海水养殖业”“海水产品加工业”“海盐业”都单独设章，靠前集中记述。这几部分字数达20多万字，占全书总字数的七分之一。《三河志》把“燕郊经济技术开发区”“北城开发”“浩然文艺绿化工程”分别设编详加记述。四川眉山是“三苏”(苏洵及子轼、辙)故里。陆游诗赞眉山是“孕奇蓄秀当此地，郁然千载诗书城”。为体现眉山的“文气”，《眉志》在“文化”中设“三苏祠”分类目，记述三苏博物馆建设、苏学研究等；在“城市建设”中突出记述“打造诗书城”；在各产业中，突出“三苏”品牌行业和产品等。丰南的盐业，邯郸的黄粱梦文化和龙文化，郏县的名地——广阔天地乡，名产——郏县烤烟、红牛，名胜——三苏园，《丰志》《邯志》《郏志》分别列编或章记述。

5. 注重加强记述深度。前面所述内在优长，其中就包含着记述深度的问题。在其他方面，不少志书也努力克服上轮志书内容浮浅、层次单一的缺陷，从层次上加强记述深度。如上海《嘉志》等即如此。其表现，一是以马列主义、毛泽东思想、邓小平理论为指导，不仅写在凡例中，更体现在记述内容上。《嘉志》把文明单位创建、劳模先进评选，作为一级类目单独列出，位置前移，着重记述精神文明创建活动，同时对文明单位、模范集体、劳模先进进行介绍，这本身就体现了小平同志两手抓、两手都要硬的思想。再如，在工商企业登记注册部类，《嘉志》还特意记述了1988—1992年县内个体工商户经营实绩，包括纳税额度的逐年增加甚至翻番；记述了私营企业户数、投资人数、解决就业人数等。这也可以说是续志记述内容上的与时俱进。二是人口与人民生活中载纳了不少有价值的资料。《嘉志》人口中记了百岁老人简况、有关年份外来人口籍贯、年龄、居住处所、工作等情况。《潍志》人口中附的1986—1996年人均占有耕地情况表、钟楼乡农民外出打工情况表、1981年、1989年、1996年新生婴儿性别对照、人口结构类型对照表、人口再生产类型表，对深化记述起着很好的作用。《眉志》人口中记了人口再生产类型、抚养比、劳动力资源、民族混合户、老少家庭户、婚姻状况等，其内容还是较有深度的。《嘉志》人民生活中，对农村人均收入结构作了分析性记述；载录了《1987—1992年嘉定县居民生活调查》《1988—1992年嘉定县居民住房装潢及婚丧宴请抽样调查》《1978—1991年嘉定县农村居民膳食结构调查》。《三河志》《郏志》等既记居民收入的增长，又记居民收入差距状况。三是党政群团公检法司部类，部分志书作者有意识地作了“扬长”和“开拓”的工作。扬长就是发扬首轮部分志书简记机构、详记工作(活动)的长处，党政群体部类都大大加重了工作(活动)这些主体内容的比重。开拓就是走前人他人没走过的路。视察调研是人大的一项重要工作，一般志书都有此项内容，记述方法是综合记述，而无调研报告选录，因此就看不出调研的质量，或者说调研的广度与深度。《嘉志》专设了调研文选节，安排了8篇调查报告摘要，分别是以工补农资金提取和使用情况报告(摘要)，财政包干情况调查(摘要)，增加农业投入初审报告(摘要)，工业企业关停并转情况及建议(摘要)，农村合作医疗情况调查(摘要)，对廉政和纠风工作初审意见(摘要)，关于畜禽粪污染状况的调查(摘要)，关于三资企业的调查(摘要)。我们从中可以看出，嘉定县人大常委会不仅重视调查研究，而且善于围绕国计民生的重大问题进行调研，以及对本地发展和人民利益高度负责的精神。《滨志》在政府中设了重要文件摘要，这是加强志书记述深度的一种方法，他可以让读者从一个方面了解政府工作的标准与质量。《嘉志》政协部类记提案工作，在记综合情况的同时，还详列了每届政协优秀提案情况，使人有耳目一新的感觉。我们从中可以看到嘉定县提案工作的高质量，以及作者将平面与立体结合记述的功底。公、检、法、司部类，《嘉志》作者十分注意剖析事物的多层次性，进而展示事物的多重信息。公安打击刑事犯罪目中，其内容既有发破案总数，又有案件类型、性别、年龄、籍贯、构成；治安管理目中，既记了扰乱公共秩序、妨害公共安全、侵犯人身权利、侵犯公私财物、妨害社会管理秩序等第一层次的内容，又记了扰乱工作秩序、结伙斗殴等项第二层次的内容；交通管理目中，记交通事故，除记交通事故总起数(一般志书都如此记述)，还记了伤亡状况、经济损失、肇事原因、车辆属地(一般志书忽视这些内容)；消防管理目中，记火灾事故，除记起数、伤亡、物损情况外，还记了成灾原因(也属深化记述)；司法行政中记人民调解，首轮志书一般只记纠纷总数的调解成功数，未记纠纷类型和防止非正常死亡情况，《嘉志》则增加了这部分内容。纠纷类型体现着时代特点，不同时代纠纷类型也不同，记之则反映了时代特征。《濉志》《辉志》《普志》等在信访和案件侦破、检察、判处部分，与《嘉志》不谋而合，都注重多层次剖析和记述。四是对老龄问题给予了必要的关注。《嘉志》民政章老年人保障事业节中，在记老年人六权(人身权、赡养权、居住权、财产权、婚姻自由权、物质帮助权)被侵情况的同时，记述了敬老活动、农村社会养老保险、维护老年人权益、老有所为和老龄经济实体。《濉志》《眉志》等也记了长寿老人的状况。这就克服了首轮志书在一定程度和范围内存在的只记工作、不记问题(如老年人六权被侵犯问题)的不足，在展示深层信息上迈出了新的一步。五是部分志书卫生医疗章医疗防保节，增加了医疗保健实绩、甲乙类传染病统计、初级卫生保健达标情况。这本身就比大多首轮志书翔实，又专设了人口平均期望寿命及死因分析，还附列了各种恶性肿瘤死亡比较表，这更使医疗防保内容得到深化。

《濉志》记农村居民消费，不是抽象笼统记，而是具体深入记，很有可读性和资政价值。原文是：随着收入的提高，消费水平发生巨大变化。1996 年，临涣、百善、南坪、双雄 4 集镇用上了自来水，城关、新蔡 2 镇村村通自来水。1996 年，全县农民拥有程控电话 3696 户，平均 75 户拥有 1 部电话。电视机拥有量占总户数的 88.22%。据刘桥、韩村、祁集、铁佛、杨柳、陈集 6 乡镇统计，共有摩托车 3854 辆，平均每乡 (镇)550 辆。最多的韩村镇为 1313 辆，平均每 7 户拥有 1 辆。濉溪镇城西村 1199 户，有程控电话的 400 户，平均每 3 户拥有 1 部电话。百善镇黄新庄村三里井自然村 56 户农民，户均收入超万元，拥有大型货车 60 辆，摩托车 30 辆，家家有程控电话，并有 5 户农民拥有桑塔纳轿车。

这样的记述，有全县综合情况，又有点上的情况，综合情况反映的是广度，点上情况反映的是深度。这里的面与点，都是个性内容，只能是这个地方的，而不能是别的地方的，他与别的志书同类内容不可互换。这就解决了抽象、笼统、浮浅的问题。

《郑志》人口与计划生育编附了一个调查，反映的是该县长桥镇渔陈东村通过外出打工使本村由穷变富的情况。中国的流动人口，主要是从农村流入城市的人口，其产生虽非始于改革开放，但在改革开放后，其规模、结构、作用发生了根本性变化，对社会经济的发展产生了至关重要的影响。这是社会的一个重要进步。续志记述这一流动，就抓住了改革开放的一个关键点，使志书增加了一个闪光点。

《丰志》记乡镇概况，除记历史与现状外，为深化内容，又具体记述了特色事物。如胥各庄镇，除一页基本情况外，又分 5

目反映主要特色，即全国百强，河北第一；农业突出全程服务，发展规模经济；实施工业兴镇；重视教育，重视人才；文化生活丰富多彩。

6. 突出人的主体地位。《丰志》既记事物的发展变化，又记人的活动，对断限内涌现出来的优秀改革家、企业家、劳动模范、致富能手、优秀共产党员、文艺工作者、教育工作者、医务工作者等，有的随文系出，有的以“附”的形式专题简介，有的列入表录之中，所系之人达500多人。《三河志》除人物传表和大量的“以事系人”外，还采取其他多种形式记载人物及人才群体。如附记，记养牛大王李福成及其养牛集团，河北明慧养猪集团有限公司(记宋志明、孙慧敏创办公司的业绩)，养鸡大王杜道生及其养鸡场，养鱼大王王振江，种果大王路明远，三河艺人乔宗庆，武术家高林等。简介，有县(市)政协常委张尔匡、全国优秀军人企业家王万友、民兵英雄姚成宝、开发区幼儿园园长于笑盈等。随文特记，如文化编群众文艺创作章对“中国现代阿丙”，以自创软弓京胡演奏“鸟语虫鸣”叫绝海内外的田山的特记；“浩然文艺绿化工程”编“文艺绿化的发起”章对浩然文艺创作活动与家乡情缘的特记。有的“以事系人”介绍较详，类同特记，如对三河市委副书记、市书画院院长、中国书法家协会会员李广桐书法、绘画创作成就的记述。通讯报道，如浩然所撰《农家院出了个女诗人》，介绍张桂茹从事诗歌创作的经历和成绩。设节记人才群体，如“燕郊经济技术开发区”编专设一节人才，记该开发区引进万余名科研人才情况，并附副高职以上人名录。附表也增加了新种类，如设《1985至1996年省部级以上命名的企业家一览表》《1996年藏书千册以上人员一览表》等。这些与人物编配合，构成绚丽多彩的人物画卷，体现了人的主体地位，为志书增添了亮色。

7. 努力提高学术品位。其表现，一是运用社会学的调查统计方法，包括典型调查、抽样调查、个案调查等方法，对有关事物如居民生活状况、农村文化状况进行专题调查，并以社会学工作者的眼光审视和记述，使这类内容学术性得到增强。二是对需补记的历史问题加强考订。所见志书附的若干考订，如《商志》的《盘庚迁殷考》，《丰志》的《第一台机车考证》，《嘉志》的《历代县域面积考》等，都体现了作者求实、严谨的学术品德。三是对难以定夺的问题，采取多说并存的办法处理。如盐池县总面积有7130平方公里和6777.97平方公里两说，志书就保留了这两种说法，孰是孰非，让后人考辨。四是某些志书对引用资料注明出处，以便读者核对。这是志书学术规范之要求，也是对他人劳动成果的尊重。

（二）不足

所见志书内在方面的不足，总的说是欠深、欠新、欠综合提炼。这与第一轮志书犯的是同样的毛病。不少志书的不少部类，一般内容多，主体内容不够突出，记述层次单一，缺乏多层次、立体性，有深度有价值的资料挖掘不够。对改革开放以来城乡出现的新变化、新特色、新情况、新问题、新产业、新观念、新时尚、新追求等，缺乏全方位多视角的反映，给人的感觉是“似曾相识”，如同第一轮一般化之类的志书。究其原因，不外乎观念陈旧和图省事求方便不搞深入调查。一些志书一些部类仍局限于各部门各单位初级信息资料的简单拼加。而“初级信息是对各地各部门报送材料的初级加工，领导机关可以用他了解动态，但不能据此决定政策。高层次信息是对原始信息的归纳、综合、分析，并在此基础上提出的对策，也包括经过调查研究写出的有深度的材料。高层次信息是对初级信息的开发和深化，有更大的参谋作用”[1]。所见志书内在方面的具体问题，笔者看到的有如下一些：1. 内容缺漏。有的缺与前志衔接的内容。有的无建置、区划、自然地理和民俗内容。有的记乡、镇、村，但无农村新情况、新问题的内容。有的记自然灾害却不涉及有规律性灾害的综合情况。有的篇、章下均无中、宏观综合概括性内容。有的人口中缺流动人口、缺人口与经济、居住、就业、就学内容，缺人口老龄化状况，缺“三农”中的农民典型调查，缺婚姻家庭问题的社会学分析，缺改革开放以来社会阶层结构状况的调查分析等。有的居民生活缺乏深入调查和典型村、典型户、典型人；重物质生活记述，忽视精神生活记述。有的记经济不涉及经济结构调整；记商业不涉及市场；记工业不涉及整体的和个案的兴衰起伏。有的记政治不涉及政治体制改革和基层政权建设。2. 记述面窄。第二轮志书应记自然天地，记观念形态，记建置区划，记居民人物，记党政管理，记改革开放，记产业事业，记社会状况(包括社会问题)。这与第一轮志书相比，内容更宽泛、更新颖。这就要求修志人员视野要开阔，要站在全局的高度审视和记述。但所见志书，有的还仅限于部门工作，部门志的痕迹十分明显；有的记“有形”而不记或少记“无形”(思想、观念、心态等)。3. 内容过简。有部分志书人口与居民生活过简，党政决策过简，各类组织活动过简，民营经济过简，人物传过简。4. 内容混记。部分志书将地震与震灾混记，生活状态与生活习俗混记，职责任务与工作实践混记等，显得杂乱。5. 内容重复。主要表现在正文与附表的重复上。6. 选材失严。对不应入志的人流、引产，部分志书也予以登载。有的志书为历任领导作简介，而对先进人物、英雄

---

① 1989 年温家宝的讲话，转引自河北省政府副秘书长宋振华 2002 年在省政府办公厅信息会议上的书面讲话。

劳模、高级知识分子则无简介，实属不妥。7. 欠“以事系人”。有的志书除人物部类，其他部分看不到“以事系人”或“以人系事”，志文显得枯燥乏味。8. 篇幅过长。所见 13 部志书，其中 3 部地市志在 131 万至 208 万字之间，1 部县志在 80 万字以内，这样的篇幅基本可以，其他 9 部县（区）志都在 110 万字以上，多者 171 万字，篇幅过长。9. 版面单调。部分志书正文无一幅黑白照，缺乏图文并茂。10. 大多志书引文不加注，有失规范。

（三）值得商榷的问题

在内在方面，笔者认为有以下几个问题值得商榷：

1.“小改即安”问题。就是与第一轮志书相比作小的改进提高，即感到安然无恙。这种态度不可取。我们应该坚持的是，第二轮志书应在继承的基础上，不论方法和体例，不论广度和深度，都应有大幅度的改进和提高。这是因为，第一，方志事业具有与时俱进的鲜明特征，总是要后浪推前浪，一代更比一代强。第二，由于第一轮修志缺乏经验和理论，组织、人才准备不足，使第一轮志书留下许多遗憾，但用辩证眼光审视，这也为第二轮修志留下广阔的发展空间，使我们在进行大的改进和提高时有了更明确的方向和更强的针对性。第三，有志于修志事业的人们，经过几十年的艰苦探索和实践，积蓄了由量向质转变的能量，其显著特征就是对方志诸多问题认识的深化。第四，改革开放，是中国三次历史性巨变之一。这第三次巨变，是一场革命，其广泛性、深刻性及影响力远远超出以前。而第二轮志书，就是要反映这种远超出以前的具有广泛性、深刻性和影响力的变化。改革开放是中国经济社会发展中的里程碑，而记述这一历史巨变的第二轮志书，理应是方志事业发展中的里程碑。这一任务非常艰巨和光荣。小打小闹，小的改良，是完成不好这一任务的。第五，志界提出第二轮修志要体现中央的精神，即发展要有新思路，改革要有新突破，开放要有新局面，各项工作要有新举措。第二轮修志要有新的发展，要实现新的突破，要开创新的局面，必须要有新的思路，老思路、老办法不行；必须要有开放意识，要开放修志，封闭修志不行；必须要有新的举措，无所作为不行。第六，多种媒体、载体的激烈竞争，适者生存，优胜劣汰。客观现实要求我们必须有竞争意识，在竞争中立足，在竞争中发展。总之，第一轮修志的成功经验和深刻教训，第二轮修志面对的鲜明时代特点和多彩地情实际，以及文字载体的多样性与相互砥砺等，都要求我们在改革创新和提高志书质量上，要有大的决心，大的气魄，大的作为。不然，我们怎么去破解原中央政治局委员、国务委员、中指组组长李铁映 2003 年 1 月 8 日提出的“质量问题是关乎新世纪方志事业前途和命运的核心问题 ”[①]这一重大命题呢？

2. 篇幅长短问题。现在看到的二轮县(区)志，短者几十万字，长者几百万字。究竟长好还是短好，关键是要看内容。但长短不能无度，要适当控制总量。要在有限的篇幅内提高其内容的含金量，要害问题是要坚持“博观而约取，厚积而薄发”。这对修志人员是个更高的要求。

3. 追溯远近问题。所见志书，有的追溯适度，有的追溯过远，写自然地理，又去追溯地质简史，确实没有必要。承前简述应有不可无，操作时应简不应繁。

4. “有形”“无形”问题。“有形”即物质形态，“无形”即思想观念形态。所见部分志书，记“有形”多，记“无形”少。我们应当意识到，“有形”“无形”都是客观存在，都是志书记

① 李铁映：《在中国地方志指导小组三届二次会议上的讲话》，中国地方志，2003 年第 3 期。

述的对象。“形”(有形)“神”(无形)兼备的志书才是好志书。

5.“工作”与“问题”。首轮志书主要记“工作”，很少记“问题”。这里说的是广义上的问题，包括正面的、中性的、反面的。从一定意义上说，记“问题”比记“工作”更重要。比如改革开放以来社会阶层结构变化问题，人们的生活、婚姻、教育、工作、价值观念变化问题等，都需要方志工作者认真调查和记述。

（选自《河南史志》2009 年第 3 期）

关于一些志书、志稿记述举要

一、篇目

我省部分志书、志稿的篇目，不拘一格，有特点，有创新。《秦皇岛市志》卷首有总目录，每卷有分目录，十分方便查找。该志篇目卷、志、章、节统辖得当，结构严谨，整体性强。《唐山市志》稿篇目，采取纲目体结构，便于操作。《栾城县志》《北戴河志》《唐山新区志》的篇目，中英文对照，便于国内外读者查阅。《北戴河志》的篇目，为突出特点，把“夏都纪事”、避暑疗养、旅游，放在比较靠前的位置；经济部类，按三大产业分类，按三、二、一产业的顺序排列。《山海关志》篇目，为反映事物的完整性，增强志书的整体性，改变一般县志分卷或分篇的习惯做法，志中鱼贯排列20章96节，一气呵成。中间不再分卷或篇，也就没有了有些志书在某种程度上存在的那种隔离感。这可以说是区志篇目的一个创新。同时，该志篇目还将长城、军事、旅游排在自然环境之后，其他各章之前，以突出山海关之特点。近几年出版的志书和完成的志稿，其篇目大多采用中编，基础设施前移，增加了经济综览。

二、概述

《灵寿县志》的概述，从灵寿多山这一自然环境特点出发，巧妙地把突出地方特点与发挥“概述”功能统一起来，提要钩玄，步步深入，自然而和谐地展示了灵寿的历史画卷。该概述从写山入手，总括地情；以山为媒介，沟通联系；以山为主要制约因素，彰明因果；以山为背景，提炼精华；以山为条件，策论方略。深入研究这篇概述，可以从中受到不少启发。《枣强县志》概述写得有气势。首句就是“枣强县，全境平原。位于河北省东南部，版图呈立式菱角形”。开门见山点出枣强县的总体轮廓、特点，首先给人一个总的印象。接着写“古黄河和漳河屡次改道北溢，造就了这方土地；他流淌给这方百姓的有甘甜，也有苦涩；有辉煌，也有坎坷”。文字贴切、凝重，读来朗朗上口。《抚宁县志》概述，不分“一、二、三、四”，以纵为主纵横结合，抓住社会发展的主线，陈说历史前进的轨迹，结构严谨完整。

三、建置区划

1. 图文并茂。像《任丘市志》写清以前区划，除文字外，还附了《乾隆二十七年任丘县地图》；写古县城，还附了《乾隆二十七年任丘县城图》。还有部分志书、志稿也是这样做的。

2. 注意记个性内容。像《栾城县志》记城镇乡村，注意抓特点，如冶河镇蘑菇种植远近闻名，小麦、玉米育种居县内首位；南高乡人均贡献商品粮居全县前茅，乡村企业发展缓慢：西安庄乡乡办纺织业规模在全县首屈一指，乡办企业规模、效益居全县第二；马家庄乡与城关相邻处已成商业区等等，就记出了特点，记出了区别差异，克服了雷同化的毛病。

3. 用表格记述村的情况。《藁城县志》标题上虽显示了“乡、镇、村”，但“村”并未再列目记述，而是将各乡、镇所辖的村，各村人口、耕地、年经济总收入、年人均纯收入，列表记述。这样做，乡、镇与所属的村，避免了“分家”，村的内容也清晰明了，同时便于比较。

四、自然环境

1. 以土壤类型带其他。如《藁城县志》记土壤，没有像有的志书再将土壤分成平行的几节分开记，而是以土类立目，以土类带出分布、性质、结构、耕性、肥力。这样记述比较完整，也便于阅读。

2. 野生动植物注意记分布及消长。《大城县志》野生动植物记得较好。记刺猬写道，五、六十年代多见于农家茅舍，近年数量增长较大；记青蛙写道，近年来由于雨水下降，数量大减。这样记，增加了信息量，比单纯记名称要好。

3. 自然灾害综括记述与逐年实录相结合。像《三河县志》即如此。《三河县志》自然灾害改变了有些志书把各种灾害揉在一起的写法，先按灾害性质分类设节，而后逐类采取编年体记述。这样类别清楚，便于查找和分析。旱涝、冰雹、震灾是三河县的主要自然灾害。为保存这些灾害的重要资料并反映其规律，该志采取了特殊的处理方法，即先综括记述某类灾害的分布成因、几率、强度及危害，而后附以实录，起到了前者提携后者，后者印证前者的作用。这样所反映的规律，更实在、更可信、更有价值。从这些综括记述和实录中可看到三河县旱涝、冰雹、震灾形成的特点及规律。如：该县涝年约4年一次，初夏涝约两年半一遇，盛夏涝约4年一遇，初秋涝约4年一遇。旱年平均4年一次，春旱10年7遇，初夏旱约4年3遇，伏旱约10年一遏，秋旱约3年一遇。

五、人口

1.有的志书将人口编改为居民编，扩大了容量。《丰宁满族自治县志》即如此。这一编统辖了人口、居民生活、居民习俗3章。这样做，使居民编与其他编的容量有所接近，也使原属社会编的习俗有了合理的归宿。

2.《玉田县志》《栾城县志》《北戴河志》等志书，在人口自然、机械变动之外，还增加了人口流动的内容。这可以从一个侧面反映一地政治、经济的状况。

3.部分志书、志稿，在人口中增加了人口患病率、预期寿命、长寿老人情况、残疾人比例等。这可帮助读者了解人口的质量。

4.《高邑县志》人口控制章分类较好。该章辖3节，即晚婚优生、节育绝育、政策措施。这样分类比较清楚。

六、经济

1.增加了经济综览（或综述），以反映宏观经济。近几年出版的志书、志稿，大多增加了这方面的内容。共有的是经济体制改革，经济结构、经济指标；不同的是，在以上几项内容的基础上，有的增加了经济发展概略，有的增加了居民经济生活，有的增加了对外开放。

2. 部分独特事物位置前移或(并)升格处理。如秦皇岛的港口，山海关、北戴河、丰宁、临城的旅游，唐山的大地震，安国的药业，武强的年画，藁城的冷藏，成安的棉花等，位置前移或(并)作升格处理，以突出其特点。

3. 注意靠前记述农业区划和生产条件。这是近几年问世的志书、志稿的又一特点。记农业区划，一可了解区划管理情况，二可了解农业结构。先有生产条件，后有生产经营。因此，把生产条件放前面记述是合情合理的事。生产条件，主要记了劳动力与生产工具。土地(包括耕地)是重要的条件，但由于在土地资源中已有记述，生产条件中就不记了。

4. 注意记述经济效益。如《藁城县志》把农业效益专门作为一节，其中记了生产效益、投资效益、劳动生产率。还有部分志书、志稿也是这么做的。

5. 乡镇企业中充实了一些重要的内容。如《大厂回族自治县志》在乡镇企业中还记述了经营机制，包括承包机制、分配机制、技术机制。乡镇企业得以发展，重要原因就是有灵活的经营机制。

6. 注意运用典型材料。如《广平县志》在农业章中安排了10个承包专业户的简介；在畜牧章中，选取了几个养殖业大户的材料；在乡镇企业章中，附了全县手工业专业村简介；在林业章中设了东风渠苹果园简介。

七、决策

部分志书、志稿注意记党政决策。《武安县志》首先作了探索。《秦皇岛市志》《山海关志》《北戴河志》《藁城县志》《大厂回族自治县志》《丰宁满族自治县志》等也都加了决策的内容。

《红旗渠志》“引漳入林的决策”写得也比较好。其优点、长处如下：

第一，内容完整。除记决策的结果，还记了决策的缘由、决策的条件、决策的过程。第一节缺水的苦难，就是写决策的缘由，或叫决策的目的。第二节治山治水的初步成就，就是写决策条件，或者说是引漳入林的前期准备(精神的物质的准备)。第三节引漳入林是根本大计，就是决策的过程及结果。包括提出问题(彻底解决林县缺水问题)、分组调查、反复论证、草拟方案、征询群众意见、报请上级审核等。从这个过程可以看出，林县县委在做出引漳入林的重大决策中，坚持了革命热情与科学态度的结合，领导意见与技术人员及群众意见的结合。当然，决策中的教训也不回避。红旗渠总干渠，原计划一百天完成，结果是用了5年零2个月。这主要是对开凿总干渠的困难程度估计不足。这一教训，在志书中作了如实的记述。所有这些，对于今天的决策，是有重要借鉴意义的。

第二，编排有序。引漳入林决策章所辖的三节，即缺水的苦难，治山治水的初步成就，引漳入林是根本大计，是一种因果关系，递进关系，有着严谨的逻辑性。编排有序，还表现在内容的排列上。如第一节缺水的苦难，环环相扣，依次记载了6个方面的内容，即恶劣的自然环境、频繁的自然灾害、人们的苦难生活、对大自然的抗争、惜水如命的习惯、缺水对社会文化生活的影响。

第三，资料珍贵。第一自然段写林县经、纬度、海拔、处于垴尖沟边的自然村数，反映出该县恶劣的自然环境。第二自然段写1436年到1949年的513年间，林县发生的100多次自然灾害，综合反映了林县山穷、地穷、水穷、人穷的总特点。第三自然段写了降水的不均衡性(7、8月降水占60%—70%，春、秋、冬10个月平均降水量占年降水量的30%—40%)、水土流失状况（新中国成立前全县平均每年流失水量4亿立方米，流失泥沙39.7万立方米）、耕地被毁情况(1937年淇河支流一次洪水暴涨，冲毁耕地410亩，有151户被水冲光)，反映出林县“天旱把雨盼，雨大冲一片”的历史真实。第一节20个自然段，每段都是一份很有价值的资料，都从一个侧面印证着一个问题，每一段都不可遗漏，遗漏则造成残缺。其他两节亦如此。

（原载《河北地方志》1996年第11期）

喜谈部分新出志书生花之妙笔

全国二轮志书有一批已陆续出版或即将付梓，本人见到的也有几十部，可以说每部或多或少都有着生花之笔，确实可喜可贺。今选择部分予以推介，以供修志同仁参考。

一、篇目形式有独到之处

这是二轮《锡山市志》吸引读者的长项之一。该志结构采取篇、类、目三个层次。其好处在于，可以突出重点，兼顾一般；加强综合，减少条分缕析；详独略同，彰显特点；精炼文字，压缩篇幅。现在的志书（志稿），一个倾向性的问题是，一般性内容偏多，重要内容偏少。如何解决这一问题，需做多方面的工作，而寻找合适的表现形式是诸种努力之一。该志篇下均设有题概述，他除勾勒历史脉络，刻画基本轮廓，彰明兴衰起伏外，还囊括部分一般性内容，再加上其后需要时设置的反映一般性内容的表格，这样就减少了一般性内容的条目，进而腾出版面记述更为重要的内容。而采取篇章节目，势必有不可避免的铺垫过渡，以及相应的条分缕析，这都需要一定的文字来支撑，篇篇都如此，压缩篇幅就很困难。路子越走越窄，那么就要寻找新的出路。若干年来出现的板块条目体、篇章条目体，包括《锡山市志》所采取的体式，就是其中新的探索。该志采用中篇体式，篇与篇比较均衡。他按照土地、人民、政事“三宝体”设置，既有继承，又有改进，其结果是顺自然，应规律，合逻辑。有人把他比喻为舞台（环境）、演员（居民或人口）、剧目（政事或产业、事业）的关系，此话不无道理。环境保护，现在部分志书（志稿）是将其与自然环境合并，这是很不妥当的，因为环境保护对应的是自然、人工两个环境，而不是一个环境，《锡山市志》将其单独设置，似乎更为妥当。该志经济体制改革、开发开放、政治体制改革、社会保障体制改革，都单独成篇，而且都放在该大部类之首，起到总冠统揽的作用，与其他篇也比较协调。

二、坚持继承与创新的完美结合

此为二轮《青田县志》（指笔者所见《青田县志》（1988—2007）交付出版前的定稿本）的大胆实践。该志卷首置序言、凡例、概貌、大事记；之后依次设政治、经济、文化、四乡、社会、旧踪六大板块；辖51篇192章，总计百余万字。为做到图文并茂，全书穿插图照460幅。志书在一级板块这一层，常规的类项有7项，非常规的类项，也就是个性突出的特色有3项；在二级篇这一层，常规的类项有35项，非常规的类项有15项。如果把概貌看成板块的话，其下所辖的区域概略、山河大观、决策聚焦、经济起飞、特色长廊、文化博览、社会经纬，当属篇的层次。此与前述篇之非常规类项相加，当为22项。

此前所见志书（志稿），部分由于作者对某些修志理论，如

“横分到边、竖分到底”存有误区，因此一味地横切竖分，结果造成事无巨细，类项庞杂，层次过多，叠床架屋，眉目不清，冲淡主体，臃肿芜杂。《青田县志》作者凭借两轮的修志经验，深知解决此一问题的必要和紧迫，于是进行了卓有成效的探索。全志共设51篇，篇下章最多的8章，但为数不多，仅有两篇；其次是7章，也仅有两篇；6章的有4篇；5章的有5篇；4章的有11篇；3章的有15篇；2章的有12篇。所存（含调整、新设）类项多为主体性内容，如社会服务的中介服务、生活服务、其他服务；旅游的景区景点、旅游服务、旅游管理；教育的学校、学生、惠学、教师、教学；卫生的医疗、卫生保健、医政药政。所减类项，多为枝蔓，其内容或浓缩到述中，或列表体现。纵向的层次，《青田县志》总体控制在4层，尽量通过减少环节削减铺垫过渡性内容。

由此可见该志遵守志规，但又不过于循规蹈矩；有继承，有沿袭，但又不陷于“拘泥”，而是根据实际和修志需要，有所创新和发展。正因如此，志书才能破程式、立新篇、录旧踪、显特色。有比较方有鉴别。本人所见二轮志书（志稿），少数也有诸多特色，但不少继承有余，创新不足，有的甚至立篇30有余，特色篇寥寥无几，就是章这一层，称得上特色的也不多。正反实践已经并将继续证明，有特色就有生命力，就有吸引力；没有特色，就难有起色，就难以出色，就难有生命力和吸引力。

三、史事纪略与大事年表结合记述

此为二轮《义乌市志》的创新做法。他在卷首《概述》之后，既设了史事纪略，类似于大事辑要，又设了大事年表；前者共

54条，选择大事大要，如选列史前文化遗迹、春秋战国时期文化、秦置乌伤县、县人抗元斗争、戚继光义乌募兵抗倭、八保山护矿、陈望道翻译共产党宣言等，总计8.8万字，平均每条1600字；后者事条较多，有1030条，编年体记述，每条几十、上百字不等，总计有93960字，平均每条91字，而且字号远小于正文。这种新的探索，是修志发展过程中不得不为之的一种必然结果。过去所出志书，其大事记，有大事要事，也有微事小事，大小混合记述，大埋没于小，小遮盖着大，平均用力，主次不分，有悖于大事记设置之初衷，加上多采用编年体手法，写不到位，读不解渴，用不达标，常留遗憾。存在和解决问题就是改革的原动力。面对前述的问题，有两种态度，一是视而不见，见而不为，麻木不仁；二是责任使然，必做必为。《义乌市志》作者即为后者，可敬可佩。敬佩之处在于从改革中寻找解决问题的办法。常言道：你若不想做，你会找一个借口；你若想做，会想一个办法。有了办法就有了路子。《义乌市志》如此处理，主次分明，真正体现了“详主略次”的原则，以及“突出重点、兼顾一般”的精神；主要的事条1600字左右，以写清起始、转折、结果，让读者看清原委为准，这样自然也就好读好用，从而回归了“修志为用”的根本。

四、乡镇概况着意详异略同

此为二轮《建德市志》的一个显著特色。要求志书详异略同，说起容易做起难。因为详异，需要深入挖掘，需要比较鉴别，总之就是需要下真功夫，浅尝辄止不行。《建德市志》作者避易趋难，写甲镇就是甲镇，写乙镇就是乙镇，各是各样，各具特色。其街道乡镇为一章，其中主体记述的是12镇1乡。章下无题小序，除交代断限内所辖街道乡镇总数外，就是综合概括街道乡镇主要特点。小序如此，各节亦紧相呼应。如梅城镇，共21个自然段，除第一段为综合情况，包括区位、面积、统辖、户数、人口外，其他是一段一个特点——浙西千年古镇，境域东南多山，经济以工业为主，是国内低压电器、自行车配件生产基地之一，是建德市重要水产、蔬菜基地，是本县主要中心集镇之一，著名红学家戴不凡生于该镇等。寿昌镇，首段如同梅城镇，接着将特点一一述说——三国建县，境内多古建筑，交通便利，有省级开发区一处，是浙江省板栗之乡，古树较多，以古樟树为最等。再如乾潭镇，其特点如该镇为典型的库区移民后靠点，是改革开放后兴起的新集镇，工业经济占绝对优势，民营经济较为发达，是华东地区床上用品生产基地，省级有机茶生产基地，是浙江省体育特色乡镇等，一一展现在读者面前。仅举以上，足以说明该志街道乡镇的浓厚特色，让读者如临其境，真真切切地看到“这一个”“那一个”的独特个性。

五、对人口流动内容着以重墨

以二轮《伊川县志》为例。注重选取这方面的资料，说明作者站位高，有思想。不能轻看人口的流动。人口的流动，是社会进步的标志。特别是民工的流动，预示着两个根本性的转变，即生活方式、社会关系从以血缘、地缘关系为主的乡土社会行为方式，转变为以业缘为主的现代社会行为方式；社会地位发生变化，预示着由农民向市民的转变。说该志在这方面写得好，是因为不论外出人口还是外来人口，都先写了1982年、1986年、1990年、2000年4个年份外出、外来一年以上人员数，尔后写了断限内外出、外来人员数、输出区域、外来人员籍贯、从事职业、人均年收入，条理清楚，并有可比性，对于研究一地人口流动特点、规律很有参考价值。

六、记人民生活有新的突破

以二轮《奉贤县续志》（以下简称《奉志》）为例。该志堪称优秀之作，其中《人民生活》卷写得更为精彩。说其写得好，至少表现在以下 4 个方面。

其一，常规项目面点结合，呈现立体状态。《奉志》《人民生活》卷第一章收入、支出，其第一节农民收入、消费支出，第二节职工收入、消费支出。这些常规项目和内容，与其他续志设置和记述差不多，要说区别，就是更为细腻到位。如记农民收入，有收入结构，收入来源，“七五”“八五”“九五”期末人均收入，各时期升降变化原因，上下限人均收入及对比等。从对比中可以看出，农村农民人均纯收入，下限年份 2001 年为 4027 元，比上限年份 1985 年 798 元增加 4.05 倍。城镇职工，2001 年人均工资 15376 元，比 1985 年 1230.7 元增加 11.49 倍。这说明城乡居民已摆脱生存型生活状态，进入小康型社会。该卷在记述居民生活巨大变化的同时，还记了收入差距，指出 2001 年，城镇职工年均工资收入，是农村人均收入的 3.82 倍。地区间差异也很明显，2001 年，人均年纯收入最高的江海镇五星村达 7627 元，最低的钱桥镇草庵村仅 1360 元，相差 4.61 倍。为了使读者特别是领导者了解更多真实信息，在城乡居民收入支出后，专门附了一篇《城乡居民收支差异调查》。这篇调查，是统计局农村社会经济调查队所为，调查对象是农村百户住户，城镇选抽 10 个居委会、150

户居民。所附调查资料包括城乡居民收支差异、生活质量、城镇居民内部收支差异等。从中可以看出，城镇低收入户、中收入户、高收入户，分别比农村居民高出 1.52 倍、0.72 倍和 1.86 倍。这些记述，从技术层面说，他与前面的概括构成了立体空间，有广度也有深度，而且富有动态感；从资政角度说，他弥补了只记人均容易掩盖差异的不足，所反映的内容更为真实、全面，具有重要的参考价值。

其二，关注热点、焦点问题，直书学生消费和农民大病住院支出。看病贵、住房贵、上学贵，是众所周知的三大社会热点、焦点问题。要求志书要贴近实际，贴近生活，贴近群众，那么就应当反映看病、上学方面的支出。已经出版的新志书，对这些内容，有的记了，有的没记，消费群体状况就是缺漏内容之一。究其原因，大概入统资料中无此内容，单独再搞调查也很费劲。在这种情况下，《奉志》作者抱着对社会对人民高度负责的精神，知难而进，注重挖掘，填补了历史的空白。《奉志》《人民生活》卷单设了学生消费支出节，包括学杂费用、生活费用、补课费用、特色班费用。从记述中可以看出，2001 年学费标准，一般高中 900 元，重点高中 1200 元。学生生活费用，2000 年以后，大学 4 年，多数女生生活费 4 万元左右，多数男生则要花 6 万元左右。补课费用，初高中学生，一年在 4000—6000 元之间。该志还设了农民大病住院支出节，包括大病住院费用人数、大病住院项目费用、大病统筹结付。这一记述，清清楚楚地反映出农民大病住院费用呈逐年上涨趋势，农民因大病致贫、返贫时有发生。关系民生的底层资料反映好了，他可像一面镜子，折射出中央加强和谐社会建设的一系列举措，是多么的符合国情，多么的顺应民意，多么的富有远见卓识。

其三，反映生活时尚和爱好，突出一个“新”字。改革开放以来，中国经济快速发展，人民生活水平显著提高。人们解决了温饱之后，生活追求就会向多样性和高层次方面发展。这一时期，社会的方方面面，包括人民生活，都出现了许多新情况、新变化，过去不曾听说过的上网、泡吧等，过去大众很少参与的跳舞、旅游、养宠物等，已不是什么新鲜事。遗憾的是，所见新编志书，其人民生活部分，绝大多数仍是入统的那些“千篇一律”的资料。而《奉志》把生活时尚作为一章，辖休闲爱好（含上网、泡吧、歌舞、领养宠物、旅游5目）、崇尚洋节、新潮婚礼、团体交友、美容健身瘦身5节。此外，还把民间集藏作为一章，下辖6节，把邮品票证收藏、图书字画收藏、钱币印章收藏、玉器陶瓷铜器收藏、火花烟标收藏、家具地图等收藏，都纳入记述范围。人们精神上的追求，是建立在一定的物质基础上的。很难想象，改革开放之前会出现这样丰富多彩的生活现象。真得感谢《奉志》作者给我们展示了如此多姿多彩的生活画面。

其四，围绕“志义”，拓宽记述范围。《奉志》《人民生活》卷最后有两篇附记，一是社区生活，包括社区规模、家庭、社区活动；二是外来农民工生活，包括数量、职业、来源，年龄、文化水平、工资收入，居住、工作、生活稳定性，与家乡的联系，与奉贤的关系，行业特征，权益保障。此前，我还没有看到有哪部志书记社区生活，有哪部志书如此全面系统记外来农民工生活。这究竟有无必要？我认为非常有必要！原中共中央政治局委员、中指组组长李铁映讲：“修志工作是在各级党委领导、政府主持下对地情、国情的全面调查。”注意这里讲的是“全面调查”，我的理解就是调查的内容是全面的而非局部的，是广义的而非狭义的。《奉志》记社区生活和外来农民工生活，是对“志义”深化理解的结果，是解放思想、开拓进取的结果。如果作者因循守旧，抱残守缺，不敢越雷池半步，是不会想到这些问题，更不会写出这样的好志稿。

七、对有关重要内容注意作拓展性记述

以二轮《高安市志》为例。素质教育，是个重大问题，又是个棘手问题。已见志书，对此多无涉及。《高安市志》直述其事，可见作者敢作敢为之魄力。改革开放，促使人口流动加速，农民工和留守儿童相继大量出现。不少志书对此有所忽视，尤其是对留守儿童尚未发现记述者。《高安市志》敢为人先，如实反映了留守学生的教育问题。关心留守儿童、留守学生，非同小可，他是一个重大的社会问题，如实记述，是社会责任。据有关资料显示，全国农村有“留守儿童”5800万人（2005年统计）。“留守儿童”在学习、生活、心理、行为等方面，存在着不容忽视的问题。据某省妇联的调查（调查7146名），“留守儿童”中，成绩优秀的不足3%，80%的成绩中等或偏下；行为习惯出现偏差，一般的占42.5%，较差的占20.2%。这些孩子中，有相当一部分生活质量低，情感饥渴，心理压力大，安全存在隐患。有资料显示，“留守儿童”心理问题的检出率高达57.14%，且父母打工的时间越长，孩子的心理问题越严重 。高安领导、教育系统、修志人员关注留守学生，是件令人高兴的事情。《高安市志》还注意从广义角度记述教育，不仅记学校教育，还记家庭教育、社会教育，这是开拓创新之体现。志书是地情书。地情本身存在家庭教育、社会教育、学校教育，那么记载地情的志书，就不应当顾此失彼，有所侧重可以，但不能不统筹兼顾。《高安市志》兼顾了，弥补了已出志书的缺欠，是个历史的贡献。一般志书，记馆藏文物，大致内容是数量、种类、比较，介绍某类馆藏的特色较少。《高安市志》在综合介绍

馆藏的同时，用1700多字，详细介绍了窖藏元代青花、釉里红瓷器的装饰艺术及特色。这个介绍位置适当，雅俗兼顾，不枝不蔓，恰到好处。看后大长见识，也是一种艺术享受。

八、注重对电子商务内容的记述

以二轮《清河县志》为例。该志专门记述了电子商务内容，有面有点，颇有新意。文中写道：2010年，全县电子商务渐成规模，每月发往国内外的各类包裹、快件达6万多件，占邢台市同类发货量的50%以上，名列全省EMS网上业务榜首。通过横向比较，较好地反映出清河电子商务在全市、全省的地位与作用。当年，全县总计拥有各类网店、网上商城4000余家，年电子商务销售额突破3亿元。这是面上情况。接着写点上情况——仅东高庄，这个不到2000人的小村，就拥有常年从事网络销售羊绒纱线人员1200余人，拥有注册商品品牌400余个，拥有年销售额在100万元以上的网店20余家。电子商务是断限内的一个新事物、大事物，对其详细调查记述，方向对头，值得提倡。这一新生的重大事物，如果像过去志书那样仅用几句话是交代不清楚的。

九、加强对断限内疾病特点的挖掘

以二轮《阳原县志》为例。该志专门搞了一篇“阳原县癌症病例调查”。这个调查，是方志办组织搞的。他们经过征求有关专家和医务人员的意见，设计了调查问卷。问卷内容包括患者年龄、性别、家庭病史、生活习惯、兴趣爱好、治疗结果、经济承受能力等33个大项，153个小项。接受调查的有9个乡镇511人的家属或知情人。调查中，一般先由村委会提供癌症患者名单，乡镇确定调查人员后，进行集中培训，然后组织调查人员深入住户，采取填写调查问卷的形式进行调查。通过调查，获知阳原县511例癌症患者中，肺癌135例，占26.4%；胃癌111例，占21.7%；肝癌107例，占20.9%；食道癌68例，占13.3%；肠癌40例，占7.8%；其他癌症50例，占9.8%。通过调查，还弄清楚了诱发癌症的七大原因，包括不良的生活方式如抽烟等与肺癌、胃癌、肝癌的关系。这是二轮志书的内容。过去笔者还未见到谁这么记过。这是真正的地情，这是真正的志书，这才是读者的需要，这就是我们提倡的质量！这样的资料越多越好。从中也可看出，修志人员只要强化责任意识，克服为难情绪，就没有办不到的事情。这说明，千难万难，找到办法就不难。

十、着眼实用，方便阅读

以二轮《成武县志》为例。该志设置《前志简介》《古今大事》《成武集粹》《成武之最》《组织机构》等篇，是创新之举，而目的之一也是为了方便阅读，使志书好读好用，可读可用。除此，《成武县志》作者在图文并茂上还下了功夫。能够反映方方面面特点、状况的图照，该志没有把他集中在前或集中在后，而是像《辞海》一样图随文走，图、文互补。全志随文附图照593幅，使志书增添了形象性、直观性，特别是通过这些图照，让读者加深了对成武地方特点、时代特点的理解。以往的志书多无索引，查阅很不方便。《成武县志》作者注意此问题，在志末设置了索引，大大方便了对相关内容的快速检索。

（原载《浙江方志》2013年第2期）

一部优秀的二轮省志军事卷

——阅读《广东省志·军事卷（1979－2000）》札记

《广东省志·军事卷（1979－2000）》（以下简称《军事卷》），于2014年8月由方志出版社出版。捧读该志，深感其是一部优秀的新编省志军事志。在此不作全面评析，只谈几点深刻感受。

一、卷首概述，写作得法

《军事卷》开篇概述，与正文上限划一，下限略延，总括全面完整。内容划分3块，一是基本地（事）情与阶段，二是广东国防和驻粤部队建设成果与特点，三是27年所积累的基本经验。基本地情和事情，9行360字，把所处的军事环境勾勒的一清二楚，让读者了解到了地处南疆、陆海兼具、地形多样、海域辽阔、岸线绵长、岛屿众多、洲洋要道、兵备前沿的防区环境，文约事丰，简洁明了。从1979年起笔，落于2005年，昭示战略转变，反映两大课题（打得赢、不变质），坚持科学发展，三个阶段，三次转折，三步递进，环环相扣，脉络清晰。第一部分如看成是纵勾历史的话，那么第二部分就是横向铺陈。拜读便知，改革开放新时期，广东国防和部队建设所呈现的累累硕果，以及重兵驻扎、注重海防、守护港澳、强化“后备”、力援地方的五大特点。一般志书，写清区情、明晰阶段、彰显成就、点睛特点，到此止笔。如果这样，也不失为一篇好概述。而《军事卷》概述作者觉得言犹未尽，于是乎再挥一笔，来了个锦上添花，这就是我们得以看到的第三部分的五条经验。把握方向、改革创新、拒腐防变、重心下沉、军地聚力 —— 五条基本经验，是深层次的内容，是现象背后的本质，是因果之间的联系。要求专业志概述要总括事情、钩玄提要、沟通联系、彰明因果，该志概述作者是深谙此理的。精于“修志问道”“以启未来”可期。

二、据实列篇，特点鲜明

该志首设概述、大事记；中为主体，开列 7 篇，依次是军事环境、军队组织、海边防、军队建设、驻军香港澳门、拥政爱民、国防后备力量建设；末为附录、编后记。以中篇形式归集立类，避免了杂乱琐碎之弊，凸显了浑厚庄重之效。形式服从内容，内容决定形式。志书为载体，事情为客体。好的志书，当是内容与形式、载体与客体近于完美统一的佳作。从前述篇目可以看出，《军事卷》紧扣广州战区及其军事工作实际，按照“突出重点、兼顾一般”的精神，着力体现大军事、大国防的修志意识，充分反映辖区复杂多样的军事环境，健全完善的军事组织，有别于他的海边防和港澳特区守护任务。海边防，从其管理体制、涉及范围、任务类型等特殊性考虑，单设一篇，排位第三，恰到好处。驻军香港澳门，属于“他无我有”之事，内容专一，特点亮眼，影响深远，位列军队建设之后、拥政爱民之前，既彰个性又不偏颇，是得体适当的。拥政爱民，本人曾写专文，提倡浓墨重写，但不少志书轻描淡写，有的甚至略而不写。看到《军事卷》对其单设篇目，升格记述，思想解放，两体（客体、载体）照应，一览无遗，饱含“导向”，笔者甚为欣赏。不少《军事志》将兵役、民兵、预备役、国防动员、人民防空各自单独设置，这是一种选择，无可厚非；而《军事卷》将这些归集在一起；两相比较，“合纵连横”，融会贯通，客观效果似乎更好一些。卷末附录，辖3部分，即重要文献辑录、重要军事纪念地、军事人物英名录。可见这一部分也是着眼实际和需要，经过精心筛选而成。

三、重点突出，容量适度

为方便研究，特列表显示。

类别	字数（字）	类别	字数（字）
概述	12000	第四篇　军队建设	240000
大事记	48000	第五篇　驻军香港澳门	27000
第一篇　军事环境	54000	第六篇　拥政爱民	69000
第二篇　军队组织	63000	第七篇　国防后备力量建设	164000
第三篇　海边防	63000	附录	118000
合计			858000

本人看到的一些省志分志和市县志稿，篇与篇之间，多寡悬殊，多者相差10多万字，少者相差3万多字。不能苛求绝对平均，但也不能差距过大，过大则不科学、不协调、不规范、不文雅。从上表可以看出，第五篇字虽少些，但并入他类，效果骤减，自立门户，“表薄里厚”，可以理解；第四、第七篇，其内容是军队和国防建设的主体，自是志书重中之重，层、题适当，体量只

能服从于此了；其余4篇，均在5万至7万字之间，在符合保密原则、淡化“邻居”旧怨、写清事情原委的前提下，目前所呈字数是适量均衡的，可以满足存史、资政、教化之需要。

四、话不离“行”，注重关联

这里的“行”，是指“军事行当”；注重关联，是指时时处处想着国防行为与记述对象的密切关系。有关系就选，关系小略选，关系大详述，无关系弃选。笔者曾看到一部省志军事分志，写军事环境，包括地貌、植被、水系、气候、资源、灾害、人口、区划、基础设施、经济状况、科技力量等，把省志其他分志相关内容，略作精简加工，便搬到军事卷中。这些内容，经军事行家分析计算，都可知晓其军事价值。但用“可读可用、好读好用”标准衡量，这些内容还存在写作不到位的问题。而《军事卷》军事环境、海边防部分，着眼军事行动中的吃住行、藏走打、攻防进退等，当选则选，当简则简，当详则详。方法上，有暗显，有明示，暗显为主，明示为辅，相辅相成，不拘一格。诸如“三面群山环绕”“高地宽阔平坦”“山势陡峻”“脊线曲折”“山谷纵横，居民地多”“平原上河流沟渠及水塘密布，水网稻田阡陌纵横，陆地支离破碎”等，均系暗显，寓示着天公设障、利于机降、难于攀爬、便于周旋和屯兵、离开道路机动困难等军事情报。有一部分是通过“写实加点睛”来钩玄提要，方便阅读和利用。诸如“是抗击登陆作战的主要依托”“控制南北交通大动脉”“以西地形平坦开阔，无险可守，是防御的薄弱部位”“地形起伏较缓……，便于履带车辆越野机动”等，这些毫无斧凿之痕、纯属“水到渠成”的文字，就可供指战员直接参考和利用，益于战时争取时间和战机。

注重关联，还表现在城市的选择和适度的追溯。广东2005年12月31日有21个地级以上市，但在军事环境中，只选择了关系更密、影响更大的7个市，即广州、深圳、珠海、汕头、韶关、惠州、湛江，其他市情，根据需要分散圈点。有些军事环境的重要性，已被实践所证明，因此在述说自然概况时酌附利用情况。如记述九连山脉，穿插了一句："抗日战争时期，东江纵队曾依托其与日军进行长期斗争"；记述海岛，顺便点到："这些岛屿在军事上有重要意义，历史上，外敌入侵，多以此为跳板进攻陆地"等。阅读该类文字，深感作者知情、懂行，笔锋到位，效果甚佳。

五、露、藏统筹，巧于用笔

编修军事志，是在求实、弘扬、存史与区别、保密、谨慎中游走，是一项既对立又统一的工作，处于必办和巧办两难之中，暴露无遗和事事保密都不行。这对作者的统筹能力、用笔技巧都是个考验。"考试"结果，作者善于统筹，巧于用笔，经受住了考验，交了份满意的答卷。对越还击，政治性、政策性强，如何把握是个难题。作者坚持"宜粗不宜细"，重"分"不重"统"，战役准备和经过简略记述，写清轮廓和脉络即可；综合情况简明扼要，战斗英雄单位适度详备，把握住了暴露与隐蔽在尺度与分寸上的统一。以人系事，以单位系事，注重以点带面，以小见大，以"神似"代替"物化"，在各个部类，尽量多地记述先进单位和先进个人的典型事迹，借此既反映了我军良好的军事素质和精神风貌，又不至于把总体实力暴露于人。政治教育、后备力量建设，这些保密程度低一点的内容，适度详加记述。敏感的时间，敏感的地点，敏感的数字，敏感的活动，以模糊定性记述为主，从严控制定量记述。

（原载《广东史志》2015 年第 5 期）

读《商丘地区志》札记

阅读河南省《商丘地区志》，感到他是一部成功的新志书。他的思想观点、史实资料、体例结构、记述方法、语言表达、装帧设计等，都符合新编志书的基本要求。尤其是在充实有价值的资料上，在反映历史文化名城上，在记述抗日斗争、抗日文化上更为突出。在此，仅就印象较深的几点札记如下。

一、志首总述，篇下无题小序互为照应，宏观记述及志书整体性得到加强

《商丘地区志》总述1.5万多字，高度概括地综述了全区自然、历史、人文、政治、经济等特点。各篇无题小序，从低于总述、高于章节的层面上，采取夹叙夹议的方法，揭示了该篇所记事物发展变化的规律。这些无题小序，大多还有画龙点睛之笔。如地理篇小序写道“京九铁路与陇海铁路在商丘市交会，商丘成为‘黄金十字架’的经济地理优势正在形成”。人口篇小序写道“1985年全区人口达615万人，居全省17个地市中第13位”。政权篇的小序写道“自秦代实行郡县制以至清末，商丘作为一个

地方的政治中心和行政机构所在地”，或称郡国或称州府，“抗日战争期间，国民党的国民政府、共产党领导下的抗日民主政府与日伪地方政权在本区对峙并存”。这些点睛之笔，点出了事物的地位、意义与联系，可谓妙笔。针对志书“偏于横剖、缺乏纵贯”的问题，各级志书都有必要通过志首概述、篇首小序总摄全书或全篇，作为统领市、县的地区志更应如此。《商丘地区志》已这么做了，值得称道。

二、人口篇增“人口与经济”章，其意义不可低估

这一章字数不多，仅千把字，占人口篇总字数的20%多，但他却是人口篇的精华所在。这一章言简意赅，信息质量较高。他反映出了商丘地区人口增长，人口密度加大，人均资源占有量普遍较低的现实。该区人均耕地1.55亩，低于全国水平；人均木材蓄积量，仅为全国人均蓄积量的十分之一；人均淡水量372.7立方米，相当于全省人均数的57.4%，人口同资源的矛盾十分突出。人口的增长，严重地抑制了人均产值的提高。志中写道，1985年和1950年相比，工农业总产值增长5.17倍，人均产值增长仅1.53倍；粮食总产增长2.2倍，人均粮食增长只83.66%；耕地总面积减少20.43%，人均耕地面积减少54.55%。这些数字，充分显示了控制人口增长的紧迫性和实行计划生育的必要性。这是多么好的资政内容和基本国策教育材料。如此设章记述，也是一种开拓创新。过去所出版的志书，不少忽视了这方面的内容。

三、重视各类组织活动内容的记述

《商丘地区志》作者注意吸取前期出版志书“重机构、轻活动”的教训，把活动作为记述的重点。中国共产党一章中，把党务活动作为一节专门记述。行政机构部类，把政务活动作为一章，下分6节分类记述。各群众团体活动内容也比较翔实。如工人团体章，下辖4节，其中3节是记述工人团体的活动。工会工作节中，记述了组织劳动竞赛、技术革新和合理化建议、企业民主管理、思想政治工作等九个方面的工作。农民团体活动6000多字，占农民团体章总字数的80%。青年团体、妇女团体活动也加重了笔墨。对科技协会、社联、文联，既记了机构，更记了活动。如社联开展理论研究，进行学术交流，普及社科知识，加强横向联系，组织学术报告会等都载入了志书。

四、对某些特色事物，设专篇或专章记述，突出了地方特点

商丘地区历史悠久，交通方便，人杰地灵。千百年来，勤劳勇敢的商丘人民发挥自己的聪明才智，培育、创造出了丰富多彩的土特名优产品。《商丘地区志》将其设为专篇分8章予以集中记述。人们看了土特名优产品篇，全区的土特名优产品，如民权的葡萄、宁陵的酥梨、睢县的马泗河西瓜、柘城的胡芹等便尽收眼底，一览其精华。商丘地区内河航运历史悠久，

后因水源不足和沿河建闸而停运。《商丘地区志》为反映内河航运历史特点，将这一内容立章记述。读者看了这一章，便可了解隋唐汴水漕运之兴旺，惠济河航运之起伏，周商永运河航运兴衰及原因。抗日战争时期，商丘地区人民在中国共产党的领导下，进行了如火如荼的斗争。《商丘地区志》采取小集中的方法，真实地记述了这一时期的政治、军事、文化等情况。在党务政务活动中，着重记述了建立抗日根据地，加强抗日政权建设的情况。在军事中，着重记述了日军暴行和商丘人民的抗日武装斗争。在教育中，着重记述了抗日根据地的中小学教育和社会教育。在群众文化中，着重记述了革命根据地的群众文化活动。这样多侧面的记述，较好地突出了地方特点和时代特点。

五、人物分类有新意

《商丘地区志》不套用一般地、市、县志在人物中设置“传记”“简介”的惯例，而将人物分类，并标相应的名称，如革命英烈，劳模先进，历史名人，政界闻人，专家学者，艺界名流，社会贤达。这样一目了然，十分便于阅读和查找。

六、附录资料有价值

附录不是一个筐，什么东西都可以装，他所装的应是经挑选的价值大的东西。从《商丘地区志》附录可以看出，其内容是经过精心挑选而载入的。其录入的不是一般的交通事故、奇闻轶事等，而是“人民领袖在商丘”“地方文献选”“若干历史考证”“府县旧志书目”。这些资料都很有存史价值。

（原载《河南史志》1997 年第 4 期）

《三门峡市志》统摄得当 整体性强

——谈主编意识及整体效果

拜读河南省《三门峡市志》(全四册)，令人欣喜。喜因之一在于该市志主编统揽全局意识强，志书统摄得当，整体效果好。

《三门峡市志》从始修到告竣，历时12年，先后有4位主编、12位副主编、9位分卷主编(其中有6位是志书副主编兼任)主掌其事。从志书最终效果看，各位主编、副主编能够在一个总的意图下，各司其职，精心运筹，优质高效地完成编纂任务。这是十分可贵的。读罢志书，产生的印象是主编如一人，志书成一体。列以下5点足以说明这一问题。

一是排列有序。《三门峡市志》按照地理、政治、经济、文化、人物的顺序排列，有其内在的逻辑联系，符合志书的通行做法。这样排列，环环相扣，紧密衔接。加上统编序号，全志虽为小编体，分7卷68篇，但并无零碎杂乱之感。

《三门峡市志》篇目的排列也是深思熟虑的。该志每册卷首都有该册内容篇章节目的详细目录，卷末都有全志统一编序而无页码的篇一级目录。这样编排和处理，既减少了冗赘，又不削弱志书的实用性。有的多册(卷)本志书，仅在首册(卷)置有总目录，翻阅其他册(卷)，则有“只见树木、不见森林”之感。而阅读《三门峡市志》都能使人手捧专册，胸有全局。册末的总目录，就是全画面，大视野；册首的专目录，就是长镜头，深透视，这就是主编的匠心所在。

二是设置无题小序，强化整体效果。《三门峡市志》共68篇，有56篇置有无题小序。我认为这些无题小序设置很有必要。篇下小序同卷首概述一样，具有钩玄提要、沟通联系、彰明因果、揭示规律的作用。特别是在沟通宏观、中观、微观不同层次事物的联系上，篇下小序起着重要的作用。正因如此，志书的完整性和凝结度得到了强化。

三是市、县、区事物记述得当，伸缩有度。对县、区事物记述当否，直接关系到志书整体性的强弱。《三门峡市志》对所辖县区事物的记述是得当的。卷首的概述，总括的是1市5县1区的大市情。各篇、章，对县、区事物或综合概括，或面点结合，或列表展示。专志中记县、区，注意记特点，记分布，记差异。如记果品植物，苹果园面积以灵宝县最多，37.41万亩；柿子，面积以卢氏县最大，3.16万亩，产量8324吨。《三门峡市志》记县、区事物，既把他放在1市5县1区这个大行政区划中记，以保持辖县区市志的完整性，又注意通过照应记述，保持县区事物的完整性。如专设县(市)、区简介，集中记述环境、资源、建置、胜迹、经济、生活。这样集中记述，适应了改革开放的需要，也方便了广大读者。简介中未列的政治、文化、习俗、人物等，在其他专篇中也都作了相应的记述。

四是对具体事物的记述要素齐全，内容完整。这是构成志书完整统一的基础。如反映居民生活，《三门峡市志》克服某些志书仅从收入和支出两个数量指标上来反映之不足，加大了广度与深度。反映收入，既反映人均收入增长，又反映不同层面人员如富裕户、一般户、贫困户不同的增长幅度；既反映各时期收入多少，又反映收入的构成情况。反映支出，既反映人均支出量，又反映各种支出的构成；既反映物质消费情况，又反映文化消费情况。

五是对某些难以把握的事物界定较准，记述贴切。如生活习俗。现在看到不少志书、志稿，生活习俗与人民生活存在严重的重复。如服饰习俗，往往写50年代布料多为市布、斜纹布和灯芯绒。60年代，衣料变为卡呢、华达呢、呢子、毛呢等。70年代，的确良、针织衣物，成为人们普通的衣服。80年代，各种毛料、棉毛混纺和各种针织衣服畅销。居住习俗，往往写解放前富裕户住房多为砖瓦结构，一般户住房多为土坯结构。解放后，大多居民盖起了砖瓦结构的新房。这些记述，与人民生活的内容有雷同之处。究其原因，主要是对人民生活和生活习俗各自应记什么，不应记什么，没弄清楚，盲目记述。《三门峡市志》作者对此把握是准确的。人民生活中的吃、穿、住、用，反映的是生活状态、生活质量。吃上，由五谷杂粮向细米白面转化；穿上，由土布向化纤、毛呢的转化；住上，由土坯房向砖瓦、水泥结构房屋的转化；用上，由传统用品向电器化用品转化，都是生活状态、生活质量的变化。属于这方面的内容，就放在居民生活中记述。而生活习俗中的吃、穿、住、用，反映的是方式方法方面的内容。风俗习惯，是一种观念形态、一种不自觉的信仰意识、一种社会心理，他有很强的民族性、地域性、传承性。如三门峡地域范围内的蒸礼馍的习惯，在馍面上捏许多花纹，中间捏福、禄、寿；戴马肚的习惯，小孩一般戴红色，大人一般戴黑色；居住的房屋讲究叠脊、挑檐、对称等，属于生活习俗，就放在习俗中记述。

（原载《三门峡史志》1999年第3期）

综合概括的典范

——第二轮《广州市志》学习札记

二轮《广州市志》[①]（以下简称《广志》）是方志园地的又一力作 。其长项并不鲜见，而注重综合概括则是其强项之一。笔者十分欣赏这一做法。因为此前过眼的诸多志书（志稿），大多烦琐记述有余，综合概括不足，有的甚至到了令人厌烦的程度。本人曾参与终审过的一部志稿，特意统计了他的政治部类，总字数是 39.8 万字，“台账式”的记述就有 3.6 万字，占 9%。这样记述的结果，让人知其局部，不知全局；看到直线，不知转折；反映结果，不知起因；有一定的广度，欠缺应有的深度等，降低了信息的“含金量”和资政价值。像这样的志文不在少数。分析原因，仍然与人有关。“众手成志”有利有弊。撰稿人“眼低手低”，让其进行分析归纳综合概括，岂不是强人所难？

阅读《广志》让我眼睛一亮，禁不住赞叹道“一部堪称综合概括典范的好志书”。其综合概括性文字不仅量大而且质优。地情信息，有外在与内在两种表现形式。外在的比较直观，易于发现和表述；内在的相对抽象隐蔽，难于琢磨和概括。表现

① 《广州市志》（第一册）：广州出版社，2010 年 12 月。

形式不同，其信息价值也各异。本质的东西往往存在于现象的背后。为达到理想的目的，就要求在分析记述事物时要由表及里、去伪存真，透过现象看清本质。但实践中则存在着截然不同的两种情形：避难趋易和迎难而上。避难趋易，就出现了偏重直观的描述，要么一条路、一座桥、一所房、一个企业逐一介绍；要么将“横排竖写”等同于逐年或隔年记述，类同“台账”，如此现象背后的深层次信息则不得而知，结果是记了表象，缺了内涵。

温家宝 1989 年（当时担任中央办公厅主任）在中办召开的秘书长、办公厅主任座谈会议上讲：“初级信息是对各地各部门报送材料的初加工，领导机关可以用他了解动态，但不能据此决定政策。高层次信息是对原始信息的归纳、综合、分析，并在此基础上提出的对策。也包括经过调查研究写出的有深度的材料。高层次信息是对初级信息的开发和深化，有更大的参谋作用。”① 温家宝十多年前讲的这段话，把如何提高信息的质量和层次讲得十分清楚，对第二轮修志同样具有重要的参考价值。我们就是要在开发高层次信息上下功夫，在提高决策价值的“含金量”上下功夫。加强综合，是解决信息多而不精的有效办法。国家组织编纂的《汶川特大抗震救灾志》，解决资料量多质低问题的办法之一就是“综合加表格”。要善于对大量零散、孤立的信息进行分析，发现他们之间的内在联系，进行由此及彼、由表及里、由个别到一般、由局部到整体的归纳整理，使之成为具有决策参考价值的高层次信息。从另一个侧面说，对资料的分析、归纳、提炼、综合、概括，也是志书学术性的重要体现。这是一种高层次的学术研究，

① 1989 年温家宝的讲话，转引自河北省政府副秘书长宋振华 2002 年在省政府办公厅信息会议上的书面讲话。

体现着修志人员的学术素养。[①]志书的所有部类，都有一个分析、归纳、提炼、综合、概括的问题。

《广志》作者知难而进，表象与抽象兼而记之，借此弥补了诸多志书（志稿）重要信息缺漏的不足，使地情信息趋于完善，进而也使志书的“功用性”得到了本位的回归。

一是体现在对三级“述”体的运用上

卷首“总述”[②]（亦称一级“述”），计66424字。分7个问题撰写：1.优越的地理环境和悠久的历史文化；2.综合经济实力稳居全国大城市前列；3.现代化城市建设全面展开；4.政治文明日益进步；5.文化名城更添风采；6.社会事业全面发展；7.人民生活步入小康。从内容上分析，此一“总述”起到了总括地情、沟通联系、彰明因果、突出特点的作用。

该志卷下属于综合性内容，按板块类目设置；属于单一性内容，则按章节设置。经济部类卷下都设有综述（亦称二级“述”）[③]。共有卷下“述”9个，分别是：城市建设与管理综述，交通运输综述，信息业综述，商业与服务业综述，外经贸综述，工业综述，农业综述，金融综述，经济管理综述。字数总计达267140字。这与首轮于2000年出版的《广州市志》（简称《前志》）有着紧密的传承

① 参见胡巧利：《志书资料性和学术性问题辨证》，《中国地方志》，2004年第11期。

②《广州市志》（第一册）：广州出版社，2010年12月。

③ 参见《广州市志》（第二册、第三册、第四册、第五册）：广州出版社，2010年。

关系。《前志》也在这9个方面分别设置了综述或概述。

《广志》二级“述”这一部分，与其他有关设区市市志比较，更可看出其明显的优势。本人特意查阅了6部二轮设区市市志，其二级“述”的情况是：有1部篇下有概述，字数在千字以内，有1部部分编下有概述，字数亦在千字以内，有4部编（篇、卷）下无概述；有1部设了工业综述、农业综述、商贸综述，字数各在千字左右；有1部有工业概况，但无其他概况；有1部有农业综情，但无其他综情，明显存在着随意性。《广志》不仅设了9个行业综述，而且内容也比较翔实厚重。拿工业、农业两个综述来说，《广志》工业综述是31768字，而《××市志》工业综述是1287字，高出30481字；前者农业综述是37544字，而《××市志》农业综述是760字，高出36784字。工农业综述，不仅要反映不同时段工农业所处于的状态，还要反映导致这种状态的原因，也就是说要彰明因果。因为因与果都是事实都应当很好反映。《广志》的行业综述因果彰显，而《××市志》的行业综述有果无因，欠缺半边。原因中包含有主客观因素，有经验教训，这是以“资政”为功用之一的志书所不可或缺的。

该志在第三级这一层，除设置专一性事条外，部分还设置了综合性事条，冠以概况、状况、情况、发展字样的类目即属于这一范畴。详细情况见下表：

二轮《广州市志》第三级综合性事条统计

序　号	部　　类	情　　形
1	地铁志	地铁概况
2	环境保护志	环境状况
3	电信志	行业概况
4	信息化志	行业发展状况
5	日用工业品商业志	行业概况
6	饮食业志	行业发展状况
7	生活服务业状况	基本情况

（续表）

8	轻工业志	行业基本情况
9	纺织工业志	行业基本情况
10	电子工业志	行业基本情况
11	医药志	行业基本情况
12	机电工业志	行业基本情况
13	船舶工业志	行业基本情况
14	冶金工业志	行业基本情况
15	建材工业志	行业基本情况
16	化学工业志	行业基本情况
17	橡胶工业志	行业基本情况
18	非公有制工业状况	基本情况
19	乡镇企业志	发展概况、私营工业的发展、外资工业的发展

这一层的“述”类内容，侧重于内涵，包括带有规律性、经验性、特征性的内容。拿“非公有制工业状况”[①]部分来说，其综合性事条，反映的是纵向的“发展”，所达到的水平、状态。仅后者而言，他通过比较反映了自身的六大特征，即规模已大于国有和集体工业；固定资产净值超过国有和集体工业；占全市工业总产值的比重大幅度增加；对缓解就业压力贡献较大；纳税逐年增加，成为地方财力的重要来源。这些结论，是以确凿的数据作为坚强支撑的，而不是空中楼阁，虚无缥缈。在其之后，才是非公有制大中型工业企业的专项介绍。这类介绍也打破了以往多以文字形式出现的做法，转而采取简明文字加具体表格的办法处理，达到了清晰轮廓和简约文字的双重目的。而本人所看到的一部同层级的某设区市市志，对三资企业、私有经济，仅在“经济综述”中有400多字的体现。像电信、电子、冶金、建材、化学

① 《广州市志》（第四册）：广州出版社，2010 年 5 月。

等部类，要么未“综情”这一块内容，要么是寥施笔墨予以过度，像前述的“四性”内容看不出来或挂一漏万。其重心则放在业态本身的专一性记述上。如此记述并不为过，问题在于缺乏客观存在的综合性内容。此类弊端在现实中带有明显的倾向性。

二是体现在对区、县概况的改进记述上

上述所看到的几部设区市市志，区、县概况内容基本上都是5大块，即建置区划、自然环境、人口、经济、社会事业。这是区、县概况的一种写法。与《广志》写法比较，不足是展得太开，易形成“志中志”现象；另外也缺漏断限内管理方面的基本情况和经验教训。而《广志》的区、县概况（以下简称《概况》），不拘一格，一级标题取消“志”字，直接称“区、县级市概况”。二级标题称章，但章下无节，由章直接统辖记述内容。《概况》比较注意综合概括和彰显特点。如越秀区，12996字，显示的是：商贸繁荣，继续保持广州商业中心地位；重视文物保护，展现历史名城文化风采；改造与建设协调，创宜业宜居环境；大力发展教育和科技事业。东山区，11552字，显示的是：推动科技进步，促进经济发展；加大建设与整治力度，创建优美市容；社会事业协调推进，评为省教育强区；关心群众生活，开展创建文明社区活动。海珠区，7220字，显示的是：基础设施建设进一步加强和完善；工农商并举，经济建设持续发展；实施科技和教育兴区；推动社会事业全面发展。荔湾区，12996字，显示的是：优化环境，老城区最宜安居创业；弘扬传统，建设现代化商贸文化旅游区；深化改革，经济和社会事业取得新进展。天河区，10108字，显示的是：城建快速发展，成为广州新的中心城区；改革促发展，

居民生活明显改善；高科技产业发展成效显著；协调发展社会各项事业。白云区，8664字，显示的是：调整经济结构，大力发展城市农业；基础设施日趋完善，城市化建设进程加快；工业和商贸业取得新发展；社会各项事业明显进步。黄浦区，12996字，显示的是：以外经贸为导向，巩固发展经济支柱；深化改革，农工商各业不断发展；抓基础设施建设，区容区貌变化大；促进社会各项事业全面发展；认真开展创建文明单位活动。芳村区，10108字，显示的是：两个文明建设协调发展；区容区貌明显变化；发挥花乡优势，建成农村小康达标区；区工业经济持续高速增长；发展第三产业见成效；科教文卫体事业有新发展。番禺市，12996字，显示的是：经济综合实力进全国百强县；城市建设管理成效显著；社会各项事业全面发展。花都市，11552字，显示的是：基础设施建设成效显著；工业发展水平明显提高；农业经济稳步发展；商贸服务业发展良好；社会各项事业全面进步。从化市，12996字，显示的是：发挥资源优势，创建优美环境；发展特色农业，优化产业结构；完善基础设施，改善投资环境；深化国企改革，推进工商外贸发展；稳步发展科教文体卫事业。增城市，7220字，显示的是：完善基础设施，发展大工业和物流业；发展生态经济，建设秀美山川；社会事业与经济建设协调发展。这12个区和县级市概况，其内容共有42条，计131404字，其中具有个性特点的条目有26条，占70%。而这些特点也是通过综合概括显示出来的。其典型的条目有商贸繁荣，继续保持广州商业中心地位；重视文物保护，展现历史名城文化风采；弘扬传统，建设现代化商贸文化旅游区；城建快速发展，成为广州新的中心城区；调整经济结构，大力发展城市农业；发挥花乡优势，建成农村小康达标区；综合经济实力进全国百强县等。

三是体现在第四、第五层实写条目上

如卷六生活服务业，写传统服务业，包括旅馆业、理发业、摄影业、洗染业、修理业业态变化， 注重面上综合和重点简介相结合，做到多维审视和全面记述。如理发业，共1147字，通过综合概括，反映了变化较大的时段，地域分布，闻名企业，名称演变，费用，消费群体，有关年份总量和增长幅度等，业态信息丰富翔实。写新兴生活服务行业和项目，包括搬家服务、家政服务、美容美体、桑拿沐浴、社区服务等，综合概括时，也是注意把握记述基本要素。如搬家服务，基本要素包括业态变化，创业较早的公司，运作形式，服务内容，基本价位，队伍设备、所获荣誉等。

再如文化部类中的版画创作，他不像有的志书（志稿）那样仅对版画家进行一个一个的简要介绍，包括姓名、有何作品、搞何展览、获何荣誉，而是全镜头加特写镜头：先写10年断限内全区版画创作与过去的不同，即一是版画家选择的题材内容更加广泛，题材的政治宣传性已经淡化，探寻哲理性和诗意、抒情性的创作在上升；二是从较单一的写实主义为主调，到寻求技巧的突破，展示出风格技巧多元化；三是版画的版种日益丰富，显著扩展了版画的表现力。接着写版画在“逐渐冷落”期间执着坚守的代表人物赵瑞春。尔后写版画创作基地、人才培训中心和知名版画家。《广志》作者在版画这一部分所反映的信息，远多于本人所见同级别志书（志稿）中的同类内容。对待国画、油画、水彩画等，作者也是如此。用最简练的文字反映尽量多的信息，这就是志书编纂者的真功夫、巧功夫。志书是资料书，但资料书并非挂一漏万或粗俗失雅。著名作家二月河评价作家秦俊的小说是“从众而不媚众，入雅而不佞雅”[①]。本人认为这一评价借用到前述志文上也是十分适用的。

（原载《广东史志》2013年第5期）

①时天范、鲁钊：《在追溯历史中畅抒乡情——访全国劳动模范、国家一级作家、南阳市人大常委会副主任秦俊》，《河南工人日报》2012年3月9日。

一部在改进完善中出手的好志书

——喜读二轮《合肥市志（1986—2005）》有感

我有幸拜读二轮《合肥市志（1986—2005）》①（以下简称《合志》），深感这是一部在改进完善中出手的好志书。修志在人，事在人为。修志过程中是循规蹈矩，还是有所前进，是志人截然不同的两种态度。《合志》作者弃前持后，彰显的是历史的使命感，现实的责任感，难能可贵。

说改进完善，一是因为这是一个永恒的课题——三十年代所编志书，有长有短。因此，当时有一位社会学家叫吴景超的，写了一篇名为《中国县志的改造》的文章，在《独立评论》杂志上刊发，呼吁通过改造扬长避短，完善志书，强化功能。②

二是因为我们编修的志书（志稿），同样有长有短。因此，一些有识之士出以关心，不吝赐教。北大教授肖东发先生曾指出，志书“花费大量篇幅反映事物内部一些小单元的起源兴革”，使“志书格局呈现为一条多竖线拼结并列而成的薄薄平面。看起来文字不少，但多为承上启下铺垫过渡性内容，核心资料被冲淡，

① 《合肥市志（1986—2005）》：方志出版社，2012 年 10 月。

② 参见吴景超：《中国县志的改造》，《独立评论》，1933 年第 60 期。

反映不出多层次的、立体的、多彩多姿的现代社会全貌”[①]。人民日报社记者李舫在充分肯定修志成绩的同时，也指出修志“存在着‘因义剪裁，因义生文’的情况”，“政府各部门的篇目设置和记述是从记述部门工作出发，未能从国家管理的角度设篇立目和记述。大量篇幅记述的是各个部门的机构设置、人员多寡、各项工作、各种代表大会、单位任职人员和时间等，未能从部门设置的职能发挥、发展变化上提供管理方面的经验教训以资借鉴 。[②]”河北省作协副主席谈歌在《光明日报》发表文章，也指出当前修志有了变化，说志书字数渐多，页数渐厚，有的状若砖头，内容却变得枯燥……事无巨细，一概记录在案 。[③]读者反馈，犹如一面镜子，使我们改进提高有了标准、范围、方向和动力。

《合志》的改进完善，首先当说压缩文字，控制篇幅。好的志书（志稿），应当文约事丰，博观约取，好读好用。如果像专家学者说的“文字不少”，水分很多，“状若砖头”，枯燥乏味，谁还愿读愿用呢？合肥作为省会城市，断限20年，可记内容很多，但该志最后限定在300万字范围之内，没有一点魄力是难以办到的。我手头恰巧存有另外5部第二轮设区市市志，他们字数从低到高说，分别是340万字、360万字、380万字、430万字、560万字。相比较，《合志》作者还是在从严从紧控制文字总量。控制方法，一是当专则专，当合则合。属于重点、特点、亮点性内容，该专门设置的专门设置，如城市建设、政党、改革开放、工业经济、农业经济等。属于可以合并的，如环境、资源、人口，人大、政

①肖东发：《年鉴学概论》，中国书籍出版社，1991 年 12 月。

②李舫：《披沥五十载 丹心入青史》，《人民日报》2004 年 7 月 7 日。

③参见谈歌：《探寻“史记”与县志中间之路》，《光明日报》2011 年 1 月 2 日第 4 版。

府，政协、人民团体，军事、公安、司法，人事、劳动、综合政务等，两至三项合并为一块。横者归并类项，纵者删削层次，这样可以减少衔接、铺垫等过渡性文字，从这个方面对志书“减肥瘦身”。二是坚持“综合加表格”处理。如乡镇企业与民营经济，分别设立乡镇企业和民营经济概况。在这一部分着重于综合，勾勒纵向脉络，横向状态，简明扼要，写清为止。十分微观的资料，如企业个数、职工人数、总产值、总收入、利润、税金、职工工资等，则以表格的形式出现，而且使用小于正文的字号，这有利于减少版面，压缩篇幅。三是注重发展概况与重点企业简介结合记述。工业中的轻工工业、纺织工业、食品工业、冶金工业等，都是如此处理。这体现了“突出重点、兼顾一般”的要求，同时又较好地实现了总体与局部、面与点的有机结合，达到了既压缩文字又无碍主体内容的恰当表述，收到一举多得之功效。四是坚持有所为、有所不为。正如著名教育家、出版家叶圣陶91岁时在开明书店60周年纪念会上所说：“我们有所为，有所不为；有所为，就是出书出刊物，一定要考虑如何有益于读者；有所不为，明知对读者没有好处，甚至有害的东西，我们一定不出。”一部书、一份刊物是这样，修志当中，一个事件、一份资料，是取是舍，是详是略，同样要考虑其影响。《合志》人民政府章，改变了以往那种以“政务辑要”标目和不乏“空虚”的写法，对政府办得好、百姓看得见的实事，以“为民办实事纪实”为题，持朴实的笔法“实打实”记述，在这方面有所作为。再如文化艺术，其记述主体适度展开，列了5节，其他列2节，以便“就重避轻”，从而把调整内容主次结构落到实处。五是“内容互见”。如归国华侨联合会，在侨务节中仅列篇目，不展开记述，内容参见第五编《政协·人民团体》。

《合志》的改进完善，其次当说对述体的改进。二轮志书，有的采取卷首、篇、章三级设述，有的是卷首、篇两级设述。《合志》根据需要，在卷首、章这两层设述。这是《合志》的个性特点。笔者理解，如此处理大概在于减少重复，也便于统摄概括。全书83章83个概述，大多颇见功夫。这些概述采用楷体字以与节、目宋体字相区别，着力钩玄提要，勾画纵向脉络，横向状态，揭示兴衰起伏，展现成绩问题，彰明因果变化，使之真正成为读者阅读该章内容的钥匙和向导。

《合志》的改进完善，第三当说对部分易被弱化内容的加强。如民主党派，包括民革、民盟、民建、民进、农工党、致公党、九三学社，不仅记代表大会、组织建设，还记参政议政，累计字数达4.8万字，与中共合肥市委内容仅相差8000字。如此记述，彰显了合肥市各民主党派，与中共合肥市委同心同德，同舟共济，以爱国敬业的热情，围绕合肥市的政治、经济、社会事业建言献策，为合肥市的发展所做出的积极贡献。再如八大人民团体，总字数是8万字，而易被淡化处理的工商联、文联、科协、残联、侨联，累计是3.4万字，占人民团体总字数的42%，可见比例不小。像残联团体，记了残联沿革，残疾人代表大会，残疾人状况，残疾人康复，扶残助残，残疾人教育体育，残疾人维权，先进单位和先进个人，范围涉及残疾人事业的方方面面。对弱势群体的关注，是建设和谐社会的应有之义；同样，加强对弱势群体活动的记述，也是新方志编纂者的应有志德。因此，《合志》作者应当受到褒扬。

《合志》的改进完善，第四当说“合肥丛谈”入编。这一编载录了吴王事略，包公文化，李鸿章与淮军创建，刘铭传轶事，段祺瑞纪闻，总数达10.9万字。这些人和事，最能反映合肥的历史人文和地方特色，也是《合志》的重点、特点、亮点所在，较好达到了作者预想之目的，即补前志记述之不足，彰显合肥文化之精神，存地方史研究之成果。[①]同时还由于其知名度高，影响广远，志书借此也大大提高了自身的知名度和影响力。这些文字均出自专家学者之手，其考据慎重，表述严谨，人事结合，脉络清楚，把握重点，挖掘个性，具有相当高的学术品位，堪称精品佳作。他与经过精心选择列入人物传介的古今人物，以及卷末附录中的“淮军将领与圩堡群”“合肥市（庐州）历代方志辑目”“历代合肥人著述存目”，构成了一道厚重、亮丽的人文风景线。

《合志》的改进完善，第五当说其章法技巧的运用。一是通过比较显现优劣态势。记水资源，作者以2000年为例写道，全市人均水资源占有量405立方米，仅为全省人均水资源量的1/3左右，不足全国人均水资源量的1/5，小于国际公认的人均500立方米的严重缺水线，为严重缺水地区，被水利部列为全国重点缺水城市之一。人们看了这样的记述，不会不产生水的危机感，进而不会不考虑节约用水的问题。二是进行分析性记述，把偏重静态的数字，变为动态的资料。如反映合肥市用水变化，先列《1980–2003年合肥市用水变化表》，开列城镇生活、农村生活、工业、农田灌溉、林牧渔业、总用水量若干项。紧接表格，把体现变化的节点作分析性记述，写农业灌溉仍是第一用水大户，1980–2000年，农业灌溉用水量年均增长率为0.3%；工业用水增长迅速，用水量从1980年的0.79亿立方米，增加到2000年的3.91亿立方米；生活用水持续增长，20年间，城镇生活用水年平均增长率为7.24%。注重作分析性记述，更能揭示事物变化的规律，同时也更方便读者对资料的选用，不至陷入密密麻麻、不知所然的困境当中。三是博观约取，抠准要点。这个点就是起

①参见《合肥市志（1986—2005）》（下册）：1857页，方志出版社，2012年10月。

点、终点、高点、低点。事物发展，曲线运动，有曲线就有这4个点，无论断限长短，概莫能外，要说有区别的话，就是循环往复的频率有所不同。《合志》作者对此理解和记述颇为到位，因此资料的功用性就较强，文字也比较简约，可以说是文约事丰。如记日照，是这样写的：合肥市年平均日照时数大约1900小时，其中7月、8月日照时数最多，占全年总日照时数的21%，1月、2月日照时数最少。从变化趋势看，合肥市20世纪50—60年代日照时数处于偏多时段，1999年以来日照时数一直处于偏少时段。平均温度、降水量年际变化等也有类似记述。

《合志》的改进完善，远不止以上这些，但仅从所列就足以说明问题。需要的是，尚未出版志书的地方，都应在这方面有所作为。期望有更多的好志书陆续出现。

（原载《河北地方志》2014年第1期）

一部给人留下深刻印象的好续志

——读《三门峡市志（1991—2000）》随笔

志书是地情之书，地情是立志之本。党和国家领导人李铁映、刘延东，在讲到地方志时，曾指出这是在党委领导、政府主持下，对地情国情的全面普查和研究。衡量一部志书如何，其尺度还是要看志书载体是否真实、全面、厚重、巧妙地反映了地情客体；阅读之后，给读者的印象，是否像30年代社会学家吴景超，评价当时著名学者李景汉主编的《定县社会概况调查》那样，说“看了这本书，比到实地考察半个月还要深刻”。河南省三门峡市史志办编纂的第二轮《三门峡市志（1991—2000）》（以下简称《市志》），我有幸拜读，认为这就是一部给人留下深刻印象的好志书。从载体与客体的统一性上分析，使我在脑海中烙下印记的至少有6点难忘之处，即九曲黄河从这里流过，灿烂文化从这里孕育，枢纽工程从这里诞生，中央领导对这里倍加关怀，新兴城市从这里崛起，美好明天从这里昭示。

一、九曲黄河从这里流过

《市志》共计4册，每册卷首都有同样一幅九曲黄河彩色图照，图中落日可见，余晖犹存；天空云霞由远及近，层次分明；居中近看，高原、堤岸是那样的浑厚；黄河之水在夕阳下依然金光闪烁……。我反复在想，作者为什么要把这样一幅图照，放在每卷志书之首？思来想去，终于悟出：他就像一部电影的主题歌，意蕴其中，始终贯穿，荡人心扉。志书是写实之书，但不排除虚实结合，关键是量的多少和在什么地方使用。数量少而精，所放位置又恰到好处，那就是高超之举。高超在于，立意高远，思想深邃，寓观点于一招一式之中，给读者以无限的想象升华空间。

黄河，母亲河，中华民族的发祥地。这是黄河两岸修志必须考虑的大背景。人类逐水而徙，逐水而居。试想，没有黄河，其他一切都可想而知了。本文开头所言的难忘之处，就是一个“一因多果”的问题：没有黄河从这里流过，就没有灿烂的域内文化，就没有三门峡水利枢纽工程，就没有中央领导对这里的高度关注，就没有三门峡市的诞生与崛起，自然也就谈不上美好的明天在这里昭示。事实正是这样，志书就不能向背而行。黄河是一个纲，纲举才能目张。他对其他事物，具有决定或影响作用。把他作为一个纽带，贯穿志书始终，既可使记述事物因果自圆，又可借此增强志书的逻辑联系和整体性。因此说，志书修的如何，第一不是在他写得如何的热闹，而是在他想得是如何的巧妙。运用之妙，存乎一心。

九曲黄河从这里流过，事物记述就从这里开始。三门峡市是黄土高原边缘地区，境内山峦起伏，沟壑密布，地形复杂。志书通过文字和图片，生动地反映了深山、浅山、丘陵、黄土高原、河川盆地和人工地貌，以及域内长江水系、黄河水系的地方特点。在这里，我们看到了黄土高原东尽处——陕县张茅乡西桥沟图文并茂的记述，屹立于滔滔黄河之中的中流砥柱，日出日落的精到记述。志书在《编纂始末》中总结到：基于“图”体的特殊功能，有意增加图的分量，请专业机构制作十多幅地图，使入志地图专业性增强，信息量增大，拓展了《市志》展示三门峡地情的视角。这一总结实事求是，毫无夸张之处。当我拿到《市志》后，首先就被这些地图所吸引，当中有政区图、城区图、交通图、地势图、地貌类型图、矿产资源图、森林分布图，一图在手，万象尽在眼中。

一方水土养育一方人。志书记述了起源于辖区的姓氏，包括郭姓、焦姓、关姓、兀姓、辛姓、陕姓、上阳姓等，揭示了各姓产生的具有独自特点的原因和源流。在民情民风中，图文结合记述了独具特色的地坑院、靠崖窑院。在农业和水利等部分，记述了具有个性特点的积水、蓄水、供水、节水内容。在人物和附录中，记述了冰河救人的英雄群体，割肝救女的大爱父亲，在煤田创造辉煌业绩的劳动英雄、见义勇为的青年英雄等。

由黄河、黄土高原，进而带出了光、热、雨3因子同步的气候特点，得天独厚的资源特点，风景优美的旅游特点，西进东出的咽喉要道和交通特点等，通过百万多字的文字和1000多帧（幅）的图照，将其生动地展现在读者面前，引人入胜，耐人回味。

二、灿烂文化从这里孕育

原中央政治局委员、国务委员、中指组组长李铁映，在全国地方志第三次工作会议上的讲话中指出：新一轮修志就是要推出一批符合时代要求，具有很高科学水平和重要文化价值、社会价值的志书……。只有具有科学性、文化价值和社会价值的“名志”“佳志”，才可能流芳百世，为后人所借鉴，为当代人资政。这里两次提到“文化价值”的问题。我的理解，修一部好志，要从文化的视角去记述，要记述地域文化，要展示文化的底蕴。从实践结果看，《市志》编纂人员是兼顾到了这些方面。兼顾到了，《市志》因而就显得厚重，就避免了北大教授肖东发所说志书存在的“薄薄平面”的问题，就体现了吴景超在《中国县志的改造》一文中所希望的那样，要注重反映社会上“极重的事实”。

要提高志书的文化价值，一是客观上要存在这方面内容，不能为“提高”而“提高”，人为地去制造“十景、八景”；二是要有“慧眼识金”的功底。一、二轮修志，不同地方，同样都是文化积淀深厚，但反映在志书当中却是“厚薄两重天”，原因也就在素养、意识、悟性上。三门峡市是一个新兴的城市，但他的文化发端则源远流长。他作为古代京畿之地和东西交通要冲，浓缩了中国古代最为繁荣兴盛时期的历史与文化，成为黄河文化的集中展示地。仰韶文化，黄帝铸鼎原文化，虢国文化，老子《道德经》衍化出来的道家思想文化，达摩与禅宗文化，崤函古代战争文化等，在志书中都给予了重要地位和浓重笔墨。这几部分归在一编，计 10 万多字，占全书的 3%，可见比例不小。

也许有人会说，这些属于断限前的内容，不应当记述，更不应褒奖。带着这个问题，我将这部志书与手头正好存有的首轮《三门峡市志》相对照，知悉首轮志书对这些均未集中浓墨记述，这次将其补上，正好符合二轮志书“续、补、纠、创”的要求。通过个性化的重点集中反映，使三门峡市底蕴厚重的历史文化和浓郁的地方特色得到鲜明的展现，使志书的文化品位和著述性也得到提升。本人经常呼吁，修志也要讲辩证法，要有所为，有所不为，在次要内容上少作为，在重点、特点上多作为；只有如此，志书才能厚重起来，光亮起来。我愿意阅读《市志》，原因自然就出在这里。

《市志》的文化气息和学术品位，其表现是多方面的。我所看到的多部设区市续志，记文学艺术，多是群体、个人、作品名称、获何奖励的干干巴巴的介绍，想细看创作特点、艺术造诣等内涵性的东西则没有。常言道：外行人看热闹，内行人看门道。志书应照顾到各方面读者的需要，达到雅俗共赏。《市志》作者意识到这一问题，进而做了有益的改进和完善。如记“三人四条腿”高跷表演，除介绍一般情况，着重写道：这种表演形式比高跷、平垛、坠子演技高难，显得更加生动活泼，富有力量。里面的行当有武生、小丑、三花脸等。节目内容丰富，多数是戏剧故事，道具根据扮演人员而定。“三人四条腿”高跷功夫难度较大，因而限制了他的鼓点节奏不能过于复杂，一般以当地的秧歌鼓点为主，穿插变化，节奏显得十分明朗。再如记布制工艺品：三门峡市布制工艺品，种类繁多，其共同特点：具有实用、观赏和娱乐功能；造型夸张、生动；色彩艳丽，装饰性强。记锣鼓书、编织、烙画、蛋雕、虢国澄泥砚等，也注意介绍其艺术特点，让一般读者从中增长了知识，让专业人员有了可供研究的地情资料。

三、枢纽工程从这里诞生

黄河三门峡水利枢纽（简称枢纽工程）是在黄河干流上兴建的第一座以防洪为主，兼顾防凌、灌溉、供水、发电等综合效益的大型水利枢纽，由黄河水利委员会三门峡水利枢纽管理局管理。设区市级志书，如果囿于隶属关系，不记此一特大事物，就像《北京市志》不记故宫和天安门一样，那是不可想象的。浓墨重彩记述此事，对彰显重点、特点、亮点大有帮助。鉴于此一特殊情况，一、二轮《市志》对此都有重笔记述。但两轮志书在记述方法上是有明显区别的，并不是简单的抄写、复述。首轮志书从论证、立项、规划、施工、运用、改建、工程监测、前期管理方面去记，续志从水库建设运用方式探索、枢纽工程后期管理、库区移民遗留问题处理、综合效益与成就方面去记述，注重于前后衔接，确保了事物的连续性。某些需要追溯的内容，在《凡例》中做了说明，处理时，或错开角度，或精炼简化，或重新剪裁铺排和编辑加工。

吃水不忘掘井人。枢纽工程扬名海内外，奠基和建设者功不可没。为保留资料又不打乱体例，《市志》作者创设“特附”（以区别于其他附录），将三门峡水利枢纽建设奠基单位——中国水利水电第十一工程局（以下简称工程局）专列一个板块，分工程建设、多种经营、社会事业、组织管理几部分，用了8800多字，对工程局作了应有的记述。历史是体力、脑力劳动者共同创造的。枢纽工程的历史，是所有参与者、建设者共同创造的。志书这座丰碑，记下创造者的历史功绩，于情于理、于今于后、于内于外，其意义都不容置疑。作为新中国成立后，为建设黄河三门峡水利枢纽而组建的中国第一支专业水电施工队伍，也是新中国成立后进驻三门峡，在一片荒芜土地上建设新三门峡的第一批拓荒者、建设者，更是三门峡市从无到有，从小到大，从豫西偏僻小镇到黄河岸边一颗璀璨明珠的亲历者、见证者，自身会感到无比自豪，三门峡人民会为其感到骄傲，我作为一个读者和评论者，也为其感到无上荣光。本段末尾，情不自禁地还要加上一句：在上述之处，《市志》作者是想对了、做对了！

四、中央领导对这里倍加关怀

从《市志》中，我们可以清楚地看到：三门峡市因万里黄河第一坝的兴建，备受党和国家领导人的关注。周恩来曾3次亲临三门峡，刘少奇、朱德、陈云、邓小平、彭真、董必武、李先念、胡耀邦等近30位领导人亲自来此，可以说是全国得到高级领导人关注最多的设区市之一，他们对大坝和三门峡市的建设给予了很大关心。难能可贵的是：《市志》将上轮志书未曾载录的1958年6月29日周恩来关于黄河规划和三门峡工程给毛泽东的信，以及1964年12月18日周恩来总理在治理黄河会议上的讲话，特意纳入志书。纳得好，值得称赞。他虽是断限前的资料，但又不是复载的资料，把他纳入本志，可以展现周总理通观全局、高瞻远瞩、缜密思考、科学决策、运筹帷幄的领袖风范。他与对其他领导人视察的简要复述形成一种衔接、映衬，他代表、折射出领导群体的共有风范。载而不违体例，录而详略有致，应当说，这就是作者的独具匠心。

对断限内党和国家领导人对三门峡的关心，《市志》同样是有面有点的细致写来。大事记和相关部分，对朱镕基、温家宝、邹家华、王兆国等领导人视察活动作了记述。与此同时，把江泽民总书记1999年6月19日到三门峡视察，设为特记，置于卷首概述之后、大事记之前。这种处理恰到好处。

领导对这里的关心，带来了党和国家有关部门对这里的支持。请看：1991年12月，水利部一行10人，到三门峡市视察灾情，研究解决人畜饮水问题；1992年3月，受国务院委派，地质矿产部一行4人，到三门峡市考察旱情，地矿部门随之勘测水位，开机钻井；1994年8月，中央国家机关青年志愿者服务队，到三门峡市考察贫困地区经济及儿童失学情况，为卢氏县捐赠价值50万元的扶贫物资，并捐建一所希望小学……所有这一切，三门峡人民是永远不会忘记的。《市志》作者代表官民意愿，对此都做了如实记述，让子子孙孙世代铭记。

五、新兴城市从这里崛起

我未曾去过三门峡市，但阅读两轮《市志》后，让我对其由陌生变为熟悉，由感叹变为敬佩。这应当归功于三门峡市史志同仁，为我们开启了一扇市情之窗。

三门峡从1957年建市，到2007年（《市志》“限外辑要”截止时间）的50年间，从豫西的一个名不见经传的小镇，由于三门峡水利枢纽工程的立项和建设，逐步诞生、发展、壮大、崛起，成为豫、秦、晋金三角的一颗明珠。2007年，全区总产值518.56亿元，在全省18个省辖市中排名第一；规模以上工业实现增加值265.24亿元，增速连续12个月在全省排名第一；财政一般预算收入完成29.36亿元，增速居本省各设区市第二位。可见发展的速度是何等的惊人。

志书记本市的发展、成长，有物化、量化、变化的记述，也注意用全面、持续、可协调发展的科学发展观，审视、把握和科学记述，达到具象与宏观的统一，资料性与思想性的统一，文字展示与画面布设的统一。城市发展规划，包括发展战略，是对领导是否科学决策的最好检验。从志文记述看，市领导是按着科学决策、科学发展的路子往前走的。志书中写道：原城区发展空间受限，而市区西南18千米处，地势平坦，用地开阔，依山傍水，有着良好的城市建设基础。在这样的基础上，发挥区位和交通优势，加强市场体系和流通领域的建设，加速工业的高起点改造和高新产业的开发，加速旅游资源及旅游设施的开发建设，强化城市中心区的凝聚力和辐射力，带动区域经济全面发展。这不就是科学发展观的具体体现吗？志书展现的蓝天、白云、绿树、大坝、湖泊、天鹅，不就是人与自然和谐相处的反映吗？看罢《市志》，感到该市走以科技为先导、绿色环保、持续协调的发展之路，有着巨大的后劲和潜力，因此使我对其十分感叹和敬佩。

六、美好明天从这里昭示

《市志》设计与记述巧妙之处，可圈可点，他还表现在：第一卷卷首置有一幅天鹅起落、戏水、漫步的黄河湿地彩照；每卷卷首，都有同一幅天鹅在市区上空飞翔的彩图；每页都用天鹅展翅高飞的画面作为页眉横条底衬。我认为，这绝不是信手抓取，随意粘贴，而是特地设置，饱含深意，一切都在不言中。在某种情况下，意会更优于言谈，含蓄更优于张扬。过于直白的表述本地如何如何的宜居、宜业、宜乐，让人感到是在“生硬”的推销，进而还容易敬而远之。换一种形式，如前所述，给人以生动真实的画面：高原、黄河、天鹅——高原是那样的宽厚博大，黄河是那样的生生不息，天鹅是那样的翩翩起舞，你怎么也不会感到“生硬”，只会感到是那样的亲切，进而也就亲而近之、爱而趋之。

知不足而后奋起。因此，《市志》既充分记述了三门峡市经济社会发展所取得的辉煌成就，也冷静地分析了不利因素，如自然条件差，经济基础薄弱，县域经济发展差别较大等。这为研究问题、制定对策、寻求突破，提供了重要的参考资料。

《市志》出版之际，该市也迎来了全面建设小康社会的发展机遇。志书对市委、市政府带领全市人民，抢抓机遇，科学发展，着力再造一个三门峡，跻身中原崛起第一梯队，提前实现全面建设小康的宏伟目标，以及“扩大开放，依托提升，优化结构，项目带动”的战略举措，也作了简明扼要的交代。配合中心，展示蓝图，鼓舞斗志，作者尽了应有之力。

在《限外辑要》中，我们看到：促进自然经济社会和谐发展的文件在陆续出台，各级领导深入基层调研推动的身影在频繁出现，旅游搭台、经贸唱戏的洽谈会在隆重举行，新的工程项目一个接一个在奠基、在施工……

美好的明天在这里昭示——充满生机活力的三门峡市，必将绽放出更加璀璨夺目的光辉。

（原载《河南史志》2011 年第 4 期）

“五种意识”的较佳体现

——评2006年版《龙岩市志》

2006年版《龙岩市志》（以下简称《龙志》）正式出版了。该志由林汉扬主编，方志出版社出版，全志分三册，4360千字。拜读该志，深感其是一部“五种意识”体现较佳的设区市市志。我由衷地向该志主编及全体编纂人员表示祝贺。

一、体现了较强的服务意识

修志目的在于使用。如何使读者好读好用，是修志者必须考虑的问题。通读《龙志》，感到作者服务工作做得比较好。正因如此，志书就十分方便阅读和使用，不仅方便国内读者，也方便海外、国外读者。大家不是都说现在是服务型社会，在这样的社会中，谁服务意识强，服务工作做得好，谁就立于不败之地。修志也是如此，谁做到这一点，谁的志书就有吸引力。在此略加圈点，便知《龙志》作者的服务用心。《龙志》系三卷本，每卷都有总目录，总目录只列到册、编；都有本卷的详细目录，分卷目录列到编、章、节。这样做的好处在于，一卷在手，既知局部，又晓全局。为照顾到英文读者的需要，还设置了英文目录。《龙志》的断限是1988—2002年，共15年，如何处理15年与数千年的关系，也就是现实与历史如何衔接，既是沟通事物联系的需要，也是方便读者阅读的需要。为此，《龙志》作者坚持大多从1988年写起，少数如建置、人物则根据需要向前追溯。检察部类，既列了犯罪案件数量，又记了犯罪案件类型，这是一大改进，使读者不费吹灰之力，就获得了更多的案件信息。《龙志》作者为了吸引读者的眼球，进而收到“爱不释手”的效果，有意识地增加了图照，并将图与文有机结合，做到图文并茂。《龙志》卷首集中置图247幅，随文插入黑白图照214幅，使志书增添了形象性、直观性，特别是通过这些图照，让读者加深了对龙岩市历史悠久、区位优越、资源丰富、英杰辈出、革命老区、客家祖地、台胞祖地、闽西侨区8大特点的理解。《龙志》有关部类，如居民生活，除文字外，还设置了柱形图、扇形图，如此既活化了版面，也有益于调动读者阅读的兴趣。以往的志书多无索引，查阅很不方便。《龙志》作者注意到此问题，在志末设置了主题索引、图表照索引、人物索引，大大方便了对相关内容的快速检索。

二、体现了较强的功用意识

志书的功用在于存史、资政、教化。存史的目的也是为了后人资政、教化。志书质量高低，核心是看具有较大资政、教化作用资料的多少。《龙志》作者由于有较强的功用意识，所以采掘了不少很有参考价值的资料。《龙志》总体框架突出经济的发展，紧扣改革开放这一主题，将经济部类前置，全面反映龙岩市15年的发展变化，为推动今后改革开放和经济的发展提供了很好的反思材料。《龙志》将环境保护、资源开发利用与保护放在很突出的位置，分列为第二、第三编，并详细记述了开发状况、污染程度和保护措施，既体现了本地对基本国策的重视，对建设节约型社会的关注，也昭示了建立人与自然和谐关系的必要性。《龙志》特设“扶贫扶建与农村小康建设”编，记载龙岩在全国革命老区中率先脱贫致富奔小康的经验和事迹。这些经验，很值得尚未脱贫的地方学习借鉴。加强民主政治建设，是党和国家关注的一件大事。在这方面实践如何，《龙志》从一个方面给予了回答。该志专设“基层民主、依法治理”编，展示了龙岩基层民众参与国家和社会管理的一个层面，以及依法治国方略在当地的实施。《龙志》注意记载当地人民群众的社会生活及感人事迹，在人物中记载了舍己救人的少年学生，与歹徒英勇斗争光荣牺牲的巾帼英雄，事例典型突出，堪称革命英雄主义教育的生动教材。

三、体现了较强的忧患意识

中央领导人常提出要居安思危，要有忧患意识，危机意识。我们所处的世界并不太平，我们前进的道路并不平坦。辩证法告诉我们，看到成绩，有利于再接再厉，看到困难、问题，有利于变压力为动力，有利于转危为安，转忧为喜。《龙志》作者出于这种强烈的责任感，坚持按辩证法办事，既把成绩、进步、变化写足，也把问题或差距或困难找准。在当前报喜容易报忧难的情况下，能够做到这一点，是需要一点勇气和决心的，也许是“心底无私天地宽”吧。《龙志》概述分三部分，一写特点、二写成就、三写问题。现在有的志书写成就挥挥洒洒，写问题一笔带过。而《龙志》写问题，定性定量结合，有分析有对比，有根有据，把话说透为准，将“经济发展速度相对缓慢”“城乡居民收入相对较低”“工业化进程较为缓慢”“城市化水平较低”“环境问题不容乐观”一一展现在读者面前。经济总情中列了四个表，即《1998—2002年龙岩市国内生产总值、地方财政收入居全省位次情况表》《若干年份龙岩市（地区）国民经济主要指标与全省对比表》《2002年龙岩市主要经济指标与全省及8个设区市对比表》《2003年龙岩市主要经济指标与全国10个革命老区市对比表》。通过对比，找到了龙岩市在全省、全国的位次及差距，明确了今后的前进方向。在“人民生活”中，既记了人民生活水平的提高，又记了收入差距的状况，包括城乡居民收入差距、地区收入差距、不同行业职工工资收入差距、城镇居民家庭收入差距、不同所有制职工收入差距，充分体现了志书作者实事求是、秉笔直书的可贵精神。胡锦涛总书记2005年2月21日在中央政治局第二十次集体学习时强调，要加强对社会利益关系的调查研究。《龙志》对收入差距的反映做的正是这方面的工作。通过这些记述，可以帮助当地社会管理者深入认识社会利益结构、利益关系的发展变化，进而完善政策措施，统筹解决各方面利益关系和利益要求。

四、体现了较强的整体意识

当今的龙岩市，辖1区、6县，总面积19050平方公里。《龙志》作者立足于这样的地情实际，整合入志资料，通盘取舍剪裁，使志书体现了较强的整体性。卷首的概述，采取凝练聚合的手法，把1区6县的精华提炼融合到大市这个母体中。写地形、地貌，着眼于大形大势的勾勒。写资源，用分布来沟通局部与整体的联系。涉及政出一门、步调一致的事物，如改革等大的举措，尽量从全局的角度写出发展阶段和历史脉络。大多内容，注重市直与区、县的综合，配以必要的区、县典型资料。《龙志》作者坚持统，但统而不死；坚持放，但放而不乱。放，就是把区、县放到恰如其分的位置上去写，既让其“露脸”，又避免“喧宾夺主”。大市志记县、区，不外乎暗含和明记两法。明记什么，记到什么程度，倒是有些讲究。在这方面，《龙志》的处理是得当的。志书记什么，简而言之就是六记，即记建置、记天地、记人口、记地理、记产业、记事业。打开《龙志》，建置区划、区域环境、城市建设、人口分布、主要管理者、主要经济指标、主要亮点特点等明记的内容，便展现在我们面前。这些是县、区读者包括领导者比较关注的事项，对其采取明记方法处理，容易增强志书的吸引力和县、区读者的认同感。

五、体现了较强的统战意识

翻阅《龙志》，使我们清楚地看到了涉台机构及其工作，看到了龙岩与台胞的渊源关系及经济文化交流，看到了台胞寻根问祖的宏大场面，看到了荣誉市民中的台胞名录等等。特别是将“吴伯雄回祖地”一文作为一篇专记，用心良苦，意蕴深邃。该文记述了在海峡两岸国共两党对峙50多年后，国民党副主席首次到内地参观访问。这对于促进祖国的统一具有重要的意义，也体现了台湾同胞重要祖居地龙岩在祖国统一问题上发挥的重大作用，同时也反映出作者在处理两岸关系问题上的深思熟虑。

（原载《福建史志》2007年第6期）

新编《冀州市志》所带给我们的若干重要启示

新编《冀州市志》①（以下简称《冀志》）亮丽问世 ，既为中华方志宝库增添了一束奇葩，又为各地修志实践提供了宝贵的借鉴。本人由于工作关系，跟踪了冀州修志的全过程，因此拜读该志倍觉亲切，受益良多。在此试谈4点感受或曰启示，以与同仁切磋交流，共同提高。

一、创修精品，关键在人。什么样的人决定着编什么样的志书。名人编名志，庸人做下品。河北历史上有名的志书，像清乾隆的《永清县志》，民国十八年（1929）的《新河县志》，民国二十四年（1935）的《阳原县志》，都是由名家（章学诚、傅振伦、李泰棻）分别担纲所为。《冀志》当有今天，关键一点也在于此。冀州市委、市政府明鉴前辙②，初定修志目标即为精品，

① 《冀州市志》：方志出版社，2012年10月，2013年2月被方志出版社评定为精品志书。

② 冀州市曾于1993年编修新志，由于成书仓促，致使内文存有硬伤而禁行。

然后根据目标选人，根据需要保障。经过海选，确定由衡水文化名人常海成担任主编，方志高手、主编（主导）多部志书、评审上百部志稿的武铁良担任编修指导，有两轮修志经验的孟宪英为副主编，10 多位知地情、文笔好的部门（单位）精英为责任编纂。这个核心编纂班子，各有专长，优势互补，相得益彰。他们虚心好学，多方求教，刻苦钻研，掌握了一组组修志规则，攻破了一个个操作难题。他们不辱使命，勤奋笔耕，洒下了大量的心血和汗水。他们在最艰难的爬坡阶段，诵读自行创作的《修志之歌》，以此鼓舞斗志，驱散“畏难退缩”情绪，继续奋力前行。尤其是志书主编常海成和修志指导武铁良，更是呕心沥血，孜孜以求，倍加努力。主编已近古稀，但责任在身，不用扬鞭自奋蹄，夜以继日工作是寻常事。他虽有几十年的家乡资料的积累，但这次仍不辍搜掘，终弥不菲珍贵资料。修志指导武铁良，不挂虚名，集“导演、编审”于一身，扎扎实实、认认真真做好襄助工作。在《冀志》出版之际，国家鉴赏委员会书画鉴定大家刘光启为其题字：功因才出，业以勤成。这正是冀州修志“功成名就”的真实原因和生动写照。由冀州的修志实践再联系到其最终成果（志书），不能不让人再次领悟到：修志在人，事在人为；创修精品，选人为先；纂、导尤重，唯才是举；人要“五优”（知地情、文笔好、肯钻研、敢担当、善组织），思想解放（站位要高，观念要新，办法要多）；坚忍不拔，百折不挠。只有这样才可铸就志书的辉煌。

二、达成佳作，内涵为重。中指组下发的《地方志书质量规定》（以下简称《规定》），是优秀、中档、合格志书都应遵循的“大众化”规定。而精品志书，应是符合《规定》要求，优于上、中、下三等中的上等，具有较高科学价值、文化价值、社会价值，为数不多、大家公认、堪称典范、经得起检验（历史和社会检验）的志书。这样的志书，应具有独特的个性特征。至少说，其一，应做到“明月高照，繁星满天，荧光闪闪”。笔者在20多年的从志生涯中，一直期盼理想的志书能够如此光鲜明亮。这里说的明月即为大亮点，繁星即为中亮点，荧光即为小亮点。尽管此说系形象的比喻，但有着共同经历的志人则一看即明白，他是修志者的一种高尚追求。对《冀志》认真拜读，细细品嚼，确感其是一部近于理想的好志书。一般志书都注意强化人无我有或人有我特的内容，这是此志与彼志的共同性。但不同的是，《冀志》对地情特点的反映则表现在数量与质量两个方面。他不仅范围广，而且质量高，有深度，有厚度。该志人无我有的衡水湖、冀衡机械农场、春风实业集团、域外经商、古玩收藏与交易、南下北上干部，人有我特的《凡例》、乡镇及辖村概况、经济综合指标、名优特产、中国国民党地方组织、抗日斗争、支援解放战争和抗美援朝、市（县）委重大决策、施政辑要、文物古迹、民间传说选录、冀州武术、限外辑要等，不都是凌空高照的明月吗？这些内容，或原位浓墨，或升格记述，处理方法不同，但效果都得到提升。其表现在遵从深入的思考，体现四字真言，即重、特、亮、看，让志稿更多呈现出重点、特点、亮点、看点，最终使“资政、教化、存史”的六字功用得到强化和深化。志书正文中的湮塞河流、农村社会经济调查、驻冀院校、捐资助学、文艺创作、姓氏源流、著姓望族，以及随文所附的50多篇附记，包括冀州名称渊源考、冀州市域插花村、冀州市域古村落、上将李希林为家乡修路打井办学记、耕耘冀衡农场的国际友人韩丁、河北省立第六师范学校革命活动纪略、柳长远办学始末、宋氏三皇炮捶赵家庄代谱、《尚氏族谱》编修轶闻等，不都是耀眼的明星吗？从萤火层面说，有消失的，有现存的，珠玑满目，不胜枚举，用“荧光闪闪”来形容并不为过。形象点说，月光如昼，星火燎原，荧光聚合，这样的志书，呈现亮丽多彩就是很自然的事情了。

其二，应体现钱学森大成智慧的思想。钱老说过："创新不能局限于迈小步，那样很快就会被别人超过。你所想的、做的要比别人高出一大截才行。你必须想别人没有想到的东西，说别人没有说过的话。"[①]就拿文化特色（不单文化部类）来说，《冀志》作者想的做的确实不乏过人之处，因此使志书自始至终饱含着丰富的文化元素，充溢着浓烈的文化气息，终得形成具有较高文化价值的精神产品。这是《冀志》一个最显著最主要的特征。这一点尤需引起特别的重视。因为文化是一部志书的根和魂。事无文不兴，书无文不雅，志无文不名。

其三，既反映官情官意，也注意反映民情民意，使志书既成为官书，又成为民书，让老百姓也感到亲切和喜闻乐见，甚至爱不释手。这是志书"功用"所决定的，是壮大读者队伍的需要。《冀志》在反映百姓活动技艺、追求奉献、婚丧嫁娶、喜怒哀乐、兴趣爱好等方面，是有其独到之处、值得啧啧称赞的。

其四，关注问题，意蕴忧患。关注"问题"，也就是要有"问题"意识。2008 年 3 月 21 日，时任中共中央总书记的胡锦涛要求要"着力深化对重大现实问题研究"[②]。要做到这一点，首先要有强烈的"问题意识"。从一定意义上说，"问题意识"与"忧患意识"是相通的。在新的历史时期，我们社会的发展虽然取得了很大的成绩，但是，困难不断，挑战不息，矛盾不止，我们总是走着曲折的路，总是历尽艰辛，克服困难，没有必要沾沾自喜。[③]修志工作者"问题意识"或曰"忧患意识"越强，对"重

---

①奚启新著：《钱学森传》，人民出版社，2011 年 12 月。

② 2008 年 3 月 21 日，胡锦涛在出席军事科学院 50 周年院庆活动时的讲话。

③参见罗再麟：《矫枉必须过正》，《史志林》2004 年第 2 期。

大现实问题研究”和记述，才越重视、越深入、越全面，效果也才越好。当然，这里说的问题，不单是消极性的，还包括中性的和积极的。在这方面，整个方志系统还未引起足够的重视。相比之下，方志之外的其他读物，关注现实、触及“问题”的文章已屡见不鲜。令人鼓舞的是，像《冀志》等志书（志稿），已经或正在弥补这方面的不足。该志在水资源中，记了辖区开采引起水位下降，在开采强度与水文地质条件具有差异的情况下，深层3个含水组已形成形状相似、相互重叠的以衡水市城区为中心的冀枣衡地下水位下降漏斗，以及以冀南孟岭9号孔为中心小漏斗区。至1985年末，西北部深层地下水水位下降已达10—20米，东南部则达25—35米，吴吕至孟岭一带则超过40米。这里用事实反映了过量采水导致水位下降形成漏斗的沉痛教训，向人们敲响了警钟。志书对日军的暴行、所制造的惨案、军民所做出的牺牲与贡献进行了深入的记述，借此告诫国人莫忘国耻，勿忘历史，要自强自爱自立。

其五，已见志书（志稿）的倾向性问题，如平淡浮浅、“流水账”记述、主次倒置、宣传色彩、部门志痕迹、总结、公文影响等等，均有明显克服。在这方面，《冀志》是做得较好的一部。

其六，科学规范，符合版本图书出版的各种要求，差错率低于国家规定的万分之一。《冀志》在这方面的表现，也是受到修志同仁和专家学者的充分肯定。

以上这几条不一定完善。有一个雏形总比没有强，有了雏形，也算有所依据，回头看、把脉搏、搞修改、上台阶，都可有所遵循。

三、由此至彼，改革为上。《冀志》的编纂实践告诉我们，欲将一部一般的志稿打造成上乘的志书，由此岸到达理想的彼岸，必须走改革之路。不改陈旧过时的观念，就不可能树立崭新的修志理念；观念陈旧，行动上就不可能有什么新的建树。不找准志书就是地情书的定位，那么就不可能意识到志书的重要缺漏，自然也就不可能自觉做好深入挖掘、拾遗补阙的工作。就面上修志来说，现在最大的问题是重点内容与非重点内容比例失调，重点内容少，一般内容多；志书载体内容严重脱离地情实际，存在着诸多重要内容的缺漏。缺什么？概括说，缺乏改革开放以来出现的许多新情况新变化新问题；缺乏鲜活的大量的社会民生情况；缺乏大量的农村、农民情况（也就是“三农”中的“两农”）；缺乏无处不在的互联网情况；缺乏“资政”作用大的经验、教训、规律、特点等。正因为这样，方志系统的一位退休的老人这样总结道：从理论上说，方志“如何写”“写什么”的问题似乎得到解决，但实际上，“写什么”的问题没有得到很好解决，不少志书除历史的追述、地理环境的描写外，大多是写管理体制和管理工作，鲜活的社会生活被大量枯燥的数据所取代。于是，我们的志书远离了实际，远离了群众，远离了生活，不能培养各层次的读者群，仅限于部分领导干部、科研人员翻阅和地方志内部循环 。①从地情实际来考量，具有“地情百科”之称的地方志，离“全面系统”的要求存有较大差距，地情信息，志书记述了一部分，同时还缺漏了一部分。这就是我们所面临的现状。因此说，志书“写什么”的问题，仍然是摆在我们面前的一个现实而又紧迫的课题。

按传统方法修志，其繁复的程序，落后的“工艺”，冗长的时间，不菲的消耗，有限的效果，已远远不能适应转型期“又好又快”修志的需要，这也是需要改进和转变的。现在，以“3D”打印为特征的制造业，在世界范围内将出现一次新的技术革命。而我们的修志工作从中也可学到许多有益的东西。“3D”技术在

①参见罗再麟：《矫枉必须过正》，《史志林》2004年第2期。

修志中的体现，就是像制造业那样，编纂什么样的志书，首先确定标准，总的容量，各部类字数及所要的材料，用什么方法来实现等，事先都设计好，我要的就设计进去，不要的就不考虑，形成类似于工业产品制造时所依据的“三维计算机图形数据”，尔后进行“增材制造”。过去修志中“秋后算账”的许多工作，如一审、二审、三审时的删削，在新的修志过程中其任务均可前移，都变成“及早算账”，也就是在谋划阶段基本确定取舍。当然这是要建立在对地情全面、深入调查研究的基础上。这样像“3D”制造那样，没了制模、翻砂、车削等程序，也就大大节约了时间和资源，一步实现了质的跨越，达到了“又好又快”。坚持走高端设计、高端成型的路子，那么最后的结果必然是高端产品。

四、精细互补，成败不惧。精是质的界定，细是工艺的表述；精中包含着细，细中体现着精；二者合起来就是通过细致的工艺，达到精美的境界。《冀志》的精细所为俯拾皆是。对内容古与今、大与小、事与人、面与点、文与图的处理体现着精细，详今而不略古，抓大而不弃小，叙事而不忘人，记面兼顾到点，文图结合考究；对正统与非正统资料的处理体现着精细，凡非正统的资料如日伪公署、日伪武装、日伪警务等，均作附文处理；对50多个附记体现着精细，不是信手拈来，而是着眼“三性”（资政、教化、存史），精挑细选，符文与附体共同提升，形成龙凤呈祥之势。《冀志》还有一些地方的细致处理，细中见大，效果甚佳。一是志书正文设置的近30幅示意性质的平面图、曲线图、比例图、分布图、柱状图，择要选排，比例适当，布局合理，形至意达，直观真实，实为妙举。二是7幅卷页正反面的处理，采用淡黄纸张，以便与志文纸张（白色）相区别；正面左为淡化处理的旧志序言选录，中有竖线隔开，约占三分之二，中为卷次目录和装饰图案（上为冀州金鸡城城标，下为古代三足铜鼎），右为云纹图饰；背面中间为与卷辖内容相对应的4字印鉴，分别是九州之首、冀南古郡、物阜民丰、揆古察今、重教崇文、人杰地灵、继往开来，看似小事，小事不小，其所为明显起着装饰、提要、导引的作用。三是页眉图案的处理，左侧“冀州市志”4字处置古冀字徽章一枚，右侧编序编名处置篆刻“冀州市志”印章图案一幅，看去灵巧、文雅、美观、大方。

（原载《河北地方志》2014年第6期）

拜读《白城市志》续志所想到的

有机会拜读吉林省辖区市志——《白城市志》(以下简称《白志》)，甚感荣幸。在第一轮修志整体即将结束、第二轮修志又全面启动的情况下，要恰如其分地评价一部续志，从中找出可资借鉴的东西，并非轻而易举之事。也正因如此，中指组办公室下决心来抓此事。本人认为这件事抓得好，很及时、很有必要。在此拟从两个方面(亦称两个时段，笔者姑称第一轮修志为第一时段，第二轮修志为第二时段)，对《白志》及第二轮志书编修谈些不成熟的意见。

一、放在第一时段考察，《白志》是一部较好的志书

《白志》是吉林省首部辖区市志续志。其断限为1986至1995年。部分事物为追本溯源记述到事物发端。采用述、记、志、传、图、表、录等体裁，以志为主，图、表附在各篇、章、节中。为概括事物全貌，简述发展变化，揭示内在规律，在志书开端置有《概述》，多数篇首置有《小序》。该志从现代科学和

社会分工的实际出发设置篇目；依据国家统计局国民经济和社会行业分类标准划分门类；以类系事，横排纵述；篇目层次采用篇、章、节、目、子目，力求与改市前的《白城地区志》相衔接。全书设34篇，依次是建置、自然环境、人口、中国共产党地方组织、民主党派·工商联、社会团体、政权·行政·政协、公安·司法、民政、劳动社会保障·人事、行政监察、军事、国民经济管理、农业、林业、畜牧业、渔业、乡镇企业、水利、芦苇业、工业、交通·邮电、城乡建设·环境保护、商业贸易、外经外贸、粮食、财政税务、金融·保险、教育、科技、文化、卫生、体育、风俗民情、人物。大事记置于卷末。全书共计180万字。《白志》与我所见到的第一轮部分辖区市志相比，总体上他虽比不上一些上好的志书，如《苏州市志》《绍兴市志》等，但上好志书的某些基本特征，如政治上更经得起推敲；篇目上总体分类合理，统辖得当，更近于科学严谨；各种体裁的综合运用更为得心应手，恰到好处；横排竖写更为细腻和到位；资料质量更为突出；文字更为简洁、流畅等，所有这些《白志》接近达到。据此，我把《白志》归为中等偏上的好志书。他与一些上好志书的差异，在于前者过于拘谨平和，后者洒脱奇异；在主体事物及事物主体的深化上，前者尚有开掘余地，后者做得更好；在著述性、学术性上前者尚嫌不足，后者较为突出。

白城市是地区改的市，1992年出版了《白城地区志》(以下简称《前志》)，时隔7年，1999年又出版了《白城市志》(为显示前后继承关系，笔者在此又称其为《续志》)。《续志》与《前志》相比，有同有异。就同而言，部分修志人员参与了两部志书的编纂；志书篇目都是小编体，都是概述置前，大事记置后，各部类排序基本一致；关于人物，都坚定不移地坚持“生不立传”的原则；全书字数，在180–200万字之间；记述风格，都坚持朴实、严谨、简洁；主要优长，两部志书都基本具备；某些不足，如缺欠“以事系人”，重“面”轻“点”(典型)，志书内文中无一幅黑白照片，尚欠图文并茂，把生活状态与习俗统归在风俗名下混记等，两部志书都同样存在。就异而言，《续志》在继承《前志》优长的基础上，又有新的探索，新的改进，新的提高。以《前志》为比照系，说《续志》有新的起点、新的高度也不为过。《续志》记了市委的重大决策，政府部类设了重大施政记略；列专题详细记述调查研究和咨询服务，以体现科学决策、正确决策；在民政中突出记述了军民共建活动；对人们高度关注的农民负担过重及减轻农民负担的举措能够如实记述；有关部类都列专题加重笔墨记述改革，这一部分占6万多字；为突出本地特点，对芦苇业设专篇突出记述；对水土保持亦放在显要位置予以反映；为方便读者，书后设置了索引，这些是《前志》所没有的。有些部类，如政权、政协、行政组织、群众团体，其活动内容两部志书虽都有记述，但《续志》更全更细，优于《前志》。当然，《续志》也有某些不及《前志》的地方，如《前志》概述敢于正视问题，写得具体，《续志》概述对问题则一笔带过；《前者》记地质发育史情有可原，《续志》亦如此似无必要；《前志》记了人口流动，《续志》没记，似有不妥；《前志》未设军事地理，《续志》设此一章似无必要；《前志》将对外贸易作为一章放在商业篇中，统属得当，《续志》将国内商业作为一篇，冠以商业、贸易之名，把外经外贸作为一篇，二者分设完全可以，问题在于前者冠名，如将前者冠以国内商贸，是否就更合适一些。

二、放在第二时段考察，如何评价一部续志需要重新思考

前已陈述，要恰如其分地评价一部续志，是件很不容易的事情。所以不易，就是续志定性定量相结合的质量标准评价体系(以下简称“体系”)尚未建立，续志究竟是个什么样子，其轮廓尚未勾画出来。评价一部志书，目前我们可以参考的是第一轮修志的经验，是大量的第一轮志书和少量的第二轮志书，是中指组提出的续志要有新起点、新高度的要求，是铁映同志 2001 年 12 月 20 日和 2003 年 1 月 8 日两次很有见地的讲话，是有关研讨会和志刊推出的一些领导讲话和方志文章。这些有重要的参考价值，但又不等于前述的“体系”和“轮廓”。我最近一直在想，第一轮修志的经验，哪些值得借鉴，哪些不可借鉴；第一轮出版最好的志书，是否就是第二轮志书的标杆；已经出版的续志，是否就是我们理想的志书；新起点、新高度的要求，如何理解和把握，是以本地本部门前一部志书为起点和高度，还是提出新的设想和要求；铁映同志的要求如何付诸实践；方志研讨如何有组织有重点地解决一些紧迫问题，等等。令人鼓舞的是，陈奎元组长上任伊始，就提出了“逐步建立一个评价志书质量标准体系”的任务。这项工作宜早不宜迟，宜快不宜慢，宜集智攻关，不宜孤军奋战，宜先试行后完善，不宜苛求一役尽善尽美。

纵观方志历史，可以说他就是从无到有从不完善到逐步完善的发展史。方志事业既有显著的阶段性，又有与时俱进的鲜明特征。经过第一轮 20 多年的修志实践，我们应该也完全有条件提出二轮修志的新设想，勾画二轮志书的新轮廓。这是需要大家共

同努力做好的一项重要工作。

我个人认为，第二轮志书应在继承的基础上，不论方法和体例，不论广度和深度，都应有大幅度的改进和提高。第一轮修志的成功经验和深刻教训，第二轮修志面对的鲜明时代特点和多彩地情实际，以及文字载体的多样性与相互砥砺，都要求我们在改革创新和提高志书质量上，要有大的决心、大的气魄、大的作为。不然，我们怎么去破解铁映同志 2003 年 1 月 8 日提出的“质量问题是关乎新世纪方志事业前途和命运的核心问题”这一重大命题呢?

志书的改进提高，与志书的定义密切相关。志书是地情书，这已成为大家的共识。问题在于如何理解和把握，是把志书编成一般性的资料大全、百科全书，还是把他编成具有很高科学水平和重要文化价值、社会价值的地情书。很显然，具有新起点、新高度的志书应是后者而非前者。第二轮修志应摒弃资料大全和百科全书之说。因为这种说法容易引起不必要的误解。

一部市、县、区志，不说一卷本，就是十卷本，也不能穷尽全市全县全区的资料。档案资料，你比不上档案馆；组织资料，你比不上组织部；统计资料，你比不上统计局；研究资料，你比不上党委、政府研究室；社会资料，你比不上城调队农调队，等等，那么怎能说你编的书就是资料大全、百科全书呢？

那么，我们的修志事业是不是就到山穷水尽的地步？我认为不是。只要我们与时俱进、开拓进取，按照铁映同志警示性的要求和为志书所下的定义去做，修志的路子还是会越走越宽，方志这棵常青树还是会代代相济、永不凋谢。我个人理解，新一轮所修志书，不应当是各部门各单位初级信息资料的拼加，而应当是综合、宏观、升级了的资料库和独家资料库。与各部门各行业比，要做到他有我特，他无我有。这样说起来不易，做起来做好他会更难。但我们不能因为难就不说不做，不说不做何谈方志事业的前途和命运？他有我特，他无我有，志书的生命力就自在其中了。他有我也要有，那我就要做到他原始我升级，他分散我集中，他微观我宏观，他局部我全面，他间断我系统。温家宝同志 1989 年（当时担任中办主任）在中办召开的秘书长、办公厅主任座谈会议上讲："初级信息是对各地各部门报送材料的初级加工，领导机关可以用他了解动态，但不能据此决定政策。高层次信息是对原始信息的归纳、综合、分析，并在此基础上提出的对策，也包括经过调查研究写出的有深度的材料。高层次信息是对初级信息的开发和深化，有更大的参谋作用。"温家宝同志十多年前讲的这段话，把如何提高信息的质量和层次讲得十分清楚，对第二轮修志同样具有重要的指导作用。今后，我们要在开发高层次信息上下工夫，在提高决策价值的"含金量"上下工夫。还有另一种情况，就是有的资料是我们需要而部门单位又没有，那我们就要组织力量，深入挖掘，做到他无我有，让志书独家资料库的作用充分发挥出来。

话再回到已经出版的一些续志上来。把这些志书放在第二时段考察，与上面谈及的续志应有内容相比照，他们虽具有一定的基础，但从总体上说尚不令人十分满意。第二轮志书全国已出版了几十部，就我看到的有十几部，其中地市志 3 部，县志 9 部，区志 1 部。这十多部志书，少数仍停留在一般的水平上，多数有局部的改进，但从总体上看，离中指组关于续志要有"新的起点、新的高度"的要求还有不小差距。这不是作者主观上不想把志书修好，而是修志首先面临的问题，如第二轮志书与第一轮志书应有哪些区别，第二轮志书理想的样子是什么，什么样子的志书算是合格的续志，什么样子的志书算是优秀的续志，在这些方面缺乏全面、系统的研究，理论远滞后于实践，大家还是"摸着石头过河”，凭着感觉修志。这是需要引起高度重视的，现在重视为时不晚。

（原载《河北地方志》2004年第6期）

拜读二轮《高安市志》之感想

提 要：编修志书，首位是应合格。全部合格，追求的是体例形式的完备，基本要素的齐全，基本内容的规范，符合版本书籍出版的基本要求。在此基础上，还要有特点、亮点，有出彩之处。二轮《高安市志》合格与出彩兼而有之，值得仔细品读。该志在合格方面，章法得体，笔法细腻。与此同时，《高志》还注意好上加好，锦上添花。例如：对改革开放作了全面、系统的记述；对独具特色的高安采茶戏施以重彩浓墨；对高安的人文特色作了深入挖掘；对有关重要内容作了拓展记述。

关键词：二轮 《高安市志》 读后感

拜读二轮《高安市志》（以下简称《高志》），深感这是一部全部过硬合格、部分优秀出色的好志书。

编修合格志书，是对所有修志人员、所有志书的要求。这是第一位的。在此基础上，才谈得上优秀出色。不能撇开此基础，去奢谈优秀出色。撇开前者，去谈后者，那就本末倒置了。

从合格、出色两方面衡量，笔者认为《高志》无“以俊遮短”之嫌，而是基础过硬，锦上添花。

《高志》观点正确，体例完备，资料翔实，要素齐全，记述得法，用笔细腻。这是过硬合格的显著标志，也是我看到的过硬合格志书之一。

记述得法，俯拾皆是。与前志的衔接，着重体现在卷首《概述》和卷末的前志补遗、前志大事节录上，并不是随意连接。再如行政区划中对乡镇、村场的记述，先写综合情况，后附一表格，且表格字号小于正文，内容不漏，但压缩了版面。乡镇简况，大致都在2000字左右，记述的要素也都比较统一，避免了某些志书出现的随意性和面面俱到的问题。记地质地貌，虽简但把事情记清楚了。记山脉，记了分布与走向。记日照，有现时日照时数，以及较前减少时数，降水、蒸发、霜期、风速，也是如此记述。自然灾害，前面综合记述，反映灾害规律，后附以实录。农业、工业，包含宏观、中观、微观内容，《高志》就注意据实设置和记述，前面有农业综合、工业综合性内容，后面有中观、微观性条目。人大建议、政协提案，有综合性内容，又有点上的情况，坚持了面点结合。对政府重要施政，坚持宜纵则纵，按届记述施政，区别明显，重点突出，让人既能看出届与届的工作联系，又能显现各界的工作特点。人物传、人物表，其下都置一小序，说明传、录人数、记述顺序等。《高志》入录人物面宽，具有广泛的代表性。为方便读者，《高志》卷末还设置了《高安市机构名称简称对照表》。

记述细腻，不乏事例。如正文中的黑白照片，基本上都有拍摄的时间。这样做，其资料价值大大提高。又如区位、面积中设置的“以高安市为中心8小时经济圈示意图”。在这个示意图中，人们可以看到中心区，以及以中心区为点向外辐射的1小时经济圈，3小时经济圈，5小时经济圈，8小时经济圈。这样的经济圈，不少地方也都存在，但通过示意图的形式反映在志书中，笔者是第一次看到。看后，不仅让人耳目一新，更重要的是，他折射出作者的宽阔视野，开放的意识，以及发自内心的一种自豪感。国民经济运行中，专设经济发展比较，统辖与宜春各县（市、区）比较，居全省经济排位，在全国经济中的可比特色。这三项，其中前两项，别的志书也有记载，但第三项，我仅看到《高志》是这样做的。纵横比较，说起容易，但修起志来，却又容易忽视，更不用说增加新内容了。通过比较，高安在全国的名次、地位，让人看得更加清楚——高安曾多次被国家列为农业生产基地，汽车运输业闻名全国，建筑陶瓷享誉大江南北，粉末油脂在全国市场占据主导地位，大观楼牌腐竹多次在国际国内评比中获奖，2006年全国第六届县域经济基本竞争力评价，在中国中部6省497个县（市）排名中，高安居第八十六位，在全国2008个县（市）排名中，高安居第四百零八位。展示大范围的名次、地位，自然也就提高了资料价值，让本地人既增加自豪感，也平添一点危机意识；让外地人也多了解一些高安的地情信息。记居民生活，《高志》既记了消费观念、消费结构、消费水平，又记了物质消费，精神生活消费。该志将小康指标与实现值，专门作为一节记述，也很有现实意义。工业卷建筑陶瓷章，除基本情况介绍外，还加了技术改造、经营管理两节，加得好，好在志文细化了，深入了。各类企业，如果都只介绍一般情况，那就显得平淡浮浅。其实，各类企业还是有各自的特色，特别是经济体制改革之后，企业之间的区别就更加明显，优势企业就更加重视技术改造和经营管理，他们的实践，在不断地证明着科学技术与现代管理，是如何推动着企业生产力的发展。坚持基本情况与内在根本动力结合记述，才能使现象与本质统一起来，自然也才能使读者透过现象看到本质，受到更多启迪。人大监督，《高志》与其他志书比较，乍一看大致相同，但仔细品读，还是有明显区别，区别在于，《高志》既有听取汇报的次数，更有主要内容的细述，这样就把包含在数字中的丰富信息展示出来了。在重要施政部类，附了一副“2006年高安货运汽车驰骋全国各地示意图”。这也是我第一次看到这样的示意图。示意图虽小，但意含不小。改革开放，内引外联，缩小了与外界的距离，增加了与外界联系的频率。一幅图，像一面镜子，他可折射出改革开放的新成果。在这里，不能说“细节决定成败”，但可以说“细节决定出彩”。《高志》精神文明建设，有全民性主题教育，未成年人思想道德教育，文明城市创建活动，文明村（镇）创建活动，文明行业、单位、社区创建，还有文明新风选例。特别是这最后一项，列出家庭文明新风、行业文明新风、社会文明新风三节，用生动的事例，反映出高安精神文明建设的丰硕成果。

在过硬合格的基础上，《高志》还注意好上加好，锦上添花。

对改革开放，《高志》记述全面、系统。经济、政治体制改革，采取集中记述，社会事业体制改革，在教、科、文、卫、体中分散记述。每项改革，都记清了改革的起始、阶段、内容，读后一目了然。

对独具特色的高安采茶戏，浓墨重彩记述。这一部分，细分六节，包括剧种形式与发展，音乐与表演特色，演出团体，演出活动，演员培训，演出场所，涵盖了采茶戏内容与形式的诸多方面，为读者传递了采茶戏的丰富信息。

对高安的人文特色作了深入挖掘。高安重教兴学，人才济济，著书立说风盛。为突出这方面特色，《高志》作者对断限前的文武进士、著述目录，作了补遗；对断限内的社科研究、编著书目，也作了细致记述。读了这些内容，确实让人感到高安不愧为“才子之乡”，不乏卓有建树者，他们为高安大添光彩！

对有关重要内容作了拓展记述。素质教育是个重大问题，又是个棘手问题。已见志书，对此多无涉及。《高志》直述其事，可见作者敢作敢为之魄力。改革开放，促使人口流动加速，农民工和留守儿童相继大量出现。不少志书对此有所忽视，尤其是对留守儿童尚未发现记述。《高志》敢为人先，如实反映了留守学生的教育问题。关心留守儿童、留守学生，不是个小事情，是一个重大的社会问题，如实记述，是社会责任。据有关资料显示，全国农村有“留守儿童”5800万人（2005年统计）。“留守儿童”在学习、生活、心理、行为等方面，存在着不容忽视的问题。据某省妇联的调查（调查7146名），“留守儿童”中，成绩优秀的不足3%，80%的成绩中等或偏下；行为习惯出现偏差，一般的占42.5%，较差的占20.2%。这些孩子中，有相当一部分生活质量低，情感饥渴，心理压力大，安全存在隐患。资料显示，“留守儿童”心理问题的检出率高达57.14%，且父母打工的时间越长，孩子的心理问题越严重 。高安领导、教育系统、修志人员关注留守学生，真让人高兴！《高志》还注意从广义角度记述教育，不仅记学校教育，还记家庭教育、社会教育，这是开拓创新之体现。志书是地情书。地情本身存在家庭教育、社会教育、学校教育，那么记载地情的志书，就不应当顾此失彼，有所侧重可以，但不能不统筹兼顾。《高志》兼顾了，弥补了已出志书的缺欠，是个历史的贡献。一般志书，记馆藏文物，大致内容是数量、种类、比较，介绍某类馆藏的特色较少。《高志》在综合介绍馆藏的同时，用1700多字，详细介绍了窖藏元代青花、釉里红瓷器的装饰艺术及特色。这个介绍位置适当，雅俗兼顾，不枝不蔓，恰到好处。看后大长见识，也是一种艺术享受。李铁映曾要求志书要有文采。《高志》的这种做法，大概是一种尝试吧。

人无完人，志无完志，《高志》也不例外。高安作为中指组办公室的修志试点单位，应该做得更好一些。改革开放以来，许多方面都发生了新的变化，《高志》对此尚未进行深入挖掘和记述，如人口老龄化、“空巢老人”情况、手机、电脑、网民情况、教育、医疗支出情况等。志书容易出彩的部类，如人口、居民生活、习俗，这几部分还未达到应有的理想程度，特别是习俗，共性大于个性，断限内鲜活的内容显得偏少。当然，这不是某一部志书的问题，是个普遍性的问题。

（选自《中国地方志》2010 年第 12 期）

一部颇具特色的新编续志

——品读二轮《建德市志（1978—2005）》笔记

应邀为志书写评论，并不是一件轻松的事情。有的志书事先未看，不知是否好评，书寄来了，读罢觉得平平，推脱似有失礼，应允又无从下手，左右为难。但看罢二轮《建德市志（1978—2005）》[①]（以下简称《建志》），虽未被邀约写文，但感到这部志书有看头，自然也有写头，就主动“请缨”，愿写一篇读后感存留。在此不作全面评说，仅举以下六点加以赏析。

一、卷首《市情综述》耐人寻味

志书卷首《综述》或《概述》，写法和难度各异。《建志》卷首《综述》，分为四块，以改革主线贯穿，一写简况，二写变化，三写经验，四写隐忧。简况900余字，包含置县历史、考古佐证、人口面积、气候特点、区位交通、经济状况、城市名片7方面要素。28年进步，4500余字，概括了十大变化。经验4条，1800

① 《建德市志（1978—2005）》：浙江人民出版社，2010年3月。

余字。一分为二分析，计 400 字，指出了值得重视的 3 个问题。全文约 7700 字，总量适度，该说的话都说清楚了。目前所看到的续志卷首《综述》或《概述》，大多以陈述巨变为主旨。这是一种写法。《建志》作者没有采取这种写法，而是着眼志书“资政”功能，着力开掘变化、经验之果因。这样写难度虽大，但写好了“资政”作用也大。改革开放以来，各地变化巨大，前所未有，放手去写，三万、五万字也写不完。因此，这一部分不是扩展而是缩写的问题。仅有这一部分，只能让人看出发生的变化，变化的原因则不得而知。原因有客观的，更有主观的，政策都要靠人去落实。总结这方面的经验教训意义重大。因为改革开放任重道远，前车之辙，后车之鉴，需要不断改进调整。大家都说要提高志书的功用性，《建志》卷首《综述》的实践便是体现之一。

二、乡镇概况着意详异略同

要求志书详异略同，说起容易做时难。因为详异，需要深入挖掘，需要比较鉴别，总之就是需要下工夫，浅尝辄止不行。《建志》作者避易趋难，写甲镇就是甲镇，写乙镇就是乙镇，各是各样，各具特色。《建志》街道乡镇为一章，其中主体记述的是 12 镇 1 乡。章下无题小序，除交代断限内所辖街道乡镇总数外，就是综合概括街道乡镇主要特点。小序如此，各节亦紧相呼应。如梅城镇，共 21 个自然段，除第一段为综合情况，包括区位、面积、统辖、户数、人口外，其他是一段一个特点——浙西千年古镇，境域东南多山，经济以工业为主，是国内低压电器、自行车配件生产基地之一，是建德市重要水产、蔬菜基地，是本县主要中心集镇之一，著名红学家戴不凡生于该镇等。寿昌镇，首段如同梅城镇，接着将特点一一述说——三国建县，境内多古建筑，交通便利，有省级开发区一处，是浙江省板栗之乡，古树较多，以古樟树为最等。再如乾潭镇，其特点如该镇为典型的库区移民后靠点，是改革开放后兴起的新集镇，工业经济占绝对优势，民营经济较为发达，是华东地区床上用品生产基地，省级有机茶生产基地，是浙江省体育特色乡镇等，一一展现在读者面前。仅举以上，足以说明《建志》街道乡镇的浓厚特色，让读者如临其境，真真切切地看到“这一个”“那一个”的独特个性。

三、经济总情内容得到扩展

《建志》经济总情，与其他续志既同又不同。相同是都记了经济总量、经济结构，不同是《建志》记了经济质量、固定资产投资，其他志书或无此内容，或轻描淡写。经济总量、经济结构不难撰写，难在经济质量、固定资产投资的记述。因为经济质量较好，大家支持你写，否则是很难写的。固定资产投资与经济质量是密切相关的，说投资，不能不说产出，高投入低产出是一种结果，低投入高产出又是一种结果。如果是后者，话还好说，如果是前者，事情就很难办。但《建志》作者不回避矛盾，既记了逐渐拉近与全国经济发达县（市）的差距，又记了2005年与全国百强县宁海县（第89位）、嵊州市（第96位），以及与同属杭州地区的全国百强县临安市（第92位）相比，综合得分，比嵊州市少5.352分，比临安少5.98分，比宁海少6.644分。这是一种魄力，一种精神，敢于正视现实，而这正是希望之所在。难能可贵啊！

四、点面结合使志书具有厚重感

点面结合是对志书的普遍要求。《建志》总体做得较好，尤其是居民生活更为突出。该志第四编居民生活，一写经济收入，二写资产积累，三写消费支出。这些是面上的综合情况（当然这其中不排除点上的情况）。之后附四个村农民生活状况调查，一户城镇中等收入家庭30年收支明细表。这四个村，有两个是1949年、1979年两个重大历史转折阶段涌现出来的典型村，有两个是具有贫富特点的代表村。如果想“以小见大”，所选择的典型必须有代表性，代表越广泛，越有说服力。《建志》作者注意了这一点，可见是修志的有心人。综合情况，包括其中所涉及的平均数，能够说明一定的问题，但不能说明问题的全部，如普遍存在的现实差异，而平均数则往往掩盖了这种差异。纵向看，进步、发展是毋庸置疑的事实，横向看，则各有高低显不同。《建志》作者给读者提供的是客观、全面的情况，体现了作者的良好志德。一户城镇中等收入家庭30年收支明细表，附得好。这使我想到学者对三十年代李景汉主持编纂的《定县社会概况调查》的评价。评价说：在文体方面，他采用语体文，只叙述客观现象，“本书在报告多种赤裸裸的事实以外，不下评论与结论，连较细的解释也是很少的”，“好像矿工把山间的一块一块的矿石开出来送给化验师们去化炼，由他们随便炼出什么有价值的东西来”。[①]我们的志书，原汁原味的东西是有的，但不能否认，这样的东西太少了。以资料见长的志书，还是要多一些“原始性”的东西。

---

① 参见吴景超：《中国县志的改造》，《独立评论》，1933 年第 60 号。

五、注重有关主体内容的深入开掘

任何事物，都有主次之分，因此记述时要求详主略次。但笔者所看到的志书（志稿），不少则平均用力，主体不详，次要不简。《建志》作者注意了这一问题。具有时代特点的改革开放内容，采取集中与分散相结合的方法，加重笔墨记述。最能反映改革开放成果的居民生活，该书没有按常规办法将其归在《经济综览》中，而是把他单独置为一编，分经济收入、资产积累、消费支出三章十节记述。改革开放以来，环境问题引起各级高度重视。《建志》就将环境保护独立设编，并细列五章，对环境质量、污染防治、生态保护与建设、环境监测、环境保护管理，予以翔实记述。对具有建德地方特点的自然资源、能源建设、移民安置、技术创新与市场开发、旅游产业等，明显地着意重墨。除正文加重分量，需要时还附以调查专记等。如人口构成中附了《百岁老人调查》《建德市同姓氏 300 人以上村分布图》；人口素质中吸纳了《人口死因回顾性调查》《人口死因报告及顺位》；矿产资源中附了《建德市碳酸钙产业发展状况调查》；防汛防旱中附了《1999 年新安江水电站泄洪专记》；外贸管理与服务中附了《新安化工集团股份有限公司应对反倾销专记》；共青团中附了《建德市未成年人违法犯罪问题调查》；司法行政中附了《全国民主法治示范村黄栗坪村的情况调查》。所有这些，不在于他的形式是什么，关键在于他是有深度、有价值的资料。如百岁老人调查，其中总结的 5 条长寿原因，对于读者都是有重要启迪作用的。再如《新安化工集团股份有限公司应对反倾销专记》，其中所写的 4 点启示，即商品无国界，强者有边疆；规则要熟悉，运作要规范；

合力应对，众志成城；广开视野，选准讼师，对已经和将要走出去的公司企业，都有现实的借鉴意义。这些有深度、有价值的资料，现实中大量存在，志书中则大量缺失，弥补工作十分繁重，需要引起广泛的高度重视。抓到这些是一回事，如何处理是另一回事。对这些有深度、有价值资料的处理，根据需要而定，需入正文即入正文，需作附录即作附录。

六、人物部类内容广泛

《建志》人物部类，包括人物传、人物录、人物表、先进个人 4 部分。人物表录中，记述了 12 个方面的人员，有军政界的，教科文卫界的，有院士、博士，烈士、英模、能工巧匠等。由此可见，志书作者坚持历史唯物主义，以对建安贡献为尺度，不论职级、界别、阶层、生死，当入则入，当褒则褒，为其留下光彩的一笔。特别是对荣誉军人和故去的烈士，处于工作一线的先进劳模、能工巧匠，这些往往容易被淡忘的人，作者想着他们，笔下刻上他们的名字，让他们永留青史，充分体现了“以人为本”的思想，借此也缩小了官与民的距离，使志书更加贴近实际，贴近生活，贴近群众。

《建志》给我们留下了许多精彩的地情资料和值得借鉴的记述方法，不可能通过一篇文章就尽收眼底，更多的是靠读者直接品味。

人无完人，志无完志，《建志》亦难摆脱局限。本轮修志最大的局限是什么？本人认为是平淡浮浅，重点不突出；管理主体缺经验教训，管理对象很少涉及；狭义记得多，广义记得少；新情况新变化有记述但远远不够；13 亿人口，9 亿在农村，但由于老框框的束缚，对农民、农村、农业，不敢放开深入挖掘等。一轮修志，出很多书，记很多地情，功不可没。但也不能否认，修志中实实在在存在着“出力不讨好”的问题。鉴于此种情况，志界有人呼吁，要“出力又落好”，一定要删减与充实并举！假如《建志》当初再往前跨一两步，也许志书会“消瘦”一些。这是后话。接力棒只有待后来者承接。

（原载《河北地方志》2010 年第 5 期）

一部值得认真回味思考的新志书

——读新编《锡山市志（1986—2000）》有感

捧读江苏省《锡山市志（1986—2000）》（以下简称《锡志》），在一些重要方面给我留下了深刻印象。透过现象，考究本质，使我看到这部志书的作者，特别是主编，有自己的见解和思路，尽管这种愿望体现的还不够淋漓尽致，但迈出这一步已实属不易，值得充分肯定。

一、篇目形式有独到之处。《锡志》结构采取篇、类、目三个层次，我赞成这种做法。其好处在于，可以突出重点，兼顾一般；加强综合，减少条分缕析；详独略同，彰显特点；精炼文字，压缩篇幅。现在的志书（志稿），一个倾向性的问题是，一般性内容偏多，重要内容偏少。如何解决这一问题，需做多方面的工作，而寻找合适的表现形式是诸种努力之一。篇下均设有题概述，他除勾勒历史脉络，刻画基本轮廓，彰明兴衰起伏外，还可囊括部分一般性内容，再加上其后需要时设置的反映一般性内容的表格，这样就可减少一般性内容的条目，进而腾出版面记述重要的内容。采取篇章节目，势必有不可避免的铺垫过渡，以及相应的条分缕析，这都需要一定的文字来支撑，篇篇都如此，压缩篇幅就很困难。路子越走越窄，那么就要寻找新的出路。若干年来出现的板块条目体、篇章条目体，就是其中新的探索。《锡志》篇下统辖类和目，又是一种新的尝试，我们应当给予理解和支持。

《锡志》篇目采中篇体式，篇与篇比较均衡。他按照土地、人民、政事“三宝体”设置，既有继承，又有改进，其结果是顺自然，应规律，合逻辑。有人把他比喻为舞台（环境）、演员（居民或人口）、剧目（政事或产业、事业）的关系，此话不无道理。环境保护，现在部分志书（志稿）是将其与自然环境合并，这是很不妥当的，因为环境保护对应的是自然、人工两个环境，而不是一个环境，《锡志》将其单独设置，这是完全正确的。该志经济体制改革、开发开放、政治体制改革、社会保障体制改革，都单独成篇，而且都放在该大部类之首，起到总冠统揽的作用，与其他篇也比较协调。

二、与前志衔接有合适载体。《锡志》卷首置一《前志概要》（以下简称《概要》），这很有必要。不要小看此事，他是检验志书编纂者有无服务意识，或服务意识强弱的标志之一。一部续志，既要让读者看到断限内的事情，又要让其了解断限前的历史脉络和大略大要，《前志概要》就可起到这种作用。承前方可启后，历史是不能割断的。就是中共中央关于若干历史问题的决议，开头也还有前28年的回顾。此前，我看到续志这么做的不多。一个是河北《三河市志》（续志），在卷首设置了《三河历史概况》。另一是上海《奉贤县续志》，在其卷末设置了《前志摘要》。再是山东2007年出版的《成武县志》，他是在卷首《概述》之前设了《前志简介》。还有就是淄博市《张店区志》（续志），在最后设了《前志简介》（以下简称《简介》）。《锡志》等少数志书这样做，可满足读者三个方面的需要：一是《概要》或《简介》像一个向导，引导你从前志进入续志，有了这个铺垫过渡，不会让人感到突兀；二是既知局部，又晓全局，既了解当今，又知悉历史，对事物的理解可更加全面深刻；三是可进行前后对比，让人看出继承、发展、变化，给人以更多的启迪。

三、宏、中观记述有《总述》《概述》。《总述》就是统揽全志的卷首述。《概述》就是统揽分志的篇下述。卷首《总述》，着眼“资政”，总括地情、钩玄提要、彰明因果、高屋建瓴，实属大家之笔。撇开细枝末节，直奔记述主题，即农村工业化、农村现代化、乡村城镇化，写大势大要，总结成功经验，鲜明展示“华夏第一县”的深刻内涵。每一篇都设《概述》，或总括地情，“胸有全局”；或竖写历程，“知晓脉络”；或“线点结合”，彰显部门或行业特点。《总述》统携《概述》，《概述》补充《总述》，上下衔接，环环相扣，紧密相连，构成宏、中观记述的绵密网络，由表及里、由浅入深，达到增强志书著述性效果，也在一定程度上弥补了条目体志书结构松散的不足。

四、面点结合有深入开掘。新编地方志工作确实取得巨大成绩，一批优秀志书相继问世，受到各方面好评。但也不可否认，有的志书质量一般，缺少“资政、教化、存史”价值。这样的志书平淡浮浅，鲜有深度。正如有的学者指出的那样：志书“花费大量篇幅反映事物内部一些小单元的起源兴革”，使“志书格局呈现为一条多竖线拼结并列而成的薄薄平面。看起来文字不少，但多为承上启下铺垫过渡性内容，核心资料被冲淡，反映不出多层次的、立体的、多彩多姿的现代社会全貌”。[①]《锡志》作者意识到这一点，并努力加以克服。在加强综合记述、勾勒面上情况的同时，《锡志》还增加了一些有深度的内容，如《锡山市农业和农村现代化试验纪略》《锡山市扶持集体经济薄弱村纪略》《锡山市乡镇工业发展纪略》《无锡县“十村千户”家庭文化消费

①参见肖东发：《年鉴学概论》，中国书籍出版社，1991年12月。

调查》《小鹌鹑成就大产业》等。

除上述这些专记性内容，随文附的有深度、有价值的资料还有不少，如农业中反映的成本与效益，工业中反映的经济效益。我国经济的发展，过去偏重于“粗放”型经营，高投入，低产出，中共十一届三中全会后，逐步重视经济由“粗放”型向“高效”型转变。《锡志》记述成本与效益，有利于反映转变的过程与经验教训，以便党政机关调整决策和改进工作。再如文化部类的文学艺术，作者注意有关内容的开掘和深化。如戏曲艺术，写“县锡剧团演出的《青蛇传》，立意新，艺术上发挥‘有唱有打’‘能文能武’的特长，开拓‘文武并重’的新路子”。绘画摄影，写中国摄影家协会会员马玉焕，说“其作品寓意深刻，哲理性强，构图简单而巧妙，画面朴实而优美，风格独特，被誉为农民摄影家”。书法篆刻，写孙璘的作品“各体具备，质朴自然，格调高雅，清新脱俗，尤以隶书见长”；写“钱振亚的篆刻作品构思巧妙，布局严谨，精雕细刻，长于创新，多部作品入选省级展览并被送往日本等国展出”。我早就希望看到这样的内容，今天总算看到了。此前所看到的志书，大多写某一艺术形式，先是写群体，后是写代表人物、代表作品，搞过什么展览，获过什么奖励，到此止笔，至于艺术特点，不再深究，看到这里总觉得意犹未尽，感到很遗憾。多这一笔和少这一笔，效果可大不一样。多一笔，就多了品位，多了艺术性，被写者就多了成就感，也给读者多一份借鉴和启迪。再如卫生部类的期望寿命和死因分析，把 1986 年、1990 年、1995 年、2000 年几个年份的死亡率和死因顺位，逐一列出，让人清楚地看出，1986 年死因顺位是心血管病、肿瘤、脑血管、意外死亡、消化疾病、新生儿病、呼吸疾病、肺结核病、泌尿疾病、内分泌营养代谢性疾病；2000 年死因顺位是恶性肿瘤、循环系统疾病、呼吸系统疾病、意外死亡、消化疾病、精神疾病、泌尿疾病、内分泌疾病、传染疾病、神经系统疾病。由此可见，经济发展，医疗改善，肺结核病、新生儿病已不在前10位内；生活好了，环境质量下降了，恶性肿瘤、循环系统疾病、呼吸系统疾病、消化疾病、精神疾病、内分泌疾病、神经系统疾病也多起来了。医疗卫生部类，其重点是疾病、病人、治病的人、怎么去治，抓住这些就抓住了要害。正因如此，我对《锡志》上述记述大加赞扬。

五、精神文明建设有新风范例。就“新风范例”几字，恐怕也是经反复揣摩推敲确定的，与以往常见的“良风美德”“文明新风”相比，又有一定新意。

（选自2009年10月出版的《锡山市志评论文选》）

山不争高任评说

—— 二轮《萧山市志》读后感

萧山区是中指组办公室和浙江省方志办确定的修志创优工程试点单位之一，因此其受到外界特别是志界的更多关注。本人也曾于2006年，带领本省由市、县、（市、区）方志机构负责人参加的48人团队，到萧山考察学习，当时随队成员普遍感到深受启发，收获颇丰。萧山同仁为慎重起见，志稿定型后，没有按常规一步到位出版，而是按照公开出版物的程序，先出试印本广泛征求意见，把纠错的权力交给读者，把问题解决在最后版本问世之前。由四册构成的试印本也寄本人拜读。后经征求意见、斟酌完善、付印校勘等工作，于2015年初将正式版本奉献给世人，本人有幸又得到赠书。正式版本全五册，杭州市萧山区人民政府地方志办公室编著，主编谭勤奋，常务副主编沈迪云，副主编陈志根、钱志祥、金雄波、李维松、柳田兴。浙江人民出版社出版，2013年12月第一版，16开本，1005万字。由于此前听到一些议论，有褒有疑，说法不一。两次接到书后，本人带着这个疑问，以及虚心探求的平常心来阅读该志。坚持阅读时间长一点，不操之过急；阅读细一点，边读边做笔记；把他放在二轮修志的大环境中来分析，力争做出恰当的判断。阅读结果，感到该志如同其他上乘志书一样，尽管也还存在某些不足，但他仍不失为一部良志佳作，在一些重大方面，甚至在全国也当属一流。制作单位和编者坚持探索，但不势炫耀。作为读者，本人还是要说：该志不仅可读而且可用。他们所积累的经验，具有开创性、方向性、针对性、适用性，对于在修志中“拨云见日”、消除沉闷、开阔思路、清源正本、繁荣志业，必将大有帮助。该志不乏长项，但由于本人水平所限，不做全面评述，仅偏重三个方面略陈己见并求教方家。

其一，重要内容扩展力度空前。志书是地情书。修志工作“是在各级党委领导、政府主持下对地情、国情的全面调查”[①]。志书为载体，地情为客体，客体的重要方面，都应在“全面调查”之列，经调查之后还应予以“全面记述”。当今修志实践情况如何？本人带着这个问题翻阅了一批二轮志书，并随意抽取一本县级市志进行统计，同时与《萧山市志》（以下简称《萧山志》）对比，其结果如下。

区分序号	类项	志书名称		
		x x 市志（县级）	《萧山市志》	
			常规内容字数	新增社会调查
1	建置区划	46530	4800	萧山人的一天
2	自然环境	自然环境	137600	萧山居民生活质量调查
3	人　口	38070	99200	萧山居民休闲娱乐情况调查
4	城乡建设	63450	115200	萧山居民择业观调查
5	基础设施	67680	304000	萧山居民社交礼仪调查
6	经济体制改革	88830	分散处理	萧山居民出行调查

① 2001 年 12 月 20 日，李铁映在全国地方志第三次工作会议上的讲话，《中国地方志》2002 年第 1 期。

续表

区分序号	类项	志书名称		
		x x市志（县级）	《萧山市志》	
			常规内容字数	新增社会调查
7	国民经济运行	59220		萧山居民家庭车辆拥有与使用情况调查
8	农　业	169200	177600	萧山居民住宅情况调查
9	工　业	143820	220800	萧山居民吃穿用情况
10	商贸服务旅游	93060	208000	萧山居民民间资本投资
11	金　融	38070	70400	萧山家庭教育观变迁调查
12	经济综合管理	109980	220800	萧山百岁老人状况
13	政治体制改革	33840		萧山妇女地位调查
14	中共地方组织	109980	86400	萧山知识分子调查
15	人民代表大会	38070	41600	萧山企业家调查
16	人民政府	84600	51200	萧山民工生活、生存状况
17	人民政协	33840	64000	
18	民主党派	8460	54400	
19	社会团体	38070	105600	
20	公检法司	122670	83200	
21	教　育	109980	124800	
22	科　技	42300	64000	
23	文　化	143820	262400	
24	医药卫生	80370	140800	
25	体　育	38070	60800	
26	精神文明建设	38070	分散处理	
27	社会生活	105750	297600	
28	人　物	283410	163200	
29	乡　镇	4230	144000	

续表

区分序号	类项	志书名称		
		xx市志（县级）	《萧山市志》	
			常规内容字数	新增社会调查
30	附　录	209385	43200	
31	环境保护	并入他编	73600	
32	土　地	并入他编	70400	
33	居民生活	并入他编	76800	
34	农　村		67200	
35	农　民		59200	
36	垦区开发		104000	
37	萧山经济技术开发区		83200	
38	建筑、房地产	并入他编	108800	
39	人事、劳动、民政、社会保障	并入他编	236800	
合计			4302400	3287256
		2506275		7589656

从这个表及其所依据的母本志书可以看出，常规内容，两部志书相比，《萧山志》在一些相同的类项上，字数明显多于同级别的另一部市志，而多出的方面，侧重在主体或特色内容上。而地情存在且很重要，一般志书包括前表所列那部市志，往往忽视或轻描淡写的一些“非常规内容”，如农村农民，妇女地位状况，知识分子状况，企业家状况，民工生活生存状况，民间资本投向，居民生活质量，居民休闲娱乐，居民择业观念，居民“吃、穿、住、用、行”，家庭教育观变迁等，正是《萧山志》的浓重之笔或“独

家绝活”。若把地情看作10分，记载地情的志书也应与此相接近，而不能差距太大，但事实上不少志书并不理想，笔者认为，保守一点说也有5分的差距。由于没有像李铁映所讲的那样对地情进行“全面调查”（此为原因），自然就没有“全面记述”（此为结果），反过来说就是将这些内容遗漏了。

史志之书不能回避他的折射作用，他要折射时代的光影，全面记述全面折射，斑驳记述斑驳折射，遗漏记述何谈折射？前面说的地情存在且很重要，而《萧山志》又恰恰给予了重视，是因为农村、农民，范围广泛、数量众多、影响重大；是因为社会结构在变，社会生活在变，思想观念在变，新情况、新变化无时无地不在；是因为妇女社会地位，是妇女问题的重要方面，他是不同群体妇女在社会生活和社会关系中，与男性相比较的权力、资源、责任、作用被社会认可的程度；是因为改革开放以来，知识分子群体作为工人阶级的重要组成部分，作为实施“科技兴国”战略的中坚力量，其思想观念、价值取向、知识状况，对整个社会的影响日益明显；是因为物质文明建设，需要企业家队伍的建立、发展与壮大；是因为民工问题，属于改革开放、城镇化建设中的一个不容忽视的现实问题。

这些道理并不深奥，需不需要记述也许不会引起太大争论，但关键点在于觉悟和责任，在于自觉与先觉。文化自觉，就是清醒地认识到文化与文明的意义和必不可少。对于知识界来说，只有自觉还不够，还要有先觉，即文化的先觉。文化先觉是指知识分子要自觉站在时代的前沿，关切整个文化的现状、问题与走向，敏锐地觉察到社会进程中崭露出来的富于积极和进步意义的文化潮头，或负面的倾向，还要推动他或纠正他、承担他，主动而积极地去引领文化的走向。文化先觉首先来自知识分子的文化责任。……失去这种责任和性质就不再是知识分子，而只是“有知识的人”。处于转型期的当代中国，文化上充满内在的冲突与活力、问题与希望，文化现象无比纷繁，有待我们去思辨与认知。因此，文化先觉既是文化发展的需要，更是知识分子的职责与使命。[①]舍此是不可能把潜在的地情优势，转化为志书载体的现实优势。萧山目前的胜出，其原因恰恰就在这里。该志不能说已经达到了“全面调查和记述”的最高境界，但可以肯定地说，他们坚持客体与载体的水乳交融，坚持“没有调查就没有修志权”的理念，坚持“三个贴近”[②]的不懈追求，终使自身的修志实践迈出了坚实而又巨大的步伐，达到了一个崭新的境界，给人以诸多的启迪。若非如此，有关学者希望志书真正能够反映现代社会全貌的忠告何时才能付诸实践？[③]有关同仁指出的“三个远离”之弊何时才能解决？[④]正是从这个角度说，萧山的经验具有开拓性、方向性、针对性、适用性。

---

①参见冯骥才：《知识分子与文化先觉》，《人民日报》2013年2月25日。

②三个贴近指：贴近实际、贴近生活、贴近群众。

③参见肖东发：《年鉴学概论》，中国书籍出版社，1991年12月。

肖东发先生在该书中指出，志书“花费大量篇幅反映事物内部一些小单元的起源兴革”，使“志书格局呈现为一条多竖线拼结并列而成的薄薄平面。看起来文字不少，但多为承上启下铺垫过渡性内容，核心资料被冲淡，反映不出多层次的、立体的、多彩多姿的现代社会全貌”。

④参见罗再麟：《矫枉必须过正》，《史志林》，2004年第2期。

罗再麟先生在该文中指出，所见志书“虽然基本上解决了‘如何写’的问题，但没有很好解决‘写什么’的问题”，“大多是写管理体制和管理工作，鲜活的社会生活被大量枯燥的数据所取代，缺少人文关怀。于是，我们的志书远离了实际、远离了群众、远离了生活，不能培养各层次的读者群，仅限于部分领导干部和部分科研人员翻阅和地方志内部循环”。

其二，注重学术，堪称典范。学术的生命在于创新。学术工作，就是提出一个新问题，围绕此问题进行分析研究，最后使问题得到解决。这是提出问题、分析问题、解决问题的创造性过程。[①]萧山的建置历史是2000多年，而他的历史起点——跨湖桥遗址，后被命名为跨湖桥文化，是新石器时代早期，距今8000多年。萧山区方志办把跨湖桥文化作为首编，置于建置区划之前，是合乎情理的。内容不仅靠前，而且还比较详细，分跨湖桥文化遗址、跨湖桥文化遗迹、跨湖桥文化遗物、跨湖桥文化研究与遗址保护四部分，浓墨重彩予以记述。读者从这里既可看到萧山悠久的历史，灿烂的文化，同时也可感受到志书的学术品位。中国是农业大国，农民占总人口的大多数，农村发展的滞后性严重存在。这就是所谓的“三农问题”。这是社会的现实。但过去的志书对农业有所记述，而对农民、农村则轻描淡写。《萧山志》对此浓墨重彩，将“三农”专设一编，达16章。透过志稿，使读者看到了农村的万象百态，农民的喜怒哀乐，农业的发展与障碍。对未来而言，这就是历史的印迹，这就是志人的贡献，令人敬佩。

《萧山志》作者还注意直接或组织运用社会学的调查统计方法，包括典型调查、抽样调查、个案调查等，对有关事物进行专题调查，并以社会学工作者的眼光审视和记述，使这类内容的学术性得到显著增强。如该志所载录的《萧山居民民间资本投资调查》。据本人检索，此类调查在之前的同级志书中尚未发现，当属首创。从这篇调查中让人看到，随着萧山居民可支配收入的不断增加、生活的逐渐富裕，投资理财日益成为当地居民家庭的重要经济活动。萧山居民民间资本投资已呈现多元化态势。而民间

---

①参见梁滨久：《加强地方志书的学术性》，《内蒙古史志》，2011年第3期。

资本投资的不断高涨，既活跃了萧山资本市场，又极大地支持了萧山民营经济的快速发展。同时也看到了当地民间资本投资所存在的误区。由于其资料来源系直接调查，而调查的方法是专业和科学的，所做结论是建立在翔实资料基础上，因此他的学术性和利用价值是不言而喻的。像这样属于第一手资料的调查，该志达到 300 多万字，可见其比例和含金量之高、意义之大。

志书的学术性还表现在对资料的分析、归纳、提炼、综合、概括。这是“一种高层次的学术研究，体现着修志人员的学术素养”[①]。志书的所有部类，都有一个分析、归纳、提炼、综合、概括的问题，但最能体现作者这方面学术功力的要数志书的三级“述”。就全志而言，《萧山志》着力将学术性融于资料性之中，注重对资料的认真考证、恰当取舍、精心编排。在此基础上，作者对三级“述”的研究和撰写，则花费了更多的精力。仅卷首《总述》，本人就曾先后两次看到他们的征求意见稿，因此终使述体志文妙笔生花，引人入胜。卷首《总述》立意高远，构思独到，纵横捭阖，钩玄提要，虚实交融，文采飞扬，堪称大手笔大气魄，读罢长了见识，还多了一份美的享受。请看俯拾皆是的美妙志文：沉睡8000年的独木舟，闪耀着新石器时期的文明曙光；让跨湖桥文化声震中外，万众仰止；潮声如歌的钱塘江，引领着川流不息的浦阳江，让鱼米之乡处处滋润，满目青翠……；大自然对萧山的慷慨赐予，让她分外妖娆。历代文人墨客在这里览胜抒怀、佳话迭出；萧山人对山山水水的精心雕琢，让这里的山川大地如盛装蹁跹，让千古景物在这里流光溢彩、别具风情……。一段段，一行行，简直就是一首首散文诗，不能不读，不能不让人赞叹！

---

① 胡巧利：《志书资料性和学术性问题辨证》，《中国地方志》，2004 年第 11 期。

编、章之述，源于志文但又高于志文，定性为主定量为辅，让特点、节点、起伏、因果、联系、规律等，通过分析、归纳、提炼、综合、概括之功，将功效力争发挥到最佳。

做好注释工作，也是学术规范的应有之义。《萧山志》主要采取边注的形式。此类注释据编者介绍达2148条。从内容上区分，有限外内容注、诸说争议注、正误存佚注、资料出处注、背景缘由注、观点凭据注等，总计21项。[①]由此可见作者对待注释的态度是十分严肃的，因此也受到著名学者来新夏、魏桥的高度评价。方志要进入学术殿堂，没有这种执着的精神是不行的。

毋庸讳言，在志书是否加注的问题上，志界是存有争议的。胡乔木讲："过去修志是一些很有学问的人去做的，他本身是一项学术性的工作。"[②]李铁映也强调：21世纪修志一定要"把志书的质量和学术品位提高到一个新水平"。[③]中指组颁发的《地方志书质量规定》，明确"注释符合学术规范，便于查找原文。注释形式全书统一。引文和重要资料要注明出处。[④]"但在研讨乃至实践中，"一般不注明出处"还比较盛行。但这并不意味着就代表事物发展的方向，早晚他是要被改变的。

《萧山志》的学术性体现不只以上所列，还可举出许多，如邀约学者作序，志书资料选取标准的统一，对记述事实的严谨考证，对存有争议内容多说并存的做法，野生动植物学名与拉丁文

---

①参见莫艳梅:《注释在志书中的应用》,《中国地方志》,2010年第7期。

②参见青岛市史志办公室《胡乔木同志谈新编地方志》，《上海修志向导》，1992年第6期。

③李铁映《在全国地方志第二次工作会议上的讲话》，《中国方志文献汇编》，方志出版社，1999年10月。

④中指组字〔2008〕3号文件。

的结合，图照均署内容、拍摄时间、作者，等等，仅凭以上概略陈述就足以说明问题了。

其三，多措并举，值得学习。其表现是多方面的，在此仅择述“六个坚持”。坚持详主略次。如卷首大事记，一改其他志书“眉毛胡子一把抓”的弊端，记大事要事，名实相符，断限16年，选取515条重要事项，平均每年32.18条。坚持面点结合。有章、节、目内部的面点结合。像镇乡编内容即是如此。24个建制镇，每镇都分镇情综述和特点两块，共反映了82个镇情特点。还有章、节、目内部与附录之间的面点结合。这种做法也较为普遍。全书共设置了125个专题附录。这些就像块茎作物的果实一样，是丰收的硕果，是对正文内容的扩展和深化，绝不是可有可无的点缀。坚持纵横对比。该志引用2000年国家统计局农村社会经济调查总队开展的“中国县（市）社会经济综合发展指数”测评结果，以显示萧山在全国2000多个县（市）中的横向位次，昭告人们正视问题，居安思危，不懈进取。反映居民生活质量，有20世纪90年代与2004年，居民对工作满意度、居住环境、分配等状况的比较；反映出行和社交礼仪，有90年代与现在出行花费和社交礼仪花销比较。比较是写作的手法之一，通过比较更能彰显变化的幅度，强化所要表达的内容，吸引读者的注意力。坚持分析性记述。这在第五册——《社会课题调查》中体现最为明显。此为统计部门、大专院校和社科研究者经常运用的方法。这种分析性记述，是建立在事实的基础上，是在归纳、综合、分析后所提炼出来的高层次信息，是对“初级信息的开发和深化，有更大的参谋作用。[①]”《萧山志》的成功实践证明，此法在志稿编纂中是完全可以尝试

①温家宝1989年（当时担任中办主任）在中办召开的秘书长、办公厅主任座谈会上的讲话。

的。坚持“口述”入志。知情人的“口述”资料，志界一般作为搜集资料的一个途径，其结果往往是有选择的间接入志。而萧山志人则根据需要精选了部分资料直接入志，像工业部类载纳了《萧山私营企业经营者访谈录》《萧山乡镇集体工业企业经营者谈企业生存与发展》；民主党派和工商联中载录了《我的截然不同的前后二十年》《我在民进 45 年》。这些内容“好像矿工把山间一块一块的矿石开出来送给化验师们去化炼，由他们随便炼出什么有价值的东西来”①。这样做所表达出来的讯息更加情真意切，更能感染人、打动人。坚持图文并茂。全志随文插图 1338 幅，大多量、质俱佳，既扩展了记述内容，又增加了阅读效果。

（原载《浙江方志》2015 年第 5 期）

①李景汉：《定县社会概况调查》序言，世纪出版集团、上海人民出版社，2005 年 5 月。

概说 2006 年 5 月版《井陉县志》

现对 2006 年 5 月版《井陉县志》（简称《井志》或《续志》），从以下两个方面予以评说。

一、《井志》具有新的起点、新的高度

第二轮出版的志书，《井志》是第 8 部，8 部志书相比，各有千秋，但综合评价，我认为《井志》是最好的一部。《井志》上了两个台阶。前后志比较，他比前志好，上了一个台阶；用续志标准衡量，他具有理想续志的显著特征，这就又上了一个台阶。石家庄市范围内，县级续志，井陉是第一部，创下了一个开门红。一个良好的开端，就等于成功了一半。我们最终的愿望是，第二轮修志能够出现一大批最好的志书。现在评价《井陉县志》，用意就在于一花引来百花开，形成百花齐放的局面。《井志》与前志比，他继承了前志小编结构的优点，并突出了煤炭、景观等，同时还克服了前志的不足。如前志安排了两篇序言，学者与党政领导各一篇，《续志》只请学者兼县志顾问写了一篇序言，着重点评志书特色，学术气息更浓，起到了引读的作用。前志《凡例》

仅列3题，而《续志》《凡例》列了14题，标题均用黑体字标出，十分清晰明了。前志目录仅用中文排列，《续志》为满足国内外读者需要，编排了中、英两种文字的目录。这反映了作者改革开放意识和为现实服务的意识。前志以编纂委员会的名义写了一篇简短的《编修始末》，侧重于介绍一般修志过程，《续志》以主编的名义写了一篇《编后记》，总结了三条经验，即领导力量是根本，社会力量是基础，学术力量是关键，写作主体体现了主编负责制，写作内容具有更强的借鉴作用。前志未编制索引，《续志》编制了条目首字笔画索引，便于检索和利用。编制索引，既是二轮修志的规定，也是省内外读者特别是国外一些汉学家的强烈愿望。再如大事记不入编，按地、人、事顺序排列，增加了经济总览、旅游、钙镁业、扶贫开发、抗洪救灾、精神文明建设、井陉拉花、艺文等。篇目上条理清晰，眉清目秀；内容上充实厚重，资料丰富；记述方法上注重此详彼略，互相照应；语言文字上注重仔细推敲，比较简洁流畅。

前后两轮志书比较，《续志》对前志的超出不是一个方面，而是大面积的丰收。除前所述，还有概述。这篇概述不仅写变化，还写变化的原因及经验。概述把改革开放以来取得的进步与县委的正确决策与政府实施决策联系起来，写出了本质的一些内容，这就强化了概述的资政作用。当代方志学家魏桥对这篇概述给予了充分肯定。他认为井陉《续志》概述初看类似一般县志，但仔细研读感到确有独到之处和创新之点。首先，将井陉20年新的发展，用大量史实概括为“物质文明建设飞跃发展”“政治文明建设成绩显著”“精神文明建设长足进步”。接着，剖视发展历程的具体过程，用简明扼要的史实说明，20年发展历程是主导思想和发展思路不断完善的过程，是不断解放思想的过程，是考核激励机制不断探索发展的过程。最后写了5点启示。这里论从史出，写得合情合理，水到渠成，给人以启迪。《续志》大事记采用编年体记述，简明扼要。乡镇内容比前志略详，地方特点也更为突出。居民习俗，一改首轮志书的写法，以传承习俗、演变习俗、新兴习俗、消弭习俗标目，更能体现断代志的特点，更符合实际情况，是一个成功的探索，精神可嘉。写习俗，着重于变化，这完全正确。河南《陕县志》亦如此，其着眼民俗演变，写了回归礼俗、简化礼俗、新的风俗，真是不谋而合。《续志》重视环境保护的记述，重视社会保障、扶贫开发的记述，重视抗洪救灾的记述，重视精神文明建设的记述，这些都是坚持科学发展观和建设和谐社会的理念在修志中的具体体现。关于决策，《续志》作者把握、处理是得当的，县委部分写宏观决策，政府部分写决策实施，照应得很好。《续志》高度重视生产力和生产效益的记述，这是作者对前志的革故鼎新。《续志》的地方特点也十分突出。井陉是山区县，资源富县，文化大县，这些在志书中都有淋漓尽致地反映。颇具井陉特点的人畜饮水、扶贫开发，立题准确，层层递进，切合实际，很让人拍手叫好。《续志》对较具地方特点的旅游、拉花、文物古迹，采取文字增墨、图片增量的办法予以突出反映，给人留下深刻印象。我计算了一下，旅游约3万字，占全书的1.6%，拉花约1.4万字，占全书的0.8%，文物古迹约7.9万字，占全书的4.6%，所以说是文字增墨。关于黑白插图，旅游部类，前志无插图，续志设29幅插图；拉花部分，前志无插图，续志设了6幅；文物古迹，前志设了7幅，续志设了63幅，所以说是图片增量。

《续志》党、政、群、团部类，注重在兼顾一般的同时，着重记述主体内容。如中共井陉县地方组织篇，简化机构内容，厚重决策和九大主体工作内容。人民政府篇，统辖五目，有四目是反映决策实施、重点工程建设等。人民政协篇，内容十分翔实，读后让人深切感受到井陉政协工作的创造性和取得的巨大成就。

前面所谈，是就两轮志书相比较而言。衡量志书如何，还有一个坐标系就是我们设想的理想的第二轮志书的标准。理想的第二轮志书的标准，起码说一是要有鲜明的改革开放的时代特点。在这方面，《续志》做得是比较好的。他采取集中与分散相结合的方法记改革，记清了改革的脉络和轮廓。这里需要多说几句的是，由于种种原因，首轮新志大多没有写好政治体制改革。井陉续志总结历史经验，以本志上限之前设立县人大常委会、恢复县人民政府、建立政协县委员会为切入背景，从民主制度建设和党政机构、事业单位、人事制度以及司法体制4个方面改革，循序展开记述时限20年的变迁。衔接了中华人民共和国成立后人民民主制度建设，特别是改革开放时期从民主与法制建设后始，历经政治体制改革、过渡到社会主义政治文明建设的中国特色的政治制度发展过程。与本志出版后国家发表的《民主政治白皮书》不谋而合，说明编者有一定的预见性。本志从完善人大常委会议事制度、人大监督制度和人民代表工作制度3项写好人民代表大会制度的完善进程；从对口协商、提案办理、民主监督3项写好政治协商制度的发展变化；特记政府政务公开和村民委员会选举两项改革，切中民主政治的核心问题。党政机构改革分列1983年、1996年、2002年3次机构改革，以便作对比研究。事业单位则选择影响重大的实行聘用制和职称改革作记述。人事制度改革以干部选拔、实行公务员制度和用工制度改革作叙述。司法体制改革分述公检法司4家具有关键性改革内容。这一部类入志信息的自主创新体现于：1.政治体制改革包罗万象，仅“十六大”报告就列举9个大类。本志从县情实际出发，归并为5类16项，比较适合县级续志记述需要。2.着重反映本县制度的建立与完善情况。如完善人大监督制度，除工作制度之外，并从法律、人事、代表3项监督写出本县人大工作的创新特色。3. 将政治体制改革着重点放在制度的创新改革上，并追溯到工作方法、服务程序、责任追究等具有地方特色的创新。本志的贡献在于为县级续志找到了一种可供资鉴的创新模式。但这只是一个良好的开端。无论党委、人大、政府、政协都还有更多可记的民主政治建设自主创新内容，足够后续二轮方志展开。

另外，对外开放篇后附了一份“‘天石’决胜反倾销”，体现作者慧眼识真金。文中反映一个县级水泥有限公司，不怕打“洋官司”，用法律手段解决国际贸易纠纷，维护了自身权益。附一份材料，就是树一个样板，他告诫人们面对国际矛盾要敢于正视，敢于据理力争。

续志重视入载经济内容，锐意改革信息结构。例如；1.“经济总览”中，对首轮志书有关经济总量、经济结构、固定资产投资、社会商品零售总额等所使用的指标体系做出重要调整。如“固定资产投资”分解为“投资规模”“投资结构”，纵横交织作广角度展开。又将“投资结构”延伸分解为规模、类型、产业、主体、资金来源5大指标体系。“投资主体”叙述不同历史时期主体变化。从单一的向国有企业投资逐渐向集体经济倾斜，进而出现包括个体、私营经济投资所出现的主体多元化结构。这是在首轮志书中极少触及的新问题。将社会商品零售总额的单一指标转化为消费品市场。从网点、规模、特征、营销4个方面叙其消长。2. 创新经济质量与效益等指标体系，将之扩展至生产力水平、经济效益和社会保障3方面。从劳力、能源消耗、资金积累、产品生产能力4项指标评价生产力水平；经济效益则计算投入产出率、劳动生产率、中间投入率、资产负债率和投资效果系数；规模工业效益除记劳动生产率之外，追溯其增加值利税率、资产负债率；农业经济则分解为百元费用创农业经济纯收入和农村劳动农民纯收入；贸易记述县级以上贸易业成本利润率和资产负债率。“社会保障”专记每平方公里土地公路长度、人均邮电业务总量、每万人口中学生数、每个医疗机构负担面积、电视综合人口覆盖率等有关交通、信息产业、教育、卫生等11项主要社会保障指标。特别是将教育与经济质量挂钩，方志中是极少见的。3.分解“民营经济”评价指标。除评价其经济发展之外，还设置信息指标评价其社会进步贡献。4.“小康社会”记述过去20年的长足进展之后指出：这仅是2002年“十六大”提出“全面建设小康社会”的前奏曲，虽然获得石家庄市“全面建设小康社会称号”，但这只是新的开始，而不是终结。5.动态描绘经济发展曲线。从本县实际出发，本志将经济发展分为平稳发展期（1985-1988）、低增长期（1989-1992）、高速增长期（1993-1998）、相对平缓期（1999-2002）和新一轮健康发展期（2003-2004）；将1985年、1992年、2004年三年产业结构分列，便于计算其调整幅度；固定资产投资又不完全等同于经济发展，故有起伏不平（1985-1991）、高速增长（1992-1996）、发展平缓（1997-2001）、再度扩张（2002-2004）之分期。物价指数则有1988-1989年第一次走高，1990-1992年走低，1993-1995年第二次走高，1998-2002年再次走低的马鞍形发展曲线。从地方实际出发，做出自己的历史分期，是本志一大特色。6.扩展经济体制改革和对外开放入志信息层面，将计划、投资、财税、价格、金融5项体制改革归并为宏观调控体制改革，规范宏观调控提法，消除部分读者在市场经济时期对国家调控认识的误差。本志推出的“农村三改”“四荒承包”“资产重组”“股份制改造”等，有效扩展了记述层面。“对外开放”中的5次出台优惠政策，注意到与WTO游戏规则对接，还以“天石反倾销”在韩国胜诉为佐证。7.注意反映经济发展后劲。如“人畜饮水工程”尚有34%地区未获解决；水土流失面积尚有 36.5% 有待治理等。8. 创立新的门类。如“农田灌溉”增设“节水灌溉”，“农业”增设“吨粮田”“生态农业”，“养殖”增加“特种养殖”等。本志有关经济部类篇目拓展信息结构，为二轮方志叙述经济新发展开辟了至为广阔的空间。

续志对地情的记述全面真实，有喜记喜，有忧记忧。井陉续志敢于反映改革当中存在的问题，断限内一度存在的贫困状况、居民收入差距状况、环境污染状况等，这在报喜不报忧或报喜容易报忧难的环境下，能够做到这一点是十分可贵的。

理想的第二轮志书应更重视以人为本，突出人的主体地位。井陉续志在这方面做得是比较好的。表现在谋篇布局上坚持以人为中心，写决策不忘决策者，写各业不忘各业典型，农业写了甘薯加工示范村割髭岭、农业生态村白王庄，林业中写了大青山开发功臣梁俊庭、洞阳坡开发功臣吕日新，养殖业中记了奶牛养殖小区、养牛养羊养猪大户，教育中写了特级教师等。

理想的第二轮志书，应当更加可读可用、好读好用。可读好读反映的是修志的形式与方法。志书排序科学严谨，清晰流畅，能够给人以美感，读者就愿意看。在这方面，井陉续志是可以得高分的。再者，第二轮志书要多作分析、归纳、综合性记述，让读者一翻志书就能看到本质性、规律性的东西。温家宝总理1989年时就指出：“高层次信息是对原始信息的归纳、综合、分析”，“是对初级信息的开发和深化，有更大的参谋作用”。做到这一点，志书就可读好读好用了。续志卷首概述对地情精华的总结，人口部类对人口老龄化的分析，断限内人口流动状况的分析，对婚姻家庭全方位的分析记述、对信访特点的分析记述、对案件特点的分析记述、对部分年份交通事故的分析等，都属于好读好用、可读可用的资料，十分珍贵。同前志比，前志各种表格都是传统的横竖线表格，而《续志》除传统表格，还有曲线图、柱形图、切割图；前志内文仅有33幅黑白插图，而续志则安排了237幅黑白插图，做到了图文并茂，使内容生动活泼，增加了可读性。

更令人欣喜的是，《井志》在省内已出版的志书中创下了若干个第一，即第一个系统反映人口老龄化状况，第一个系统反映婚姻家庭问题（这里说的是系统，家庭方面，反映了家庭类别、规模、生育、教育、抚养、赡养、家务劳动；婚姻方面，反映了婚龄、未婚、丧偶、离婚、再婚，十分系统），第一个综合反映职业结构、社会阶层结构状况（因为中国改革目的之一就是促使社会阶层结构由传统型向现代型转变。正因如此，胡锦涛总书记就要求要加强对社会结构发展变化的研究。井陉修志人员率先做了这方面的工作，功不可没），第一个综合反映民营经济状况，第一个综合反映城乡居民收入差距状况（这里说的是综合，别的志书也有反映收入差距状况的，但不够全面、系统，也缺综合性），第一个综合反映改革开放以来妇女社会地位变化状况（马克思说过“每个了解一点历史的人也都知道，没有妇女的酵素，就不可能有伟大的社会变革。社会的进步可以用女性的社会地位来精确衡量”。妇女地位问题，不仅是学术研究的重要领域，也是当今中外政府机构、国际社会和国际组织关注的热点。究其原因，妇女的实际地位如何，已经成为一个国家或地区测定社会进步程度的综合指标。井陉修志人员明此之理，率先综合予以反映。丰宁县志、内丘县志、枣强县志等对此也都给予高度重视），第一个对部分年份刑事案件及犯罪人员作分析性记述。这些第一，不是一般意义上的标新立异，而是记述内容上的重大突破，是对修志事业的重要贡献。这些探索与实践，很值得大家学习借鉴。

《井志》的长处不只这些，我只做概要介绍。更具体的，由大家直接阅读和感悟。

我想提醒的是，学习的目的是创新，而不是沿袭，不是照搬照套。创新才能出“之最”、出“第一”，照搬照套，只能步人后尘，拾人牙慧，出不了“之最”和“第一”（我们要正确理解“之最”和“第一”。一是“之最”和“第一”要建立在“横不缺要项，纵不断主线”、全部合格的基础上，不能脱离这个基础，否则方向就偏了。二是要从重要地情中筛选“之最”和“第一”，防止“捡了芝麻丢了西瓜”）。有些重大内容，如改革开放以来社会阶层结构的变化，城乡居民收支结构的变化，人口老龄化的状况，收入差距状况，改革开放以来妇女地位的变化，青年就业观的变化，“三农”方面的新特点、新变化，改革开放以来各类案件的特点及规律等，第二轮志书都应当记述，但不一定是一个面目，一个模式，可以作技术处理，可以变换角度，争取写出各自的特点。比如同样写婚姻，《井陉县志》是一种写法，《陕县志》是又一种写法，他写观念转变、婚龄变化、择偶条件变化、结婚费用变化等。同样写习俗，《枣强县志》以显变俗、质变俗、难变俗、复苏俗、新成俗立题，而《井陉县志》则以传承习俗、演变习俗、新兴习俗、消弭习俗立题，体现了各自的特点。

二、假如时间允许，《井志》会写得更为精彩

一部续志，一般说5年内完成，抓得紧、措施又得力，完全可以提前。《井志》3年完成，是县委、县政府拍的板，我们修志人员只能提速提质了。如果从容一点，情况会更好。

修志是一项遗憾的事业，《井志》也不例外。我们不能完全消除遗憾，但可以大大减少遗憾。已经出版志书的遗憾，尚未出

版的志书可以避免或减少。我们希望后来者赶上以至超出井陉志。《井志》编纂者也希望大家都编出精品志书。

《井志》共179万字，在字数上还有压缩的余地，一般性的内容可压缩几十万字。现在出版的续志，包括省内省外的，很大的一个问题，就是一般性内容多，部门、单位微观资料多，机构设置与变化、人员更替与变化资料多。究其原因，与部门、单位供稿渠道有关。志书编辑部不甚了解部门、单位情况，部门、单位了解情况的又不愿下工夫，因此就出现你列什么题，我就堆什么内容。不进行深入加工提炼，文字势必繁杂，造成多而不精。现在出版的续志，不少同仁认为不像续志，反而像第一轮志书，根本原因就是还没跳出首轮修志的框框。大家一定要记住，既要发挥部门、单位的作用，又不能完全靠部门、单位，完全靠部门、单位修不出好志来。正在修志的地方，一定要改进修志方法，一定要注重综合提炼。部门、单位愿意把志书当成他们的记事本、功劳簿，希望多多益善，志书总纂时再不忍心割舍，志书的字数总量就难以控制。

志书内容，有的偏多(一般性内容偏多，前已陈述)，有的偏少，少的是有深度、有价值、有新意的内容。我个人认为，一部志书假设是100万字，一般性内容最多只能占40%，有深度、有价值、有新意的内容至少应占60%。现在的实际情况往往是，前者占60%，后者占40%，主次比重颠倒。在座的各位有责任通过自身的实践，把不合理的比例调整得合理一些，不管调整幅度大小都是贡献。当然有条件的地方，我们希望调整幅度大一些。总之就是，有深度、有价值、有新意的资料越多越好，多多益善。

按照志书通常的先后排列顺序说，乡镇属村部分还有文章可做，比如搞好、中、差三类村庄调查，解剖麻雀，分析特点；调查时一把抓，运用时再分家。自然灾害，发生有其规律，不论水灾、旱灾，还是雹灾、虫灾，小灾、中灾、大灾，各几年一遇，有何规律，要作分析性记述，写得有血有肉，这样资政价值会更大。环境治理部分，还可以增加点文字，比如选几个大项目、大企业，算一笔账，建设投入多少，产出多少，治理污染投入多少，前后相抵，看看效益如何？要用事实说明，先污染后治理，代价是多么巨大；建设与环保并重才是科学发展之路。《井志》居民部类已经写得很好，现在再议，就是希望后来者更好。“三农”中的农民，可以搞点典型调查，分析得透彻一些，反映得深刻一些。农村、农民、农业，大有文章可做，我们要学会做“三农”的文章，这里面会出许多闪光点。婚姻部分，未写通婚圈。改革开放前后通婚圈显然不同，改革开放后出现了省际婚姻、国际婚姻，通婚圈由小变大，增加上去会更精彩。1993 年 7 月出版的滦南县安各庄乡《铁匠庄志》就反映了通婚圈。从该志可看出村内通婚 73 人，15 公里以内的 12 人，50 公里以内的 3 人，150 公里以内的 2 人，500 公里以外的 7 人。记通婚圈的意义在于从中可看出人们婚姻观念的变化。

居民生活部分，还可以搞点典型调查和抽样调查，反映城乡不同阶层、不同年龄段人员，如城市管理层、个体工商户层、知识分子层、工薪层等，农村老人、年轻人等生活状况，包括休闲娱乐状况。浙江杭州萧山区修志中就搞了改革开放以来萧山居民休闲生活调查、知识分子生活状况调查、农民收入状况调查。他们在农民收入一节设了收入结构、收入变化、致富模式、结余资金、粮食收支等目。他们还搞了《萧山农民收入来源与收入差距分析》《农民生活燃能结构变化》《萧山中小学生生长发育和营养状况调查》《萧山农民工群体生活、生存状况调查》《萧山居民择业观念变迁调查》。

河南《陕县志》居民精神生活写得比较厚重，分 4 节来写，即读书学习、文化娱乐、体育保健、信息网络，这也是一种创新。该志写家庭生活比较细腻，写了富裕大户、小康家庭、温饱家庭、贫困家庭 4 个层面居民的生活状况。目前还未见到其他志书这么写。这说明，只要深思熟虑，独辟蹊径也可以成功。居民生活中还要反映不健康的消费状况，如送人情礼消费、烧香磕头消费、抽签算命消费、殡葬消费等。

居民生活方面，我介绍几个资料，我们可以从中琢磨一些问题，找题目做一些文章。有资料显示，说1996年与1990年相比，文化程度对收入差距的影响呈扩大趋势。1990年，小学文化程度就业者与大专以上学历就业者人均收入之比为1：1.5，与大学本科就业者收入比例1：1.7。学历与收入不能完全画等号，但素质高者获得高收入的机会就多。我们搞点这方面的调查是很有意义的。再者，河北省城镇居民家庭抽样调查显示，低收入户家庭平均百户拥有录像机2.4台，中等户拥有2.6台，高收入户3.6台。低收入户与高收入户机电耐用消费品拥有量差距不大。而低收入户在饮食营养方面花的钱却很少，从食品中摄取的热量、蛋白质、脂肪三大营养素，比高收入户少得多，分别为25.7%、40.5% 和27.4%。而1991年，仅书报杂志支出一项，高收入户比低收入户多支出70%。当然也有低收入户重视文化消费的。我们可以搞点这样的调查。再据《光明日报》资料显示，订书报、购农机、装电话、买保险，成为一些地方农村消费热点。各自所在地方城乡消费热点是什么，要搞些调查。又有资料显示，成年子女以各种方式沾父母光的占82%，有的青年平均婚费开支超过1万元，其中80% 的人从父母身上索取婚费达6000元至8000元。我们各自所在的地方情况如何，可搞些调查。续志极为需要这样的资料。

一部志书，有的部类容易出彩，有的出彩较难，居民部类属于容易出彩部分，要下工夫写好，一是拓展宽度，二是挖掘深度。

近若干年，人口流动加剧，特别是农民工的流动，农村出现民房闲置，以及“空心村”问题。本地如有此类情况，可将其归入城乡建设篇的乡村建设中。

信息产业中，反映固定电话、移动电话，不能只有全县的总数，要区分城乡各占多大比例；即使城市或乡村，其内部也有很大差异，富裕户与一般户有差异，富裕村、一般村、贫困村有差异，因此还要反映差异状况，不能只有平均数。统计局如无这方面数字，我们可以搞抽样调查。

经济部类，一是要增加管理主体方面的经验教训。有关资料反映的河北涉县组建民生担保公司，借此破除融资瓶颈，实现银企双赢，河北肥乡县创建饮用水工程建管机制，河北柏乡县国家粮食储备库科学保粮，创造“自然综合平衡法”保粮新模式，河北省宁晋县科研生产一体化加速单晶硅产业发展，承德围场县把蔬菜产业真正做大做强，河北省临漳县创建政府村民循环管理农田设施新模式，河北省乐亭县科技投入多管齐下、农业结构调整步入良性循环，河北遵化市“广野”（广野农产品合作社）模式塑造新型合作社，这一类材料就是管理主体方面的经验。成功为经验，不成功为教训，两方面内容都应反映。二是要增加管理对象方面的典型资料。一、二、三产业本身以及具体从事一、二、三产业的人员，就是管理对象。如河北一些农村人均耕地悬殊矛盾突出，耕地分散经营制约农村生产力发展，耕地产权虚化、农民利益受损、亟待健全机制，这些资料就属于管理对象方面的资料。一些县、区方志办正在做这方面的工作。如栾城县史志办着手水资源调查、“空心村”调查、徐水县正在搞奶牛养殖业状况调查、吊索具产业调查、种植业经济效益调查、城镇职工就业再就业调查，选题都很好，很有地方特点。志书最缺乏的是这方面的资料，解决好了，增加志书的亮点也在这方面。他是党和政府制定政策，调整政策的根据，是“高含金量”资料，必须深入挖掘。

一地工业企业，有的兴、有的衰，是何原因，也就是经验教训，要在工业部类有所反映。工业篇无题概述可综合记述，生产门类中可有选择地反映。

歌厅、网吧、电脑服务业，是改革开放以来出现的新事物，商业篇要注意吸纳这些内容。

人民团体中的工、青、妇，从管理角度、工作角度已作详细记述，但缺管理对象方面的资料，工会成员下岗与再就业状况如何，青、少年积极特征、消极特征是什么，可搞50人或100人调查与分析；农村女童受教育状况如何，农村已婚妇女生活状况如何，农村有无家庭暴力问题，农村妇女外出打工情况，都可搞点典型调查。管理主体与管理对象两方面情况都是地情，都不能疏漏。已经出版的志书，普遍重视前者，遗漏后者，我们应引以为戒。

精神文明建设篇，应着眼于教化，增加文明之星选介，见义勇为、助人为乐、尊老爱幼、尊师重教等典型，可选一些介绍介绍。

教育篇，要增加应试教育向素质教育转变所做的工作、已取得成绩、仍存在问题、转轨的难度及原因，增加希望之星的典型，增加教育环境对教育影响的分析等。

医疗医药篇，要增加本地疾病特点规律的分析（现在不少新志书已这样做了）；要用事实验证当前普遍认为的“看病难、看病贵、看不起病”的问题。城乡要加以区分，要用以少胜多的办法来记述；如有德艺双馨的医务人员，可作选介；居民对医疗方面最不满意的问题是什么，可搞点问卷调查；影响妇女健康的主要问题是什么，可搞点调查分析。《萧山市志》卫生编设置医生与病人章，着重记好病人这一特殊群体。该章设4节，即医生、病人、医患关系、罕见病例。病人一节记述了病员结构变化、疾病种类变化，这些可以借鉴。

各篇下无题概述，要下工夫写好。写好无题概述，关键在于吃透情况，分清事物发展的阶段、兴衰起伏、经验教训。无题概述是对这些情况综合、提炼的结果，他源于章节内容，但又高于章节内容。

续志内容，要十分注意改革前后加以比较，通过比较反映变化和进步。

志书如选用报纸、杂志发表的本地地情资料，落款时要做些技术处理，正文可不署名，让其与其他内容融为一体，志书专门有修志机构、人员页面，报纸、杂志名称与作者名字放在这里记。

凡涉及机构的部类，机构放前放后要统一规范。各种表格左右两侧竖线要去掉，要敞开，不要封闭。

志书中的数字，一定要反复核实，做到准确无误。错一个数字就是硬伤，就影响志书质量。同一个数字，不管在哪个部类都要统一。整部志书，所有分数相加一定要等于总数。

（选自《河南史志》2012 年第 4 期）

试评《三河县志》

新编《三河县志》，历经六度寒暑，于 1988 年 12 月出版问世。志苑又添新葩，可喜可贺。该志多次评议修改，取人之长，避人之短，质量达到一个新的水平。反复翻阅该志，感到他体例完备、观点正确、资料翔实、文字简约，是一部成功的新县志。本文仅就印象较深的几点谈些刍荛之见。

一、坚持从实际出发，真实地记述了县情

一个县的县情，由带有总体特点的基本县情和带有专业特点的具体县情所构成。看一部县志反映县情如何，首先看他是否反映了基本县情。因为基本县情中的总体特点，对具体县情特点具有影响和制约作用。反映了带有总体特点的基本县情，一部县志就有了根基。《三河县志》对带有总体特点的基本县情，记述是贴切和适度的。三河历史悠久，有着数千年的历史。但是他的“高龄”与其发展速度及规模，并不十分协调。该县系传统农业县，县境内拥有 2/3 利于发展农业生产的平原地带，乂有 1/3 不利于发展农业生产的丘陵、洼地。三河县生物资源丰富，相比之下，

矿物资源显得不足。自古以来，交通便利，给各业发展提供了便利，但又非大站、良港和物资集散地。三河紧邻全国政治、经济、文化中心北京，其对三河既有巨大的辐射作用，又有明显的“外引”作用。辐射给三河带来了某些好处，“外引”也给三河带来了某些不利。《三河县志》比较客观地记述了这些利弊因素，彰明了本县历史悠久但又发展缓慢的原因。这在概述中就看得很清楚。概述首句言道“县城在首都北京正东58公里”，开门见山地点出了三河与北京的关系。接着概述地理优势劣势，很自然地昭示了自然环境与各业的关系。概述指出了交通在三河的“重要位置”，明确了他与战争及经济的关系等。采取“浓缩式”写法，似乎平淡，但由于总体把握较好，仍可从平淡之中见到总体特点和基本面貌。当然这些内容，不只局限于概述之中，其他部类同样可以看到。

《三河县志》对具体县情的记述也是比较好的。由于基本县情把握较好，记具体县情时就有了依据和尺度，记述的分寸就便于掌握，记述的具体特点个性就更鲜明了。翻阅《三河县志》各专业志，觉得恰如其分。优势、成就不夸大，劣势、缺点不回避，当记则记，实事求是。专志内容既反映了专业特点，又体现了地方特点。如商业部类，记述了三河西邻首都，反映了其在商品流通中的有利地位。1945年时，三河商号(店铺)就有一百多处。近年来，随着各项经济政策的落实和商业体制改革的进行，逐步形成了多种经济成分、多种经营方式、多条流通渠道并存，国营、集体、私营、个体商业一起上，商品货源比较充足的局面。1984年，全县社会商品零售总额达11885万元。这不正是优越的地理位置、便利的交通条件在商业中的反映吗?

二、着眼历史重大变革，反映了鲜明的时代特点

新编志书要反映时代特点，这是不言而喻的。《三河县志》为此作了积极努力。首先，他通过一系列的史实，充分反映了中国共产党领导下的人民革命斗争的持久性、艰苦性、彻底性。中国共产党领导的革命斗争，是从根本上推翻人剥削人的制度，建立人民当家作主新制度的斗争。这一斗争，如果从土地革命算起，到中华人民共和国建立，持续了22年，其长久性、艰苦性、彻底性，是以往各种斗争所无法比拟的。反映了这一斗争，就反映出了最根本的时代特点。

《三河县志》通过大量的事实，真实地记述了全县人民在中国共产党的领导下所进行的艰苦卓绝、百折不挠的斗争。侵华日军和国民党反动派，为占领三河、维护其反动统治，以县城为中心，构筑了诸多明碉暗堡，设置了层层岗哨，并以此为据点，四处烧杀抢掠，制造血腥惨案数十起。面对艰苦的斗争环境，三河人民毫无畏惧，用土枪、地雷、长矛、大刀等，与工事坚固、武器精良、兵力充足的敌人展开了殊死的斗争。为争取胜利，整个抗日战争和解放战争中，三河县有数百人献出了宝贵的生命。战争年代军民之所以不怕牺牲、前赴后继、英勇斗争，根本原因在于中国共产党的坚强领导，在于党的领导干部示范作用的巨大影响力。《三河县志》纪心泉传就有力地说明了这一点。1944年秋，担任三、通、香联合县县委领导人的纪心泉，率部攻打大厂据点时，身负重伤，但仍坚持不下战场，躺在担架上指挥作战达两个月之久。人们从这些史料中可以清楚地看出，战争伟大力量之最

深厚的根源存在于民众之中；党的领导是革命胜利的根本保证。

《三河县志》通过新旧对比，充分反映了党和人民经过艰苦斗争而建立的社会主义制度的优越性。这从新旧社会执政者对待自然灾害的态度中就看得十分清楚。民国二十四年《三河县新志》写道："水旱频仍，税捐奇重，饥寒交迫，何能保其安贫守分……言念及兹不寒而栗。"1939年一场大雨，使皇庄镇南田辛庄22户房屋全部泡塌，全村98口人只好四散逃荒，使这个有200多年历史的村庄在地图上消失。解放前的三河，每遇灾荒年月，民多流离失所，路有饿殍。解放后，每遇灾害，党和政府都组织生产自救，并给予救济。1949年三河发生大水灾，有23.9万亩农田绝收，20万人断粮，断粮人数占全县总人口的83%，这在解放前是后果无法想象的大灾难。但人民政府及时组织生产自救，并发放救灾粮8.9万斤，贷麦种12万斤，贷耠、锄等农具1221件，使群众顺利渡过了灾荒。1976年大地震，国家下拨给三河修建房屋补助款704万元，救灾木材3840立方米，帮助受灾户建新房8.54万间。《三河县志》正是通过政治、经济、文化、救灾等新旧对比，显现了社会主义制度的无比优越性，反映了中国走社会主义道路的必然性和历史轨迹。

当然，《三河县志》在反映社会主义的优越性及所取得的巨大成就时，没有忘记对曲折和失误的记述，没有忘记对政治、经济等改革的记述。该志通过正面直书失误和改革，显示党和人民纠正失误、完善社会主义制度的勇气和决心，进而从这个角度反映了历史的真实和时代特点。

三、注重用资料说话，昭示了特定规律和基本道理

任何事物都有其自身的发展规律。志书通过记述这些事物，将蕴于其中的规律和道理昭示出来，就能更好地发挥志书“资治、教化、存史”的作用。《三河县志》独具匠心，巧于取材，昭示规律，彰明道理。这是该志又一突出特点。

我们细读《三河县志》地理编自然灾害章，即可深深感受到作者为保存资料、反映规律所进行的辛勤努力。这一章内容与形式统一，资料与规律结合，可以说达到一个新的境界。该章改变了有些志书把各种灾害揉在一起的写法,先按灾害性质分类设节，尔后逐类采取编年体记述。这样类别清楚，便于查找和分析。旱涝、冰雹、震灾是三河县的主要自然灾害。为保存这些灾害的重要资料并反映其规律，该志采取了特殊的处理办法，即先综括记述某类灾害的分布成因、几率、强度及危害，尔后附以实录，起到了前者提携后者、后者印证前者的作用。这样所反映的规律，更实在、更可信、更有价值。从这些综括记述和实录中可以看到三河县旱涝、冰雹、震灾形成的特点及规律。如：该县涝年约 4 年一遇，初夏涝约两年半一遇，盛夏涝约 4 年一遇，初秋涝约 4 年一遇。旱年平均 4 年一次，春旱 10 年 7 遇，初夏旱约 4 年 3 遇，伏旱约 10 年一遇，秋旱约 3 年一遇。

《三河县志》善于通过记述事情而昭示事理，这同自觉反映规律一样值得称道。该志“农业”章“改土施肥”中写道：1958 年秋，组织10万大军“深翻土地20余万亩”，“但由于翻土过深打乱了活土层，减弱了土壤肥力”，此后则每年组织群众挖运淤泥、

沙土，改良土壤。“农业”章“作物品种”目中写道：“1973年至1976年，本县采用‘一刀切’的方法”，大面积间作套种6个引进高粱品种，但由于“食用价值、经济价值均不及当地品种，此后种植面积逐步减少”。同章“栽培管理”目中写道：“从1968年，本县学习遵化”，“每年发动社队挖大埯3万至5.5万亩，但蓄水保肥效果不明显，且不便于苗期管理，1971年后不再推广”。这些真实的资料，说明办任何事情，都必须从本地实际出发，因地制宜，而不能机械照搬，否则就会事与愿违，劳民伤财。“林业”章“营造片林”目中写道：“文化大革命”期间，毁林种粮事件多次发生，到1975年，全县林地面积由1971年的25100亩减为18400亩。同章“林业经营管理”节中写道：燕郊公社田辛庄大队，1969年起对防护林带乱砍滥伐，连续8年毁坏防护林带1.75公里，此后每年冬春两季风沙弥漫，危害农田1000多亩。林毁了，田少了，而人口却在盲目地增长。“人口民族”章“晚婚晚育”目中写道：农村推行生产责任制后，群众中出现了抢生多生现象，1982年人口自然增长率比上年上升2.5%。地少人多，出路在哪里，在科学技术的推广应用。但愚昧并不那么容易让位于科学。“农业”章“改土施肥”目中写道：1973年后施农家肥明显减少，化肥施用量增加，土壤出现板结。这些资料说明，人们在改造客观世界的同时，必须重视改造主观世界，包括转变观念，克服愚昧等。如果不解放思想，更新观念，消除愚昧，提高素质，注重科学，就会干出蠢事、傻事。《三河县志》还记述了栽种红果，重栽轻管时成活率为50%，重栽重管时成活率为85%以上；机井重打轻管时损坏报废3268眼；1976年国营工业因管理不善等，年亏损46.45万元，有力地说明了科学管理也能出效益，科学管理必须引起人们的高度重视。

四、讲究章法技巧，增强了志书的严谨性、可读性

我们阅读《三河县志》，明显感受到了作者在章法技巧上的自觉探索与追求。

首先感到他详记略叙，伸缩有度。从全志来看，立足实际，详灾害，详农业，详水利，详交通，详商业，详民政，详兵事，详教育，详生活。相对来说，其他稍略。从每一章来看，着眼“资政”，详政策措施，详成效结果，略机构，略会议。从详略关系上看，《三河县志》详略得当，坚持了详中有略，略中有详，详略结合。如“水运”一节，古时水运发达，记述时当详则详，新中国成立后水位下降，水运萧条，记述时当略则略，仅用30字一笔带过。三河工业，总体讲并不突出，但近几年乡镇工业异军突起，迅速发展。《三河县志》就对乡镇工业浓墨重彩，详加记述。对交叉重复的内容，《三河县志》或区分主从，此详彼略。如自然灾害，地理编详，大事记略；或错开角度，各有侧重，如衣食住行，“人民生活”部分侧重反映生活水平，“风俗习惯”部分侧重反映习俗；或互相参见，如乡镇工业内容，在“乡镇企业”章中已详写，在工业“经营体制”中则参见，妥善解决了交叉重复问题。

其次是坚持点面结合，注意“立体”记述。《三河县志》对本县基本面貌及各类事物的历史与现状，既有文字、图表等综合记载，又在若干编章之后，特设专记或附录以载典型人物、典型事件，用其补充正文，丰富内容，深化主题，保存史料。这样处理，既不失志体，又增加了内容的广度和深度。例如“经济”编的“水利”章，对洪涝治理、农田灌溉等水利建设情况，先是

通过文字和一张现状图、六张表格进行综括记录，尔后利用三篇专记和六幅照片进行局部细节“描述”，“全景”与“特写”结合，互为补充，相得益彰，处理得恰到好处。“社会”编“人民生活”章、“政治”编“民政”章、“军事”编“兵事战斗”章的点面结合，也是很值得称道的。《三河县志》章法特点还有博观约取、巧于分合、文约事备等，都是值得修志工作者借鉴的。

当然，《三河县志》在以上几个方面，也存在某些不足。该志对县情中关于发展变化的一面反映较好，而对客观存在的一些消极现象，如以权谋私、分配不公、唯利是图、贪污浪费等，直书不够。有些县情资料过于简略或缺漏。如反映人们的文化情况，概述中写道：“历史上三河的文化长期落后，文盲充斥全县”，但在“教育”章中，对此却没有具体记述和照应。“农民业余教育”中，记了80年代全县农民12—40岁的文化人占85%，而对没文化的15%，没有从类别、原因上予以记述。反映时代特点，不能忽视社会主义制度下的思想道德建设。在这方面，我们有成功的经验和深刻的教训。《三河县志》对这些内容的记述是比较薄弱的。部分章节“面上”情况记述较好，“典型”记述尚嫌不足。立传人物偏少，“以事系人”欠缺。尽管存在这些不足，但瑕不掩瑜，《三河县志》仍是一部许多方面很值得学习和借鉴的县志。

（原载《河北地方志》1989年第6期）

谈《黄骅县志》的总体把握

读《黄骅县志》，感到其编纂者在总体把握方面做得是比较好的。对这一点，参加过黄骅县志稿评议会的部分专家、学者和修志同仁，也深有感触。所谓总体把握较好，就是能够从滨海县这个大背景下去把握和记述县情，去反映利弊得失，体现事物联系，展示地方特点。换句话说，就是能够抓住“海”这个主要矛盾，或者说是矛盾的主要方面，以海洋与陆地互为依存和制约的关系为主线，自然地统领起与此相关的诸多事物。这里说的海、陆互相依存、制约的关系，不单指自然的因素，还包括社会的因素，特别是人对海、陆及其相互关系的认识、适应与协调因素。

黄骅是滨海县，与其他滨海县比，相同之中还存在差异。兹以已经出版新县志的江苏省如东县为例：如东海岸线近百公里，35 米等深线海域 1250 平方公里。加上浅海面积，范围远大于这个数字。但他的渔业收入，仅占农业总收入的 5.3%，比重并不大。该县农业收入占全县总收入的 43.3%。盐业税收入没有记载。只记了 80 年代初年产原盐 15000 吨。黄骅海岸线 55 公里，相当于如东海岸线的一半。0—15 米等深线海域 1303 平方公里，范围比如东小。而他的渔业收入，却占了农业总收入的 25.8%，比重比较大。黄骅盐税收入比重也比较大，占全县财政收入的

50.7%。从比较中可以看出，如东是以非渔、盐业为主的滨海县，而黄骅则是以渔盐业为主的滨海县。如东靠海而经济对海的依赖性小。而黄骅如果离开海，离开渔盐业，就失去了“半边天”，整个社会生活包括经济活动就将受到严重影响。所以，黄骅的兴衰起伏，与海息息相关，与“渔、盐”紧密相连。这就是黄骅的总体县情和特点。志书反映了这个总体特点，就反映了黄骅的最大实际。

详读《黄骅县志》，深深感到编纂者在正确把握县情及联系上所费的苦心。志首安排彩照31幅，顺序是大海、港口、滩涂、市区、石油、盐场、小麦、果品、奶牛、烧碱、毛纺、铁路等。这种编排，形象直观地把黄骅的滨海环境、渔、盐与各业的联系等，依次鲜明地展现在人们的面前。最近我翻阅了与海有不解之缘的《威海市志》《奉贤县志》《嵊泗县志》。这几部志志首彩照安排，都把市县党政机关办公地点的照片放在首位。相比之下，《黄骅县志》这种编排就有其独到之处。他通过图片这种形式，把沿海农业县与内陆农业县相区别，既反映了黄骅的实际，又突出了本地特点。接着是全志之概述。作者用简洁明快的文字，高度概括地记述了滨海环境、渔盐之利及各业概况。这篇概述，也可以说是对大海的追忆、赞美和期望。再接着翻阅各个篇章，凡与大海密切相关的内容，如地理位置、自然环境、人口、渔业、盐业、农业、水利、工业、商业、交通、税务、财政、人民生活、武装斗争、文化教育等，排列顺序当靠前的靠前(如人口、农场)，当浓墨重彩的浓墨重彩(如水利、渔业、盐业)，当辅以其他形式强化的辅以其他形式强化(如“自然环境”章中附了《黄骅县土壤图》《贝壳堤示意图》《海侵范围及近百年海岸线变迁图》；水利章中附了《水利图》；盐业章中附了《盐场分布图》和盐场简况、产量等7份统计表；渔业中附了《作业渔场图》《鱼货产量图》《渔业产值图》等，当因果照应的因果照应(如历史上苇洼草地的自然环境与抗日武装斗争的照应，交通业起伏与盐业兴衰的照应，盐业与盐化工的照应等)。特别值得提出的是，《黄骅县志》在记述大海与陆地、人类与自然的历史与现状时，注意了他们之间的对立统一关系。从统一性上讲，滨海的独特地域和自然资源，给黄骅的崛起奠定了基础。从对应方面讲，如处于沧东断裂带并可能发生大于五级地震的危险区，淡水资源严重贫乏且矿化度和含氟量高，盐碱地多，自然灾害频繁，污染渐趋严重等，确实又证明黄骅还潜伏着危机。这样记述，就增强了县志的"资政"价值。同时，也由于志书的主线明确，提纲挈领，因而其整体性也就比较强。

事物都是一分为二的。《黄骅县志》在总体联系方面，有长处，也有不足。对海、陆及其相互关系的认识，有一定深度，但还没有完全摆脱旧的思维方法的束缚。如志书中有"黄骅是传统农业县"的提法。这句话本身没有什么大的错误。但从效果上看，他淡化了黄骅与内陆传统农业县以及以工农业为主的沿海县份的区别，也与前面谈到的志书的总体基调不相吻合。由于思想上的拘谨，使某些与海有关的内容，当立目记述的没有立目记述，当多写几笔的没有多写。对决策机构对滨海县情的认识和决策，包括良策与失策，缺乏集中、直接的记述。

(原载《河北地方志》1991年第5期)

评《灵寿县志》

新编《灵寿县志》已正式出版，并获得了国家和省的奖励，实乃可喜可贺。细细阅读，深感该志像灵寿山水那样起伏跌宕，像灵寿人民那样朴实庄重。现就感受较深的几点做一评析。

一、坚持面、点兼顾，使志书达到了“总体合格、部分出色”的要求

省地方志编纂委员会领导曾指出，我们修志工作的奋斗目标是“全部合格，过半优秀，有一些是出色的”。这样的要求，对一部志书来说也是适用的。所谓合格，大致就是：观点正确，资料丰富，事实准确，体例完备，归属得当，文字严谨，无硬伤和常识性错误。用这些标准来衡量，《灵寿县志》总体上做得是好的，达到了志书的基本要求——全部合格。这是志书的基础。一部志书，在达到基本要求的同时，还应当有几部分是出色的。这些出色之处，能够反映理论研究和修志实践的较高水平，有创新和超前意识，能够展示修志工作在某一方面的发展方向。从《灵寿县志》的最终效果看，作者是在朝这个方向努力的。概述是《灵寿县志》

的重点之一。为使概述熠熠生辉，作者立足灵寿县情，围绕“山”字做文章，写山写水，写人写景，写历史写现状，写悲伤写欢乐。这篇概述，可以说有主线，有立意，有贯通，有感情，有气势，称得上是一篇精彩之作。农业章是《灵寿县志》的又一重点。这一章，篇目设置科学合理：先写土地，展示农业的首要条件；次写农业区划，给人以总体印象；再写农作物，与农业区划互为补充；往下写农机具、农技农艺、农业管理、农业机构，以反映农业生产的途径、方法。农业章的内容也较为充实。这一章约6万字。对一个农业县来，这样的容量是适宜的。章下各节容量适当，避免了严重畸轻畸重现象。各节注意要项不漏。如土地节既记了土地面积及类型、耕地面积及人均占有，又记了封建土地占有及剥削、土地制度的变革；农机具节，既记了现代农业机械，又记了传统农具，而传统农具目下又分了八个细目记述；农业体制和农业经营管理节，除记述经营管理体制、劳动组织管理，还记了收益分配。农技农艺，是农业章的重点部分，作者是下了工夫的。农技农艺包括土地整理、耕地、选种、播种、定苗清垄、蓄肥施肥、排灌、植保。《灵寿县志》作者按照事物发展的先后顺序，科学排列，系统记述，展现在读者面前的是一个系统而又完整的资料。整体性涉及的事物有大小之分。农技农艺这样处理，也就增强了这一节的整体性。

灵寿县是山区县，是历史上的多灾县，是革命老区。县志据此而确定的重点，除概述、农业外，还有林业、畜牧、水利、矿业、民政、军事、文物等。这些部类，资料翔实，较好地反映了地方特点，值得称道。

二、取长避短，注意完善志书的内容与形式

本轮修志是在探索中前进的。先期出版的志书，既有成功的探索，也有某些败笔和缺漏，在体例和表现形式上，也有某些失当之处。《灵寿县志》作者注意学人之长，避人之短，自觉地完善志书的内容与形式。先期出版的志书，大多忽视人口流动的记述，而《灵寿县志》则增加了人口流动的内容。增加这一内容，反映出其中包含的人口流动原因去向等，有利于扩展信息，体现规律，增强志书的资政功能。如这一节山区、平原之间人口流动目中，记了新开乡玉泉庄村 1963 年为 203 人，后因本村姑娘远嫁外地，山外姑娘又不愿上山，到 1987 年下降到 150 人，24 年时间减了 53 人。深山区南营乡寨倾村，老的去世，小的外走，进入 80 年代竟成为废墟。陈庄镇五郎寨，祖居 11 户人家，最多时有 20 多人，因上寨须攀陡壁 2 公里，80 年代也全部迁走。这是很珍贵的资料。透过现象，使人看到了新中国的建立，给社会带来的稳定与繁荣，也看到了治山、修路、发展经济的重要性。先期出版的某些志书，忽视市场的记述或记述过于简略。而《灵寿县志》则集中记述且加重了笔墨。记了集市网点、集市状况，还记了物资交流大会。已出版的志书，不少缺乏民国时期的资料。缺乏这些资料，就不便于反映历史的真实，也不便于进行新旧社会的对比。而《灵寿县志》注意搜集和充实民国时期的资料。该志大事记民国时期记了 331 条，比战国到清朝的 179 条多出 152 条。该志对民国时期的区划演变、民国时期的邮电状况、民国时期的税务、国民党及其政权的倒行逆施、民国时期的病种及患病

人次数等，都有适当的记述。有些志书把公债、国库券归人金融，这是不合适的。《灵寿县志》就注意避免这一不足，把公债、国库券归入财政中。有些志书记财政支出，仅记了大工业、大农业、大文化范围的总支出而没有大项所包含的小项的支出。《灵寿县志》扬长避短，除记述总支出、大项支出外，还记了农业、林业、水利、农机、畜牧、教、科、文、卫、体、抚恤、社会救济、行政支出等情况。这就大大增加了信息量。读者看农业章，结合看财政章农业的支出，就可以对农业有个全面的了解。我所见到的志书的人物传，如记反面人物，也是与正面人物放在一个层次上，烈士之外的其他人物表，也只列了姓名、籍贯、职务或职称几项。而《灵寿县志》记反面人物，则把他放在附录的层次上，从而更好地体现了作者扬善抑恶的倾向性；烈士之外的人物表，又增加了事迹一项内容，这就可以更好地显示设置人物表的意义。大多志书对奇异现象缺乏记述。而《灵寿县志》则记述了这方面的内容。这一记述，会随着社会的进步和科学技术的发展，越来越显示他的必要性。有些奇异现象，现在无法认识，但将来就可能揭开他的神秘面纱。偶然的现象，可能蕴含着必然的本质。

三、注重按照志书语言要求进行文字推敲

通读《灵寿县志》，感到在语言方面有以下几个特点：

一是开门见山。有些志书记主体事物之前，往往要加一些铺垫，如根据什么，为了什么，或者解释有关概念，尔后才进入正题。《灵寿县志》注意避免这一弊病，开门见山，直述事物。如记户籍管理，开头就是“明初，本县分13里，按里将户籍分为军户、民户、杂役户3类，逐户登记造册，一式4份，分级存档管理”。

记看守罪犯，首句就是“元初重建灵寿县署，将狱所置于县署西南隅，紧靠西班房”。记消防，下笔就是“中华人民共和国建立初期，本县没有消防机构，消防工作由公安局治安股兼管”。这样的记述，文字不多，一下子就把时间、地点、事件交代清楚了，不枝不蔓，直截了当。

二是语言简练。如畜禽品种中记马：本地马为蒙古马后裔，体型小，头大腿短，肌腱发达，胸廓深长，皮厚毛粗，毛色复杂，耐苦寒，善奔逐，宜精饲，食量大，饲养成本高，古代多以供军用。三两字反映一个特点，50来字反映了一系列特点。由此可见作者在锤炼文字上所下的工夫。

三是言之有物。言之有物，才能避免笼统、空洞。如记医救会，写道“民国32年初，成立灵寿县医生抗日救国会，设主任、副主任主持工作，并建立4个区分会，组织全县医务人员投入抗日救国活动。这年，县内发生严重病疫，医救会发动全体会员积极投入突击治疗，并组织十数名医术较高的医生深入病情最严重的3区农村，和边区、部队派来的医疗队紧密配合，连续奋战两个月，有效地控制了病势蔓延。民国33年初，为克服资金、医药和医疗器械奇缺的困难，先后于柏山、慈峪和陈庄建立3处公私合营形式的‘中西医合作社’。为切磋医术和发挥中草药的使用价值，于一、二、三区建立了两个‘医务研究会’，县内90%以上的医务人员参加两个组织，人数共达115人。直到民国35年，各医务组织相继取消”。这一记述，有头有尾，有人员有活动，可以说文约事丰。

四是层次清楚。如古代文物中记“故城古城遗址”，开头总括写道“位于县城西北7.5公里处的倾井乡故城村，包括古城墙、赵王台、八角井、养鱼池、三教殿等”，后面就按照这个顺序，先写古城墙，次写赵王台，再写八角井，接着写养鱼池，最后写三教殿，前后对应层次清楚。后面的记述，如先写养鱼池，或先写八角井，前后不对应，也就显得不严谨、层次不清楚了。

《灵寿县志》也还存在某些不足，如政治部类显得薄弱，表格形式单一，最后的文字校对还有疏漏等。这些是今后成书者应引以为戒的。

（原载《河北地方志》1993年第11期）

《迁西县志》简评

因工作关系，四年前就曾有幸接触《迁西县志》稿，留下了难忘的印象。去年接到正式出版的《迁西县志》，细细阅读，感到该志经过两年的精心修改，同评议稿相比，多方面又有新的提高与升华。总的觉得，《迁西县志》观点正确，体例得当，内容全面，特点鲜明，语言简洁，等等。省内外部分方志史学等名家同仁，如解师曾、梁滨久、苑广才、杜荣泉、张风雏等先生，或全面评议，或择要详谈，对《迁西县志》给予了高度的评价。为避免或减少重复，仅从诸君评议尚未涉及或涉及不多的微细方面简评如下：

一、“自然环境”设章立目有主见

《迁西县志》的“自然环境”篇，按7章设置，分别是地质、地貌、气候、水文、土壤、野生动植物、自然灾害。从实际效果上看，这样做，既容纳了自然环境的基本要素，又条理清楚，简洁明快，而且避免了因作者主观方面的局限性而造成的不必要重复。有的志稿的自然环境，“灾害性天气”内容与“气候”“自然灾害”内容重复；“自然资源”中的“土地资源”节内容，与“土壤”章内容重复；“水资源”节内容与“水文”章内容重复；“矿产资源”节内容与“地质”章内容重复；“生物资源”节内容与“野生动植物”章内容重复。因此，志书作者在实践某种新的设想时，要头脑清醒，切忌带有盲目性。《迁西县志》作者就注意了这个问题。

二、“自然灾害”总分结合记述效果好

目前，我所看到的志书、志稿关于自然灾害的记述，大多以灾害性质分类，以时为序逐次记载；少数先分类综合记述，后各类以时为序混编。前者分类清晰，但缺乏综合记述。后者有综合记述，但实录未分类，不便查找。《迁西县志》“自然灾害”多章取长补短，按灾害性质分类设节，节下先综括记述该类灾害的季节特点、概率、危害，尔后以时为序逐次实录。如此分类，且总分结合，前者可提携后者，后者可印证前者；既反映了规律，又保存了重要资料；既有全局，又有局部，十分方便查找和利用。

三、“计划生育”政策规定与落实情况一并入志应肯定

记计划生育，目前有两种倾向，一是只记政策规定，不记落实情况；二是只记落实情况，不记政策规定。《迁西县志》将二者有机地结合起来，做得较好。这样，既可反映党委、政府对计划生育的重视程度及政策导向，又可体现实际效果及经验教训。

二者不可偏废。要知道，规定了的东西不一定全落实，落实了的东西不一定反映规定的全部。

四、“人民生活”物质、文化一起记述较全面

笔者看到的志书、志稿，大多只反映人民的物质生活，而未反映精神生活。这是人民生活志的一大缺陷。人们的生活，本身就包含物质和精神两个方面；而在这两个方面，各自又都存在积极和消极的消费现象。比如在文化消费方面，有的地方的农民，子女考上了大学，学费要两三千元，但他们为培养下一代，把几年结存盖新房的钱毫不犹豫地拿了出来。这是一种有远见的消费。与此相反，有的地方物质消费与精神消费出现巨大反差，物质生活消费每年以 5%的速度增长，而书报文化消费则徘徊在 5 元左右，出现了精神消费的“贫穷”。不反映类似现象，怎谈得上“不缺要项”？怎谈得上提高“资政价值”？《迁西县志》“人民生活”章，既反映了人民的物质生活，又反映了精神生活。该志如实地记述了 1986 年农村文化娱乐用品支出款额、书报费支出情况、电视村数量、职工学杂费、文娱费情况。尽管这方面的记述还不够翔实，但通过已经记述的内容，起码可看到该县城市和农村物质、文化消费的状况及比例关系，城市与农村两种消费的差异。有了这些资料，就可以通过相应的途径，引导人们向健康消费方面努力。

五、“水利”篇记述值得称道

迁西系山区，俗称“七山一水分半田，半分道路和庄园”。《迁西县志》的主导思想，就是围绕“山”字做文章。而水利对于迁西来说又尤为重要。因此，县志作者记水利是比较用心的。一是篇目，按照“源”（水库、塘坝）“流”（渠道）“用”（灌溉、饮用）“管”（水土保持、水利管理）的思路，设章立节和排列，科学合理，干净利落。二是记述实事求是，有忧记忧，有喜记喜。在篇下小序中画龙点睛地记述了忧与喜。在水库、塘坝中，通过库、坝昔今变化、设计与实际效益的事实和投入产出的数字，真实地反映了水利重大工程建设上的忧与喜。志中有这样的记述：“到1982年，全县共兴建水库95座”，“设计灌溉面积9.09万亩，实际灌溉面积4.2万亩”，部分水库起到了抗旱御涝、改善生产生活条件的作用，但部分水库盲目施工，劳民伤财，如马家沟等3座水库“因不能蓄水而拆除库坝”，大关庄等3座水库“因漏水严重而成了空库”，孟子岭等水库“因被淤平而作废”，羊肠沟等水库“未建成半途而废”，“作废水库损失资金100多万元”。这些事实，包含了多么深刻的教训啊。志书还记述了若干小流域水土治理：“到1986年，全县治理水土流失面积约440平方公里，约占应治理面积的70％”。这是一个很大的成绩。令人高兴的是，志书还记述了滴水灌溉。由此可见，县领导和水利部门是重视科学和效益的。领导机关、领导干部，如都能像抓滴灌工程那样抓各项工作，各业就能够持续、稳定、有效地发展。这不正是作者明确的意图吗？三是较详细地记述了缺水村人畜饮水情况。书中选取的资料很有价值，很有著述性、可读性。就拿“缺水概况”节来说，记解放前后缺水情况都很客观。写解放前，开始引用一个顺口溜：家家户户闹水荒，房檐底下摆大缸，吃水如同吃油难，何日盼来水龙王。这是真实情况的反映，又很好读。接着写缺水村总数，典型缺水村吃水的艰辛，水对健康对找对象的影响等。这是多么好的地情及学术研究资料。志中对1976年前后缺水情况也有准确的记述。“饮水改善”节，记了1954年至1986年32年间，国家对地方为改善饮水状况所做的工作及效果。“到1986年，全县127个行政村，2.3万户，10.09万人，9030头大牲畜，彻底解决了饮水难问题，占全县缺水村的76.5%”。人民政府关心人民，字里行间体现得十分鲜明。“缺水概况”节与“饮水改善”节，采取对比法记述，效果甚佳，读后真有一种“山重水复疑无路，柳暗花明又一村”的感觉。

六、工业经济效益的记述有加强

《迁西县志》记述工业经济效益，除同其他志书一样记了年产值、利润、上缴税金外，还自觉地记述了原料来源、产品销路情况。原料供应地的远近，产品销路的滞旺，关系到经济效益的好坏。记述这些内容，就便于分析经济效益如何。原料供应地较远，就势必增加成本。产品积压，就不会有效益。《迁西县志》在“工厂选介”中，还注意记述某些工厂企业生产线的数量，新设备的研制情况，从建设到生产的周期，这些也是分析经济效益必不可少的资料。记经济效益同样要实事求是。实际上各厂矿的基础、管理等不同，效益自然有别。因此，不能用一个标准去套，也不能只记效益好的，不记效益差的。记效益差的，主要在于总结教训，改进提高。《迁西县志》记“矿山开发”，就记了盲目开采、浪费资源、资金的现象。

七、医疗、科技队伍分类记述有必要

笔者看到的一些志书中对卫生、科技人员的记述，少数只记了总数，未具体分类；大多虽有分类，但不全面。《迁西县志》注意了这个问题。如记卫生技术人员，除记总数外，还从职称、专业、学历、年龄、性别角度相区分。从这些分类记述中，可以看出该县主治医师偏少，14179人才拥有一名主治医师；儿科医务人员少，7747名儿童拥有一名儿科医务人员；大学本科人员少，无学历者多，分别占3%和49%。这样分类，增加了信息量，更有利于资政。

八、“旅游资源”入志有价值

迁西境内有明代长城、燕塞新湖、景忠名山、古关险塞、“岩石鼻祖”等。从长远看，县内景观与县外的清东陵、承德的避暑山庄等又可联网，颇有开发前景。县志作者正是看到了这一前景，在有关篇章记述有关旅游资源的同时，在“杂记”中，又专设了“旅游资源”一目，补记了其他部类不便记述或不便详记的内容。这其中，“中华大地群山之 祖”——南太平山，“西寨文化遗址”“青山口古关”，都有重要的研究价值。“燕塞新湖”集山、水、城(长城)于一体，景观诱人。不惜笔墨记述这些，充分反映了作者的超前意识和经济头脑。因为旅游资源也是经济资源，旅游开发也是经济开发。开发工作做得好，宣传工作跟得上，随之而来的就是经济效益。可以说，县志作者又为迁西人民办了一件大好事。

上述若干方面，也还存在某些不足。如城市居民的文化生活记述还不够充分，工业经济效益的记述有加强，但还不够全面，因为经济效益是通过多方面内容、多项指标体现出来的，注意了部分内容，仍难以据此分析经济效益的总体情况，“杂记”中的“旅游资源”，本身记述很好，但位置有些靠后。

（原载《河北地方志》1993年增刊）

《安国县志》稿评析

去年，我有幸拜读了经多次修改的《安国县志》稿，深感这是一部起点较高、基础较好的县志稿。用修改稿的标准来衡量，这部志稿的篇目、内容、语言都很好，读后令人十分高兴。《安国县志》稿的优点、长处，我曾在几个评稿会上讲过，给大家留下了深刻的印象，事后有的同志还曾索要《安国县志》稿篇目和志稿。为了使一个县的编纂经验变成多个县的经验，使全省正在编纂的志稿普遍有一个新的提高，故在此将《安国县志》稿的情况作一介绍和评析。

一、篇目匀称、有序、清晰并富有地方特色

匀称。《安国县志》稿共分18编，分别是：第一编建置；第二编自然环境；第三编人口；第四篇综合经济；第五编基础设施；第六编农业；第七编药业；第八编工商业；第九编经济管理；第十编政党；第十一编政权；第十二编公安司法；第十三编军事；第十四编社团；第十五编文化事业；第十六编社会保障；第十七

编方言习俗；第十八编人物。各编所包含的内容基本适当，避免了某些志稿所存在的畸轻畸重的问题。《安国县志》篇目经多次修改，每次都根据资料多少来进行，当独立则独立，当合并则合并。由于量体裁衣，所以，篇与篇、章与章之间比较协调、匀称。

有序。从上面所列篇目可以看出，《安国县志》稿的篇目，是按照人们公认的一些原则来排列的，即先历史后现状，先自然后社会，先人后事，先经济后政治、文化，先综合后具体，先基础设施后其他行业。这种编排较为科学合理。

清晰。阅读《安国县志》稿篇目，给人的印象是清晰的。为便于分析，现将《安国县志》稿一、二、三编篇目摘录于下：

第一编 建置

第一章 区域位置

第一节 位置

第二节 区域

第二章 建置沿革

第三章 行政区划

第一节 明代行政区划

第二节 清代行政区划

第三节 民国时期行政区划

第四节 建国后行政区划

第四章 城镇乡村

第一节 县城

第二节 镇

第三节 乡

第四节 村

第二编 自然环境

第一章 地质

第一节 地史
第二节 地质构造
第三节 地层
第二章 地貌
第一节 洪积、冲积平原
第二节 浅平洼地
第三节 二坡地
第四节 河漫滩
第三章 气候
第一节 气候特征
一 日照
二 辐射
三 气温
四 地温
五 降水
六 风
七 蒸发
八 霜
第二节 物候
第四章 水文
第一节 地表水
一 河流
二 坑塘
第二节 地下水
一 类型与分布
二 动态特征
三 理化特征

第五章 土壤
第一节 种类与分布
一 褐土
二 潮土
第二节 土壤质量
一 养分
二 等级
第六章 野生物
第一节 野生动物
第二节 野生植物
第七章 自然灾害
第一节 水灾
第二节 旱灾
第三节 风灾
第四节 雹灾
第五节 虫灾
第六节 地震
第七节 其他灾害
第八章 环境保护
第一节 土地资源保护
第二节 水资源保护
第三节 环境污染与治理
第三编 人口
第一章 人口数量
第二章 人口分布
第三章 人口流动
第一节 县城人口流动

第二节 农村集市人口流动
第三节 其他人口流动
第四章 人口质量
第一节 体质
第二节 品质
第三节 文化素质
第四节 劳动技能
第五章 人口结构
第一节 性别结构
第二节 年龄结构
第三节 民族结构
第四节 职业结构
第五节 姓氏结构
第六章 家庭
第七章 人口生育
第一节 自然生育
第二节 节制生育
第三节 优生优育

从上述篇目可以看出，《安国县志》稿的编、章、节、目是十分明确、清晰的。具体表现一是要项不漏；二是分类标准统一，避免了互相包容；三是标题简洁明了。

地方特色。一地之特色，在篇目上是不便于充分反映的，而《安国县志》稿编纂者在这方面则作了努力。一是把安国独具特色的药业独立成编，编下又统辖了综述、药材经销、药材加工、药材种植、药市服务、药业管理六章。人们一看篇目就知道安国的药业比较发达。如将药业分散记述，就淡化了或者淹没了地方特色。二是有选择地设立附录，从篇目上就注意突出安国的特色。

如第一编建置，附了县名考略、清代祁州城图、1990年安国县城示意图、清以前公署简介、清代祁州公署图。第二编自然环境，附了安国地质构造图、安国地层剖面图、安国县地形图、安国境内唐河故道考略、安国县土壤分布图。《安国县志》稿共18编，有14编都随文设了附录。有不少附录，看其标题，便知其个性。如农业编所附的安国县政府焚毁带疫山楂苗而引起的诉讼案；公安司法编所附的破获“10·4”蒙面入室抢劫案，侦破西河盗窃团伙案；军事编所附的解放战争时期安国支前民工团活动纪实等。

二、志稿记述了大量的、有价值的资料

安国县方志办始终坚持以资料为基础的指导思想，把搜集有价值的资料作为修志工作的重点，用六分时间搜集资料，三分时间整理资料、构思框架，一分时间撰写志稿。因此，他们拿出的志稿基础好、起点高，有较大的资政、教育、存史价值。

通读《安国县志》稿，并与其他有关县志稿比较，感到在资料方面有以下突出之处。

一是“人有但弱者我则加强之”。如历史资料，各县志都有所记述，但不少县志因各种原因，记述较为单薄，因单薄又影响了县志的质量和价值。而安国县志办吸取他人的教训，采取“发文征集”“外出调查”“实地考察”等形式，挖掘了几百万字的历史资料，在此基础上筛选最有价值的资料入志。如经济部类的财政、金融、商业，旧时的资料难以收集，但《安国县志》稿的财政、金融、商业部类，还各用约三分之一的文字记述历史上的情况。至于升格记述的安国药业，历史资料就更为丰富了。药业编共 8 万多字，历史资料约占 4 万多字。在这一编中，记了药业

的起源，对药王进行了考证，记了历史上的药市药会药行状况等。这是极为珍贵的地方药业资料，具有重要的研究价值。

为了加强应该加强的部类，《安国县志》稿作者采取附录的形式，充实了不少有用的资料。《安国县志》稿文字附录 35 篇，7 万多字。这些附录，起到了补充正文、扩展信息、深化主题的作用。

二是“人无但需要者我则细记之”。如人口篇，大多志书、志稿未记人口流动、人口体质、劳动技能，而《安国县志》稿则详记了人口流动，包括县城人口流动、农村人口流动、其他人口流动；记了体质，包括体格特征、残疾人比例、营养水平、寿命；记了劳动技能。农业编种植业章，记了生产效益，包括投入、产出和商品率。政党编充实了基层党支部的活动内容；记了优秀党员的先锋模范作用；记了县委的工作制度、工作方法。这些内容是志书应当记述的，但我所看到的志书、志稿还未记述过这些内容。安国县志办敢为人先，在这方面探索了经验，值得赞扬。还应当充分肯定的是，《安国县志》稿记党的宣传工作，是我看到的记得最好的一部。他好在把“务虚”的内容写实了、写活了。在此摘抄几段，供大家评析。“民国35年，某村正在演戏，几个党员混入人群中，一个同志抱起另一个同志高呼‘共产党是劳苦大众、无产阶级的先锋队’‘共产党万岁’！群众人声鼎沸，警察及其走卒到处搜查，党员趁混乱之机离开现场。”“民国21年春，大五女党支部组织伍仁桥、张乡等高小师生进城示威游行，在国民党县党部门前张贴‘反对日本帝国主义侵略中国’‘反对不抵抗主义’‘劳工万岁’等大字标语。”政权编记了人民政府的施政方式、施政事例。军事编中记了抗日堡垒户。风俗编记了生产习俗、贸易习俗、游艺习俗。尤其是贸易习俗中记了商幌、市声，这对于后人了解历史上的商业状况很有帮助。

三、注重语言推敲，体现了“实、简、达”的要求

实，即直述其事，言之有物。如《安国县志》稿药业编药会节药王庙会目，有这样的记述：安国药王庙会是由药王香火会演变而来。每年“清明寒食”举办一次。庙会有“春五秋七”之说，即春庙5个月，秋庙7个月。春庙正期是农历二十八日。传说为药王生日，这一天为最盛。秋庙以农历十月十五日为正期，盛况同春庙。药王庙会有其独特的酬神形式和参拜礼仪。酬神：富裕者，演戏3天或5天，甚至半月；敬4抬或8抬大供；献鼎、树伞、塑金身、挂匾献袍、捐香火地。贫困者叩头，由患者或家人一步一叩至殿前止；劳役者，到庙内扫地一天或数日。其礼仪，一般百姓和药商团体行四叩礼，另供面食、三牲祭品。清至民国后，凡本县长官多每月初一、十五两天祭祀药王，行三跪九叩礼……。这段对药王庙会的记述，一字一句都实实在在，一字一句都传递着有价值的信息。第一句写了药王庙会的演变；第二句写了庙会的季节和时间；第三句写了春秋庙会的正期；第四句写了药王庙会的酬神形式和参拜礼仪。这里没有空洞的议论，只有对事物的真实记述。人们看了这些文字，就像赶了一次药王庙会，有如身临其境之感。

简，即文约事丰，言简意赅。如文化事业编民间艺术节“河北梆子”细目，280多字，则反映了多方面的信息，如河北梆子传入时间、境内成立最早的河北梆子班、演出地区、剧目、后续梆子团创立时间及演出情况等。对其他戏剧如昆曲、丝弦、老调、京剧、评剧、秧歌剧、歌剧、话剧的记述，亦是用较少的文字说

清楚了相对丰富的内容。

达，即朴实淡雅，通达顺畅。如《安国县志》稿社会风气章良风节拾金不昧目，有这样的记述：1988年6月27日，杜庄村徐占仙拾巨款12万元，当即交到药市派出所。1989年，西关个体旅馆服务员王新爱，在整理客房时发现褥子下有现金及支票一万余元，当即唤来同伴，清点后妥善保管，后如数退还了失主。1988年，友谊旅馆刘喜姑将所拾12000元交还失主。这些文字并不华丽，却真实、明晰、通畅地表达了相应的思想内容。该节其他目如义捐、助人为乐、尊老爱幼也是如此。公安司法编的禁毒、禁妓、禁赌、打击刑事犯罪、除奸反特，军事编的兵员征集节、民兵活动节等，也都体现了详而不繁、朴实、凝练的语言特点。

《安国县志》稿因为是志稿，仍在雕琢之中，难免存有不足之处。相信安国市方志办会广泛征求各方意见，精心修改，将该志稿加工成上乘之作。

（原载《河北地方志》1994年第3期）

简评第二轮《伊川县志》

第二轮《伊川县志（1986—2000）》，于2004年底由中华书局出版发行。本人最近有幸得到这部志书，甚为高兴，仔细阅读，深受启发，留下了3个方面的深刻印象。

一、篇目有重大变化

与首轮出版的1991年版《伊川县志》(简称《前志》)篇目相比，二轮《伊川县志》(简称《续志》)篇目有重大变化。《前志》按大编设置，共10编，分别是第一编大事记，第二编地理，第三编政治，第四编军事，第五编经济，第六编文化，第七编人物，第八编社会，第九编乡镇，第十编附录。《续志》按中编设置，共29编，分别是第一编环境与保护，第二编人口与计划生育，第三编民情民俗，第四编名产名胜，第五编基础设施，第六编经济概要，第七编农业，第八编工业，第九编商业，第十编金融保险，第十一编财政税务，第十二编计划统计，第十三编工商物价，第十四编审计技术监督，第十五编政治体制改革，第十六编中共伊川县委，第十七编人民代表大会，第十八编人民政府，第十九编人民政协，第二十编群众团体，第二十一编政法，第二十二编人民武装，第二十三编教育，第二十四编科技，第二十五编文化，第二十六编卫生体育，第二十七编精神文明创建活动，第二十八编人物，第二十九编乡镇概况。前有概述、大事记，后有附录、表图目录、彩色插页目录和索引。两相对照，感到《续志》篇目的重大变化，变之有理，变之有效。一是具有地方特点、时代特点的事物，如环境保护、名产名胜、政治体制改革、精神文明创建活动，不仅升到编的层次，而且有的位序还大大前移，让人一翻篇目即被吸引，达到了突出特点之目的。如仍按大编设置，这些特点无论如何也升不到编的层次。二是大事记和附录不入编，位置摆布更为得体。三是不设社会编，将其曾统辖的内容拆解另归，免得引起不必要的争论。《续志》作者在篇目上的改变是值得充分肯定的。

二、内容有诸多亮点

一是重视环保基本国策的记述。作者把环境与保护作为第一编，放在很突出的位置，同时把环境保护作为一章，统辖了环境污染等四节。作者抱有强烈的忧患意识，敢于正视问题，一开始就把 1996 年全县排放工业废水 1200 万吨、排放工业废气 150 万标立方米、烟(粉)尘污染 2 万余吨的“家丑”展现出来。接着如实写了环保宣传、污染防治、环保执法等措施，由此使读者看到该县对环境治理的重视程度。由于详细写了治理措施，再述结果，即 2000 年底，主要工业污染源全部实现达标排放，被洛阳市政府授予“九五”环保先进县称号，这样顺理成章，也让人信服。志稿写道“1996 年伊河中已很难找到鱼虾”，到 2000 年底，

“伊河中鱼类等水生动物又开始出现”，这是令人欣喜的变化，让人看到了人与自然的和谐发展。

二是写了人口流动而且写得很精彩。我是把这部分稿子作为范文复印送给有关修志同仁参考。注重选取这方面的资料，说明作者站位高，有思想。不能轻看人口的流动。人口的流动，是社会进步的标志。特别是民工的流动，预示着两个根本性的转变，即生活方式、社会关系从以血缘、地缘关系为主的乡土社会行为方式，转变为以业缘为主的现代社会行为方式；社会地位发生变化，预示着由农民向市民的转变。说写得好，是因为不论外出人口还是外来人口，都先写了1982年、1986年、1990年、2000年4个年份外出、外来一年以上人员数，尔后写了断限内外出、外来人员数、输出区域、外来人员籍贯、从事职业、人均年收入，条理清楚，并有可比性，对于研究一地人口流动特点、规律很有参考价值。

三是人民生活增加了收入差别的新内容。首轮志书人民生活，一般记述城乡居民收支、衣食住行变化，而无收入差别内容，实际上各地长期存在着收入差别，忽视此内容的记述，可谓是内容的缺漏。《续志》增加了这些内容是一大贡献。作者不仅记了县内城乡居民收入差别，行业收入差别，而且记了伊川县与全省、全国平均水平对比的内容。县内县外的对比，使人看到了进步，也看到了差距，更看到了建立和谐社会的重要性和必要性。

四是浓墨重彩记述名产名胜。伊川悠久的历史孕育了光辉灿烂的古代文明。夏代，杜康酿酒于伊川“上皇古泉”，开中华酒业之先河；宋时，著名理学家程颐在鸣皋设院授徒，伊川因之成为理学名区；著名军事家、政治家、文学家范仲淹魂归伊川，安卧在万安山下；著名哲学家邵雍选紫荆山麓为茔，长眠于“安乐佳城”。可以说伊川因杜康而生辉，因范、程、邵而添彩。《续志》改《前志》分散记述之做法，将杜康酒、范墓、程园、邵坟冠以名产、名胜之名，集中浓墨予以记述，使特点更为突出，使亮点更为闪亮。

五是人民政府政事纪要独具特色。《续志》政事纪要与众不同，他不是从农工商贸、教科文卫方面写行政举措，而是转变思路，从与政府关系最为密切的五个方面，即历届政府工作思路、三个“五年计划”完成情况、大事实事、“十大振兴工程”、转变工作作风，来写政事纪要，体现了宏、中观结合，彰明了因果关系，做到了全方位、多视角的展示。

六是乡镇特点突出。《续志》不仅记了各乡镇都有的内容，如四至八到、总面积、人口、村庄、财政收入等，还记了“我有他无、我强他弱”的事物。如城关镇突出记述了特色产业——畜牧养殖业、乡镇企业“二次创业”“官引民富”战略实施；常川乡着重记述了烟叶种植、群众文化活动；平等乡侧重写了温棚蔬菜“千棚万元”工程，“三户一村”“文明村镇”创建活动。阅读乡镇概况，确实感到各有千秋，异彩纷呈。

三、方便阅读有新举措

一是卷首彩图形式多样。一般志书卷首仅置 一幅政区图，而《续志》卷首设置了 4 幅彩图，分别是《伊川县地形图》《伊川县政区图》《伊川县城总体规划图》《伊川县城区图》，前两幅是立体与平面的结合，前两幅与后两幅是全局与局部的结合，后两幅是长远与现实的结合，其视觉效果是显而易见的。

二是彩页前、中、后分散安排。一般志书彩页安排要么集中居前，要么集中居后，分散安排极少，而《续志》卷首安排 5 页

10 面彩页，卷中分两处安排 30 页 60 面彩页，卷末安排 12 页 24 面彩页。彩页内容与文字内容先后顺序大致吻合。这样做，符合“图文并茂”的要求，既可图文互补，又有利于阅读时的视觉调节。

三是每个乡镇除文字介绍，均附有地图。这体现了第二轮志书的新特点，即好读好用，可读可用。

四是志书前有《续志》目录，后有《前志》目录。这样便于读者了解前后两部志书篇目与内容之异同。

五是志书不仅设有附录、表图、彩色插页目录，同时还设置了按主题词首字汉语拼音音序顺序排列的索引，这样十分方便读者检索查阅。

（原载《河北地方志》2005 年第 5 期）

成熟的思考 成功的实践

—— 读二轮《海盐县志 1986—2005》札记

近阅全国第二轮修志试点单位志书——浙江《海盐县志1986—2005》[①]（以下简称《海盐志》），深感其是一部内容与形式近于完美的好志书。本文在此不作全面详评，仅从“成熟思考、成功实践”的角度谈些看法。

目前所见志书不外乎两大类，一是重于模仿，与其他志书无大差异；二是在继承中创新，在守成中完善。笔者认为《海盐志》属于后者。该志所以如此，细读志文感到与作者深入思考、自主自觉密不可分，与随众盲从走的是两条路。心静得以深思，浮躁于事无成；深思方可熟虑，熟虑才能成功；成果体现于外，经验蕴涵于内，令人敬佩。

体现之一 —— 与时俱进谋划篇目。时代在发展，环境（包括自然与社会环境）在变化，新情况、新问题、新特点相继出现。新编志书就要与时俱进，紧跟形势，求新记变，在篇目上就要与时代贴近和“合拍”。所见志书有的对此反映较好，有的较为欠缺，欠缺在于观念陈旧，穿新鞋走老路，本轮志书的篇目与首轮

① 《海盐县志（1986—2005）》：浙江人民出版社，2013 年 11 月。

“似曾相识”，载体与时代严重脱节。而《海盐志》作者则注意适应新的要求，趋利避害，有意识地反映新时期新的变化、新的事物。环境方面，志书注意反映生态保护与建设；人口方面，注意反映暂住人口、外出人口、老龄人口，新的人口死因与平均预期寿命，在业与未工作人口，以及居民的美德新风；居民生活方面，注意反映收入的多元化和城乡及行业差距；信息化建设方面，注意反映互联网状况；经济方面，注意采取集中与分散相结合的方法，反映经济改革与开放，反映经济园区、骨干企业、名优产品和著名商标，反映农业结构的变化和产业化；科技方面，注意反映科技创新与合作，科技开发与特色产业基地，科技交流与技术服务；文化方面，注意反映物质文化遗产，非物质文化遗产和文化遗产保护等。这些特点、亮点，折射着时代的光影，铭刻着历史的烙印，构成了志书一系列耀眼的视点。

体现之二——关注“问题”巧蕴“忧患”。关注“问题”，也就是要有“问题”意识。2008年3月21日，时任中共中央总书记的胡锦涛要求要“着力深化对重大现实问题研究”[①]。要做到这一点，首先要有强烈的“问题意识”。从一定意义上说，“问题意识”与“忧患意识”是相通的。在新的历史时期，我们社会的发展虽然取得了很大的成绩，但是，困难不断，挑战不息，矛盾不止，我们总是走着曲折的路，总是历尽艰辛，克服困难，没有必要沾沾自喜。[②]修志工作者“问题意识”或曰“忧患意识”越强，对“重大现实问题研究”和记述才越重视、越深入、越全面，效果也才越好。当然，这里说的问题，不单是消极性的，还

---

① 2008年3月21日，胡锦涛在出席军事科学院50周年院庆活动时的讲话。

② 参见罗再麟：《矫枉必须过正》，《史志林》，2004年第2期。

包括中性的和积极的。在这方面，整个方志系统还未引起足够的重视。相比之下，方志之外的其他读物，关注现实、触及“问题”的文章已屡见不鲜。令人鼓舞的是，像《海盐志》等志书（志稿），已经或正在弥补这方面的不足。该志在地貌中罕有地记述了地面沉降。据本人所知，其他一些地方也有出现大范围的地裂、地陷等自然现象，但当地志书毫无涉及，殊不知这是十分珍贵的地情资料，缺之甚为可惜。两相比较，更彰显海盐修志同仁“识金”之“慧眼”，取材之到位。他反映的是地下水密集型过量开采，导致水位加速下降，形成降落漏斗，造成地面下沉的沉痛教训，用事实向人们敲响了警钟。在自然资源的水体水质中，没有像有的志书那样报喜连篇累牍，报忧轻描淡写，或者报喜不报忧，而是详记了劣Ⅴ水质类别和超标项目。在环境质量中，对地表水首要超标污染物超标倍数也作了详细记述。在秦山核电编中，按说有一期、二期、三期核电站类项就可以了，但作者偏偏增加了秦山核电事故应急，包括核电厂内应急（含一二三期核电站场内应急计划、应急组织、应急培训、应急控制中心、应急演习），核电场外应急（含应急组织、应急设施、宣传培训、应急演习）。这样做，本人揣摩是作者着眼志书“功用”特意而为，而非心血来潮随意添加。因为核电最大的问题是安全，是国际关注的大问题，不记不足以彰显核电安全方面的国家意识，不足以化解当地民众的种种担忧，不利于核电事业的长远发展，不利于今后的借鉴诫勉。从志稿清楚看出作者对“死于安逸、生于忧患”名言的深刻理解和直率体现，不能不让人由衷赞叹其为高明、远见之举。

体现之三——重大事项设立“专记”。《海盐志》设专记5篇，系志书作者所为，而非转载他文，并使用楷体字以与正文宋体字相区别。分别是《对步鑫生改革创新的争论》（7800字）、

《海盐建成高标准平原绿化县》（8560字）、《海盐紧固件特色产业》（2680字）、《南北湖风景区开发建设》（3900字）、《百步仙坛庙遗址发掘重大发现》（2496字）。为何这样设置而又如此浓墨重彩，从志文本身可以看出是一种精心安排，所选之“材”或“特异”“非常”，或“他无我有”“他有我优”，或因“重大”而价值“非凡”，而非区区小事，信手拿来。如步鑫生及海盐衬衫总厂，特意设置了一编，统辖企业发展与终结，企业改革，改革初期全国创新典型，用平实的手法客观地描述了步鑫生所在企业改革发展、被树典型、经验推广、企业终结的全部过程和详细情况，字数达2.6万多字。接着安排这篇专记，专题记述“对步鑫生改革创新争论”的来龙去脉、问题症结，包括争论起因、组织调查、省委意见等。尤其是专记最后的落笔，即“至此，围绕衬衫总厂创新改革和厂长步鑫生的争议告一段落，步鑫生本人也以‘有独创精神’的改革创新人物形象，出现在全国人民面前”，堪称寓意深刻、褒扬精当之笔。改革是一场革命，有震荡，有争论，有宽容，有扶持，当属正常现象，当时和后来者包括史志之人，都应秉持唯物辩证和公正进取之心。之后又附了1983年11月16日《人民日报》的一篇报道——一个有独创精神的厂长步鑫生。从现象上看仅是一篇附文，但是否附载本身就是一种倾向，这就是作者的高明之举，对前面专记所要表达的思想自是一种强化。没有把“坚决支持改革”挂在嘴上，写在纸上，但通过巧妙地处理，已将所要表达的意思显示得十分真诚恳切。

体现之四——改进提高完善载体。对志书载体的完善是一个过程，需要集众人之力而为之。在这个过程中，由于态度不同而出现了“视而不见、见而不为”和“见微知著、当改即改”两种结果。《海盐志》作者当属后者。该志从形式到内容都可感受到这一点。卷首所置的卫星影像图、地理位置图、行政区划图、海盐城区图、交通图、水系图，多为法定制图单位所为，避免了一些志书置图的随意性。为方便国内外读者，安排中英两种篇目文本，摈弃了某些地方“懒省事、图方便”的弊端。在志界对注释尚存争议的情况下，该志作者依据“必要性”毫不犹豫地设置一定数量的说明和注释，使志文更为符合学术规范，同时在控制版面的情况下又适度增加了信息含量。所见大多志书城乡建设中的镇村建设，内容简单和存在重复，在此情况下，《海盐志》作了新的探索，取得了新的经验。值得充分肯定的地方是，无论集镇还是农村，不是“以点盖全”，而是面点结合，记集镇，有上下限及中间关键年份，各乡镇基本建设综合投入、产出情况，面中还对西塘桥集镇、大庙桥集镇、百步亭集镇园区建设加以点拨；农村建设，综合方面着重“五化一配套”工程介绍，点上侧重省级示范村描述。在农业部类，按照“先总后分”的原则，先安排农业区划与结构、农业开发与产业化，后安排属类具体内容，这样编排比较符合读者阅读和认识问题的习惯；如果像有的志书那样随意铺排，“跳跃性”设置，条理混乱不说，仅阅读效果也要大打折扣。地方党组织部分，既有重要活动，又有重要调研，当称改进完善新的例证；增加后者，让人耳目一新，说明海盐坚持调查研究蔚然成风，同时也显示作者“寓观点于记述之中”的良好修养。如果不是“用脑用心”修志，这点“微调”恐怕也难以出现。在中医药人员中，除了“概况”，还增加了“中医专科世家”，着重反映了张谋善、朱荣轩、朱荣青、冯国忠、胡紫英诸世家演变发展、医术特征、主要成就、所获荣誉等，用事实去弘扬中医传统和济世美德。

体现之五——浓重“文气”添“补遗”。为便于比较研究，本人随便翻阅了5部省内外的二轮县志前志补遗，结果是，其一统辖四条，其二统辖两条，其三统辖六条，其四统辖三条，其五统辖两条。相比较，二轮《海盐志》在卷末附录中设置前志补遗一项，统辖十条内容，即秦始皇帝二十六年至唐至德三年海盐县县官更迭，海盐县唐、宋、明、清四代进士名录，二十五史中的海盐人物，《四库全书》和《四库全书总目》收录海盐人著作和存目情况，《续修四库全书》收录海盐人著作情况，海盐制酱业及旅沪海盐酱园帮，旅沪澉浦棉布帮，海盐旅沪同乡会纪略，海盐境内若干氏族情况简述，现存海盐家谱族谱，不仅条数多，而且侧重社会人文，借此显著增加了文化产品家族成员之一——新编志书的文化品位。中指组原组长李铁映讲：“新一轮修志就是要推出一批符合时代要求，具有很高科学水平和重要文化价值、社会价值的志书”，“只有具有科学性、文化价值和社会价值的‘名志’‘佳志’，才可能流芳百世，为后人所借鉴，为当代人资政”。[①]在这里，李铁映把提高新编志书文化价值的必要性、重要性讲得十分深刻，值得修志人员经常回味和深思。为什么有的志书百读不厌，经久不衰，而有的志书则官气十足、宣传色彩浓厚、鲜有读者问津，致此结果原因诸多，有无文化色彩恐为重要原因之一。

体现之六 —— 从方法中寻求较佳成效。一是沟通之法。最有代表性的是杭州湾跨海大桥章和秦山核电与海盐章。前者特设海盐支持大桥建设，下辖征、迁、移工作，“五通”工作，材料提供；海盐做好大桥经济文章，下辖设立杭州湾大桥新区，彰显滨海城市特色，加快开放型经济发展，启动滨海旅游，提高海盐美誉度。后者第一节为海盐支持秦山核电建设，下辖生活支持、建设支持；第二节为秦山核电支持海盐发展，下辖支持经济建设、支持地方社会事业发展、提升地方综合实力。这两处内容，把具

① 李铁映 2001 年 12 月 20 日在全国地方志第三次工作会议上的讲话。

有关联性事物的彼此关系，勾画得淋漓尽致，将和谐共赢、“1 + 1”远大于2的辩证法物化得精辟透彻，使志书“资政、教化、存史”之功能在实体性记述中得到最大限度地体现。本人顺便翻阅了几部有大型工程建设内容的志书，记工程建设自身情况较为全面系统，而对工程与属地的关系要么不记，要么仅有地方服务于工程的一面，而无工程对地方带动作用的一面，存在着“短板”现象，因此也削弱了信息含量，弱化了使用“功用”。一正一反，给我们带来了有益的启示和努力的方向。二是点面结合之法。《海盐志》农村居民生活部分，先用8500多字记述面上情况，然后用3400多字陈述3家(或类)点上（或对比）的情况，包括海盐县农村居民和城镇居民生活消费对比，武原镇百可社区居民生活调查，澉浦镇澉东村东升组居民生活调查。有了前述面上的情况，可让读者了解广度信息；有了这一组对比和点上调查，又可让人获悉横切面上的深度信息，一举多得，效益显著。三是综合加表格之法。此法非一家所用，但海盐又向前迈出了一步，主要表现在“人无我有”上。志书记杭州湾跨海大桥，其中列有值得铭记的“六个第一”“八大创新”、十六个“工程节点”，查阅有关涉及重大工程的志书尚无此类文字。农业部分，早期志书对内部结构和各类瓜蔬，一般是“一股脑儿”在正文中叙述，形式单一，枯燥乏味。因此本人若干年前就呼吁“增表减文”。《海盐志》不谋而合，这其实是“偶然中的必然”。该部分先综合概括，钩玄提要，然后附着《1986—2005年海盐县蔬菜水果种植面积、产量情况》表、《1986—2005年海盐县瓜类种植情况》表、《1986—2005年海盐县牧业产值情况》表、《1986 ~ 2005年海盐县蚕桑生产情况》表。这样既彰显了主要，又兼顾了一般，同时让读者在阅读时有一定的选择空间。新编志书，在人大、政协部类，用数字代替详情的现象比较突出。为解决此类问题，本人特意发表文章呼吁将有关数字中所包含的丰富信息剖开展示，让读者了解更多广度与深度的详情。在这方面，彼此又产生了共同的认识。《海盐志》在人大部分，增加了《1986—2005年海盐县人大常委会决议、决定情况》表、《第八届至第十二届海盐县人大代表议案情况》表，在政协部分，增加了《1986—2005年海盐县政协委员提案分类情况》表、《1986—2005年海盐县政协委员提案办理情况》表、以及提案办理选录。透过这些情况表、录，让我们清楚明了地看到人大、政协工作的范围、重点、质量和成效。要求志文“写作到位”，并不是高不可攀，像这里提到的细腻、翔实之处，自然就是“写作到位”“做功到家”之范例。

《海盐志》的不足是，全书断限19年，字数285万字，总量显得偏大，详主略次、删繁就简工作有所欠缺；个别内容的界定和归属似可商榷，如将动植物统归资源中尚欠科学，因为自然资源是指具有社会有效性和相对稀缺性的自然物质或自然环境的总称。联合国出版的文献中对自然资源的含义解释为：“人在其自然环境中发现的各种成分，只要他能以任何方式为人类提供福利的都属于自然资源。”这里界定的自然资源，是能够为人类提供福利，也就是为人类所利用。自然动植物中，有的能够为人类提供福利，有的暂时不能，这些就不能算为资源。

简谈《嘉定县续志》

上海市《嘉定县续志（1988—1992）》，1999年12月出版，140万字，定价160元。这是笔者看到的若干部续志中较好的一部。现将这部续志优长与不足简介于下，以便修志同仁参考。

一、优 长

（一）封面与卷首、卷尾

封面右侧竖排“上海市嘉定县续志”，括注1988—1992，上海市3字与断限为黄色，书名为红色，封面底色为青色，青色中可见高楼大厦的轮廓。这样设计，其一，从字体、颜色、位置突出嘉定县续志之书名；其二，书名前写上海市3字，意在方便广大读者，免得生疏者再去为归属查典翻书；其三，楼宇设施作淡化处理，一来暗示了嘉定县的城市特色，二来避免了喧宾（楼宇）夺主（书名）。嘉定1992年撤县建区，因此，书名署嘉定县续志括注时间断限也无可厚非。

《嘉定县续志》卷首彩色照片的编排，与正文内容顺序相一致，前后照应，相辅相成。首幅彩色照片是改革开放的总设计师邓小平1991年2月6日视察上海大众汽车有限公司。这样编排意味深长。其用心，用序一中的一句话来揭示再好不过，即1991年邓小平视察上海和1992年视察南方重要谈话传达后，嘉定人民思想获得第二次解放。

续志记述的这一段历程，使我们深刻认识到，没有邓小平理论就没有我们的今天。

《嘉定县续志》卷尾，一是列了索引，二是列了后记。编制索引，给自己增添了麻烦，给读者提供了方便，体现了作者强烈的服务意识。《嘉定县续志》的后记，不是一般工作过程的罗列，而是续志编纂经验教训的总结，续志工作者从中可以受到诸多启示。

续志与前志，既有联系，又有区别。续志若抛开前志的篇目，另起炉灶，既无必要，又会损害两志之间的连续性。续志若照套前志篇目，有些新事物无处容身。有些事物在前志中成卷成章，内容丰富，但进入续志时限内已近尾声，照套前志篇目，势必空洞无物。续志与前志，如何做到有循有易，这是续志谋篇布局时首先遇到的一个问题。《嘉定县续志》编纂者根据内容决定形式的原则来处理这一问题。一是把前志编、卷、章、节、目5个层次的大编体，改为章、节、目3个层次的小编体，减少了虚的层次，避免了叠床架屋、结构松散的问题。二是删去无须嗣续的章节，如风俗、方言等，大大压缩地理环境的内容，保留土地、气象这些应保留的部分。三是将变化不大的事物按其属性归并在适当的篇目中。四是对变化大而又须突出的事物增设篇目，如经济体制改革、经济结构之类。五是前志篇目能涵盖续志内容的继续沿用，使之前后衔接，便于检索。除此，《嘉定县续志》仍然把大事记置于卷首，使之继续起到纲的作用。

（二）内容

《嘉定县续志》坚持横不缺要项，纵不断主线，内容丰富翔实，不乏可圈可点之处。这里摘列部分便可由一斑而窥全豹。

该书最大的长处是作者深化了对志书内容的记述。笔者对这一点印象尤为深刻。这是一个良好的开端。大家都朝这个方向努力，首轮志书普遍存在的平淡肤浅的问题有望得到解决。其表现，一是以马列主义、毛泽东思想、邓小平理论为指导，不仅写在凡例中，更体现在记述内容上。把文明单位创建、劳模先进评选，作为一级类目单独列出，位置前移，着重记述精神文明创建活动，同时对文明单位、模范集体、劳模先进进行介绍，这本身就体现了小平同志两手抓、两手都要硬的思想。再如，在工商企业登记注册部类，《嘉定县续志》还特意记述了 1988–1992 年县内个体工商户经营实绩，包括纳税额度的逐年增加甚至翻番；记述了私营企业户数、投资人数、解决就业人数等。这也可以说是续志记述内容上的与时俱进。二是人口与人民生活中载纳了不少有价值的资料。人口中记了百岁老人简况、有关年份外来人口籍贯、年龄、居住处所、工作等情况。人民生活中，对农村人均收入结构作了分析性记述；载录了《1987–1992 年嘉定县居民生活调查》《1988–1992 年嘉定县居民住房装潢及婚丧宴请抽样调查》《1978–1991 年嘉定县农村居民膳食结构调查》。三是党政群团公检法司部类，作者有意识地作了“扬长”和“开拓”的工作。扬长就是发扬首轮部分志书简记机构、详记工作 (活动) 的长处，党政群团部类都大大加重了工作 (活动) 这些主体内容的比重。开拓就是走前人他人没走过的路。视察调研是人大的一项重要工作，一般志书都有此项内容，记述方法是综合记述，而无调研报告选录，因此就看不出调研的质量，或者说调研的广度与深度。

《嘉定县续志》专设了调研文选节，安排了8篇调查报告摘要，分别是以工补农资金提取和使用情况的调查报告(摘要)、财政包干情况调查(摘要)、增加农业投入初审报告(摘要)、工业企业关停并转情况及建议(摘要)、农村合作医疗情况调杏（摘要)、对廉政和纠风工作初审意见(摘要)、关于畜禽粪污染状况的调查、关于三资企业的 调查(摘要)。我们从中可以看出，嘉定县人大常委会不仅重视调查研究，而且善于围绕国计民生的重大问题进行调研，以及对本地发展和人民利益高度负责的精神。政协部类记提案工作，在记综合情况的同时，还详列了每届政协优秀提案情况，包括提案人、案由、内容提要及实施简况。此做法尚未看到有先例，故使人耳目一新。我们从中可以看到嘉定县提案工作的高质量，以及作者将平面与立体结合记述的功底。公、检、法、司部类，作者十分注意剖析事物的多层次性，进而展示事物的多重信息。公安打击刑事犯罪目中，其内容既有发破案总数，又有案件类型、性别、年龄、籍贯构成；治安管理目中，既记了扰乱公共秩序、妨害公共安全、侵犯人身权利、侵犯公私财物、妨害社会管理秩序等第一层次的内容，又记了扰乱工作秩序、结伙斗殴等23项第二层次的内容；交通管理目中，记交通事故，除记交通事故总起数(一般志书都如此记述)，还记了伤亡状况、经济损失、肇事原因、车辆属地(一般志书忽视这些内容)；消防管理目中，记火灾事故，除记起数、伤亡、物损情况外，还记了成灾原因(此属深化记述)；司法行政中记人民调解，首轮志书一般只记纠纷总数和调解成功数，未记纠纷类型和防止非正常死亡情况，《嘉定县续志》则增加了这部分内容。纠纷类型体现着时代特点，不同时代纠纷类型也不同，记之则反映了时代特征。四是对老龄问题给予了必要的关注。民政章老年人保障事业节中，在记老年人六权（人身权、赡养权、居住权、财产权、婚姻自由权、物质帮助权）被侵情况的同时，还记述了敬老活动、农村社会养老保险、维护老年人权益、老有所为和老龄经济实体，这就克服了首轮志书在一定程度和范围内存在的只记工作、不记问题（如老年人六权被侵问题）的不足，在展示深层信息上迈出了新的一步。五是有关部类注重经济效益包括投入产出的记述。工业中记了工业效益状况，乡镇工业中记了投入产出和利润分配，种植业中记了单季晚稻亩成本，附了3个生产队蔬菜成本统计表。这样记述，就能让人看出一地、一个企业经济的增长，是在高投入、高消耗基础上的增长，还是低投入、低消耗基础上的增长。国家所倡导的是后者而不是前者。六是卫生医疗章医疗防保节，增加了医疗保健实绩、甲乙类传染病统计、初级卫生保健达标情况，这本身就比大多首轮志书翔实，又专设了人口平均期望寿命及死因分析，还附列了各种恶性肿瘤死亡比较表，这更使医疗防保内容得到深化。七是卷首设总述，各章有引言（相当于首轮志书篇或章下的无题概述或小序），使大势大略、中宏观联系、内在规律等得到昭示。八是注重提高志书的学术价值。如嘉定建置沿革，前志许多史料同旧志所记颇多抵牾，孰是孰非，难以定夺，续志把这些史料录以备考。《嘉定县续志》作者对历代县域面积进行了考证，并将考证结果载入志书；志书还附列了《1992年嘉定县乡镇村与旧时乡都图对照表》，这些都很有学术价值。

（三）方法

《嘉定县续志》记述方法之长表现在多方面，这里仅列举几点。一是正文记述与附载专题调查相结合。乡镇工业中附载了《嘉定县乡镇工业现状和对策调查的综合报告（摘要）》。为反映居民生活状况，志中附载了3篇专题调查。这些专题调查凸显了地情特色和时代特色，增强了记述深度。

二是综合文字与示意图表相结合。《嘉定县续志》有关部类列出了生态环境示意图、农业分布示意图、公路示意图、高速公路桥梁示意图、城市服务设施示意图、排水设施示意图、电力煤气设施示意图、邮政设施示意图。这样做，可收到实用、好读双重功效。这不单是个方法问题，他还反映了作者较强 的服务意识。

三是文字与随文黑白照片相结合。《嘉定县续志》随文插入黑白照片160幅，以此活化了版面，增强了可读性。

二、不足

1.《嘉定县续志》关于地理的表述有自相矛盾之处。凡例中讲按照“自然地理、行政建置、党政机构、经济结构……为序”，而后记中讲“删去无须赓续的章节，如地理环境”，前后相悖。志书记述了自然地理的部分内容，即土地和气象，土地置前，气象置后(放在志余中)，由此可见凡例的表述也不够准确、严谨。气象资料归在志余中似有不妥，应与土地合并或紧挨土地单设。

2.关于居民生活，《嘉定县续志》作者选了4份材料，包括3篇专题调查(前面已经点到)，内容很好，但归属欠当，这些内容能够立得起来，完全可以单独成章，而且应当放在前面，不应归在志余中。

3.入志人物控制过严，造成部分人物当入而未能入志。入志人物过严过滥都不可取，应适度合理。

4.书中各章(相当于篇)单页底衬，仅用两幅孔庙照片重复使用，显得单调。

（原载《河北地方志》2003年第6期）

一部值得仔细拜读的新县志

——简评2007年7月版《成武县志》

2007年7月第1版《成武县志（1986—2005）》，由方志出版社出版发行。其为篇、章、节、目体式，全书1315千字。拜读该志，在以下几个方面给我留下了深刻的印象。

一、诸体并用且有所创新

山东省《成武县志》（以下简称《成志》）如同其他县志续志一样，坚持以志为主，述、记、志、传、图、表、录诸体并用。与其他县志所不同的是，《成志》在卷首概述之前还设了《前志简介》（以下简称《简介》），这在体例形式上是创新之举。这种创新想法好，效果也好。这篇《简介》，计2800多字，写了首轮修志概况、简要地情、志书特点三个方面的内容。说其效果好，笔者认为他沟通了前志与续志在体例与经验上的联系，以及在地情上145年（1840—1985）与19年（1986—2005）的联系。这样做，可满足读者三个方面的需要：①《简介》就像一个向导，引导你从前志进入续志，有了这个铺垫过渡，不让人感到突兀；

② 既知局部，又晓全局，可从全局中审视局部，对事物的理解可更全面深刻；③ 可进行前后对比，让人看出继承、发展、变化，给人以更多的启迪。《成志》的人物部分，与概述、大事记一样未入篇，显然是把他放在高于篇的层次上处理的。我认为这样处理好，好在他突出了人的主体和主导地位。《成志》将组织机构单独设了一篇，放在卷末，我认为这也是一个独创。机构与活动，是静与动、次与主的关系，强调志书着重记动态、记主要，但不是舍弃静态与次要，而是应统筹兼顾，《成志》作者在创新中做到了这一点。《成志》卷末附录设六目，其中三目都很有新意，分别是成武古今大事、成武集粹、成武之最。这些内容虽位处附录，但他比正文中的一般性资料还有价值，还更受欢迎。

二、时代特点、地方特点鲜明突出

我曾在一篇文章中提出，理想的续志应具有六大特征，其一就是能够把续志理解为一部广义的改革开放志，各个部类都能够抓住改革开放这条主线，充分反映改革开放的必然性，改革开放的阶段及内容，改革开放波及的范围，改革开放的巨大成就，改革开放的艰难曲折，改革开放中存在的问题和不足。反映过程，能够体现“四个深刻”，即经济体制深刻变革，社会结构深刻变动，利益格局深刻调整，思想观念深刻变化。记述成就，能够从整体上反映十一届三中全会以来，社会的进步，政治的昌明，经济的发展，设施的完善，科技的鼎新，人文的关怀，人民生活水平的提高等等。使续修志书与时代发展进步合拍，具有鲜明的时代特征。《成志》虽然没有完全做到这一点，但他也是做得比较好的。他采取分散记述的方法记改革开放，记了开发区的建立建设和招商引资，记了农业、工业、商业、经济管理、教育、科技等各行各业的改革。改革开放的成果之一是对人的权利的尊重。《成志》十分注重记述这方面的内容，如单设一章记老年人权益维护，工、青、妇、残部类分设专节记述职工、青少年、妇女儿童、残疾人合法权益的维护。改革的内容，有的记得还比较全面、深入，比如记农业产业化经营，《成志》没有像有的志书那样仅对几家龙头企业作逐个简介，而是归纳分类，分为公司加农户型、集团公司带动型、专业协会带动型、专业市场带动型，逐类进行全面深入记述。这一部分不说内容，仅从小标题就可以看出该县加强农业产业化的做法与经验。再如记农业综合开发，分 4 个时期设 4 节系统深入记述。成武系农业县，续志浓墨重彩写农业综合开发是很有必要的。人们从这样的记述中，清晰地看到了农业综合开发的历史脉络和发展变化，以及每个阶段的开发内容、投入、效益等。

《成志》既重视时代特点的记述，又着力挖掘和反映地方特点。如乡镇部类，每乡每镇除经济、文化、生活等情况外，都附了一篇简介，字数在 400 字左右，就是专门介绍某乡某镇最突出的一项内容，如成武镇木材加工、九女集镇桑蚕生产、苟村集镇双孢菇生产、白浮图镇大棚芸豆生产、大田集镇大蒜生产、党集乡农副产品加工等。这些附，不是一般性内容的附加，而是对特点亮点内容的特殊处理，是面点内容的有机结合，值得称道。

三、着眼实用，方便阅读

本文前面所述的优长，如设置《前志简介》《古今大事》《成武集粹》《成武之最》《组织机构》篇，是创新之举，而目的之一也是为了方便阅读，使志书好读好用，可读可用。除此，《成志》作者在图文并茂上还下了工夫。能够反映方方面面特点、状况的图照，《成志》没有把他集中在前或集中在后，而是像《辞海》一样图随文走，图、文互补。《成志》随文附图照593幅，使志书增添了形象性、直观性，特别是通过这些图照，让读者加深了对成武地方特点、时代特点的理解。以往的志书多无索引，查阅很不方便。《成志》作者注意此问题，在志末设置了索引，大大方便了对相关内容的快速检索。

《成志》也还存在某些不足。志书要面向国内外读者，目录如能中、英文对照会更好些，《成志》仅有中文目录，不能不说是一个缺憾。《成志》未设《经济综述》，此为美中不足。行政区域篇第五章标题为乡镇，第二节也为乡镇，犯了章节同名的毛病；另外从标题看他不应包括开发区而实际则含其中。自然环境中不应记人工养殖、种植的动植物而实际则记述了这些内容。对志书要求广与深结合，面与点结合，但该志在深度和典型资料的挖掘上还显得欠缺。尽管如此，《成志》仍不失为一部好志书。

（原载《志与鉴》2008年第2期）

读二轮《青田县志》所见所感所思

经朋友介绍，我与浙江省二轮《青田县志》（以下简称《青志》）编辑部取得了联系，很快，他们就将其编纂的《青田图志》《青田县志》寄我。我原不知该志是浙江省二轮修志18部创优工程之一，只知道苏浙才子多，编修的志书好，愿意多接触、多学习。看了该志，果然名不虚传，并写下如下所见所感所思。

一、所见《青志》有继承又有创新

二轮《青田县志》卷首置序言、凡例、概貌、大事记；之后依次设政治、经济、文化、四乡、社会、旧踪六大板块；辖51篇192章，总计百余万字。为做到图文并茂，全书穿插图照460幅。志书在一级板块这一层，常规的类项有7项，非常规的类项，也就是个性突出的特色有3项；在二级篇这一层，常规的类项有35项，非常规的类项有15项。如果把概貌看成板块的话，其下所辖的区域概略、山河大观、决策聚焦、经济起飞、特色长廊、文化博览、社会经纬，当属篇的层次。此与前述篇之非常规类项相加，当为22项。

此前所见志书（志稿），部分由于作者对某些修志理论，如“横分到边、竖分到底”存有误区，因此一味地横切竖分，结果造成事无巨细，类项庞杂，层次过多，叠床架屋，眉目不清，冲淡主体，臃肿芜杂。《青志》作者凭借两轮的修志经验，深知解决此一问题的必要和紧迫，于是进行了卓有成效的探索。该志共设51篇，篇下章最多的8章，但为数不多，仅有两篇；其次是7章，也仅有两篇；6章的有4篇；5章的有5篇；4章的有11篇；3章的有15篇；2章的有12篇。如果把后4项相加，共为43篇，占84.3%，可见比例之高超出想象。所存（含调整、新设）类项多为主体，如社会服务的中介服务、生活服务、其他服务，旅游的景区景点、旅游服务、旅游管理，教育的学校、学生、惠学、教师、教学，卫生的医疗、卫生保健、医政药政。所减类项，多为枝蔓，其内容或浓缩到述中，或列表体现。纵向的层次，《青志》总体控制在4层，尽量通过减少环节削减铺垫过渡性内容。

由此可见该志遵守志规，但又不过于循规蹈矩；有继承，有沿袭，但又不陷于“拘泥”，而是根据实际和修志需要，有所创新和发展。正因如此，志书才能破程式，立新篇，录旧踪，显特色。有比较方有鉴别。本人所见二轮志书（志稿），少数也有诸多特色，但不少继承有余，创新不足，有的甚至立篇30有余，特色篇寥寥无几，就是章这一层，称得上特色的也不多。正反实践已经并将继续证明，有特色就有生命力，就有吸引力；没有特色，就难有起色，就难以出色，就难有生命力和吸引力。

二、所感志书作者确有思想和魄力

继承创新是一个普遍的、永恒的课题。但是继承创新的实践则差别很大。各行各业包括修志活动概莫能外。差别在于思想与魄力。无思想无魄力于事无成，有思想无魄力难有执行力，有魄力无思想难见“巧实力”；只有思想、魄力兼具，潜在的优势才能转化为现实的优势，才能在源于同一发令地的竞跑中处于领先地位。

这里说的思想，是指对以前无古人、后无来者、具有中国特色改革开放实践为记述对象的新志书，应当修什么、如何修；在二轮修志中，应当如何承上启下、扬长避短，继承前志又优于前志，在这些方面作者所进行的有理性、有见地的深入思考。

我不曾见过《青志》的作者，包括主编、副主编、分纂、编辑等人员，只是在《青田图志》卷末看到诸位的合影，算是“以影会友”吧。但这不影响我对他们修志思想的揣摩，因为体现其意图的成果——志书，就摆在本人案头，而且是百读不厌。

本人重大的感悟，在于意识到作者是在进行一项根本性的变革，这就是通过自身的修志实践，去调整志书重点与非重点内容的比例结构。志书的内容与形式，都有一个变革的问题，但二者相比，前者更为重要。这种调整，说到底，就是完善强化志书生命力，增强志书“资政、教化、存史”功能，推动修志活动持续、健康、协调发展的“有用功”作为。其意义，稍微放大一点说，他与改革开放以来所进行的经济结构、社会结构调整有异曲同工之妙。

调整志书内容重点与非重点比例结构的问题，不是今天，也不是哪一个人提出来的。30年代社会学家吴景超写过一篇文章，名叫《中国县志的改造》，发表在当时的《独立评论》杂志上。该文提出，志书要能够反映社会“极重的事实”，反映“于民生最有密切关系的事实”。胡锦涛总书记在2008年3月21日讲，要“着力深化对重大现实问题研究”。中指组原组长李铁映，在

2001年12月20日全国地方志工作会议讲话中指出：新一轮修志，就是要推出一批符合时代要求，具有很高科学水平和重要文化价值、社会价值的志书。北京大学教授肖东发先生，在他编著的《年鉴学概论》（1991年12月中国书籍出版社出版）中指出，志书要能够载纳“核心资料”（《现代汉语词典》解释核心就是中心，就是主要部分），反映“多彩多姿的现代社会全貌”。《人民日报》社记者李舫，在他撰写的《披历50载，丹心入青史》（见2004年7月27日《人民日报》）文章中，强调志书要能够反映深度的“地情信息”。贵州省当今方志学者罗再麟也发表《矫枉必须过正》的文章（见2004年2期《史志林》），指出“续修志书要与时代发展进步合拍”，避免志书与现实脱节，防止载体与客体两张皮。这其中有几个关键词，即“极重的事实”“重大现实问题”“符合时代要求”“核心资料”“深度地情信息”“与时代发展进步合拍”。这实际讲的都是与志书内容结构密切相关的重大问题。

高层领导、专家学者一再讲与“重大事项”连在一起、非同一般的问题，说明社会（客体）存在重大事项，说明以往主观成果（载体）对“重大事项”的反映做得还很不够。

《青志》作者谋划修志，首要考虑的就是这个问题，实践也证明基本达到了预期。该志按版面计算，全书1119300字。如前所述，就文字而言，他分7大板块，常规板块有5个，分别是大事记、政治、经济、文化、社会，文字量是904945字，非常规（特色）板块有2个，文字量是212940字。由此可见，常规与非常规的比例关系是9：2。志书重点、特点、亮点性内容，包括常规与非常规两类。如果把5大常规板块中的“重、特、亮”点抽出，与非常规（特色）板块文字相加，那么重点与非重点的比例关系，就远远不是9：2的问题了。

创精品、推力作，需要特别强调“人无我有，人有我优”。这在志界既是一个老问题，又是一个常讲常新、常编常新的新命题。就第二层篇这一级而言，《青志》在“人无我有（相对而言）”方面，数来15项，分别是公务员、移民、农民工、石雕之乡、田鱼之乡、华侨之乡、名人之乡、耕织旧景、用具汇集、村落留影、街巷留痕、古建遗存、交通古韵、服饰演变、手艺集锦，数量达245700字，占全书总字数的22%，可见比例之高，调整幅度之大。

在“人有我优”方面，《青志》自然也有可圈可点之处。姑且单说“细节”之微观。该志对人员更替多以表格体现；对每个乡镇，都设置一幅政区图；反映降水，有断限前后两个30年升降情况的对比；反映乡镇建设，注重综合，减少琐碎与重复；对杨梅产业、柑橘产业、蔬菜产业、公益林状况、稻田养鱼、旅游景点与线路、移民安置，都有分布示意图；对10位百岁老人，有照片和养生情况的载录。这些看似细微，但细微之处见精神。当下常闻“细节决定成败”，在特定情况下，此话不无道理。我们从这些细微之处，自当窥见微观内容的调整，基础要素的刻画，服务意识的增强，对万物之灵的尊重等。

看罢《青志》，同样为作者的魄力所叹服。当今的学术环境，远未达到理想的境界。美国学者佛罗里达提出了发展文化创意产业的“3T”理论，即人才、技术和宽容。而他认为宽容是三者中最重要的因素。理想的学术环境，最关键的就是宽容。当今学者张贺谈文化创新，指出创新就是要跟过去不一样，其结果很可能会推翻公认的定理，改变习以为常的惯例，打破某些框框，而这很可能会引起不解甚至反对。青田县在修志探索中，自然也遇到一些不解。社会是否包容这样的突破，是否鼓励这样的创造，就变得非常重要了。若国家、社会持包容和鼓励的态度，全民族的创造活力将因此而激发；反之，创新者则会畏惧不前。常言道：

艺高人胆大。《青志》作者由于有独到的见解，所以能够像王安石说的“人言不足恤”，看准了的事情，就坚定不移去办好。这种坚定就是魄力，就是邓小平同志说的“要敢于大胆试、大胆闯”的精神。另外，还得到像魏桥先生这样大家智者的支持，那么就更有底气了。

三、所思当今修志之忧之喜

当今修志，如同其他方面一样，困难与机遇并存，挑战与希望并存。只要我们善于抓住机遇，敢于正视困难，积极迎接挑战，那我们就没有过不去的“火焰山”。《青志》的实践就充分证明了这一点。

那么青田同仁的修志所为对我们有哪些启示呢？笔者认为至少有以下3点。

一是要想实现新的跨越，就应树立“求异存同”的理念。在“同”与“异”的关系上，人们习惯“求同存异”。但在学术活动上，应当倒过来，像季羡林先生说的那样“求异存同”。因为学术活动贵在出新，不宜陈陈相因，踩着别人的脚印走，或按着别人的腔调吆喝，而是要有所发现，有所创新，有所前进。这就要有“异”于他人之处。否则，不过是雷同重复，谈不上有什么重要意义。

中国文化包括修志要出好书，就必须弘扬创新精神。什么是创新？直白说，创新就是要允许跟过去、跟别人不一样。钱学森是科学巨匠，是做学问的楷模。他说：创新不能局限于迈小步，那样很快就会被别人超过。你所想的做的要比别人高出一截才行。你必须想别人没有想到的东西，说别人没有说过的话，做别人没有做过的事。在其他志书（志稿）未曾所闻、而在《青志》中出现的旧踪辑录等，不就是独具特色的拓展吗？笔者认为，如果总是在山寨氛围内互相模仿，那是永远出不了好书的。

要做到“求异存同”，就必须解放思想，突破常规思维。法国作家莫泊桑说过：“应该时时刻刻躲避那些走熟的路，去另寻一条新的路。”他强调这是“制造新生命的唯一法门”。

二是要想实现新的跨越，就必须统揽修志全局和选准突破口。青田的修志实践，使我们清楚地认识到，要想有卓有成效的探索，就必须坚持正确的路径和方向。这就是说，要从研究吃透地情上寻找出路；从对各部类的重新审视上寻找出路（已出志书，有长有短，我们取长补短，才能发展提高，这就提出一个问题，就是对已出志书的重新审视，弄清楚优长不足之所在，从而扬长避短）；从突出重点、兼顾一般上寻找出路（一部志书，既要有用，容量又不能过大，那只能走突出重点、兼顾一般的路子。那么，我们就要很好研究哪是重点，哪是一般）；从有效解决已出志书的共性问题上寻找出路。

三是要想实现新的跨越，就要有所为，有所不为。在应当坚持的方面多花精力，大有作为，在不应当坚持的方面有所不为，或者少去作为，少耗精力。正像教育家、出版家叶圣陶说的那样去做。叶圣陶91岁时，在开明书店60周年纪念会上说：“我们有所为，有所不为。有所为，就是出书出刊物，一定要考虑如何有益于读者；有所不为，明知对读者没有好处，甚至有害的东西，我们一定不出。”

（选自2013年6月出版的《青田志话》）

一部高品位的新编续志

——评《天台县志（1989—2000）》

浙江省天台县系修志先进单位。2006年，我带河北部分修志人员前往考察学习，已留下深刻印象。近收由庞国凭先生所寄他总纂的《天台县志（1989—2000）》（以下简称《天台志》），甚为欣喜，仔细拜读，受益匪浅。这是我看到的为数不多的优秀志书之一，用“一部高品位的新编续志”来概括并不为过。体现高品位，我认为至少有以下几点。

体现之一——“丹青”夺目，引人入胜

《天台志》作者，借鉴戏剧表演中“未见其人，先闻其声”的“先声夺人”手法，来了个“丹青”夺目的高招，真是妙极了。志书封面用的是原中国佛教协会主席、书法大家赵朴初所写的“天台县志”4个烫金大字。人们捧读志书，首先会欣赏赵老的书法艺术，欣赏之余，不免会自问，佛教与天台有何联系？打开志书，映入眼帘的是郑板桥的“仙竹图”，不细看，还以为是拿郑板桥的画来装点，仔细一看，才恍然大悟，原来画中有郑板桥题诗“竹

得此中仙境界，天台走过石梁桥”，这不就把郑板桥与天台联系了起来，真是又一妙招。接着是一幅张大千画的石梁飞瀑图，石梁飞瀑位于天台风景名胜区内，宋代大书法家米芾赞其为“第一奇观”，以其为背景的书画大作被置于卷首，自然与郑板桥的书画有着异曲同工之妙。古今文人墨客青睐天台，眼下读者为何不迫不及待翻阅志文，以求对天台万象了解个究竟？

体现之二——谋篇布局，独具匠心

《天台志》的篇目，既“有格”，又“不拘一格”。说其有格，就是遵循志书篇目设计的基本规范，坚持合理分类，恰当归属，明晰层次，有序排列等。说其不拘一格，就是不因循守旧，坚持与时俱进，注重理性思维，把握“内容决定形式”这一根本点，着眼突出“三特”（时代特征、地方特色、行业特点），该继承则继承，该改革则改革，该创新则创新，做到继承中创新，创新中发展。通常志书卷首《概述》，全为文字，或以文为主，侧重于述，名实相符。而《天台志》卷首设《概况》，而未称《概述》，本人认为，该文重在彰显特点，而且图文并茂，称《概况》比称《概述》更为贴切，这也是为了名副其实。《概况》之后列《天台山文化》，下统佛教天台宗，道教南宗，寒山文化，济公文化，佛道著作，这些是其他地方所无法相比的，将其集中并放在卷首实有必要，不如此不足以彰显名山之魂，佛、道之源。我手边正好有首轮《天台县志》，两部志书对照，看得出前志是将上述内容分散记之，体会效果，不免有“宝藏深山人不识”之感。紧接着置《要事纪略》，下辖桐柏抽水蓄能电站，上三高速公路天台段，始丰新城，高山蔬菜，高山移民，这些大事要事，集中前置记述，效果同样优于分散处理。

《天台志》主体部分设30编，按照天、人、事“三宝体”的思路统筹铺排，一环境，二土地，三居民，四人物，五经济总情等，好比舞台、演员、剧目的关系，十分合乎逻辑。其中人物可以放前，也可以放后，但放前优于放后，更能突出人的主体和中心地位。《天台志》增设《风景旅游》编，统辖景区、景点建设、旅游设施、莅山名人等，使旅游业发展的时代特征和地方特色得到鲜明展现。改革开放以来，社会服务业空前发展，他在三大产业中的地位日益突出，在篇目上为其设一席位，置《社会服务》编，在更高层次上体现时代特征和地方特色，应当说是一种必然。前志未设乡镇编，续志增加了这一编，这对于保存史料和增强实用性都很有必要。作者把很有存史价值的各种票证、墙头标语等，集中归并为杂记编，充分体现他们对志书性质的深刻理解。编下章少者二，大多四五，只有一编为八，可见作者归并整合、突出主体的鲜明意识。次要内容，有的并入相关章中，有的用表反映，但“三特”性内容，如环境保护、土地开发、名优产品、体制与产业化、新兴服务业、产品监督管理、国防教育等，在章一层都能显现出来。

体现之三——着眼根本，精选内容

修志之根本，在于提高志书的文化价值和社会价值；只有具有较高文化价值和社会价值的志书，才能流芳百世，为后人所借鉴，为当代人资政。《天台志》作者深谙此理，并付诸实践，以价值为取向深挖资料，精选内容。自然环境，围绕“八山半水分半田”之地域特点，记罕见的岩层地质，多样性的地形地貌，适宜的气候雨量，广阔的森林覆盖，众多的古树名木，品种数量堪称全国之最的恐龙蛋、骨化石，令人流连忘返的天台山景观等。天台山文化，通过择要记述佛教天台宗、道教南宗、寒山和济公诸文化，把天台文化起源、发展、地位、影响展示给了读者。居民、人物，记述了人与自然的和谐关系，众多长寿老人的实际状况，三分人口流出的原因及特点，名人产生缘由及业绩等。基础设施，着重反映经济欠发达的山区县，如何改善人居环境，如何开辟高速通道，如何建设蓄能电站等，为经济社会发展创造有利的条件。工业经济，着重反映了橡胶制品、医药化工等六大支柱产业状况，名优企业及名牌产品等。农林经济，着重记述高山蔬菜种植和农林产业化，等等。该志不仅反映了大量有价值的宏观、中观资料，而且还记述了很多令人印象深刻的微观内容，如全国面积最大、树龄最长的云锦杜鹃林，全国四株之一的隋梅，古旧街道、建筑和工具等。如此内容，不一一列举，仅凭圈点的这些，就足可证明《天台县志》的厚重度。正如2006年2月28日，18位专家签署的《对〈天台县志〉评议稿的意见》所显示的那样："全书具有很强的实用价值和存史价值"。

体现之四——讲究技巧，注重美感

一部志书，设计不美，语言不美，图片不美，人们是不愿意看的。我愿意看《天台志》，是因为他设计美，语言美，图片美，富有美感，让人爱看，看后增长了见识，又得到了美的享受。国有国徽，校有校徽，那么，《天台志》作者创设了志徽——天台方志馆硬笔画。他是写实作品，是一幅画，又像扎编工艺品，还像透雕艺术品，看去玲珑剔透，精美之至。把他作为志徽，体现了作者良苦的用心。这幅画不仅画得好，在书中的位置安排的也好，志书封面，编前《概况》《天台山文化》《要事纪略》，各编首页，编后《大事类编》，都镶嵌着这幅图徽，他被置于上边线下 2.3 厘米 ~ 4.4 厘米，距左、右边线分别为 7.8 厘米 ~ 6.8 厘米。该志各编（含相等层次）首页设计也很用心，正面左边竖排《天台县志》书名，中间署本编标题，下置与文相符的绘画或图照，反面上端左侧底为 10 条横线，横线上为编之封面缩微图，下为本编章节目录，看起来很舒服，很诱人眼球。

该志语言简洁、流畅，叙事准确、生动，读起来不感到劳累。编下无题概述，使用楷体，以与下文字体相区别，而内容高度凝练，概括比较到位，体现着简洁美。

该志的照片，不少达到相当高的水准，如《概况》首页赤城山图照，随文附的云锦杜鹃图照、葛仙名圃图照、苍山顶茶场图照等，选景独特，虚实相间，或云雾缭绕，或层次分明，风景好，照的好，印制好，给人以强烈的视觉冲击。

体现之五 ——方便阅读，考虑周全

《天台志》目录采取中英文对照，这就照顾到了国内外读者的需要，事情虽小，他却反映了作者为改革开放服务的鲜明意识。卷首全书的目录，显示编章标题，不显示节与专记标题，而各编目录，有章的标题，又有节与专记的标题。为什么这么设？仔细揣摩，才体会到作者为读者着想的一片好心。人们阅读、求知和思维的习惯，往往从全局到局部，或由局部到全局，从过去到现在，或由现在再追溯到过去，如果只有一个方面，就觉得缺点什么，不够完美。而《天台志》作者想到了读者希望完美的这种愿望，在记述时该多加一笔就多加一笔，如写莅山名人，详在断限内，但断限前也作了简要记述；为人立传列表，重在本志当记之人，但对前志立传列表总人数也点了一句，真是细微之处见真情。《天台志》像《辞海》一样，坚持图随文走，大多以文为主，附带图照；有的部分因需而定，如杂记中的票证、古建文化、桥、井与墙头标语，或文图各半，或以图为主，图文并茂，使人爱读爱看。《天台志》改《大事记》为《大事类编》，变以时为序，以时系事，为先分类别，以类系时系事，比较方便查阅。《天台志》卷末设主题索引、人名索引、表格索引、图照索引，想得十分周全，为读志用志提供了便利条件。

《天台志》也还存在某些不足，如第一编环境，还有推敲的余地，环境包括自然环境和人工环境，而实际上大多人工环境的内容又没包进来。居民编是可以出彩的部类，但这一编基本采用常规的写法，该靓的没靓起来；居民家庭方面，如果把家庭类别、规模、生育、教育、抚养、赡养、家务劳动反映出来；居民婚姻方面，如果把婚龄、未婚、丧偶、离婚、再婚反映出来；居民生活方面，如果把不同界别、不同阶层的不同消费，如物质和文化消费，健康和非健康消费反映出来；居民习俗方面，如果把断限内习俗的新特点，如跳舞、打麻将、养宠物、上网聊天、发饰的五颜六色等反映出来，那这一部分就真实生动和光彩夺目了。该志大部类之间，在记述深度上有失衡现象，如政治部类党委决策，施政要务，人大调研，政协议政，还有挥洒空间。在记述民生民情方面新情况、新问题、新变化上，还有挖掘的潜力。尽管如此，《天台志》仍不失为一部高品位的好续志，值得很好研究和学习。

（原载《中国地方志》2008 年第 7 期）

部分二轮区志（志稿）优长选介

提　要：12部城市区志书（志稿），篇目设置紧扣地情，科学分类和编排；卷首《概述》统揽全局，注重总括地情，沟通联系，彰明因果；内容翔实，所列类目既有继承，又有创新；资料的地方特点、时代特点较为鲜明突出；坚持面点结合，使广度与深度有机统一等，积累了可资借鉴的丰富经验。

关键词：二轮区志（志稿）优长选介

为便于取长补短，互相学习，现把我所了解的12部二轮区志（含志稿）的优点长处，选录推介给大家。这12部志书（志稿）分别是：《贵阳市南明区志》、《杭州市萧山区志》稿、《淄博市张店区志》、《洛阳市西工区志》、《洛阳市老城区志》、《宁波市海曙区志》稿、秦皇岛市《北戴河志》、《秦皇岛市海港区志》、《张家口市宣化区志》、《石家庄市井陉矿区志》、《唐山市丰润区志》稿、《邯郸市峰峰矿区志》稿。

一、《贵阳市南明区志》

贵州省《贵阳市南明区志》(以下简称《南明区志》)可圈可点之处不少，而《总述》更为突出，值得重点推介。说其好，是因其体现了好《总述》的四大特征，即总括地情、沟通联系、彰明因果、言明兴衰。

1. 总括地情。志书之首的《总述》，是阅读和理解志书的向导。因此他需要首先总括地情，也就是对本地自然和社会的基本情况加以总括，如地理位置、自然环境、人文特点、经济状况等，使读者对地情的主要方面有个总体的了解。正如黄炎培先生所说："其繁者可以用志不纷，其简者亦将推阐焉而有得。"《南明区志》《总述》，是采取基本要素综合法和主要特点彰显法来总括地情的。居地方位、区境面积、四至八到、地形地貌、海拔高度、气候温度、森林覆盖、人口民族，放在首段，扼要记述。接着写南明的主要地情特点，如"南明是全省的政治、经济、交通、文化中心组成部分""区境是全省、全市的信息集散地"，区境有贵州工业大学等13所大专院校，"区境地处黔中产业带重要位置""区境文化历史悠久，遗存丰富"，著名标志性建筑——甲秀楼位于境内，贵阳市中心城区四座公园，有三座在南明区内，钩玄择要，提炼精华，一个特点一个段落，十分吸引读者眼球。

2. 沟通联系。恩格斯说过："当我们深思熟虑地考察自然界或我们自己的精神活动的时候，首先呈现在我们眼前的，是一幅由种种联系和相互作用无穷无尽地交织起来的画面。"地方志要反映的正是这个交织起来的画面。因而，他就无法回避这一客观要求。只有沟通事物之间的"种种联系和相互作用"，才能正确反映各事物在普遍联系中的地位和作用。志书的《概述》，尤其是卷首的《总述》，是沟通事物联系的最佳载体。《南明区志》《总述》作者深谙此理，游刃有余地利用了这一形式。一是沟通了人与水的联系。人随水生，人逐水居。水资源如何，关系到人的生存和发展，关系到居地环境的存废和兴衰，是人们的立足之地是否宜居的重要标志。该志《总述》开宗明义，写道“贵阳市的母亲河——南明河如玉带缠腰，从西南向东北横贯23千米，蜿蜒流经境内，南明区因此而得名”。南明河是区境内最大的河流。他是由区境的贯城河、市西河、富水、龙洞河、小车河、摆郎水等汇流而成。他发源于长顺，后汇入乌江再入长江。“贵阳城市的发展起步于区境南明河两岸，然后向北拓展，最后向城郊四周延伸发展形成今天的城市中心区。”由此可见，南明区为富水之地，发源之地，中心之地，一言以蔽之为风水宝地。二是沟通了历史与现实的联系。区境由于地理环境优越，人口密集，中原文化传入较早，随着社会的发展，城市人文蔚起，今南明区境成为贵阳教育文化的发祥地。文化的发展，促使人们文明程度的提高，进而又推动了社会的发展。“区境内发生过若干反帝反封建、争取民主和解放的历史事件。”贵阳实业工商也发端于区境。三是沟通了交通与各业的联系。文中写道，区内有4D级现代化机场，有西南最大的铁路货运编组站，有客运中心枢纽站，有高等级公路贯通，是连接省内州市、周边省市的通衢之地。因此，这里成为省市党政军机关办公之地，产学研组合基地，大中型企业汇聚之地，人财物集散之地。

3.彰明因果。过去的旧志，“偏于横剖，而缺乏纵贯，则因果之效不彰”。民国期间，黄炎培先生修《川沙县志》，为解决这一问题，在每卷之首设置了《概述》。这是志书设置《概述》之始。由此可见，“彰明因果”是《概述》的一项主要功能。对此，志界的认识越来越趋于一致，行动也越来越趋于自觉。《南明区志》《总述》作者亦如此。还从水说起。南明乃至贵阳，得水之利；因水而有林木苍茂，而有宜人气候，而有人类积聚，而有亭台洞桥，而有城市发展；因水而有各业兴旺，尤其是因水而有电力工业、钢铁工业、啤酒产业的产生和发展；因区位优越，使其成为历代政权治所首选之地。除此之外，该《总述》还彰明了改革开放与各业发展的前因后果。在第二轮修志期间编纂的贯通古今的志书，《总述》往往容易忽视这一点。《南明区志》《总述》作者在勾勒历史的同时，未忘对现实最大亮点的刻画，是值得热情赞誉的。该《总述》共计1.9万多字，写改革开放举措，以及由此所带来各业的发展有8000多字，占百分之四十多，可见作者是在有意识地加重笔墨。

4. 言明兴衰。志书述记志传图表录，唯有述体可直言兴衰，总结经验教训，以利存史、资政、教化。该《总述》溯古论往，言明清代是实业工商的发展时期，民国年间是实业工商的兴旺时期；论述当今，不讳区境经济几起几伏，到 20 世纪 80 年代迎来了蓬勃发展的新时期。总结兴盛之根，贵在中央政策对头，区委区政府审时度势，与时俱进。

二、《杭州市萧山市志》稿（第一卷）

该志分卷评审和出版，我现在看到的是第一卷征求意见稿。其部分优长如下：

一是把跨湖桥文化作为第一编，十分突出。萧山的建置历史是 2000 多年，而他的历史起点——跨湖桥遗址——后被命名为跨湖桥文化——是新石器时代早期，距今 8000 多年。萧山区方志办把跨湖桥文化作为首编，置于建置区划之前，是合乎情理的。内容不仅靠前，而且还比较详细，分跨湖桥文化遗址、跨湖桥文化遗迹、跨湖桥文化遗物、跨湖桥文化研究与遗址保护四部分，浓墨重彩予以记述。读者从这里即可看到萧山悠久的历史，灿烂的文化，同时也可看到志稿的学术品位。

二是人口内容比较充实。在人口构成中，增加了老龄人口内容。在这一部分，还附了一份百岁老人名录，记了90个百岁老人的情况。不仅有数量，还有基本构成。如：1997年10月调查的159名老人，居住生活在城镇的8人，占5%，居住生活在农村的151人，占95%；出生于本地的有140人，出生于周边县乡的18人，出生于外省的1人；从未上过学的占88.7%。人口变动除自然变动、机械变动，还记了流动人口，而且记得很细，如外出人口，有各年龄段情况、文化情况、外出原因、外出时间等。人口素质也很具体，如身心素质，包括青少年生长发育、心理健康、残疾人口、死亡率、平均期望寿命；道德素质，包括社会公德、职业道德、家庭美德。在这一部分还附了典型事例、公众心目中公务员道德素质现状调查。

三是居民生活贴近实际，富有新意。如居民消费，记了消费水平、生存消费、发展消费、享乐消费，涉及面比较宽泛。在消费水平中，还附了居民消费新特点、居民消费新变化。生存消费包括食品消费、衣着消费、居住消费、家庭用品消费、家庭服务消费、医疗保健消费、交通通信消费。在这一部分中，还附了萧山人的早餐、坎山镇村民膳食变化。

四是城市建设着以重墨。城区规划与建设，是城区志的重头戏。萧山志对城区规划与建设，可以说是浓墨重彩。此编包括城市规划、老城改造、新区开发、副城建设、城市建设、公用事业、园林绿化、城市管理等。

三、《宁波市海曙区志》稿

《宁波市海曙区志》稿体例完备，条理清晰，主线不断，要项不缺，详今明古，资料翔实，行文规范，语言流畅。在此基础上，志书作者又有新的探索、新的实践，表现在志稿中，又有新的亮点、新的光彩。这部志稿有四个突出，即历史特点突出，城区特点突出，时代特点突出，文化特点突出。志稿断限贯通古今，这就便于反映千年古城、历为州府路县治所等特点。作者努力避免区志、县志趋同的问题，着力突出城区特点。志稿重记街道社区、农村城市化、城区建设、城区管理、城际交通、城区交通、商埠会馆、传统集市、街巷商网、名店名品、区属工业、楼宇经济、文明城区建设、社区教育等。志稿虽然贯通古今，但力避厚古薄今，着力突出当代，特别是充分反映当今的时代特点。志稿重记人口的迁徙、流动人口的权益保护、环境的监测与保护、经济体制改革、外向型经济、民营经济、新兴商圈、国防教育、军民共建、社会保障、村民自治、老年人保护、和谐社会建设等。志稿将月湖文化、海曙与宁波帮，分别作为两编，并浓墨重彩加以记述，较好地突出了海曙区地域文化的特点。地方文化之表现是多方面的，作者注意全方位的反映这些特点，着意写老城老街老行当、老桥老宅老剧目、老风老俗老方言等。仅举这些，就足以说明作者的用心和所取得的成效。

四、《淄博市张店区志》

这部志书值得学习的方面，一是把基础设施，包括城乡建设、交通邮电、环境卫生、环境保护，放在比较靠前的位置，以显示其重要性。二是为突出时代特点，用一定的笔墨记述体制改革、社会保障、工业园区开发建设、市场体系建设、国有资产管理、社会办学等。三是为做到图文并茂，增加可读性，随文插图478幅。城区中部分是由农村转化过来的，过去使用过的传统生活生产工具，将逐步退出历史舞台。对这些工具器物，凡能找到的，修志人员都把他拍成照片，载入志书。这些图片，大多是我们未曾见过的，很吸引读者，同时也很有存史和研究价值。四是志末设前志简介。这样做，至少可满足读者三个方面的需要：一是他可以像一个向导，引导你从前志进入续志；二是既知局部，又晓全局，既了解当今，又知悉历史，对事物的理解可更加全面深刻；三是可进行前后对比，让人看出继承、发展、变化，给人以更多的启迪。五是编制索引，方便读者查阅。

五、《洛阳市老城区志》

这部区志的优点长处，一是篇目按章节目设置，减少了层次，彰显了特点。 二是具有较强的服务意识。表现在篇目用中英两种文字编排，更便于中外读者阅读，能更好地为改革开放、内引外联服务。卷末还设置了索引，以方便查阅。三是将城乡建设、交通邮电置于靠前的位置，充分体现人工环境在城区中的基础作用。四是设老街老店名品名吃，更好地突出了老城区特点。老街包括“九街十八巷、七十二胡同”的传说与演变，历史街区，特色经营街区。老店包括百货老店、医药老店、饮食老店、工艺美术老店。名品包括刺绣品、民间纸艺品、医药品、其他名品。名吃包括洛阳水席，各色小吃。五是把招商引资单设为一章，充分反映了优惠政策，活动办法，引资成效。六是把房地产、旧城改造放在了突出地位，记了房地产开发，房地产交易，旧城改造规划，改造实施，拆迁安置。

六、《洛阳市西工区志》稿

这部区志稿的优点长处，除把城区建设、交通邮电、商贸服务、房地产放在突出位置外，再就是政治部类内容比较充实。比如党委有重要决策，包括振兴区街经济、创建文明城区、维护社会稳定等内容。区人民代表大会，着意突出活动内容，共设 9 节，活动内容就占 4 节。政府内容，次要的合并删减，重点放在政事述要、友好往来上。政协部分，共设十节，其中五节是活动内容，包括政治协商、民主监督、参政议政、社会服务、资料征编。六大民主党派，每一民主党派之下，都有组织建设、参政议政、社会服务条目。

七、秦皇岛《北戴河志》

《北戴河志》是一部比较好的续志。其主要优长，一是按板块条目体设置，更为清晰明了，更有利于减少层次，突出特点，更便于输入和检索。二是时代特点突出。志书专设改革开放板块，分列政治体制改革，经济体制改革，社会保障体制改革，其他改革，以及对外开放和北戴河经济技术开发区，较好地反映了各项改革的进展及成效。三是地方特色鲜明。志书单设自然环境，将典型的地理要素予以详细记述。把“海洋”升格处理，以突出“海”在当地的影响。中央曾两次做出夏季在北戴河办公的决定。为此，志书将中央领导人在北戴河的活动，以特记的形式置于志首。为突出北戴河商业居首、工业次之、农业萎缩的特点，篇目设置未按一二三产业的顺序排列，而是反其道而行之，按三二一产业顺序排列。志书把休疗养从第三产业中析出，单独立项。鉴于北戴河特殊的环境因素，原有居民与外来人口基本持平，没有形成独特的民俗，志书就未设习俗，只设居民板块，下辖人口、人物等。四是着力重要内容的开掘。像“夏都”活动、对外交往、党委决策、政府施政、人大监督、政协参政、经济总情、商贸服务、旅游观光等，都施以重墨。五是志书设计，包括封面底图，卷首彩页、正文文图、每一板块首页字图线条等设计，都很讲究，体现出一种艺术美。六是处处为读者着想。总述、篇目有中英文两种版本；不同板块边沿用不同颜色区别；用轻型纸印刷以减轻重量；志末制有索引，附有光盘。

八、《秦皇岛市海港区志》

这部区志之优长，除采取板块条目体、基础设施集中前移、改革开放集中记述、卷末设置索引和光盘外，还有几点值得称道。一是突出区属，兼顾其他。对区属事物力求全面翔实，横不缺要项，纵不断主线。同时兼顾非区属事物，如港口设施、铁路设施、电力设施、秦皇岛经济技术开发区等。二是立足区情，凸显城郊经济特色。重点记述了具有海港特色的种植业、养殖业、临港产业、建筑业、房地产业，为城市服务配套的零售业、餐饮业、服务业、客货运输业。三是彰显优势，加大民营经济记述，体现了20年间多种所有制经济发展的历史状况。四是为活化版面，增加可读性，志中随文插图232幅。

九、《张家口市宣化区志》

这部志书有诸多优点，其中最为突出的是以多种方法彰显特色事物。为准确反映宣化名片般的特色事物，《宣化区志》作者除通过《概述》叙其大要，通过《大事记》记其重大变化外，还采用“升格法”和“配图法”突出反映。如宣化钢铁、宣化工程机械、宣化钟楼啤酒、电力生产、宣化葡萄等，通过升格前移，将其提升为章，使其有效地得到突出。《宣化区志》反映特色事物的另一方法是加大图片的使用力度。全志图片设计与志书框架设置同步，自前至后选用图片163幅，依次分为5个单元。第一单元99幅，位于志首，其中大部为特色事物照片。如反映钢铁生产场景的4幅，反映工程机械产品及风电设备的11幅，反映葡萄种植、奶牛饲养、蔬菜生产的13幅，反映城建、交通的33幅，反映文物古迹的21幅，等等。第二、三、四、五单元，也是主要特色事物的照片，分别置于第一、二、三、四卷卷首。

十、《石家庄市井陉矿区志》

这是一部好志书，与《井陉县志》续志是“并蒂莲花映日开”。其优长至少有以下几点。一是按章节谋篇布局。他们为反映事物的完整性，改变一般志书分卷或分篇的习惯做法，取消卷或篇，像法律条文那样，鱼贯排列几十章上百节，一气呵成。中间不再分卷或篇,也就没有了一些志书在某种程度上存在的那种隔离感。这样的一部志书，统辖若干章、节，结构十分紧凑，整体性很强，读者一看，就知全书由多少章节组成，很快就形成了一个整体概念。二是贯通古今，资料翔实。这部志书真正体现了纵不断主线、横不缺要项的原则。一般贯通古今的志书，历史资料容易出现断档或单薄，但《井陉矿区志》则做得比较好，弥补了这方面的不足。特别值得一提的是，不论文字还是图片，有价值资料所占的比例还相当可观。如《为中德合办井陉矿杨士骧具陈奏摺》《正丰、井陉两矿工人生活状况》《直中特委给井陉矿区区委的指示信》《晋察冀军区井陉矿区管理委员会布告》等，都蕴含着许多重要信息。照片资料，如《唐代陀罗尼经幢》《井陉矿井和皇冠水塔》《1947年4月解放井陉矿》《1959年6月周恩来总理视察井陉煤矿》等，都是难得的珍贵历史照片。三是地方特点鲜明。矿区就是煤炭产区，煤炭生产是区域内的支柱产业。《井陉矿区志》把煤矿、煤炭生产详加记述，使区域特点得到彰显。矿区地方经济经历了农业—煤炭业—多种经营的发展路子。《井陉矿区志》注意通过总述、经济总情章、工业章、党组织重大决策节，从不同角度记述地方经济的两个转变，即地面（农业）向地下（煤炭）转变，以及再由地下（煤炭）向地面（多种经营）的转变。记述了这两个转变，矿区地方经济的特点就更为清楚了。四是创新性、原则性值得肯定。卷首除总述、大事记，还置有专记和矿区之最选要。专记中写了周恩来总理视察井陉矿纪实，聂荣臻将军与日本孤女，支援中共中央入驻西柏坡和解放战争纪实，奏响“三大战役”凯歌的天户新华广播电台。在国际、全国、全省、全市、本区有影响的20个创纪录的事物(事件)，被列入矿区之最选要，很有价值和可读性。对井陉煤矿日伪警察机构，德军、日军在井陉矿驻军，把他们作为附录，既保留了资料，又按“另册”处理，在灵活的同时又不失原则。五是选材和总体设计上的大家之气让人印象深刻。《井陉矿区志》用纸为轻型纸，容量大但未显沉重。封面底图是立体感很强的矿井塔架和皇冠水塔，凸显特色。出版致辞、序言、凡例、总述、目录，均用中、英两种文字印刷，体现浓厚的开放意识。最后设置了条目首字笔画索引。

十一、《唐山市丰润区志》稿

《丰润区志》稿不乏优点长处，我把他概括为八句话，即篇目修改较投入，概述撰写有思路，基本资料很翔实，解决“平面”见成效，详略取舍较得当，两个“特点”较鲜明，志稿把握重规范，语言文字很顺畅。

1. 篇目修改较投入。《丰润区志》稿篇目的修改，基本贯穿修志的全过程。大的修改有4次，小的修改就更多了。这当中，广泛征求专家学者和修志同仁的意见。这个篇目，既反映了地情实际，也吸收了方志界最新的理论研究成果。总的看，篇目分类合理，归属得当，层次分明，排列有序，看起来眉清目秀，干净利落。

2. 概述撰写有思路。这个《概述》，写基本地情，写改革成果，写基本经验，写努力方向，思路对头，具有较大的“资政”价值。这种写法，比泛泛写成就写变化要好。

3. 基本资料很翔实。我们翻阅每个部类，每一部分，基本资料都很丰富翔实。全省已评审的 9 部建置区区志稿，在资料的翔实程度上，这部志稿应当说是数一数二。

4. 解决“平面”见成效。这里说的“平面”，就是志稿的平面化。从2002年部署市、县(市、区)志编纂起，我们就一直在提醒注重解决志书的“平面化”问题，提醒注重加强平面与立体结合记述，提醒注重挖掘和记述有深度有价值的资料，切实增强志书的生命力。通过引导和实践，情况已有明显好转。《丰润区志》稿的实践，再一次证明加强立体记述的必要性。《丰润区志》稿吸纳专题性资料20多篇，不能说每一篇都很精到，但有一些是很有价值的，如农业中附的《河北平原农区三元结构优质高产高效科技示范项目建设情况调查》，工业与建筑业中附的《丰润县冶金工业公司缘何破产倒闭》，中国共产党地方组织部分附的《新时期信访特点和规律分析》，民主党派和人民团体部分附的《丰润区农村妇女参与农村经济发展现状调查》《丰润区妇女儿童发展状况调查》，公安司法部分附的《刑释解教人员现状与重新犯罪原因分析》等。志稿还注意在综合记述的同时，附带一些简介或选介，有面有点，广与深结合。解决“平面化”，还表现在记述人口，有百岁老人的情况；记自然灾害，有综合情况和灾害概率；反映收入有差别的内容；农业注重产业化的记述；林业中有古树名木；乡镇企业有经济、社会效益；精神文明建设有文明典范等。

5. 详略取舍较得当。志稿断限内，先是县、区并行，后是县区合并成为大区，其内容如何把握，如何取舍，孰详孰略，是个难点。作者攻难克坚，坚持宜融则融，宜分则分，以融为主，较好地解决了这一问题。这不仅是在撰写志稿，更是在融洽方方面面的关系，为和谐社会建设做工作。

6. 两个“特点”较鲜明。两个特点就是地方特点和时代特点。将曹雪芹研究、潘家峪警示教育基地、中国奶业之乡升格为篇，很好地突出了地方特点。《丰润区志》稿突出地方特点是全方位的，其对城乡建设的记述，对建筑业的记述，对工业、农业、乡镇企业的记述，对文化艺术的记述，都很有丰润特点。志稿将改革开放单独立篇，突出反映28年改革开放的历史。同突出地方特点一样，反映时代特点也是全方位的，如注意反映农业产业化、新兴服务业、精神文明建设、文化市场等。

7. 志稿把握重规范。志稿坚持横排纵写，横不缺要项，纵不断主线；坚持秉笔直书，述而不议；数字、纪年、称谓等都按行文规范办事。全书一杆笔统稿，体例文风比较统一。

8. 语言文字很顺畅。《丰润区志》稿的语言文字，是整体顺畅，而不是局部顺畅，每个部类都很干净利落，都让人愿看爱看。这是我们看到的评审稿中语言较好的一部。

十二、《邯郸市峰峰矿区志》稿

这部志稿的优点长处，至少有以下一些：

一是篇目采取章节条目体，有独到之处。其好处在于，可以突出重点，兼顾一般；加强综合，减少条分缕析；详独略同，彰显特点；精炼文字，压缩篇幅。现在的志书（志稿），一个倾向性的问题是，一般性内容偏多，重要内容偏少。如何解决这一问题，需做多方面的工作，而寻找合适的表现形式是诸种努力之一。

采取篇章节目体，势必有不可避免的铺垫过渡，以及相应的条分缕析，这都需要一定的文字来支撑，篇篇都如此，压缩篇幅就很困难。路子越走越窄，那么就要寻找新的出路。若干年来出现的板块条目体、篇章条目体，就是其中新的探索。《邯郸市峰峰矿区志》(以下简称《峰峰志》)稿章节下统辖条目，又是一种新的尝试。

二是“两个特点”比较突出。两个特点就是地方特点和时代特点。将煤化工、陶瓷业、旅游业、响堂山石窟、磁州窑文化、非物质文化遗产升格为章，使峰峰地方特点更为突出。志稿突出地方特点是全方位的，而不是仅限于升格部分，其他如城市规划、城镇建设、文物古迹、建设实力峰峰、生态峰峰、和谐峰峰等，都很有个性特色。为突出时代特点，志稿将改革单独设为一章，集中记述国有企业改革、宏观调控改革等。对断限内最大的一个亮点——民营经济，在经济总情、水利、林业等部分，着以浓墨加以记述。志稿46章47章反映社会新观念、新事物、反映习俗变化，尽管内容还需要具体化，归属也还需要推敲，但其出发点是很好的，就是紧扣地情，反映断限内时代特点的之新之变。

三是面点结合，加强了记述深度。已出志书，包括续志，大多平淡肤浅，鲜有深度。《峰峰志》作者在有意识地解决这一问题。除正文有关地方如概述、党政要务等加强记述深度外，志稿中还附了14个专题。这些专题，大多内容比较厚实，反映出了一些经验性的东西。反映管理方面的做法经验，《峰峰志》稿做得是比较好的。面上的资料，加上这些典型性资料，使志稿有了一种立体感、厚重感。

四是卷首《概述》值得称道。卷首的《概述》不好写，一般还容易互相模仿。《峰峰志》的《概述》倒有自己的思路。这篇《概述》写了4个问题，即实力峰峰、生态峰峰、和谐峰峰、希望峰峰，前三条是做法经验，后一条是问题和展望。每一个问题，都与峰峰扣得很紧，可以看得出来，作者是了解情况的，因此能够做到言之有物，语出有据，实实在在。写志书，就要这样。多个性，少共性，避免抽象笼统。

五是对乡镇、社区的记述比较简明扼要。志稿中的乡镇、社区，不能面面俱到，主要是记述基本情况，包括区位、面积、人口、个性特点（包括历史、现实、自然、经济等特点）、横向位次、独一无二的事物（事件）等。现在有的志稿记得太细，自然、人口、政治、经济、文化等，内容偏多，形成志中志。《峰峰志》稿注意了这一点，避免了志中志的问题。

六是对环保和资源管理的处理比较恰当。现在有一部分志书（志稿），把环境保护与资源管理放自然环境中，这是不妥当的。环境保护对应的是两个环境，即自然环境和人工环境，他的位置应在两个环境之后。《峰峰志》稿把他单独作为一章，没有将其放在自然环境中，这种处理是妥当的。

七是施政内容比较实在。这一部分记了再造优势、跨步发展，实施“一化三城”的重大举措，发展循环经济，建设“陶瓷之都”，为民办实事等，反映了区政府以经济建设为中心，坚持各业协调发展所取得的显著成就。

八是教育中专辟了素质教育节，是一种创新之举。现在大多志书（志稿）不敢涉及素质教育，是个很大缺欠。素质教育搞得好差，都要记述，好就总结经验，差就记述教训，只有这样才有利于资政，有利于改进教育工作。中国的教育，不走素质教育的路子，是不利于长远发展的。《峰峰志》作者是有远见卓识，且有魄力，敢于触及这一敏感问题，值得称道。

（选自2011年11月《中国地协城区志专委会学术年会论文汇编》）

喜读《唐山市新区志》城市建设篇

《唐山市新区志》（以下简称《新区志》），经7度苦耕，现已成书。仔细阅读，深感该志有个性，有特色，有创新，堪称区志之佳作。现就其城市建设篇作一评析。

一、超常规标目及布设，富有远见和魄力

《新区志》城建标目为城市建设。其第二章规划第一节为城市总体规划，第二节为城郊规划；第三章为城区建设；第四章为城郊建设。由此可见，《新区志》的城市建设包括城区建设和城郊建设两部分。这与一些辖郊区的区志城建篇仅记城区建设相比，在认识和实践上前进了一大步。这种进步，源于超常规的思考。城区与郊区，是一个不可分割的整体。把二者融为一体反映出来，才能体现出客观的真实性，又能增强志书的整体性。

《新区志》城市建设篇，作为第五篇排在建置、自然环境、居民、经济总貌之后，交通、邮电、工业、建筑业、农业之前。这种排列，同样突破了常规。目前，我所看到的已版区志，有的把城市建设作为第六篇，排在建置、自然环境、工业、农业、商业、

乡镇企业之后；有的是把他作为第八篇，排在建置、自然环境、人口、工业、农业、交通、邮电之后；有的是把他放在经济卷中，作为一章，排在工业、农业、商业、粮食、财政、金融、税务、工商管理、物价、审计、统计、邮电、交通之后。这样排列，多是受早期尚不完善的市、县志篇目的影响所致。随着修志工作的深入，修志同仁越来越认识到改进志书篇目的必要性。唐山新区方志办根据志书编纂工作的需要，大胆尝试，大胆创新，终于闯出了新路子，摸索出了新经验。他们把城市建设排列位置前移，这种探索应当说是很成功的。成功之处在于：第一，正确地反映了环境(包括自然环境、人工环境)与社会、经济发展的关系。环境是社会、经济发展的基础，也是社会、经济发展的制约(促进或限制)因素。将其放在他应有的重要位置，有利于引起人们对环境的重视，从而不断提高环境质量，以保障社会生产和社会生活的正常进行，促进人类自身的生存和发展。第二，从一个重要的方面突出了新区特点。新区是大地震后在丰润县的一片空地上建起来的。新区的各项事业，都是随着新区人工环境的建设而逐步展开的。先列城市建设，就反映出了新区的一大实际和特点。第三，有利于吸引人们的注意力。犹如演出一样，好戏先唱，意在“先声夺人”。把城市建设前移，益于增强本籍人的自豪感和现代都市意识，益于外籍人特别是港、澳、台胞和外商首先了解一地的投资环境，促进改革开放和经济发展。

二、据实记事，昭示了重大主题

《新区志》城市建设篇，在全志中篇幅最大，字数最多(占全志总字数的9.8%)，记述最为全面、具体，主题思想也最为鲜明。

读者通过城市建设这 10 章 30 节 6 万多字的文字记述，可以深切地感受到社会主义制度的无比优越性，感受到中国共产党及其政府全心全意为人民的本质特征。

新编社会主义新方志，一般说都体现了社会主义制度的优越性。但《新区志》与其他志相比，由于记述对象的独特性，所纳资料的完整性，加上作者较高的立意和深厚的功底，使该志反映社会主义制度的优越性，更集中、更典型、更突出、更深刻。新区的诞生，是社会主义大协作的产物。正如“概述”中所说，唐山市新区是“由全国人民用友谊的双手共同托起的一颗璀璨的新星”，“新区的一沙一石，一砖一瓦”，都“浸透着援唐大军的辛勤汗水，凝聚着全国人民的共同心血”。事实完全如此。抗震救灾尚未结束，中央、地方、部队2万多建设大军即开赴新区，投入建设新区的战斗。仅用5年时间，即在一片贫瘠的土地上建起城市轮廓，8年完成大规模基建任务。新区快速优质的建成，为13万新区居民和94家工业企业创造了良好的生活、生产条件。

新区建设，充分体现了党和政府对新区人民的深切关怀。《新区志》对此作了充分的反映。志中写道：国家在财力紧张的情况下，无偿投资 9.75 亿元，筹集地方资金 1.45 亿元，用于新区建设。这说明，党和政府为解决新区人民生存与发展问题是不惜投入的。城市建设篇选址章，真实地记述了勘察、分析、论证的结果。这种慎重处事与科学决策的态度，反映了党和政府对新区人民的高度负责。区址选在丰润城东，是因该地地势开阔，地质较好，建材充足，水源丰富，交通发达，近有依托，有利于加快建设和长远发展。这就把新区人民的眼前利益与长远利益紧密地结合起来了。从城市建设篇中可以看出，当时对居民的吃、住、行、乐等，规划与建设是十分周全的。“城区以林荫东路为界，东部为工业区，西部为生活区，中间有一宽度为 63 米的绿化带相隔，既保证了工业生产不受干扰，又防止了居住区（街坊）受噪音及粉尘污染”。这样的记述很巧妙，通过一条“绿化带”，把生存与发展的关系昭示出来了。志中还写道，新区建筑“多为5层楼房，且采用内浇外挂、内浇外砌防震框架结构构筑，抗震力达8度。户均建筑面积近50平方米，有1—3个住室，室内装有壁橱、吊橱、煤气、暖气设备，三表（水表、电表、煤气表）到户，独用厨房厕所”。“居住区吸取国外‘社区’建设经验，每3—5万人为一居住区，由4个居民小区组成。小区内设有居民委员会、中小学、托幼、粮店、副食店、理发馆等。居住区内设有街道办事处、派出所、百货、邮电、储蓄、煤气调压站、热力点等。居民生活极为便利。另依当地居民传统习惯，于主要交通干道及居民小区内建有十大商场、四大医院、三大影剧院，并建有成人教育中心和文化娱乐、科技教育、卫生保健设施”。“城区道路纵横交错”，邮电设备先进，能办理国内外信函业务、各种汇兑、包裹及电报、电话、无线电传真”。“各小区普设园圃”“楼前楼后、街心路边、机关院校、工厂庭院，处处绿荫覆盖，繁花似锦”。读者看了这些记述，势必会对党和政府全心全意为人民服务的宗旨有一个新的认识和理解，会为新区人民生活在这样美好的环境中而感到骄傲和自豪。

三、妙笔独运，读来酣畅

城市建设项目多，内容杂，写起来容易乱，还可能干巴枯燥，缺乏可读性。而《新区志》作者笔下功夫下得大，避免了“乱”和“枯”的问题。阅读城市建设篇，首先感到他要素齐全，条理清楚，干净利落。如市政建设道路节记新城道：位于城区中部，初名红旗路，1982年更今名。西起丰城路，经南北走向的燕山路、团结路、人民路、平安路、林荫东路、纺织路、厂前路，至东山路，全长5182米。1978年6月动工，9月竣工。由丰城路至厂前路为沥青路面。中间为14米宽的机动车道，两侧为7米宽的非机动车道，其间建有分隔带。分隔带宽2米，带上栽植松柏花木，并装有羊角式高压水银路灯……此目共510字，反映了与新城道紧密关联的33条信息，可谓是文约事丰。记述时，先交代他的区域位置，即“位于城区中部”；尔后按其东西大走向，记起始、途径、终至、全长、兴建时间、路质、车道区分、配套设施等；再记其南北侧相关的事物。这样由主到次、由内到外、由东西到南北环环相扣的记述，使应记内容脉络十分清楚地展现在读者面前。这是一篇叙事文，又是一幅局部市政图。记道路，注意了记述的有序性，记其他内容亦是如此。

阅读城市建设篇，还使人感到他既不失方志写实之特点，又富有文采，引人入胜。小序中写道：城区环境优美，各式楼房鳞次栉比，造型新颖大方，园圃、花坛、景点星罗棋布，加之城区绿化、美化、净化连年夺魁，整个城区掩映在葱翠之中。记新区绿化变化时写道：1986年后，由普通绿化转向高标准、高水平绿化，由原来单一乔木转向乔、灌、花、草结合；由乡土树种发展为引进外地名贵树种，如雪松、银杏、蜀桧、法桐；由水平绿化转向垂直绿化美化，大多数单位修建了喷泉、假山、水池、雕像和园林小岛。记小区绿化时写道：各小区楼前建有花坛、草坪，以侧柏为篱，树木点缀，四周筑有封闭花墙，造型迥异，各具风采，使居民住宅区掩映在浓郁的园林景色之中。记区委、区政府大院绿化时写道：院墙四周植以馒头柳、青柏。北面植龙爪槐，东西植梧桐、海棠，间以青柏。大门两侧植垂柳。迎门建蘑菇状水池，池内6株白色水莲亭亭玉立，婀娜多姿。水池正面矗立旗杆。旗杆下 6 个花坛均有青柏簇拥。其余三面植以各色月季，芬芳吐艳。翠柏、鲜花、碧水相互映衬，风范高雅。记冀东水泥厂绿化时写道：厂内通道两侧植有樱花林、桃花林、榕花林，并配有地栽和盆栽花卉，春、夏、秋三季花开不断。月季园的各种名贵月季争芳斗艳，百米花坛的草本花姹紫嫣红，莲池里芙蓉出水，竞相开放。整个厂院繁花似锦，交相辉映，芬芳沁人。这些记述，像是田园诗，又似风景画，读来朗朗上口，看来心旷神怡，令人陶醉、神往。

（原载《河北地方志》1994 年第 7 期）

《山海关志》的三大特色

《山海关志》于1994年4月由天津人民出版社出版。通读全书，深感其有总体思路完整、个性特点突出、主体内容充实三大特色。

一、总体思路完整

山海关，北依燕山，南襟渤海，雄关紧扼，为华北与东北联系之要冲，系兵家必争之重地。这里曾设卫、置县、建市，今为秦皇岛市辖区，具有丰富的内涵。为完整地反映内涵的丰富性，《山海关志》编者费了一番心思。初期拟署《山海关区志》，后经深思熟虑，改为《山海关志》。这一改，改得好。好就好在概念大了，空间广了，视野开阔了。作者视野开阔，就可以从更广阔的范围认识和记述发生在本区域内的事物（事件）；确实需要时，也可以摆脱束缚，适当延伸记述。这样做，也有利于读者在认识山海关时，站得更高一些，理解得更深一些。为反映事物的完整性，增强志书的整体性，《山海关志》一改一般县志分卷或分篇的习惯做法，志首设总述、大事记；志尾设志补、附录、修志始末；志中鱼贯排列20章。这可以说是区志篇目的一个创新。这个创新是成功的。他明不分篇而实际有篇，篇就是《山海关志》这一篇大文章。他包括20章96节368目，其结构十分严谨、完整。中间不分卷或篇，也就没有了有些志书在某种程度上存在的那种隔离感。《山海关志》总体思路的完整性，还表现在对区属与非区属事物的记述上。例如工业，在山海关这块土地上，有中央企业2家、市属企业9家、区属工业30家。中央及市属工业企业在本地的建立和发展，势必带动本地第三产业的发展，对其他产业也将产生一定的影响，如科技协作、信息交流等。如果不记中央和市属工业，就反映不出这种影响作用，因而也是不完整的。基于这样的认识，《山海关志》既记了区属工业，也记了中央、市属工业。对非区属工业，有的方面，如设备更新、技术改造、新产品开发、经济效益，对区属工业能够起到示范作用的，也用了一定的笔墨予以记述。再如设志补，《山海关志》凡例中写道“本志记述时间，下限一般到1987年”，“旅游章延写至1993年”。如果其他方面的内容不延写，也会造成志书内容的不完整。《山海关志》增加了志补，从重要会议、领导人更迭、榆关抗战纪念碑、教科文卫体、城市建设、开展双拥工作等8个方面，延写了1987年至1993年期间的情况，弥补了不足。

二、个性特点突出

山海关以其依山、滨海、扼关而闻名于世。《山海关志》采取多种形式，从多个侧面，浓墨重彩地写山、写水、写雄关。志书封套正反均装帧有“天下第一关”特写镜头的照片。《山海关志》照片的排列，不是像有的志书把党政机关办公大楼排在前面，而是将“万里长城——山海关”“角山长城”“靖边楼”“入海石城”“老龙头海水浴场”“老龙头之海神庙”等20多幅照片排在了前面。在照片之后，还插入了一幅《山海关明长城老龙头——一片石关示意图》。在篇目上，作者将与“山、海、关”密切相关的“长城”“军事”“旅游”分为三章，排在“建置、人口”章、“自然环境”章之后，其他各章之前。有关中微观特点，如“山脉状况”“海岸地貌”“海洋水文”“水产资源”“海洋运输”“疗养休养”等，也放在节或目的位置予以显示。形式上是这样，内容上更是如此。志首“总述”，紧紧围绕“两京锁钥无双地，万里长城第一关”这个主题来记述。“总述”分四部分，第一部分写山海关北高南低、依山傍海的地质地貌特点；第二部分写山海关险要的位置及与此相关的炮火狼烟；第三部分写山海关的文化遗存和旅游景观；第四部分写山海关便利的交通条件及对各业的影响。这篇概述，是一篇特点鲜明的好概述。长城是山海关的一个突出特点。《山海关志》将长城作为第三章予以重点记述。此章分5节12目1.25万字，占全志总字数的1%。他记了明时山海关长城的修建历史、建筑布局、建筑结构及现状；记了关城、卫城、所城、堡城、海防城，记了关隘、敌台、战台、烽火台，记了明长城的修复与保护。山海关为咽喉要塞、军事重地。这里点燃过正义的烽火，也刻印着外国侵略者的罪恶。《山海关志》将军事部类从通常的政治部类之后，大胆地移至“长城”章之后。此章记了团练、保安队、还乡团等地方武装，记了明清、民国、新中国四个时代的驻军，记了山海关石河大战、帝国主义列强入侵、榆关抗战、山海关阻击战等一系列的战事。军事位置前移并详细记述，较好地反映了雄关多硝烟的重大特点。旅游业是山海关的支柱产业，整个旅游收入占全区预算内财政收入的44.5%。为突出这一特点，《山海关志》将旅游作为一章，排在军事之后。这一章共1.67万字，占全志总字数的1.4%。此章记了山海关的六大景区，记了旅游交通、住宿、饮食、购物、导游五项服务，记了旅游管理及旅游效益。《山海关志》个性鲜明，还表现在他紧扣山海关的实际，全方位地反映地情及其特点。如民政部类，记残废抚恤，写道“自1979年起，为特等残废军人1名、一等残废军人2名，每年每月发护理费51元。还为残废军人2名配置了三轮车、2名安装假肢、8名配置了病理鞋”。记烈士褒扬，写道“1945年10月山海关保卫战中有41名没有留下姓名的指战员献出了宝贵的生命，他们的遗体葬于城东二里甸下和城西北疙瘩岭，1954年迁至威远城西北烈士墓”。记孤贫救济，写道“明嘉靖十四年(1535)，山海卫建。‘养济院’，以救济无依无靠的鳏寡孤独者”。“清乾隆十八年(1735)，临榆县开办‘留养局’三处，一在玉皇庙，一在关帝庙，一在娘娘庙”。记孤寡老人安置，写道“1958年9月，山海关区建敬老院，地址在城内东6条胡同1号，正房21间，厢房6间，共27间”，“入院老人71人，其中男47人，女24人”。这些记述贴近实际，言之有物，实实在在。记述实在，个性特点就鲜明。如果笼统地记，写50年代如何，60年代如何，70年代如何，记那些各地大同小异的内容，就不可能有鲜明的地方特点。

三、主体内容充实

所谓主体内容充实，就是事物的主要方面，资料丰富，分量加重，这有利于增强志书内容的记述深度。如政治部类的党政群团、人大、政协、人事民政、公安、司法，既记机构，更记工作活动。工作活动，就是各类组织的主体内容。如中国共产党山海关地方组织，除分别记了地方党组织的早期活动、党员教育、宣传工作、统一战线工作、纪检工作外，还集中记了区委重要决策、重大政治运动；区委决策着重从政治领导的角度，写了对全局有重要影响的事物(事件)，如土地改革、农业社会主义变革、落实政策、加强精神文明建设、调整产业结构、发展商品生产等。记国民党，从五个方面记了他的主要活动，如破坏中共山海关特别支部、建立反动武装、下乡“扫荡”、“召开‘戡乱建国’动员大会”等。读者通过这些记述，就可以更清楚地看到国民党的反动性质及其命运。记民主党派，不论是中国民主建国会、中国民主同盟、中国国民党革命委员会，还是中国民主促进会、中国农工民主党，都注意记了主要活动。这是目前我省已出版的市、县、区志记民主党派记得较好的一部。中国的民主党派是参政党。他们与中国共产党肝胆相照，荣辱与共，做了许多工作。志书记述他们的活动，既符合实际，又是有中国特色的民主政治建设的需要。从这个角度说，《山海关志》的作者是有政治责任感的。对工会、共青团、妇联、工商联，都注意主要工作的记述。人大部类，主要工作和活动，专门列了一目，记了人大常委会的决议、决定，视察调查活动，走访活动，办理提案，组织代表持证检查。政府部类，设了政府政绩辑要，记了政府组织大搞爱国卫生运动、兴修水利、大搞城市建设等八个方面的工作。读了这些，使人清楚地看到人民政府为人民的突出政绩。政协部类记主要工作和活动，也是我看到的记得较好的一部。政协部类共约6100多字，主要工作和活动3700多字，占政协部类总字数的60%。在主要工作和活动中，记了参政议政、视察、考察、社会调查、经济咨询、落实提案、编纂文史资料等十个方面的工作。政治部类是这样，其他部类如经济、文化部类等，其主体内容也都是比较充实的。

《山海关志》的优点长处不只上述三个方面，还有其他一些，如是非曲直记述得当，面与点的结合较好，诸体并用，恰到好处，语言朴实、简洁、流畅等。由此可见，《山海关志》是一部成功的新志书。

（原载《河北地方志》1999 年第 3 期）

《上海市长宁区志》续志读后感

提　要：《上海市长宁区志》，是二轮志书园地中的一部新书、好书，值得一读。他继承而不拘泥，注重特事特处，巧妙概括综合，基层内容可嘉，使人受到不少经验性启示。

关键词：上海长宁区志评论

《上海市长宁区志》续志（以下简称《长宁区志》）刚一问世，很快就寄我一本拜读，令人感动。上海的修志工作是走在全国的前列。我在五年前，曾经带领本省市、县修志同仁去上海考察学习，收获颇丰。上海的《嘉定县志续志》《奉贤县志续志》，我有幸研读，并写书评，受益匪浅。这次又接触《长宁区志》，真是缘分。这部区志读后，感到有以下几点突出感受。

第一，继承而不拘泥。该志采取编章节目体，坚持“纵不断线，横不缺项”，以志为主、诸体并用等，这些与大多县、区志并无两样，都继承了传统志书的通行做法。在这方面，该志观点正确，体例完备，内容翔实，脉络清楚，堪称继承的典范。在此基础上，作者还作了必要的改进，实践证明这种改进是值得称道的。该志记居地环境，没有走常规的路子，把地质地貌、气候水文、土地生物、资源灾害等一概列之，而是从简处理，只记位置、面积、区界，从区的角度考虑，这种选择已经到位了。这方面少记，但在城区基础设施、城区管理方面，弃“吝啬”，持“大方”，分设两编，计 19 万字，占全书总字数的 8.6%。如此把握，反映的是作者对建制区功能、作用的正确理解和处理。我所见到的区志续志，用这么大篇幅记述设施和管理的不多，还未见到设篇记述城区管理的。长宁区建筑业与房地产业比较发达，如果把他们分归工业、服务业，就难以彰显长宁特点，为避免此类不足，志书作者将他们都独立成编，浓墨重彩加以记述，为区志翔实记述建筑与房地产业树立了样板。我所了解的一些区志，对以上内容不愿意记或记述单薄，是由于有领导不愿意让记、资料分散不好搜集等原因。从这个角度说，长宁修志人员知难而进的精神更令人敬佩。这是一种魄力，有魄力才敢于走别人没走过的路。

对志书的改进，还表现在“他无我有”上。《长宁区志》妇女部类，增加了妇女就业创业、女性人才工作、“两新”组织女性工作；民政中增加了安置帮教、社区矫正内容；在上海服装（集团）有限公司部分，不仅记了优秀新产品，见了“物”，而且还记了在国内外有较大影响的优秀设计师，又见了“人”，物与人结合，使静态事物多了灵性；科学技术中，增加了专利申请、授权，知识产权保护，专利管理服务；教育中增加了校长、名师工程；文化中增加了名人旧居、优秀历史建筑等。由此可见作者是如何的“慧眼识真金”。区志续志，总共一二百万字，应有所为有所不为，不能事无巨细、无所不为。《长宁区志》作者在次要内容（相对于市、县志）上少作为，在主要内容（同样是相对而言）上多作为，观念、思路是正确的，值得提倡。

第二，坚持特事特办。所谓特事，就是具有长宁区特点的特殊事物。特办，就是突破常规，特殊对待。如三大经济组团、上海虹桥经济技术开发区、古北新区，现代服务业，都单独立编，集中记述。这三编共计20万字，占全书的8.8%，可见比例不小。三大经济组团、虹桥开发区、古北新区，都不是单一的经济体，是集土地开发、房地产经营、商贸服务、社区管理等多业并举的经济体。如按“事以类聚、类为一志”的原则处理，势必“支离破碎”，看不出特色事物的历史脉络和总体面貌，以及他们的地位和作用。将其集中记述，阅读效果、使用效果、存史效果就大不一样。

虹桥开发区、古北新区，是市属事物，是以涉外经贸、居住并兼具外事功能的开发区和配套区。志书这一部分所反映的是领导前瞻性的眼光，优惠的招商引资政策，滚动式开发的经验，对长宁区经济发展所起的引领带动作用。

而三大经济组团，是由区主导的新生事物。他与虹桥开发区、古北新区的关系，是依托被依托、辅助与服务、相辅相成的关系，是推进上海与长三角地区联动发展的重要综合功能区域。他所反映的是领导决策中的远见卓识，与时俱进的发展规划，实行统一开发，统一协调，统一管理，发挥政府、市场、企业三重作用，坚持形态、功能、产业三位一体的开发经验，市区联手，多方投资，南北并驱，积聚开发，整合资源，合力推进的跨越式发展模式，以及辉煌的开发成果——园区内产业特色鲜明，引进企业数量、质量和创税能力在全市区级园区中均属领先。

志书不是政论典籍，他不承担论述经验，但他完全可以凭借资料昭示规律和经验。《长宁区志》作者深谙此道，不事张扬，通过翔实资料，科学编排，笔下运筹，把虹桥开发区、古北新区、涉外贸易中心、中山商业中心、临空经济园区，从无到有发展背景，纵向发展脉络，横向切面状况，措施、经验、成果，一一展示出来，给人提供了难得的借鉴。

《长宁区志》的现代服务业，是升格编，创新编，升得好，创得好。他记述了具有时代特点的信息服务业、会展旅游业、现代物流业、咨询服务业、金融服务业、社会服务业、房屋租赁业。

这些内容，志界不少有识之士呼吁要认真调查，如实记述，但如愿者寥寥，《长宁区志》现代服务业则是为数不多的优秀志稿之一。每一行业，既有综合概况，这反映了面，让人看到了全局；同时，都有重点行业或设施的选介，这反映了点，让人看到了切面的细微情况，便于加深对事物的深入了解。

第三，注重概括综合。《长宁区志》卷首有《总述》，各编有无题概述，部分章有综合概况。这样做，其好处在于：他可弥补一些志书宏、中观内容严重不足的问题，同时通过综合概括压缩文字、钩玄提要，以及沟通联系、彰明因果、反映兴衰之目的。从编下无题概述看，作者不是信手拈来，随意而作，而是有备而来，精心为之。全书38编，38个概述，用仿宋小4号字体，与章节目4号宋体字相区别。长者2000多字，短者400多字。原则上讲，卷首《总述》内容侧重于宏观，其要义在于总括地情，钩玄提要，沟通联系，彰明因果；编下概述侧重于中观，其要义在于昭示发端，写清背景，勾画脉络，反映起伏，彰明因果，沟通联系，总结得失。据此分析，《长宁区志》编下概述，大多做得是好的，值得学习。如街道镇一编概述，他不是各街道和镇情况的浓缩拼集，而是写街道和镇不能为之的内容，如区委、区政府围绕长宁改革、发展、稳定大局，根据社区建设总体目标，以切实解决群众实际困难为出发点，针对居民关心的难点、热点、焦点问题，提出“五个一工程”。在区政府统一部署下，居委会工作开始向社会管理和社会协调转变等。

第四，街道镇（乡）内容可嘉。让我们从比较中鉴别街道镇（乡）内容的优劣。我手头正好有几部城区志。之一将街道乡列为一章，称为简介，每个办事处为一节，每节（含表）2400来字，包括区位、范围、面积、人口、解放前、解放后、三中全会以来基础设施、主要产业、社会事业、所获荣誉等。之二将镇街道和村庄社区各设为一章，其街道内容分基本情况、农业、工业、三产、社区管理与服务、体育、社会治安综合治理，有的多了党建、精神文明建设，有的仅有基本情况、工业、三产，计700字。之三将乡镇街道概况列为一编，每个街道2000来字，内容包括基本情况、建置沿革、基础设施、街道社区、分合变化、人员接收、社会治安等。之四将镇办事处概况单为一章，各办事处各为一节，所辖内容一致，都是机构设置与沿革、经济建设、精神文明建设、居委会四目，共计3600字。之五将镇乡与街道单为一章，每个街道400多字，内容是区位、面积、户数、人口、一二三产，点到为止。而《长宁区志》街道镇（乡）单为一编，各街道单为一章，每章辖街道经济、社区精神文明建设、社区服务、社会保障、社区环境、管理、社区稳定、治安防范五节，共计8000多字。从比较中可以看出，这六部区志，都有区位、面积、人口等基本情况，部分有社区管理与服务、社会治安综合治理、精神文明建设，其他的就参差不齐，文字多少也比较悬殊，少的才400多字。街道是城市的基层单位，其虽处“基层”，但“麻雀虽小，五脏俱全”，记述过繁，难脱“大志套小志”之嫌，记述过简，也容易丢失有特点、有价值的“基层”资料，如何把握，确实费心。《长宁区志》作者经过深思熟虑，终于闯过了这一关。该志街道部分所选内容，与我们所听新闻、所看报纸关于街道的报道，感到是那样的贴近，那样的亲切。本人认为，这一部分选择街道经济、文明建设、社区环境、社区管理、社区服务、社区稳定、社会治安，未记机构沿革、党政群团、对外交往等，资料取舍与详略恰到好处，避免了“面面俱到”，但又保留了许多“基层”重要资料，使人从中受到不少经验性的启示。

（原载《河北地方志》2013年第2期）

集一区之美 展侨乡风采

——读《厦门市集美区志》笔记

《厦门市集美区志》[①]（以下简称《集美志》），由中华书局出版。全书采用章节体式，计38章146节，共194.5万字。拜读该志，深感其是一部“浓集一区之美、大展侨乡风采”之书。全书优长颇多，限于篇幅，在此仅从以下方面择要略述观感。

一、卷首彩页“寓‘神’于‘形’”

《集美志》卷首设置彩页32幅，包括版权页正面装饰图照6幅，陈嘉庚塑像照1幅，彩色地图8幅，其他城区照、交通照、学村照、龙舟照、赛车照等17幅。所选图、照，类似特写人物镜头的仅有陈嘉庚这1幅，群体人物场面照仅有2幅，没有其他人物包括领导人员特殊照，多是精美的自然与人工环境照。本人猜测，这样取舍，恐怕与作者独特的思考有关：事在人为，景自人出；示景状物，寓“神”于形；暗含在人，在写以陈嘉庚为代表的集

① 《厦门市集美区志》：中华书局，2013年8月。

美人——有了他们，才使集美融传统与现代于一身，山光海色，云蒸霞蔚，风华万种，气象万千，宛若一颗璀璨夺目的明珠，镶嵌在福建省东南海滨。不事张扬“人本”，但实际效果更佳。

二、开篇概述画龙点睛

《集美志》开篇概述，可谓是一篇佳作。说其好，一是首尾照应好。概述之首采取写实手法，定性与定量相结合，写出了集美基本的自然与社会、历史与现状。概述结尾，以之前的平实记述为基础，采取提炼、概括、定性之法，对集美翻天覆地的变化作了升华性的钩玄提要。前后实、虚结合，落笔“今日之集美，汇集天下之美”，一座海碧山青、风光秀丽、平安和谐、人居福地的集美新城正在崛起，收尾收得让人自豪、欣喜与鼓舞。二是内容引人入胜。一份好的志文，其特征是“不求反映全部，但求反映经典”。此经典即为重点、特点、亮点、看点。有这“四点”，自然也就强化了志书的可读可用性。作者从集美实际出发，高度概括出本区六大经典性内容，即工业强区、交通枢纽、著名侨乡、旅游胜地、文教新城、人居福地。其中，作者还通过比较鉴别，记下了集美若干个第一和显著优势，如境内的第一个医疗机构，独一无二的校园风光，厦门市的第一家纺纱厂、第一座科学馆，全省第一的铁路密度，成为全市、全省乃至全国县区一级行政区域中学最为集中、学生最多的区域之一等。三十年代，社会学家吴景超评价学者李景汉编著的《定县社会概况调查》，说该书由于记述真实细微，让读者看了比到实地考察半个月还要深刻 。[①]

① 参见吴景超：《中国县志的改造》，《独立评论》，1933 年第 60 号。

笔者以为此评价假如针对《集美志》概述也是很适用的。三是文字恳切流畅，不乏精美之处。比如“这里，既有气势雄伟的群山，又有辽阔壮美的大海；既有沟壑纵横的峡谷溪流，又有一马平川的阳光沙滩；既有小桥流水的田园风光，又有亭台水榭的园林景色……”，十分紧凑的排比，散文一般的语言，读来朗朗上口，给人以美的享受。

三、镇街概况特点鲜明

让我们从比较中鉴别街道镇（乡）内容的优劣。我手头正好有几部城区志。之一将街道乡列为一章，称为简介，每个办事处为一节，每节（含表）2400来字，包括区位、范围、面积、人口，解放前、解放后、三中全会以来基础设施、主要产业、社会事业、所获荣誉等。之二将镇街道和村庄社区各设为一章，其街道内容分基本情况、农业、工业、三产、社区管理与服务、体育、社会治安综合治理，有的多了党建、精神文明建设，有的仅有基本情况、工业、三产，计700字。之三将乡镇街道概况列为一编，每个街道2000来字，内容包括基本情况、建置沿革、基础设施、街道社区、分合变化、人员接收、社会治安等。之四将镇办事处概况单为一章，各办事处各为一节，所辖内容一致，都是机构设置与沿革、经济建设、精神文明建设、居委会四目，共计3600字。之五将镇乡与街道单为一章，每个街道400多字，内容是区位、面积、户数、人口、一二三产，点到为止。而《集美志》镇街概况为一节，镇、街各为一目，共设六目，每目字数在3000字左右，记述对象除方位、面积、沿革、人口、大众文化、卫生体育基本情况外，主体是彼此有别的特色内容。如记灌口镇，地势西北高、东南低，山、水、田比例约为6：1：3；历史上以农业为主，素有“同安县粮仓”之称；古时手工业发达，所产“陈井布”畅销南洋；旧有古驿道通往漳、泉两府；古迹众多，风味小吃远近闻名；系著名侨乡，有归侨、侨眷3000余人，海外华侨、华人约5万人；是福建省首个“白内障无障碍镇”，上塘村是全国妇联和文化部“美德在农家”活动示范点。一段一个特点，一段一篇“故事”，让读者如临其境，真真切切地看到“这一个”“那一个”的独特个性。灌口镇概况是这样，后溪镇、杏林街道、集美街道、侨英街道、杏滨街道概况也是如此。《集美志》与前述区志同类内容相比较，同中有异，异在分类避繁，详略适度，重点突出，特色鲜明，个性显著。

四、详载姓氏彰显区情

集美既美又辛酸。美在景美、人美、崇美。酸在少地缺粮，兵荒马乱，前清“海禁”，被迫离乡背井，漂流谋生。集美人渴望根清祖明，安居乐业，或叶落归根。《集美志》正适应籍人“数典明祖”“怀旧思乡”之需要，遵循“人有我优”之要旨，不仅设置了姓氏构成细目，在综合记述的同时，还安排了《2007年集美区姓氏频次分布调查情况表》，另外还附了上万字的以谱牒为依据的部分姓氏简介，包括区内前四大姓的陈、林、王、张，简介各姓源流、演变、分布等。说“人有我优”，即记姓氏结构不止一部志书，但《集美志》优于其他处在于添充了部分姓氏源流、演变、分布等简介，使有价值的信息含量大大增加。如此用心修志的集美同仁，怎能不让人肃然起敬？

五、民间文艺“文气”浓烈

各地文化艺术入志时，其本身是容易出彩的，但实际不少写得不够理想，内容单薄，干巴枯燥，更缺“文气”。所谓“文气”，就是写得像文化、像艺术，而不是像其他事物的一般简介。说《集美志》民间文艺“文气”浓烈，堪称典范，就是写得像文化、像艺术。该细目所辖内容包括曲艺范畴的说书、月琴弹唱、荷叶说唱、大广弦说唱、芗曲说唱、答嘴鼓；戏剧范畴的歌仔戏、布袋戏、独角戏；音乐范畴的歌仔调、民歌民谣。为免空泛，以说书为例予以赏析。该细目 14 行，计 392 字，字数不多，但有价值的信息含量颇高。一是解题，俗称“讲古”，言类似于单口相声。二是写句式，说其长短句结合，不求严格平仄，但求句句押韵。三是表演特点，只念不唱，不用伴奏。四是说书姿势，或站或坐，依据需要。五是表演时间，一般 10－15 分钟，故事紧凑。六是表演场所，一般在集市、寺庙、闲间仔、大树下。七是所说内容，一般是传统章回小说。八是目的，收取听众小费以为谋生。九是演变，记解放后说书艺人在群众中广为普及，内容增加新风故事。十是知名人物及代表作。十一是获奖情况。十二是传播途径，有的优秀节目在电台、电视台播出。此前我所看到的，大多写某一艺术形式，先是写群体，后是写代表人物，代表作品，搞过什么展览，获过什么奖励，到此止笔，到位程度有所缺欠；至于艺术特点等更多内在的本质的东西，不再深究，看到这里总觉得意犹未尽，感到很遗憾。《集美志》则弥补了这一不足，不仅说书，其他 10 种民间文艺表现形式都是如此。这一补，效果可大不一样。多一笔，就多了特色，多了品位，多了艺术性，也给读者多一份借鉴和启迪。

六、人物处理精明独到

《集美志》人物部分，辖陈嘉庚专传、人物传、人物传略、人物表、录四部分内容，共计13万多字，由此可见其厚重程度。该部类精明独到之处在于对入传人物的处理。与其他志书相同之处，均坚持“生不立传”原则；不同之处是传分三类，即专传、常传、略传。专传唯记陈嘉庚一人。对陈嘉庚，毛泽东评价其为“华侨旗帜 民族光辉”，邓小平特以此为内容为陈嘉庚亲笔题词。由此可见其地位、影响。不设专传，难以名至实归；不入专传难以慰藉心灵；可以说专传非陈嘉庚莫属。该传字数在2.1万字，占传类总字数的23 %，浓墨重彩实有必要。在传文之后还附了两份电文和一份宣言，分别是《陈嘉庚民国27年10月26日发给汪精卫和重庆某日报的电文》《陈嘉庚吁请严惩汪精卫电文》《南洋华侨筹赈祖国难民总会会员代表大会宣言》，以此彰显陈嘉庚之风骨、之号召、之光辉，意图甚佳。在专传中特安排8幅插图，分别是《1920年陈嘉庚公司营业范围图》《厦门大学奠基石》照、《陈嘉庚巡视集美华侨补习学校建设工地》照、《1949年陈嘉庚与毛泽东合影于中南海勤政殿》照、《陈嘉庚当选第一届全国人大代表证书》照、《陈嘉庚于民国27年（1938年）7月向第一届国民参政会提出的提案》照、《陈嘉庚生前生活用品》照、《周恩来、朱德等国家领导人为陈嘉庚执绋起灵》照，资料珍贵，形象性、震撼力极强，与文字形成极佳的搭配效果。常传即常规之传，字数长者近3000字，短者近1000字，低于专传、多于略传，把握时一般生平与事迹、贡献兼记。略传以生平简介为主，事迹为辅（估计资料难以搜集），简明扼要。笔者十分赞同这种做法。这比不加区别、不看资料多寡，“凡逝即传”、详传与简传混处要好许多。以上三类，既能入传，显其合乎标准，凡有可能，作者都安排了肖像照或画像照，以示对入传人物的敬重。

七、精选附文相辅相成

《集美志》正文附录30篇，卷末附录有重要文献、民间故事与传说、地方掌故与轶事、外地诗人咏集美4类。这些附文不是信手拈来，而是根据其价值精选出来的。如正文附的《中共厦门市郊区工作委员会关于抢救“八二三”台风灾害的情况报告》、消费维权《典型案例》，以及《民国20–22年同安县洪林美村社会调查材料》《同安县安仁里和仁德里历代科第人数统计》《集美小学碑记》《集美学村记》《社科著作选介》《鳌园署名题刻》；卷末附的1949年解放军85师司令部、政治部布告，陈嘉庚轶事五则等，都是具有重要保存价值的资料，对正文起着不可或缺的补充作用，同时鉴于附文本身的文化价值，自然也加重了志书的文化品位。附文附得好，就像红线穿珠，使志书熠熠生辉。

八、编后记言耐人深思

《集美志》编后记计约3000来字，用较少文字（700多字）记述修志过程和概况，而用更多的笔墨（2000多字），从确立修志体制、优化运作机制、建立质量控制体系三个方面，系统总结修志的体会和经验。这既是集美的实践汇集，为集美保留了重要的修志史料，同时也为域内外、当前和今后修志提供了有益的借鉴。这种启示，不单是行政的，更有专业的；不单是编修问题，更有如何做人和共事的问题。像集美那样行政与编纂班子既分工又协调，而且配合的又是那么的默契、高效，对当前和今后、对域内和域外都有重要的示范作用。据本人所知，在一些地方，修志当中做人和共事的问题解决的不好，结果“一加一”不等于二，严重妨碍工作进展和质量，教训深刻，令人痛心。面临如此情况，更感集美经验的可贵。本人接触全国（含本省）一二轮志书几百部，比较留心查找行政、业务结合，特别是注意总结经验教训的编后记，以便有效指导本地修志工作，结果如愿以偿的不占多数，大多仅是一般修志过程的简要陈述和对支持修志者的感谢而已。这也是一种“存史”，但借鉴价值则大打折扣。希望更多好的编后记问世，恐怕是修志界共同的热切愿望。

（选自2014年版《厦门市集美区志》评论文集）

一部堪称名品的新编区志

——品读《宁波市海曙区志》丛谈

才读集美书[①]，又览海曙志[②]，让人十分高兴。缘由在于两部地情书籍都是经过精心编纂且可读可看可用的名品区志。言为心声，心为物（志书）动。在此不想过于拘谨和拿捏，只图真实的感受能够自由的展现。

一、形象与真实

笔者在20多年的从志生涯中，一直期盼理想的志书，能够像自己曾比喻的那样：明月高照，繁星满天，荧光闪闪。这里说的明月即为大亮点，繁星即为中亮点，荧光即为小亮点。尽管此说系形象的比喻，但有着共同经历的志人则一看即明白，他是修志者的一种高尚追求。《宁波市海曙区志》（以下简称《海曙志》），细细拜读，让人爱不释手，确实是可称得上近于理想的好志书。

① 参见《厦门市集美区志》：中华书局，2013年8月。

② 参见《宁波市海曙区志》：浙江人民出版社，2014年7月，

一般志书都注意强化人无我有或人有我特的内容，这是此志与彼志的共同性。但不同的是，《海曙志》对区情特点的反映则表现在数量与质量两个方面；他不仅范围广，而且质量高，有深度，有厚度。该志设置5章，统辖历代治所、历代城池、古城街巷桥梁、塔寺教堂、亭台楼阁、故居宅第和古城保护内容，容量11万多字的宁波古城编；设置5章，统辖建设规划、市政建设、公用事业、城区绿化和住宅内容，容量19万字的城区建设编；设置6章，统辖海曙模式、市容管理、环卫管理、环境保护、社会服务和物业管理内容，容量6.5万字的城区管理编；设置8章，统辖8个街道内容，容量19.6万字的街道编；设置10章，统辖商埠、传统集市、传统名店明吃、商业门类、新兴商圈、商品市场、街巷商业网点、楼宇经济、商贸管理和旅游内容，容量15.6万字的商贸编；设置2章，统辖海关和出入境检验检疫内容，容量4.9万字的口岸管理编；设置4章，统辖两湖成因、月湖建筑、月湖文化和日湖踪迹内容，容量5.5万字的月湖日湖编；设置6章，统辖天一阁形成、藏书与利用、藏书管理、其他收藏品、阁域拓展和历代闻人与天一阁内容，容量8.2万字的天一阁编；设置3章，统辖海曙区"宁波帮"人士、捐赠投资和联谊服务内容，容量3万字的海曙"宁波帮"编，不都是凌空高照的明月吗？《海曙志》是补史之缺、贯通古今的志书，作者深知其优势，于是如前所述设置了宁波古城，位置前放，条分缕析，深挖不辍，将古城特色展现得淋漓尽致，让读者在如临其境中多了几分艳羡、憧憬和惋惜。一般说，其他区志不少是把街道归在建置区划中记述，而《海曙志》则为了从街道层面尽显个性，将其单独设置，把所辖内容，如经济、街区管理、综合治理、街巷民居、社区居委会、驻街道单位等，反映的全面系统和富有特色。一些区志通常把城区建设、城区管理放在一起记述，而《海曙志》则一分为二，用翔实包括独特（如海曙模式）的资料，将两编内容支撑得厚重而深刻。作者不是为升格而升格，而是遵从深入的思考，体现四字真言，即重、特、亮、看，让志稿更多呈现出重点、特点、亮点、看点，最终使“资政、教化、存史”的六字功用得到强化和深化。从繁星与萤火层面说，有消失的，有现存的，珠玑满目，不胜枚举，用“繁星满天”“荧光闪闪”来形容并不为过。形象点说，月光如昼，星火燎原，这样的志书，呈现亮丽多彩就是很自然的事情了。

二、历史与现状

作为贯通古今的区志，对历史资料搜取的多少与优劣，是衡量志书好坏的重要尺度。《海曙志》的历史资料堪称上乘。本人对该志上册运用历史资料的情况进行了粗略统计，按版面计算大致有26.5万字，占上卷总字数127万字的20%。从查阅内容看，中册与此大致相当，下册由于涉史专编专章多于他册，故历史资料也当居于三册之首。这在首轮志书中相比较也是算多的。首轮一些志书运用新中国成立前历史资料，纵向跳跃性过大，断史缺档情况严重。放在二轮贯通古今的区志中比较更是鹤立鸡群，遥遥领先。二轮一些贯通性志书（包括区志），严重存在着“详今缺古”的问题，让人无法在分析社会问题时，将其放在一定的历史范围内加以考察、研究和判断，造成极大的阅读和使用遗憾。《海曙志》作者深知，任何事物都有一个发生、发展、变化的历史过程，不懂得事物的历史根源也就不可能懂得事物的本身，因此不惜用3年半时间进行业务培训和古今资料的搜集。这项工作现在不做，以后就很难做了。就是这次，修志本身也带有抢救性质。这一抢，填补了历史的空白，回放了逝去的画面，寻到了旧有的积淀，彰显了昔日的辉煌，功不可没，可喜可贺。海曙区历史上未曾修过志书，此次修志获取以往资料自然面临诸多困难。但经过海曙志人的不懈努力，一般旧志所能反映的十几个方面的资料，包括历史沿革、局域地理、风景名胜、城池关郭、人口变化、衣食住行、天文资料、自然灾害、宗教状况、官署活动、兵役战事、旧式教育、文化艺术、文物古迹、风俗方言、人物传记等，在本次创修志书中大多应有尽有，有的如街巷桥梁、塔台楼堂、传统店点、老式“行当”、“一阁”详解、甬人帮会等，甚至不惜厚重铺陈，浓墨泼洒。通过志文，我们还看到了解放前的金融保险、报刊、通讯社和无线广播等。海曙的昨天、今天和明天，有了这绵长深沉的历史纽带，发展线条就更加清晰，彰往昭来基础就更加坚实。

三、继承与改进

《海曙志》坚持继承与改进并举，在继承中发展，在改进中提高，给人留下了深刻的印象。这种继承与改进不是单一的，而是体现在多个方面。体例形式上，不仅有常规的志、传、图、表、录、索引，还有引进的或创新的专记、连接、延伸等。图片方面，有三维仿真地图，[①]此为本人在志书中首次看到，他让图片效果上升到了一个新的层次。编排上，依古今顺序，先排古城，后排当今城建城管；通洋达海，商贸发达，于是突破一二三产顺

①参见《宁波市海曙区志》卷首“海曙区三维仿真地图”，宁波市测绘设计研究院、海曙区地方志办公室联合编制。

序，按三二一顺序安排；道教在辖区出现较早，作者便打破佛、道、伊、天、基的顺序，变为道、佛、伊、天、基。内容上，目前的不少志书反映住宅是个软肋，由于资料难以提供便“有多少米做多少饭”，一般记述偏于单薄，而《海曙志》住宅单为一章，有传统住宅、现代住宅等，字数达1.8万多字。医疗卫生，疾病是根源，因病派生出医生、医药和设备设施等，可见疾病是重中之重。但已见志书对此多不重视，平分秋色、平均用力，结果是纷繁复杂的疾病状况与微乎其微的记述形成巨大的落差。而《海曙志》对唐代以来疾病的流行状况专门进行了记述，这为今人和后人研究疾病发生的特点和规律提供了必要的参考资料。人口老龄化是世界趋势，中国也不例外。《海曙志》在民政编老年人保护章专设了老年人状况节，字数虽然不多，但他是作者“与时俱进”、关注民生、关注问题的切实体现，有“他”就值得肯定。当今时代变化大，新情况多，志书作为地情书籍，不能不反映这种“新”和“变”。但在修志实践中，有的放在心上，写在书上，而有的（不在少数）则挂在嘴上，体现不到行动上。而《海曙志》反映农村城市化，有乡镇改街道，行政村改居委会，农民改居民，既体现了新，又反映了变。城市地下管网，是城市的“生命线”，是管理维护的“重头戏”，是图纸资料保存最不完善的关键环节（各自为政所致），是修志中搜集资料的“老大难”。《海曙志》作者知难而进，挖掘并写出了3万多字的地下管网文稿。这是笔者首次接触到的志书中如此翔实丰富的地下管网内容，不能不让人拍手叫好。可以想象，此类全面系统的资料，地下管网建设、使用、维护单位不会不举双手欢迎。因为据说他是当地最新最完善的一份官方档案资料，十分珍贵难得。其实，人无我有、人有我优、人优我新的内容，在《海曙志》中不只所列，但仅举以上足可说明问题。所有这些，都或多或少体现着钱学森大成智慧的思想。钱老说过："创新不能局限于迈小步，那样很快就会被别人超过。你所想的、做的要比别人高出一大截才行。你必须想别人没有想到的东西，说别人没有说过的话。"[①]方法上，将"变化"作为主旨，通过对比反映变化，有今昔变化的黑白、彩色照片对比，有新产业和老行当的对比，有正文与相关的连接性对比等。为翔实记述变化，在方言编，除设置语音、词汇、语法语料外，还专门设置了变化中的海曙区方言，对所受普通话、外语和网络语言的影响，作了细致的记述；在楼宇经济、区属工业、城区交通等章，专门设置发展状况或发展变化或交通变迁节，对所记事物的古今之变、阶段之变作了必要梳理。重要的独立门户，一般的归并整合，有益于详主略次、统筹兼顾和理清脉络。通过细节处理，表达明晰的地情信息，是《海曙志》的又一创新技巧。如建置章境域节中所附的5幅黑白照，作者借用交通（道路）管理中的虚实线处理方法，将本区与四邻的交界处用虚线标出，使之呈现出三维效果，让人看了感到更加直观真实和清晰明了。善作分析性记述，也是《海曙志》的一个特色。像志书的旅游章，便是作者分析性记述的全新安排。他写旅游资源，一改常规的写法，从旅游资源丰度、旅游资源品质、旅游资源总体评价几方面下笔，更深入地反映出海曙旅游资源的8个主类、31个亚类、155个基本类型的具体状况，以雅为主，雅俗兼顾，既有学术品味，又不失为大众读物。其中写道"海曙有上等级的旅游资源单体68个，单体密度为2.37个／平方千米"。简要的20多个字，溢透出作者深刻的思维功力和老道的笔下表现力。资料本身不会"发声"，但他确实会"说话"。这里的资料，不正在告诉人们：海曙的旅游资源品质上佳，旅游优势十分显著，旅游发展潜力巨大。

---

① 奚启新著：《钱学森传》，人民出版社，2011 年 12 月。

四、述体与志体

《海曙志》志体部分，如同前述的那样精彩纷呈，而其述体部分，也是不乏可圈可点之处。卷首《概述》，8000多字，分5部分记述了宁波历代治所，千年明州古城，夙为通海商埠，素来尚文重读，都市风韵宜人。这是采取特点概括法的写法来做文章的。一二轮修志，运用此法并不少见。区别在于，对地情特点的抓取概括，是不是准确贴切、虚实融合、意存高远。对卷首《概述》要求源于志文而又高于志文，这种“源”与“高”，焦点都集中在准确和精炼上。在这方面，《海曙志》作者是交了一份优秀的答卷。虚实的融合，体现在以实为主、画龙点睛上。如千年明州古城部分，在总体写实的基础上，最后自然流淌出一句“雄踞三江口的千年古城垣已荡然无存”，读罢想必不会有人觉得玄虚缥渺；夙为通海商埠部分，在秉笔直书的间隙，不经意中迸发出诗一般的语言——当徽商晋商沉寂之后，宁波商帮经久弥坚，所创造的商业辉煌早已彪炳史册，又如繁花在全球绽放；素来尚文重读部分，在巨浪喷雪般述说地灵人杰时，突然来一个急转弯——千余年，文脉传承，使海曙既具中华传统特色，又展海派文化新韵。意存高远，即名为写事，实为写人。写人不全在行行贴近，字字留痕，处理得好，就会“此地无声胜有声”。写人也不在大喊大叫，而是让名人为你说话。《概述》第三部分开头略作铺垫，随即引出孙中山对宁波及宁波商人的评价：“凡吾国各埠，莫不有甬人事业，即欧洲各国，亦多甬商足迹，其能力之大，固可首屈一指也。”①

①《孙中山全集》（第三卷）：中华书局，1984年6月第350页。

这当是该篇述文之主题、之红线、之源泉、之灵魂。有了这一点，全文形分意不散，静中有灵动。真是运用之妙，存乎一心。

该志的二三级述，即编章之述，门门不缺，按志界对此二类述之要求，即综述类情、勾画脉络、揭示演变、指点起伏、疏通联系、彰明因果，或全或部分都有所体现。其中有一些，如商贸、金融、天一阁、民俗、宗教、海曙“宁波帮”（简称“宁波帮”）等编下述，写作还相当到位，而民俗、“宁波帮”编下述还称得上是范文性的创新和学术之作。民俗编下述1500多字，站在低于第一级、高于第三级述的层面，从历史性、地域性等6个方面，考察、分析、概括了海曙民俗事象的形成特点和规律。“宁波帮”编下的述，3100多字，写明了“宁波帮”的内涵和外延，其产生的条件、构成、活动范围、发展历程、创业特点、贡献影响等。这是一篇比较有代表性的要素齐全、有覆盖度和深度的二级述，很值得一读。

五、序言与后记

一部目标定位为良志上乘、力图使其文化、学术品位和功用价值俱佳的志书，往往注重诸措并举、多管齐下、全面提升，包括序言的选择和后记的推敲。《海曙志》序未过二，一为区长书记合序，一为方志大家魏桥先生所作。笔者十分赞同并竭力倡导志书序言要政（党政领导）学（学者）兼收，借此来提高志书的学术品位和使用价值。方志大家傅振伦先生为首轮《井陉县志》作的序[①]，史志泰斗来新夏先生为二轮《冀州市志》作的序[②]，

①参见《井陉县志》（通志）：河北人民出版社，1986年3月。

②参见《冀州市志》（通志）：方志出版社，2012年10月。

方志名家郭凤岐为《栾城县志》作的序[①]，方志领导和学者邱新立为《迁安市志》作的序[②]，都高站位解析，钩玄提要，揭示真谛，指点迷津，反响不凡，成为学术研究的范文佳作，以及读者的“入门向导”和“良师益友”。魏老所著，笔者常读，受益匪浅，这次又读，亦有斩获，归结感受，就是认为这仍是一份学术力作，是魏老理论研究、学术指导、修志实践的精辟总结。

《海曙志》编后记，也是一篇值得研读的专文。全文3600多字，用1500多字记述修志过程和概况，而用2100多字记述编纂思路和记述特点。其编纂思路，主要体现在对海曙区区域性、城市性、功用性、人文性的认识和实践上。其记述特点，主要反映在通过志文所透视出来的城区的独特，历史的厚重，时代的光亮，商贸的发达，文化的博深。这既是此次修志的实践总结，为海曙保留了重要的修志史料，同时也为域内外当前和今后修志提供了有益的借鉴。本人接触全国（含本省）一二轮志书几百部，比较留心查找行政、业务结合，特别是注意总结修志经验教训的编后记，以便有效指导本地修志工作，结果如愿以偿的不占多数，大多仅是一般修志过程的简要陈述和对支持修志者的感谢而已。这也是一种“存史”，但借鉴价值有所降低和偏颇。希望更多好的编后记问世，恐怕是修志同仁共同的期盼。

（原载《内蒙古史志》2014年第6期）

---

①参见《栾城县志（1993-2005》：中央文献出版社，2010年8月。

②参见《迁安市志（1987-2006）》：方志出版社，2013年12月。

一篇值得认真拜读的好《总述》

——《贵阳市南明区志》《总述》读后感

捧读近期问世的贵州省《贵阳市南明区志》（以下简称《南明区志》）《总述》，给我留下了深刻的印象。我认为这是一篇好《总述》。说其好，是因其体现了好《总述》的四大特征，即总括地情、沟通联系、彰明因果、言明兴衰。

1. 总括地情。志书之首的《总述》，是阅读和理解志书的向导。因此他需要首先总括地情，也就是对本地自然和社会的基本情况加以总括，如地理位置、自然环境、人文特点、经济状况等，使读者对地情的主要方面有个总体的了解。正如黄炎培先生所说："其繁者可以用志不纷，其简者亦将推阐焉而有得"。《南明区志》《总述》，是采取基本要素综合法和主要特点彰显法来总括地情的。居地方位、区境面积、四至八到、地形地貌、海拔高度、气候温度、森林覆盖、人口民族，放在首段，扼要记述。接着写南明的主要地情特点，如"南明是全省的政治、经济、交通、文化中心组成部分""区境是全省、全市的信息集散地"、区境有贵州工业大学等13所大专院校、"区境地处黔中产业带重要位置""区境文化历史悠久，遗存丰富"，著名标志性建筑——甲秀楼位于境内，贵阳市中心城区四座公园，有三座在南明区内，钩玄择要，提炼精华，一个特点一个段落，十分吸引读者眼球。

2. 沟通联系。恩格斯说过：“当我们深思熟虑地考察自然界或我们自己的精神活动的时候，首先呈现在我们眼前的，是一幅由种种联系和相互作用无穷无尽地交织起来的画面。”地方志要反映的正是这个交织起来的画面。因而，他就无法回避这一客观要求。只有沟通事物之间的“种种联系和相互作用”，才能正确反映各事物在普遍联系中的地位和作用。志书的《概述》，尤其是卷首的《总述》，是沟通事物联系的最佳载体。《南明区志》《总述》作者深谙此理，游刃有余地利用了这一形式。一是沟通了人与水的联系。人随水生，人逐水居。水资源如何，关系到人的生存和发展，关系到居地环境的存废和兴衰，是人们的立足之地是否宜居的重要标志。该志《总述》开宗明义，写道“贵阳市的母亲河——南明河如玉带缠腰，从西南向东北横贯23千米，蜿蜒流经境内，南明区因此而得名”。南明河是区境内最大的河流。他是由区境的贯城河、市西河、富水、龙洞河、小车河、摆郎水等汇流而成。他发源于长顺，后汇入乌江再入长江。“贵阳城市的发展起步于区境南明河两岸，然后向北拓展，最后向城郊四周延伸发展形成今天的城市中心区”。由此可见，南明区为富水之地，发源之地，中心之地，一言以蔽之为风水宝地。二是沟通了历史与现实的联系。区境由于地理环境优越，人口密集，中原文化传入较早，随着社会的发展，城市人文蔚起，今南明区境成为贵阳教育文化的发祥地。文化的发展，促使人们文明程度的提高，进而又推动了社会的发展。“区境内发生过若干反帝反封建、争取民主和解放的历史事件”。贵阳实业工商也发端于区境。三是沟通了交通与各业的联系。文中写道，区内有4D级现代化机场，有西南最大的铁路货运编组站，有客运中心枢纽站，有高等级公路贯通，是连接省内州市、周边省市的通衢之地。因此，这里成为省市党政军机关办公之地，产学研组合基地，大中型企业汇聚之地，人财物集散之地。

3. 彰明因果。过去的旧志，“偏于横剖，而缺乏纵贯，则因果之效不彰”。民国期间，黄炎培先生修《川沙县志》，为解决这一问题，在每卷之首设置了《概述》。这是志书设置《概述》之始。由此可见，“彰明因果”是《概述》的一项主要功能。对此，志界的认识越来越趋于一致，行动也越来越趋于自觉。《南明区志》《总述》作者亦如此。还从水说起。南明乃至贵阳，得水之利；因水而有林木苍茂，而有宜人气候，而有人类积聚，而有亭台洞桥，而有城市发展；因水而有各业兴旺，尤其是因水而有电力工业、钢铁工业、啤酒产业的产生和发展；因区位优越，使其成为历代政权治所首选之地。除此之外，该《总述》还彰明了改革开放与各业发展的前因后果。在第二轮修志期间编纂的贯通古今的志书，其《总述》往往容易忽视这一点。《南明区志》《总述》作者在勾勒历史的同时，未忘对现实最大亮点的刻画，是值得热情赞誉的。该《总述》共计1.9万多字，写改革开放举措，以及由此所带来各业的发展有8000多字，占百分之四十多，可见作者是在有意识地加重笔墨。

4. 言明兴衰。志书述记志传图表录，唯有述体可直言兴衰，总结经验教训，以利存史、资政。该《总述》朔古论往，言明清代是实业工商的发展时期，民国年间是实业工商的兴旺时期；论述当今，不讳区境经济几起几伏，到 20 世纪 80 年代迎来了蓬勃发展的新时期。总结兴盛之根，贵在中央政策对头，区委区政府审时度势，与时俱进。

（原载《史志林》2009 年第 1 期）

一部值得推崇的土地志

——简评《商丘地区土地志·夏邑卷》

拜读《商丘地区土地志·夏邑卷》(以下简称《夏邑卷》)，深受启发，认为这是一部值得推崇的土地志。所以值得推崇，原因诸多，重要一点，是作者挖掘、记述了不少有价值、有深度的资料。现摘取部分略作评析：

其一，“四低三荒”调查。这一部分，一般说写出数量、质量、分布就可以了，但作者没有满足于此，而是透过现象，分析特点，查找原因，发现低荒资源潜力，寻找治理途径。作者向前迈了这一步，虽耗费了精力，得到的却是资料的增值和资政价值的提高。

其二，土地与人口。这是土地资源编中的一章。虽处于章的位置，但其意义与重要性远超出了章。从一定意义上说，设置了这一章，整部土地志就有了思想和灵魂。不展示土地与人口的关系，土地志的作用就大打折扣。该章写了新中国成立后，特别是进入20世纪80年代，人口急剧增加，土地承载密度迅速增大，人均耕地大幅度减少。1950–1996年，全县人口由48.4万人增加到103万人，翻了一番；密度由每平方公里440人，增到694人，增长了近一倍；人均耕地由3.3亩降到1.25亩，减少了2/3。人地矛盾日渐突出，人口形势十分严峻。这些数字，充分显示了控制人口增长的紧迫性和必要性。把“十分珍惜和合理利用每寸土地”列为基本国策，其根本依据也就在这里。他是极好的资政内容和基本国策教育材料。

其三，盐碱地治理。这是土地开发利用编中的一章。盐碱是夏邑县历史上危害耕地、造成作物减产的最严重的自然灾害之一。新中国成立后，党和政府决心根治盐碱，采取了一系列治碱改土措施，取得了丰富的经验。重记盐碱地治理，有利于突出地方特点。这一章记了盐碱地成因、面积特征、碱地类型、危害形式多治理措施，记得全面而又系统。读者从中可看到夏邑50多万亩盐碱地的分布、特征、成因、治理措施及成效。这些资料对于学者来说，也有重要的研究价值。

其四，违纪案件及惩处。这是土地赋税编中的一目。文中记载：1991–1995年，全县因增加农民负担，引起农民投诉和上访案件123起，占信访案件总数的9.2%。1996年，由于农民负担总量增大，引起上访案件158起，占全县上访案件总数的60%以上。县委、县政府对此十分重视，责成县信访办、农监委、纪检会、监察局、检察院及有关乡镇认真查处。文中还附了4起违纪处罚案例。农民负担过重问题，是新形势下出现的一个新问题，带有普遍性。可贵的是，夏邑县委、县政府敢于正视和查处这些问题，尽力挽回造成的不良影响。从中也可看出作者敢于记述社会热点问题，表现出了一种强烈的责任感。

（原载《河南史志》1999年第3期）

一篇很有新意的《人民生活》志

——简谈《奉贤县续志》《人民生活》卷

我有幸得到一部上海《奉贤县续志》（以下简称《奉志》），仔细拜读，受益匪浅，认为其是一本上乘续志，其中《人民生活》卷写得更为精彩，很值得祝贺。该卷写得好，至少表现在以下4个方面。

第一，常规项目面点结合，呈现立体状态。《奉志》《人民生活》卷第一章收入、支出，其第一节农民收入、消费支出，第二节职工收入、消费支出。这些常规项目和内容，与其他续志设置和记述差不多，要说区别，就是更为细腻到位。如记农民收入，有收入结构，收入来源，“七五”“八五”“九五”期末人均收入，各时期升降变化原因，上下限人均收入及对比等。从对比中可以看出，农村农民人均纯收入，下限年份2001年为4027元，比上限年份1985年798元增加4.05倍。城镇职工，2001年人均工资15376元，比1985年1230.7元增加11.49倍。这说明城乡居民已摆脱生存型生活状态，进入小康型社会。该卷在记述居民生活巨大变化的同时，还记了收入差距，指出2001年城镇职工年均工资收入，是农村人均收入的3.82倍。地区间差异也很明显，2001年，人均年纯收入最高的江海镇五星村达7627元，最低的钱桥镇草庵村仅

1360元，相差4.61倍。为了使读者特别是领导者了解更多真实信息，在城乡居民收入支出后，专门附了一篇《城乡居民收支差异调查》。这篇调查，是统计局农村社会经济调查队所为，调查对象是农村百户住户，城镇选抽10个居委会、150户居民。所附调查资料包括城乡居民收支差异、生活质量、城镇居民内部收支差异等。从中可以看出，城镇低收入户、中收入户、高收入户，分别比农村居民高出1.52倍、0.72倍和1.86倍。这些记述，从技术层面说，他与前面的概括构成了立体空间，有广度也有深度，而且富有动态感；从资政角度说，他弥补了只记人均容易掩盖差异的不足，所反映的内容更为真实、全面，具有重要的参考价值。

第二，关注热点、焦点问题，直书学生消费和农民大病住院支出。看病贵、住房贵、上学贵，是众所周知的三大社会热点、焦点问题。要求志书要三贴近，即贴近实际、贴近生活、贴近群众，那么就应当反映看病、上学方面的支出。三十年代，社会学家吴景超就曾呼吁，志书要反映社会上“极重的事实”，反映“于民生最有密切关系的事实”。这里说的“三贵”，就是“于民生最有密切关系的”“极重的事实”。我一直认为，人民生活是容易出彩的部类，因为其内涵和外延都十分丰富。居民收入构成、消费项目、收入差别、消费群体状况、健康非健康消费实际等，都在居民生活应记之列。已经出版的新志书，对这些内容，有的记了，有的没记，消费群体状况就是缺漏内容之一。究其原因，大概入统资料中无此内容，单独再搞调查也很费劲。在这种情况下，《奉志》作者抱着对社会对人民高度负责的精神，知难而进，注重挖掘，填补了历史的空白。消费主体—人—老年人、中年人、学生（儿童），男人、女人，长辈、晚辈，内容是广泛的。《奉志》反映的虽不是消费主体的全部，但其拓荒者的精神，是值得充分肯定的。《奉志》《人民生活》卷单设了学生消费支出节，包括学杂费用、生活费用、补课费用、特色班费用。从记述中可以看出，2001 年学费标准，一般高中 900 元，重点高中 1200 元。学生生活费用，2000 年以后，大学 4 年，多数女生生活费 4 万元左右，多数男生则要花 6 万元左右。补课费用，初高中学生，一年在 4000-6000 元之间。这些费用，在居民家庭总支出中是个不小的数字，对于低收入家庭更是个沉重的负担。该志还设了农民大病住院支出节，包括大病住院费用人数、大病住院项目费用、大病统筹结付。这一记述，清清楚楚地反映出农民大病住院费用呈逐年上涨趋势，农民因大病致贫、返贫时有发生。胡锦涛总书记 2005 年 2 月 21 日在中央政治局第 20 次集体学习时强调，要加强对社会利益关系发展变化的调查研究，深入认识和分析我国利益结构、利益关系等方面情况的发展变化和发展趋势，以利于完善政策措施，更好地统筹各方面的利益关系和利益要求。《奉志》作者正是适应这种需要，通过扎扎实实的工作，从一两个方面回答上面提出的问题。大家都沿着这条路子往前走，修志工作者的影响就会大大增强，志书的现实作用就会得到充分展示。关系民生的底层资料反映好了，他还可以像一面镜子，折射出中央加强和谐社会建设的一系列举措，是多么的符合国情、多么的顺应民意、多么的富有远见卓识。

第三，反映生活时尚和爱好，突出一个“新”字。改革开放以来，中国经济快速发展，人民生活水平显著提高。人们解决了温饱之后，生活追求就会向多样性和高层次方面发展。这一时期，社会的方方面面，包括人民生活，都出现了许多新情况、新变化，过去不曾听说过的上网、泡吧等，过去大众很少参与的跳舞、旅游、养宠物等，已不是什么新鲜事。志书作为地情书，作为官书与民书的结合体，全面、系统、真实地反映这些新情况、新变化，是其“分内”之事。遗憾的是，所见新编志书，其人民生活部分，绝大多数仍是入统的那些“千篇一律”的资料（这不是说入统资料不重要，而是说要从实际出发，扩展内容，让载体与客体尽量一致）。当然也有“先知先觉”者，尽管为数不多，但毕竟是个好兆头。我看到的《成都市志》（续志）篇目，其居民生活部分，就与现实扣得很紧，很广泛，很新颖，他的细项，包括收入状况、消费水平、家庭理财、生活格调、生活方式、兴趣爱好、社会交往。再就是本文评说的《奉志》《人民生活》卷。该卷把生活时尚作为一章，辖休闲爱好（含上网、泡吧、歌舞、领养宠物、旅游5目）、崇尚洋节、新潮婚礼、团体交友、美容健身瘦身5节。此外，还把民间集藏作为一章，下辖6节，把邮品票证收藏、图书字画收藏、钱币印章收藏、玉器陶瓷铜器收藏、火花烟标收藏、家具地图等收藏，都纳入记述范围。说改革开放，给人民生活带来了新的变化，这不是一句空话，是建立在事实的基础上。不信，请看《奉志》《生活时尚》章。该章反映2001年，奉贤地区有宽带用户4358户。上网的对象不仅有年轻人，还有中老年人，在奉贤老年活动中心，上网的老年人每天有80多人。新的时代，领养宠物也成了生活的一部分。2001年，县城南桥地区饲养的宠物狗有573条。领养宠物，有显示身份的，有体现爱心的，有陪伴“空巢老人”的等。民间集藏虽古已有之，但人员有限，改革开放后，收藏队伍逐步壮大，收藏品种不断增加。到2001年底，丰贤县有集邮者450人，票证收藏者20多人，千册以上图书收藏者百余人，书画收藏者30人，钱币收藏者百余人，陶瓷、铜器收藏者30余人，火花收藏者100余人。人们精神上的追求，是建立在一定的物质基础上的。很难想象，改革开放之前会出现这样丰富多彩的生活现象。真得感谢《奉志》作者给我们展示了如此多姿多彩的生活画面。

第四，围绕“志义”，拓宽记述范围。《奉志》《人民生活》

卷最后有两篇附记，一是社区生活，包括社区规模、家庭、社区活动；二是外来农民工生活，包括数量、职业、来源、年龄、文化水平、工资收入、居住、工作、生活稳定性、与家乡的联系、与奉贤的关系、行业特征、权益保障。此前，我还没有看到有哪部志书记社区生活，有哪部志书记外来农民工生活有如此全面系统。这究竟有无必要？我认为非常有必要！原中共中央政治局委员、中指组组长李铁映讲："修志工作是在各级党委领导、政府主持下对地情、国情的全面调查。"注意这里讲的是"全面调查"。我的理解就是调查的内容是全面的而非局部的，是广义的而非狭义的。拿教育来说，不能只记学校教育，也就是小教育，要着眼于大教育，包括家庭教育、社会教育等。因为家庭教育、社会教育，是地情的重要组成部分，不记这些就是缺项。再如生活，不能只有统计局掌握的那些生活资料，而应当更为宽泛，层次和角度应当更多些。《奉志》记了社区生活和外来农民工生活，这是加深对"志义"理解的结果，是解放思想、开拓进取的结果。如果作者因循守旧，抱残守缺，不敢越雷池半步，是不会想到这些问题，更不会写出这样的好志稿。

一部成功的村志佳作

——读《白沙志》有感

拜读河南省巩义市《白沙志》，深感其为一部十分成功的村志佳作。随手摘记如下，便可见其闪光之处。

一、立意高

立意高，就是作者站得高，看得远，其作品主题思想明确，弘扬了民族的、时代的主旋律。志后一曲《白沙之歌》，将其立意淋漓尽致地表现出来了。“巩义白沙风景如画，人杰地灵天宝物华。河洛文化发祥地，洛神驻足传佳话。一片沃土聚宝藏，英才辈出展才华。白沙梨香飘万里，建材质优人人夸。伊洛岸边歌声起，石子河畔飞彩霞。白沙人团结竞上进，五村犹如并蒂花。得天独厚‘金三角’，工业、交通尤发达。经济建设跨骏马，再创辉煌闯天下。”这雄壮豪迈的歌曲，唱出了白沙人的心声，唱出了《白沙志》作者的心声。

二、中心明

中心明，就是以人为中心，写人写事，写事系人，把志写活了，把民族精神展现出来了。按“地—人—事”脉络编排，充分反映了作者的独具匠心。地为舞台，人为演员，事为剧目，白沙人在白沙这块热土上演出了一幕幕精彩纷呈的剧目来。《白沙志》既记文官武将、社会名流，更记为白沙做出过贡献的“小人物”。“小人物”入志，使村志与村民更贴近了，使志书的教育作用更强化了。

三、把握准

把握准，就是村志应记什么，不应记什么，详记什么，略记什么，研究得透，把握得准。村志与县志，既有共同点，又有不同点。把握得准，才能写出独具特色的村志来。《白沙志》的探索是十分成功的。该志从村的实际出发，详村民、村政，略财税、统计、审计；详独有事物（如白沙兵工厂、白沙梨），略共有事物；详活动，略机构，去会议，等等。

四、资料精

作为五村合一的《白沙志》，虽然只有60万字，但其信息质量可以说是上乘的。如巩县兵工厂、化学兵工厂在白沙的特记，白沙人物质、文化生活的内容，白沙的政事活动，白沙的文物、石刻，崔氏等家谱的文字，崔舒志家分书，古树名木介绍等，都是很有研究价值的资料。入志的300来幅照片，一部分是相当珍贵的，如白沙梨献给毛主席的照片，旧时服装、住所、家庭用品、传统农具、工业遗址的照片，清代及民国契约的照片，袁世凯的手书，崔继泽墓的照片，等等。这些典型的资料，起到了补史之缺、解史之疑的作用。

五、记述巧

《白沙志》的记述方法是很巧妙的。一是编修合志，坚持“同源分流”“分源同流”，五村归一，有分有合，分合有致，广而不杂，精丽不薄，统而有序。二是巧妙地寓观点于记述之中，有主题之歌，但又不人为点破。曹雪芹写王熙凤是“满面含春威不露，丹唇未启笑先闻”。《白沙志》作者大概也受此启发吧。三是以人为本，巧妙编排，使志书有了灵魂。四是特事特记，使特色内容更加鲜明。五是图文并茂，形象生动，极具可读性。江泽民总书记要求要编一些通俗易懂的农民教材。《白沙志》不正是这样的好教材吗？六是巧用随文走的小注和小附，大大增强了志书的严谨性、可读性。

（原载《河南史志》1997年第1期）

一篇有特色、有突破的志文

——简评《红旗渠志》“引漳入林的决策”

林州市《红旗渠志》写得好，其中“引漳入林的决策”写得更好。这一章我读了数遍，给我深刻印象的是有特色、有突破。

近几年完成的志书、志稿多注重对决策的记述，以提高资政价值，但美中不足的是只记决策的结果，未记决策的依据、决策的过程。记决策的结果，这是无可非议的。但缺漏决策的依据、决策的过程，就造成了决策内容的不完整。一个健全的决策程序，就是一个科学的系统。为了使每一步骤达到科学化，还必须有一套科学技术给予保证。这个决策程序包括发现问题、确定目标、确定价值准则、拟制方案、分析评估、方案选择、试验实证、普遍实施。这套决策技术包括调查研究、预测、环境分析、智囊技术、决策技术、可行性评价、可靠性分析等。一项重大的决策，其决策程序与技术本身，就包含着许多可资借鉴的东西。

相比较，《红旗渠志》“引漳入林的决策”写得就比较好。其优点、长处在于：

第一，内容完整。除记决策的结果，还记了决策的缘由、决策的条件、决策的过程。第一节缺水的苦难，就是写决策的缘由，或叫决策的目的。第二节治山治水的初步成就，就是写决策的条件，或者说是引漳入林的前期准备(精神的、物质的准备)。第三节引漳入林是根本大计，就是写决策的过程及结果。包括提出问题(彻底解决林县缺水问题)、分组调查、反复论证、草拟方案、征询群众意见、报请上级审核等。从这个过程可以看出，林县县委在做出引漳入林的重大决策中，坚持了革命热情与科学态度的结合，领导意见与技术人员及群众意见的结合。当然，决策中的教训也不回避。红旗渠总干渠原计划一百天完成，结果是用了 5 年零 2 个月。这主要是对开凿总干渠的困难程度估计不足。这一教训，在志书中作了如实的记述。所有这些，对于今天的决策，是有重要借鉴意义的。

第二，编排有序。引漳入林决策章所辖的三节，即缺水的苦难、治山治水的初步成就、引漳入林是根本大计，其顺序的编排是科学的，因而也是有序的。科学之处在于，这样的编排正确地反映了客观实际，反映了事物的内在联系。这一、二、三节的关系是一种因果关系、递进关系，有着严谨的逻辑性。一节是缺水，如何解决，就带出了县内治水；县内治水的局限性，又带出了县外引水的大举动。这样编排顺理成章，洒脱自然。一项重大的决策，就是一个由量变到质变的变化过程，这种缺水、治水、引水的编排，就体现了这种变化。编排有序还表现在内容的排列上。如第一节缺水的苦难，环环相扣，依次记载了 6 个方面的内容，即恶劣的自然环境、频繁的自然灾害、人们的苦难生活、对大自然的抗争、惜水如命的习惯、缺水对社会文化生活的影响。再如第三节引漳入林是根本大计，以时为序，层层递进，较好地反映了一项重大决策由实践—认识、再实践—再认识的过程。

第三，资料珍贵。《红旗渠志》“引漳入林的决策”，不管记决策的缘由、条件，还是记决策的过程及结果，都是靠珍贵的资料说话，没有空洞、抽象的议论。如第一节缺水的苦难所用的资料都是经精心筛选、含金量高的资料。第一自然段写林县经纬度、海拔、处于垴尖沟边的自然村数，反映出该县恶劣的自然环境。第二自然段写1436年到1949年513年间林县发生的100多次自然灾害，综合反映了林县山穷、地穷、水穷、人穷的总特点。第三自然段写了降水的不均衡性(7、8月降水占60%—70%，春、秋、冬10个月平均降水量占年降水量的30%—40%)、水土流失状况（新中国成立前全县平均每年流失水量4亿立方米，流失泥沙39.7万立方米）、耕地被毁情况(1937年淇河支流一次洪水暴涨，冲毁耕地410亩，有151户被水冲光)，反映出林县“天旱把雨盼，雨大冲一片”的历史真实。

（原载《中国地方志》1997年第4期）

其他文稿

河北省统一组织收集资料收到好效果

河北省地方志编纂委员会办公室，在调查研究和审阅志稿中，深感辛亥革命至中华人民共和国成立期间的历史资料严重不足，直接影响到志稿的基础和质量。他们分析认为多数存在以下问题：部分单位对资料的重要性认识不足，或者调查方法不当；还有部分单位财政困难，经费紧张，外出调查受到财力限制。为了解决这一矛盾，河北省地方志办公室及时总结推广了石家庄地区统一组织力量广泛深入搜集地、市、县志稿最短缺史料的做法和经验，收到好效果。

石家庄地区的做法和经验是：首先在征求参与调查单位和县(市)意见的基础上，制定了详细的调查提纲，明确了查阅的报刊、书目、内容和方法。其次研究了经费负担和资料利用问题。调查经费由参与并受益的各县(市)和地直各部门及地区地方志办公室共同负担，差旅住勤费由参与人员回各自单位报销，咨询费、资料查阅、复印费由地区地方志办公室负责。所调查的资料统一交地区，由地区地方志办公室复印，分发各县(市)和地直各部门，以充实志稿内容。三是选择人员，统一编组。他们按照"熟悉方志工作情况，具有查阅记录能力"这一标准，挑选了30名同志，编成4个小组，每组明确一人负责。四是利用两天时间，对调查人员进行培训，请地区档案馆馆长介绍全国各档案馆馆藏情况及查阅方法，让地区资料工作做得比较好的灵寿等三县方志办主任介绍经验。五是统一印制下发了资料摘录卡片。从去年三月起，该地区组织的这四个调查组，采取“出去一把抓，回来再分家”的方法，利用五个月时间，先到省内有关档案馆、图书馆，后到天津、北京、上海、南京、宁波、黑龙江、太原等地，搜集到新中国成立前历史资料1980份近200万字。参与并受益的各县（市）和地直部门经调查实践感到这样做少出人、少花钱、多获取资料，确实是件一举多得、效益显著的好事情。

石家庄地区这一做法和经验被省方志办推广后，省内其他一些地、市、县先后派人登门了解详细情况，借鉴学习。邢台地区和保定市行动比较快，也采取类似的方法，搜集到一批志稿短缺的历史资料，弥补了志稿资料不足，为提高志书质量奠定了基础。

（原载《中国地方志》1990年第3期）

深切怀念领导、长者、恩师卢振川主任

卢主任与世长辞了，但他却仍活在我们心中。与他接触过的人都会感受到，他是一位优秀的领导者、慈祥宽厚的长者、循循善诱的恩师。

作为领导者，他在河北从事地方志事业这一时期，起到了开拓、组织、发动、起步、抓点、克难攻关、发展壮大、巩固提高的重要作用。与他一起奋斗的人们，永远难以忘却那不平凡的岁月 —— 创业开始，由 3、5 个人，发展到 6、7 个人 ，再增加到 10 多个人，面对近 200 个市（地）县（区）的行政推动和业务指导，显得捉襟见肘，人员少、任务重，困难重重。但以卢主任为首的修志人，“铁肩担道义”，无私做奉献，知难而进，分工不分家，“官兵”一个样，一人顶几个人用。办公场所紧张，他率先垂范，把办公与生活之所合二为一；工作人员几人挤在一个办公室，拥挤着，工作着；为能节约经费、又能稍稍改善办公条件，不辞辛苦，先后多次搬家变动办公租赁场所。全省修志启动方案的拟定、有关领导讲话的起草等，不少都是他亲自提笔高质量地完成。“半路”接手的志人来卢主任处请示汇报、咨询求教，没有招待经费，他就自己买些干粮菜蔬便饭招待，亲如一家，其乐融融。他以办为家，顾不了家事，一心扑在修志事业上，对长期患病住在北京的老伴，安排子女给予照顾。他一年有三分之二的时间深入基层，到修志第一线，与各地领导见面沟通，宣传上级关于修志的部署、任务和要求，指点修志的方法、路径和对策，进行修志业务的分类指导和帮助。对待井陉、三河、霸州、丰南、黄骅、北戴河等试点先行单位，他像农民对待自家的自留田那样，关爱有加，时常奔波巡视，看看有什么困难需要解决、有什么问题需要探讨、有什么经验可以总结、有什么方法可以推广。熟悉情况的人们跟办公室的司机开玩笑说，其南征北战，东奔西跑，小吉普跑坏了上级领导给换成了小上海，小上海跑坏了领导又给换成了伏尔加。由此可见以卢主任为首的修志创业者们对工作是如何的执着，作风是如何的深入，开拓进取的精神是如何的强烈。卢主任抓修志，总是善于根据不同时段的特点，确定各个阶段的工作重心。先期人员培训，规模适当扩大，此后规模适度缩小，结合以会代训、以评代训；先期着重基础入门知识，此后开列专题，有概述的把握，大事记的撰写，人物的选择，政治运动的记述，市管县问题的探讨，民俗志的采编等，一一深入解决。

他是一位具有儒家风范的领导者，既是领导又是学者。和其一起奋斗的人们根本不会忘记他在学术上的独树一帜。正如首轮省志总纂、省地方志编纂委员会副主任肖风所盛赞的那样：“卢论方志，多有创见。”志书之要，首在指导思想。他经深思熟虑，提出贯穿、渗透于志书各个部分的新的指导思想是唯物史观。关于志书的整体性，他阐述的真知灼见是：志书的记述对象，即多样性的客观世界，本来是相互连接的；只要把握了这个基本点，就不难从志书的结构设计中，以及从所记内容的连接上，找到增强志书整体性的方法。关于认识和分析问题的方法，他指出要坚持辩证法，要抓主要矛盾和矛盾的主要方面，要寻找事物的连接点、转折点、关键点，要善于从地域特点中挖掘与此相关的其他特点。关于《概述》，他从其应有的功能入手，概括出了省内志人耳熟能详、带有经典性的5条“定律”，即总括地情、沟通联系、彰明因果、提炼精华、评量得失。关于大事记，他提出必须与各分志记事相照应；其位置应在卷首《概述》之后、各分志之前，使之起到举纲带目的作用。为提高志书的政治质量，解决政党、政权和政治运动等记述难点问题，他首创性地提出“重要决策”的设置问题；以“实事求是”取代“秉笔直书”的提法；记述“文化大革命”等运动，侧重做法与结果，而不纠缠细枝末节。关于经济部类，他强调要加强“经济综情”“经济效益”等层面或专题的记述等等。

作为长者，在家他是一个大义父亲。1976年唐山大地震，他有两个女儿陨于大灾，作为父亲难免悲伤，但很快挺了过来，全身心投入到第一线的抗震救灾中（震灾发生后，他及时赶赴唐山，参加抗震救灾指挥部的工作），为幸免于难的家人及子女们做出了榜样。作为长者，更多的是从广义角度来说，不论有无亲缘关系，凡和他相处，都能感受到他是一个慈祥宽厚的先贤，乐于助人的前辈，堪称效仿的楷模。省方志办既是一个指挥协调的枢纽机构，又像一个温情融融的大家庭。这首先得益于有卢主任这样一个大家敬重热爱的核心人物。为消除工作人员的后顾之忧，使之轻松愉快投入工作，他不论多忙多累，都尽量抽出时间与大家聊聊家常，问问情况，为帮助排解家庭矛盾创造条件。工作人员家中的事，譬如夫妻之间发生口角，父子之间有了隔膜，婆媳之间出现误解，如此种种易于影响到人们情绪的事情，卢主任往往能够及早掌握到信息，并充分发挥自己从战争年代起即长期做思想和宣传工作的优势，不失时机地予以开导，或动之以情，或晓之以理，循循善诱，“拨云驱雾”，在平静、真诚、深入沟通中，慢慢把纠结在人们心中的“扣”给解开了，使之放下包袱，轻松前进。久而久之，办公室编内编外的，老的中的，甚至工作人员的子女们，也都愿意敞开心扉和他聊聊，从中获得经验的传导，知识的熏陶，做人的坐标。

为使辛勤耕耘的同志们安心工作，走专业化修志的路子，卢主任十分关心大家的职称评定，经多方奔走，终于把方志纳入到编辑出版职称系列之中，部分关心方志的大家也被吸收到高级职称评审组织当中，同时建立了独立的中级职称评审组织，使一批学有所长、干有所为的修志人员获得了相应的中高级职称。对方志系统的人员，谁的工作关系还不顺畅，谁是修志值得“栽培”的后起之秀，凡是他知道并在正常范围内的，有条件帮助的都会尽力给予帮助，使有关人员深受感动，进而变领导的“关心”为自己的“尽心”，更好地投入到艰苦而又非凡的方志事业中。

称其恩师，当之无愧。河北修志系统的同仁们谈及自己幸为卢主任的学生，都感到十分的骄傲和自豪。他学识渊博，品德高尚，思想深邃，“传经布道”深入浅出，耳闻目睹者都被深深吸引着。他带“学生”，或面授“技艺”，诲人不倦；或电话深谈，切中要害；或“一题同作（撰写论文），以师带徒”；或书信来往，陈述高见；或点读志稿，指点迷津；或挥笔作序，总结经验，鼓舞斗志。他就是这样，持之以恒，循序渐进，“润物无声”，终于量达质变，带出了一批具有真才实学、不负“师训”的好学生。这些高门弟子，有的成为中国地方志学会学术委员，有的受到国家劳动人事部门和中指组的表彰，有的成为优秀的组织工作者，有的担任多部志书的学术指导，有的成为史志书籍的统筹或主编，有的成长为方志系统年轻的学术带头人，他们为河北的方志事业源源不断地发挥着光和热。在卢主任带领、后来者接力下，河北真正落实、实现了中指组提出的“出好书、出经验、出人才”的宏伟目标。

卢主任走了，他为之奋斗的方志事业取得了丰硕的成果，能够使他安然平静地走了。由以卢主任为首的前辈所创造的宝贵精神财富，是修志人不竭的力量源泉。请卢主任放心，我们一定会发扬光大，让方志之树永远长青，让修志事业经久不衰，繁荣兴盛！

让我们活着的人，以缅怀河北方志事业的创始人、开拓者卢主任为契机，学习他高尚的情操，优良的品德，顾全大局的境界，艰苦奋斗的作风，开拓进取的精神，勇于创新的作为，严谨“治学”的态度，积极做好每一项工作，继承巩固发展省方志办好的传统，以新的面貌、良好的业绩回报卢主任的在天之灵。

（选自《河北地方志》2014 年增刊）

鲁政德《方志论集》序

鲁老大我15岁，是长者；从事史志56年，是老师；担任省级史志办主任14年，是领导；豫籍新方志专家，其方志编研成果当属首席。

我与鲁老相识起于1988年，之后相往、相求、相学27年。因缘于乡土，相往无束，相求必得，相学不拒，得天独厚，收获颇丰。故此，也早为其丰富的学识、缜密的思维、严谨的态度、不凡的能力、勤奋的精神、海量的成果、高尚的品德、平易的为人所敬佩。从其新编精编的这本《方志论集》，更可便捷综览其德、才、勤、绩等。

在全国第二轮修志大多仍在进行、部分省份已经或接近完成的时候，正需要一部兼有总结、规划性质的方志编修指导书。曾担任中国地方志协会副秘书长的鲁老，其《方志论集》，正是一部适应需要、思行结合，可读可用的方志研究、总结、指导性书籍。他的问世，为方志殿堂新添了镜鉴，可喜可贺！

《方志论集》主体由六部分组成，分志论简编、志要新论、专家评说、修志感悟、大事纪略、附录文存。就内涵而言，其一缘于“编书为众、利于读者”，将其累计200多万字的著作，精选浓编为8章27目、计5万字，彰显“功用”属性，着力钩玄提要，实乃文约事丰。其二辖3章21目，是新志续论，包括修志探索、序言断想、志书（稿）评论。极显作者敏锐的观察力、严细的执行力、适时的指导力。其三辖3章22目，包括名家序言、专家评论、受访文录。其如面镜，纳言受检，“以正衣冠”。其四所辖5章26目，回答了人的一生应怎样度过，应有什么样的理想，应怎样学习、工作，应怎样待人、处事，应怎样养生、健身。既是自身认识和实践的归纳提炼，又是对志界今人和来者的殷殷期望。其五辖3章53目，主要包括在其78年生涯中，读书教书、在职修志、退休编研三个阶段情况。反映出作者紧紧围绕读书教书奠定基础，修志实践与方志研究相促互动的奋斗历程。其六辖4章21目，包括修志情况一览表、筹建河南省史志馆、《实践与思考——鲁德政方志文稿》目录、构建和谐家庭。属收笔之作，寓示着“家和万事兴”“矢志修志三十年如一日”，虽近耄耋，甚感宽慰。

有如鲁老等一批新方志创始人积累的宝贵财富相继问世，相信新方志事业必定会人、事兴旺、繁荣发达。

晚生作序，如履薄冰。好在人如其文，文如其人。读者见书见人，自可补余之缺。

以上感语，权作为序。

（选自2015年出版的鲁德政《方志论集》）

《齐家璐方志文选——挑三拣四说志稿》序

从1990年至今，由于工作关系，我与齐家璐先生相识25年。其刚正不阿、率直坦诚的性格，思维敏捷、快捷高效的作风，给我留下深刻印象。

齐家璐先生原在县、市文化单位工作，著文编书，成果丰硕，群众文化论文曾获河北省社会科学研究优秀成果奖。因市志工作急需人才，下举上诏，中途改行，走上机遇与挑战如影相随的方志领导和编纂之路。其勇挑重任、敢于担当的精神，让人至为敬佩。

在河北省地方志办公室，我一直协调市、县修志指导工作，同时还曾兼顾学会、刊物等工作；退休后，仍参与这方面的活动。齐家璐先生对省方志办和我分管工作的支持是广泛、一贯并卓有成效的。在出谋献策、制定规范、学术研究、专题探讨、编纂指导、人员培训、志稿评审、成果鉴定等方面，一直是鼎力相助，令我终生难忘。

如同中国地方志指导小组办公室副主任邱新立博士所言，齐家璐先生能文能武、勤学善思、功底深厚，属于样样通达的全面型人才。阅读方志出版社出版的《齐家璐方志文选 ——白话志书编纂》，即将出版的《齐家璐方志文选 —— 挑三拣四说志稿》，以及规划出版的《齐家璐方志文选 ——〈汶川特大地震抗震救灾志〉编纂手记》，就可综览其真知灼见、海量成果和敬业精神。

这次行将问世的第二部《齐家璐方志文选》，由 72 篇稿评组成，其中省志稿评 3 篇，市志稿评 8 篇，县志稿评 37 篇，区志稿评 11 篇，专业稿评 12 篇，事件稿评 1 篇。其特点是类型齐全，覆盖广泛，明晰异同，言之有物，切中要害，思行结合，因创衔接，宏微联系，“诊治”并举，正本与前瞻兼顾，刚性与柔性统揽，合格与出彩共酌等。尤其是注重运用新的研究成果指导新的修志实践，诸如将对分类和要素的独到见解，对“述特求变”修志要求的升华，对“点面结合”的新解和完善，对“兴衰起伏”写作要领的提示，对“好读好用”功能的新定位，对“信马由缰”问题的忠告等等，较好地运用到稿评当中，使评审工作具有了较强的针对性和可操性、引领性。

作为河北省方志专家库成员、中国地方志学会学术委员的齐家璐先生，其新编《齐家璐方志文选》的出版，不仅是河北方志界的一件要事，也当是全国方志界值得称道的幸事，他必将在红红火火的第二轮及今后的修志活动中发挥应有的重要作用。

以上感言，寥寥数语，自知不周，权作为序。

2015 年 6 月

真正坚持“严、细、深、实、快”，切实做好二轮修志工作

严、细、深、实、快，是省政府近两年对全省各项工作总的要求，自然也包括地方志工作。全省第二轮修志的实践已充分证明，谁真正坚持严、细、深、实、快，谁就能在提速提质上取得显著成效，否则工作就会受到严重影响。因为严、细、深、实、快，涵盖了工作态度、工作作风、工作标准、工作目标、工作效率诸多方面，既是衡量工作做得如何的重要标准，又是做好工作的基本保证。严，就是严格、严谨，高标准、严要求，严格修志工作程序，严格按修志规律办事，严格修志质量标准，严格审查把关，严禁劣质志书出版。细，就是细致细心，一丝不苟，精益求精，工作环节上求细，工作内容上求细，虑事细心，安排缜密，处理妥当，不出现错误和纰漏。深，就是深入、深化，准备工作深入，宣传发动深入，理论研究深入，培训提高深入，指导工作深入，调查研究深入，搜集资料深入，记述内容深入。实，就是求真务实，踏踏实实，苦干实干，出实招、见实效，把工作落在实处。快，就是“从部署到结果这个过程不要太长”。要强化时效意识，要有时间观念，不能随意拖延，搞疲劳战。要坚持提速

提质的辩证统一。提速修志过程是手段，提高修志质量是目的。质蕴于过程之中，过程包含数质两个方面，速度的变化，同时也是量向质的转变。没有量变，也就没有质变。我们要重视最终的结果，更要关注起步与过程，关注迈好第一步，关注每一步的小胜小变，关注积小胜小变为大胜大变。不论在何时何种情况下，都要坚持速度与质量的统一，做到快中求好，好中求优。只快不好是浮躁，只好不快是偏颇，两种偏向都不可取。目前，我省修志工作处于4种状态，即早者出书，此为少数；快者正在撰稿或深入搜集资料，此为多数。再者为已经启动或即将启动，此为部分；差者是尚未启动，此为少数，此类问题也正在解决之中。除了第一种，其他三种都需要严、细、深、实、快，进而提速提质，加强效能建设。

一、严、细、深、实、快，要体现在前期准备工作中

续志完成时限一般是4至5年时间，也就是一届政府任期（大家知道，一届政府就是5年）。各方面条件具备，包括“一纳入、五到位”落实，主编水平高，编辑力量强，安排科学，工作抓得紧，完成时限可能提前，否则可能往后推一点。

按4至5年说，一般前期准备3至4个月。续志前期准备，要高标准，严要求，不凑合，不简化程序，确实体现严肃认真。这一步不能草草率率，也不能拉得太长，要体现既好又快。其基本任务是：1. 健全机构，包括建立健全地方志编纂委员会，建立健全地方志办公室。2. 组建修志队伍，包括方志办本身的编辑队伍和基层的撰稿队伍。根据续志的特点，编辑班子一般要在10

人左右，多一点更好，编内人员少，可再借聘一些。基层的撰稿人员，由各单位提出，方志办要审核，不符合条件的要调整。3.制订方案。方案包括组织领导、志书完成时限、各单位任务、完成任务的要求、措施、评议审定、印刷出版等。4.拟定篇目。篇目要体现现代化社会分工与科学分类实际；要减少虚的层次，突出实的层次，避免叠床架屋；要统属得当，归类合理，层次清楚；要敢于改革创新，与时俱进；要突出特色，详异略同；要防止抄袭，避免照抄照搬。拟订篇目，不要闭门造车，一定要与各部门、单位相结合，反复沟通，反复征求意见。篇目完善是一个过程。要随着资料工作的深入，强化主体章节，删减调整不切实际的方面。总之就是量体裁衣，切忌削足适履。5.编制详细调查提纲。调查提纲与篇目有联系，又有区别，不同的是，篇目简略，调查提纲详细。调查提纲包含任务分工、内容提示、调查要求。先行的县、区调查提纲，有的五六万字，有的七八万字。6.部署、动员。一般是传达上级精神、宣读本级文件（包括实施方案）、各级领导讲话。7.培训提高。一是方志办编辑班子内部的培训。总纂班子，包括主编、副主编、分纂、责任编辑，以及特邀编纂人员的学习提高是重中之重。班子昭昭，才能使人昭昭。二是各单位撰稿人员培训。这一层培训，要有针对性，要讲实用性，撰稿人需要什么就讲什么，比如讲如何搜集资料，如何突出部门行业特点，如何反映本行业的主体事物，如何写出规律性、经验性的东西，如何锤炼文字，如何加强行文规范，如何避免资料堆砌等。对撰稿人除集中培训外，还要加强分类指导，注重“单个教练”，这样更有针对性。

要引导大家加强自学，并把学习贯穿于修志工作的全过程。学习内容，一是发的学习资料要很好学习消化。二是优秀的方志刊物要买来学习。比较好的志刊有《中国地方志》《广西地方志》、

《巴蜀史志》《黑龙江史志》《新疆地方志》《河北地方志》《河南史志》《内蒙古地方志》。三是省内获特等奖的志书，如《晋县志》《辛集市志》《定州市志》《阜平县志》《丰宁满族自治县志》《枣强县志》等。续志如《商丘地区志续编》《三河市志》《井陉县志》、《嘉定县续志》《濉溪县志续编》《普陀区志》《柳州市郊区志》等，也可购买学习。四是购买一些关于改革开放和地情研究的书籍学习。

续志前期工作做得如何，落实不落实，落实得好不好，应该从以上若干方面进行检验、衡量。这里着重说说修志论证与规划问题。因为这是准备工作的核心，是落实严、细、深、实、快的关键点。原中指组组长李铁映很重视论证规划工作，他指出这是“我们修志工作基本建设方面一个必不可少的内容”。他说“充分论证也就是总结经验，就是一次培训，一次学习，就是把经验上升到理论的过程”，“怎么修，修什么，为什么修，都需要认真研究”；“要把规划当作一门科学”，“如果我们想让”修志人员“积极投入新世纪新一轮方志工作，就必须把很有价值、很有前途的规划拿出来”，“这样，大家才能投入，才知道怎么办”。我们要按照铁映同志的要求，切实把论证规划工作做好。

论证规划什么，李铁映已经讲得很清楚，就是为什么修，修什么，怎么修。为什么修是目的，修什么是内容，怎么修是方法。

研究这三个问题，都要充分贯彻李铁映关于质量第一的思想。2001 年 12 月 20 日，李铁映在全国地方志第三次会议上的讲话，对质量问题作了精辟、深刻阐述。他指出：对于所修志书和新一轮的修志工作，在质量上应该有新的更高的要求，从一开始就把质量放在第一位。要把精品意识贯穿到工作的全过程和各个环节，一切工作都以出精品作为纂修志书的基本精神，不要在数量和速度上做文章。如果质量上出了问题，那会造成什么样的结果？不仅贻害子孙，还会危害当代，失去他的文化价值和社会价值。因此，新一轮修志就是要推出一批符合时代要求，具有很高科学水平和重要文化价值、社会价值的志书，使修志真正上升为一个科学体系，把修志真正当成一门学问和学术来做。一本好的志书，在某种程度上并不亚于一部学术专著。只有具有科学性、文化价值和社会价值的“名志”“佳志”，才可能流芳百世，为后人所借鉴，为当代人资政。每部志书都是一部学术著作，都是一部精品，这是对新世纪修志工作最基本的要求。新一轮修志工作如果不在一开始就把质量摆在首位，那么，不仅将来编纂出的志书在质量上不行，而且还会受到社会各界的批评和责难。2003年1月8日，他更是严肃地指出：质量问题是关乎新世纪方志事业前途和命运的核心问题。这里把我们的重大责任说清楚了，对为什么修、修什么、怎么修之要点也点到了，我们要深刻学习领会，并把他贯穿到论证规划和整个修志过程中。

关于为什么修，过去表述有6个字，即资政、存史、教化，我们不是为存史而存史，修志为用，用于资政教化，重点在于资政。为了把为什么修的问题探讨得深入一些，我们可以换位思考，可进行逆向思维，要站在编纂者角度想想，也应站在用志者角度想想，像李铁映同志说的那样，弄清楚政府需要什么，各级干部、普通百姓、知识分子、学生都需要什么。有用处才能有价值。志书首先是服务当代人的，自然应当以当代人的社会实践和需要作为标准。如果志书不得用或未尽其用，那就不能获得社会的承认，他的文化价值和社会价值就难以体现出来。

已经出版的志书，不论好、中、差，共性问题都是具有较高资政价值的资料偏少，一般性资料偏多。正因如此，我们提出了一个很现实的问题，即在第二轮修志中，该压缩的要大胆地把他压下来，该增加的要大胆地把他加上去。提出这样一个加减法，就是要解决前面说的一多一少问题，增强志书的资政作用。我们希望大家在这次修志中敢于大胆尝试，把这篇加减文章做好。目前有一种说法，就是现在出的续志不像续志，持一种悲观态度。我们也很希望大家在续志编修“由不像到像”的重大转变中成为开拓者，做出历史性的贡献。

关于修什么，也叫写什么，是老问题也是新问题。李铁映讲：地方志就是地情书，地方志工作就是在党委领导、政府主持下对地情的全面调查。从理论上讲，凡地情内容，都属于调查和记述的对象。但从实践上讲，还得从国情出发，日本编纂类似书籍，原则是越细越好，这是他们的特点，符合他们的国情，中国走这条路不行，只能走文约事丰、博观约取之路。首轮修志中、后期提出的“纵不断主线，横不缺要项”，比较符合中国国情。在这方面，认识要有大的突破，不突破走不出一条新路。要有所为，有所不为，有所得，有所失，有所破，有所立，要在抓要项上多为多得多立，在非要项上少为少得少立。地理、政治、经济、文化、地情之要，改革之要，问题之要，举措之要，变化之要，地方特点之要，都应重视调查和记述。

前面说了，现在出的续志不像续志，那么像什么，更多的像第一轮志，有的还不如第一轮志。20 年后修的志还是这个样子，是个很大的问题。为什么不像，就是首轮志精华与糟粕同时得到继承，甚者是继承优点少，继承缺点多。那么首轮志的主要缺点是什么，概括说就是 14 少 14 多：宏观少，微观多；提炼综合少，条分缕析多；重要内容少，一般内容多；记重要活动少，记机构、会议多；本质内容少，表象内容多；从国家管理角度记得少，从部门、单位角度记得多；管理经验教训少，管理一般工作多；管理对象内容少，管理主体内容多；记官方行为多，记民间行为少；把握兴衰记转折少，逐年流水账记述多；动态记述少，静态记述多；典型少，横面多；记人少（含思想、精神），记事多；无形少（包括观念、心态），有形多。第二轮修志，如果有责任感的话，就要千方百计解决这些问题，在规定的篇幅内，该多的让他多起来，该少的让他少下来。

二、严、细、深、实、快，要体现在修志主体工程中

修志当中的主体工程，一般说有8项工作，即搜集考证资料，认真撰写志稿、严格进行总纂、评论修改、省级终审与自身加工、出版社审读及自身完善、选拍特色图照、精选附录文献，时间两年半左右。修志工作，资料是基础，是重头戏。资料工作深入不深入，直接关系到续志的质量高低，因此，这一步一定要从严从细，重深重实，把资料工作做细做好。

首轮修志有的地方边搜集资料边撰写志稿，结果欲速则不达，走了很多弯路，续志工作中一定要吸取这个教训。在详尽占有系统而全面资料的基础上方可动笔。首轮修志，一般搜集资料在千万字左右，成书资料在百万字左右，搜集资料与成书之比，大致在10∶1到6∶1范围内，有的比这个比例还要高。搜集资料特别是搜集有用的资料，不厌其多，多多益善。

搜集资料要细致周全，一是要注意征集各种类型的资料，二是要注意资料的基本要素要齐全，三是要注意资料的轻重主次，四是要注意征集相关的背景资料。特别是要重视专题类资料的搜集。专题类资料，就是事关全局的、主宰部门和行业的、代表时代精神的、具有地方个性的、属于工作重心的、属于维护社会稳定的这一类重要资料。专题类资料包括积极、中性、消极三个层

次。比如秦皇岛改革任用机制打造村支书典型群体、唐山迁安市落实科学发展观创建文明生态村，就属于事关全局、具有时代精神和地方特点的专题类资料。专题类资料，还可以从另一角度两个层面来理解，即管理主体、管理对象层面，无论党政、群团、公安、法司，还是产业、事业，都存在这两个方面，而这两个方面都蕴含着专题性资料。管理主体方面的内容，包括基本情况和经验、教训，如石家庄探索“传统产业高新化”，乐亭县调整结构使农业大县变成经济强县，围场县把蔬菜产业真正做大做强，临漳县以发展沼气为龙头推进文明生态村建设，就属于管理主体方面的内容。管理对象方面的内容，主要包括要素、状态、联系、变化与趋势，如煤矿塌陷毁坏农民生存之本，农民职业病发病率高患者苦不堪言，一些农村人均耕地悬殊、矛盾突出、冀鲁豫邻接区流窜犯罪突出，就属于管理对象方面的内容。再如中国家庭暴力案件日渐增多、老板村官日益增多、家庭收入越高孩子营养越差，就属于新时期新问题方面的专题性资料。要通过深入调查，多抓一些专题类资料。对这类资料的处理，能入正文的尽量入正文，确实需要的再作为附录。第二轮修志，要高度重视社会调查。首轮修志，普遍侧重使用历史文献，深入的社会调查进行得很少。新一轮修志开展后，由于记述断限时间范围内改革开放和市场经济体制的深入进行，一些市场化、社会化的内容由于无主管部门，修志任务无法像过去那样通过行政手段落实下去，很多内容必须通过社会调查才能获得。因此，这轮修志要广辟搜集资料渠道。要变部门、单位供稿为主为供、采结合，重大问题，方志办或总编室要亲自调查，或组织力量调查，或建议党委、政府统一使用人力资源，吸收党委、政府研究室、党史研究室、城调队、农调队等部门、单位骨干人员参与调查等。我们是为党委、政府修志，我们向党委、政府提出统一使用人力资源是很自然的事。同时要注意利用已有的调查成果，如省妇联组织有关市、县、区妇联参与搞的两个十年妇女问题调查，城调队、农调队搞的城乡调查，其资料都可入志。福建省《浦城县志》能够获得省一等奖，主要一点就是通过行程4000多公里、420个考察点、270个村委会的考察调查，达到了以资料取胜的目的。河南省舞钢市史志办在二轮修志中，进行城市市面调查，非公经济典型调查，典型乡镇调查，种植、养殖大户调查等。河南省汤阴县，未设城调队，城镇居民生活的有关数据原由县工商银行统计，后来工商银行也不再统计。县里有农调队，但他们的统计数据项目不全，难以准确反映农村居民生活的真实状况。比如到2001年，在农调队的统计项目中，仍没有空调、微波炉、照相机、影碟机、电脑的内容。为解决这一问题，汤阴县史志办向统计部门学习统计方法，由史志办工作人员深入城镇和农村调查获取资料。对于城镇，他们与城关镇政府联系，共同召开县城各街道办事处主任参加的会议，求得街道办事处的支持。在街道办事处的帮助下，他们下发了调查表，要求5个街道办事处采用随机抽样的方式，各调查100户居民的生活水平。为了使调查尽量准确，史志办公室还派出人员，对街道入户调查人员进行了培训。这样，县城5个街道办事处，每个办事处调查100户，每户4张调查表，共2000张。他们把这2000张表收齐后，用随机抽样的方法抽出120户进行汇总，得出所要的数据。对于农村居民生活的调查，他们与县有关部门多次研究、比较后，在每个乡镇选择1个中等水平的村庄，开展了百户调查，得到了基本数据。浙江杭州萧山区修志中，社会调查进行得比较深入，他们一方面委托浙江省社科院、浙江大学、浙江工商学院、华中科技大学的部分教授、博士在萧山进行20个社会课题调查，涉及家庭教育观和居民择业观念变迁，居民生活质量、休闲娱乐、社交礼仪、住宅情况、吃穿用及居民的婚圈，民工、知识分子、企业家的生活、生存状态和妇女地位，民间资本投资，等等。另一方面，区志办自身也进行了“1987—2003年萧山农田害鼠种群”“萧山农村劳动力转移”“农村生活燃能结构变化”“萧山生物物种变化”等调查。这些调查“以人为本”，抓热点、特点、难点，关注百姓话题，聚焦社会热点，关注社会分层和社会结构变化，抓经济领域无主管部门的民营经济以及民间文化的调查。区志办力图以大量鲜活的第一手采访资料和口述资料，改变传统的过于依赖传统历史文献的修志方法，“贴近历史下层看历史”，通过调查资料提升志书的原创性，使志书成为别人写史的依据。这些地方通过这些调查，充实志书内容，扩展志书信息量，体现志书的时代特色，使续修志书与时俱进，更好地起到“资治、教化、存史”的作用。我省不少地方也在探索新的修志方法。在这里，我想就个案调查问题多说几句。问卷调查与个案访谈，是个案调查的基本方法。社会学工作者从事社会调查时，大量采用的是这种方法。中国社会科学院就曾搞过百村调查。第二轮修志，不少方志机构也如此办，并取得了良好的成效。此次修志，很多同志反映档案资料匮乏，搜集资料困难，在这种情况下，多搞一些个案调查，以小见大，由一斑窥全豹，不失为一种良策。不管是问卷调查还是个案访谈，都要突出重点，都要讲资料价值，都要避免随意性，都要有广泛的代表性。我省有的县修志中正在搞若干村调查，这一做法值得推广。可以搞10家企业调查，10个行业调查，10个销售网点调查，10种主要疾病统计分析，开展志书10大亮点活动等；可以搞50个专题调查，50项之最统计，50种新情况摸底；可以搞百村调查，百户调查，百人调查，等等。为了好记，也可以将这些叫做“10、50、100工程”。这只是个提示，多搞一点、少搞一点都可以。

社会调查，还有其他一些方法，如约请人大代表、政协委员或行业协会进行调查，请专家学者调查，或利用他们现有的学术成果，请离退休人员发挥余热，帮助调查。

在搜集到各种资料的同时，要认真考证资料的真伪。这是关系到志书记述的内容是否真实可靠的一项极其重要的工作。高质量的志书，首先是志书中所记述的内容是真实可靠的。李铁映同志指出：“志书以真实、准确为本，这是志书的基本特征。唯存真求实，存史资治才可流芳百世。名志、良志都以其资治当代，通鉴后世而名垂。不真、不准，不能为明鉴。必须坚持求真存实，存史资治的要求。”“要有实事求是的科学态度，来不得半点的虚假。实事求是是我们的思想路线，是我们走向未来的认识论和方法论。”可见资料的考证核实是多么的重要。资料的鉴别、考证、核实，前人的经验主要有书证、物证、人证、理证等几种，地方志编纂工作者一定要认真学习和掌握，切切实实做好资料的鉴别、考证、核实工作，使我们编纂志书使用的资料是真实可靠的，是经得起历史检验的。

志稿撰写，要做到酝酿从稳，思考从深，出手从快，修改从精。从基本章法上说，要文用语体，求简求雅；依实记述，述而不论；以类系事，横排纵写；记本地事，记行业事；条目排他，避免重复；称谓明确，生僻加注；引文简略，以题释义；使用数字，统一规范；记述度量，符合法定。从撰稿要领上说，要以时为序，写出发展主线；联系转折，写出兴衰起伏；加强综合，写清状况与脉络；紧扣主题，写出本质；点面结合，立题记述；写事写人，有机结合；浓缩资料，挤去水分；彰明因果，事实说话；图文并茂，注重效果。这里特别强调的是加强记述深度问题。为达此目的，一是要写好各类综述；二是要加强对事物主体内容的记述；三是对特色事物要浓墨重彩记述；四是认真剖析，努力展示事物的多层次性；五是注意扩展，尽可能多地集纳有深度、有价值的资料；六是加强沟通，切实展示宏观性的深度资料。志稿撰写，要做到8忌：忌挂账式，教科书式，论说式，演讲报告式，公文复述式，词条式，笔者抒怀式，展望未来式。

志稿总纂，是关键的一环，要大处着眼，细处入手，认真抓好。总纂有两解，一是指人，就是总编，又称主编、主笔；二是指总纂工作。总纂或总编、主编的职责是笔削文辞，统一规范，总纂全书。总纂履行职责时，一般从宏观调整和微观修改两个方面进行。宏观调整时，要以志书凡例为依据，凡与凡例不符的，或调整志书内容，或修改凡例，二者必须统一。微观修改时，要以“纂写规范”为依据，字斟句酌，精雕细刻。在笔削文辞时，还可请一些内行、专家、学者相助。

对总纂工作，有两点也是需要明确的，即总纂包括总纂班子的工作，要集众力，分纂与副总纂要先做工作，尔后送总纂一杆笔统稿。二是总纂工作一要体现在修志过程中，二要体现在对分志稿的纂辑上。

评论、修改，是又一个重要环节。评论要着重体现严格，不马虎从事；修改要着重体现精细，做到精雕细刻，精益求精。这一轮修志，提出两次评审两步到位。第一次评审就是市方志办组织的小型评审，选5至7人，着重挑毛病；第二次评审，就是范围大一些的评审，优缺皆评，这样做既有利于解决问题，又提高了修志人员的积极性。

评稿会的组织：

一是准备工作，包括志稿准备、思想准备、组织准备。志办（总编室）总纂出志稿后，征求有关部门和领导意见，自己满意了，没再发现什么原则问题，可提交评议。要准备好凡例。凡例是整部志书的法规，是编写的依据，也是评议的依据。有的志稿，到开评稿会时还没有凡例，这是一种不正常的做法。思想准备，就是要准备接受来自各种不同的批评和意见，甚至是大动手术的意见。会议期间要沉得住气。组织准备，就是会议时间、地点、参加人员等。应邀人员包括：上级修志机构人员，修志有经验的实际工作者，专家、学者。

志稿要提前一个月左右寄、送，迟了没时间准备，早了被人忽视。要求专家学者就哪些方面进行评议，应在邀请函中说明。

二是开会。志书（总编室）全体人员参加，当地领导参加。会议议程：领导致辞，省、市方志办领导讲话，主编（总编）汇报编修主要情况，评议开始。评议时间要多一些。评议中编纂人员不要轻易表态，轻易表态一方面是对发言人的不尊重，另一方面作为主人也缺乏慎重态度。要做好记录和录音。

三是会后工作。①分类整理所提意见。②认真研究决定取舍。哪些意见可以采纳，要择善而从。③确定修改方案。④落实修改人员，并提出时间要求。

评议会后对志稿的修改，方志界也叫深加工。修改对于写作来说，十分重要。古今中外，凡写作者，大都重视修改。许多学者、文人的手稿往往是改了又改。写文章要修改，撰写志稿也要修改，甚至反复修改。修改一次，提高一次。修改的过程，也是扬长避短、总结经验教训、纠正错误的过程。因为人们对客观事物的认识，不可能一次就认识清楚。只有经过多次反复，认识才能逐步提高。

会后怎样进行修改呢？首先要检查文中的思想内容是否正确，选用的材料是否可靠和准确，观点和材料是否脱节，写法是否对头，如有问题就改动，问题大就大改动，甚至重写。再看层次、段落有无不条理、不严密的地方，如有就加以调整。另外，词语运用不当的，标点符号有错的，也都要一一加以改正。陈词滥调，套话浮言，都要删去。

每章每节要修改，志书全文还要修改和调整，进行综合平衡工作，删繁补要，连贯全篇，统一体例。还需进一步全盘考虑观点和材料是否一致，内容是否具体充实、真实可靠，编纂方法和写作方法是否得当，是否达到政治性思想性应有的高度，有无原则性的缺点和错误，文中有无重复的地方，是否有不必要的议论和夸饰等不当之词。对存在的问题要一一纠正过来。省级审查，县、区志一般20天左右，辖区市志时间稍长一点。报省审查时，由地方志编纂委员会或政府出具的公函与志稿一并报送。省审查之后，先出具具体审核意见，修改之后符合要求再出具“同意出版”的意见。这个意见是对出版社的。国家新闻出版署1991年287号文件规定：由省级地方志办公室、省级党史资料办公室组织编纂和审定的地方志、党史资料，才可以在有关专业出版社出版。这里有个前提就是要经省级地方志机构审定。中指组和省实施方案的精神，与新闻出版署的精神是一致的。报送单位得悉审查意见后，要认真消化，抓紧修改，使志稿更趋完善。

接着是出版社审读与自身修改。为保证志书质量，要选择那些负责任、审稿认真的出版社，由他们把好最后一道关。稿子送出版社后，要保持经常性的联系，不能送出后长时间不过问。出版社更重视规范把关，而规范面宽且较为具体详细，因而修改时更要严肃认真细致，需做到一丝不苟。

选择特色图照要与文字工作穿插进行。要广泛收集新旧照片。要发动各单位的档案室、资料室和各级档案馆、图书馆提供，发动有关人员提供。一定要千方百计把本地最有特色、最有意义的地图、照片收集到手。图照收集完成后，要认真做好筛选工作。要选用最有特色、最有代表性的图照入志。每一张图照都要有准确的文字说明，写明时间、地点，写明重要人物姓名、职务、所在位置。志书图照的编排，要讲科学性。

选择附录文献，一要广泛。包括党委、政府文件，党代会工作报告、人代会工作报告、政府工作报告、政协会工作报告，党代会、人代会、政协会议重要的提案，各方面重要的调查报告、重要的研究报告，甚至重要事件的报道、重要的诗歌、重要的碑文等等，都要广泛收集。重要的有代表性的文献资料，要做重点收集，不能遗漏。

二要精选。收集到大量的文献资料后，要进行认真的筛选工作。志书附录要控制在一定篇幅内，主要是精选最有历史价值的文献资料入志。精选文献资料，要讲重要性、代表性。地方志编纂工作者，对自己写的文章选入附录，一定要严格标准，真正达到水平才能选入。

修志中间阶段的任务比较繁重，如何体现严、细、深、实、快，如何把工作做得更好，关键一点就是要建立健全制度和机制，靠制度、靠机制运作。从制度上说，要建立岗位责任制，学习研究交流制度，对下跟踪指导制度，志稿质量控制制度（包括审核把关制度、推倒重来制度）等。要把分工与荣辱、奖惩挂钩，谁分管哪一部分，评审稿、终审稿、付印稿都要写上去，以接受社会的检验和评说。我认为这就是机制，这有利于把压力变为动力，把潜在的优势转化为现实的优势。吃大锅饭，搞大呼隆，与严、细、深、实、快背道而驰，我们必须加以避免。

三、严、细、深、实、快，要体现在后期工作中

修志后期的工作，主要是四项，即做好汉英对照、编写志书索引、从严校对志稿、抓好装帧印刷，时间半年左右。

为方便国外读者，更好地服务于改革开放，第二轮志书的书名、目录都要搞中英文对照，确有需要的志书，如开发区志，也可搞多种中外文对照，经济条件允许的，凡例、序言、概述也可搞中外文对照。编纂志书索引的目的是增强志书的实用性，方便读者阅读。现在正在进行的第二轮修志，强调每出版一部三级地方志书，必须编纂索引。在编纂志书索引之前，志书必须经过审校定稿，经过排版定型，不再变动，按已定型的内容和志书页码编纂索引。编纂志书索引，是一项新工作。各级地方志编纂工作者要认真学习编纂志书索引知识，尽快熟悉这项工作，把志书的索引编好。

志稿校对必须从严从细，争取实现零错误，确保差错率在规定范围之内。送印的稿子要做到齐、清、定。一本书一般校对三次，也可根据原稿是否清楚，版面改动的多少和质量要求的程度而定，必要时可适当增加校次。经过工厂的初校并改正差错后，打出清样，送编辑单位校对。一般要送二、三次，称为初校、二校、三校。经过每一次校对，都要送回工厂更正版面上的错误，并再次打出清样送校。为了缩短出书周期，减少改版次数，也可采取连校的方法，有一、二连校和三、四连校两种。一、二连校就是校完一校之后，不经过改样的过程，再由另外人用不同颜色笔连续再校一次，然后才进行改样。

校对时应做到：校正校样上的错字、倒字及缺字，不致存在颠倒、多余或遗漏字句行段，以及接排、另行、字体、字号、标点符号等差错；改正符号和公式的错误；检查版式是否符合要求，包括标题、表题、图题有无偏斜，字体、字号是否统一，页码是否连贯，书眉有无，铅线要求精细等；检查注解和参考文献的次序和正文所标号码是否吻合一致；注重插图、表格、数字公式、化学结构式等的位置是否恰当和美观；校正图的位置，注意方位的平正；检查行距是否匀称，字距是否合乎规定；统一全书各级标题；其他版式应注意的事项。不符合各种要求的，应作必要的推行倒版，务必做到指示详明，便于改版。 志书装帧设计事关形象，亦应抓好。装帧印刷包括设计美观志书封面、设计新颖图文版面、挑选高质量印刷用纸、印刷志书图文清晰、出版配套志书光盘等。装帧印刷要上档次，要设计出美观大方的志书封面。设计的志书封面，要符合时代要求，与志书的内容相匹配。要认真做好图照、文字排版的设计。图文排版应与时俱进，要有所创新。要挑选高质量的纸张印刷志书，不应为节约一点经费而用较差的纸张来印刷。志书图文印刷要清晰美观。第二轮修志出版的三级地方志书一定要给印刷水平较高的印刷厂印刷，以保证印刷质量。要出版配套志书光盘。这是为了方便人们随身携带、随时阅读，有条件的地方都要同时配套出版志书光盘。

（本文为在 2006 年 9 月河北省方志学会培训班上的讲课稿）

在《衡水市志》稿评议会上的讲话

一、对《衡水市志》稿的看法

通读《衡水市志》稿，感到这是一部基础较好的市志稿。说他较好，关键是总纂工夫下得大。志稿吸收了其他志书、志稿不少长处，也避免了有关志书、志稿存在的不足。总的感觉：第一，观点正确，指导思想明确，坚持实事求是，纵向记述注意符合历史的真实，横向记述注意与各项方针、政策、法规相吻合。第二，篇目清晰。这是《衡水市志》稿一大长处。《衡水市志》稿共30篇161章398节，只有个别的节目需作些调整、修改，不需作大的改动，在篇目上，分类标准统一，避免了互相包容。主次关系处理较好，注意突出主题要素。第三，资料翔实。能向前追溯的尽量追溯。如个体私营商业、集市贸易，记了民国及以前的资料；交通运输中记了古道和历史上的水运；水利中记了河流的历史演变；金融中记了旧时的金融业；财税中记了新中国成立前的财政税收和税收减免等。这些都是很珍贵的历史资料。资料翔实，还表现在着重记事物主体，少记或不记那些枝枝蔓蔓的内容。对主体事物的记述，资料多则多记，少则少记，无则不记，不搞“资料不够，议论来凑”。这样，保留下来的都是实实在在的地情资料。第四，特点鲜明。衡水市是一个很有发展前景的县级市，他既有一般农业县的特点，又有现代城市的一些特点。《衡水市志》稿注意反映了这一特点。城建环保作为第四篇，放在了比较靠前的位置，工业篇也放在了农林牧渔之前。因为工业产值远高于其他业产值。在城市，“菜篮子”是一个重要的问题。《衡水市志》稿在商业之后，把蔬菜与粮食并为一篇，把蔬菜作为一章，详记了蔬菜的生产、购销、加工、贮存。从志稿可以看出，《衡水市志》作者反映地方特点，主要不是采取“升格”的方法，而是在各个部类紧扣衡水的实际，全方位的反映地方特点。衡水历史悠久，人才较多；交通便利，运输方便；既得灌溉之利，又受水、旱之害；地势平坦，既利农耕，又是征战场所。凡此种种志稿都有系统的反映。值得称道的是，作者比较自觉地反映了水利、交通与各业的关系，昭示了水利兴、交通兴、各业兴的道理。像水利治理、机井建设、衡水湖开发、土特名优产品等，也都有详细的记述。有关事物的细小特点，志稿也给予了应有的重视。如各乡、镇、村，除记述都有的内容，如人口、土地，还记了有关个性内容：如某村昔日多从事印刷业、某村善打麻绳、某村以种植蔬菜为主、某村以工副业为主等。市志稿还比较注意记事物的分布、差异，记差异也就是记特点。第五，语言简洁。一是开门见山，二是言之有据，三是简洁明了。第六，有关技术问题处理比较得当。市属与非市属内容把握较好，以记市属内容为主，兼记非市属内容。文和表的处理，坚持以文为主，以表为辅，防止了文表重复和错位。交叉内容，采取互见法处理，既避免了缺项，又减少了重复。人物部分不列编，有独到之处。

从各部类的具体情况看，也有许多地方是值得肯定的。《衡水市志》稿的概述写得不错。这个概述，是采取纵横复合式的写法。他既有纵述段落又有横陈段落，达到了观点鲜明、主题贯通、大事不漏、突出特点的要求。建置部分语言十分朴实简洁。水文中，注意通过水位下降状况反映水资源开发利用的经验教训。土壤部分基本要素记述较全，乡、镇、村庄部分注意记特点。农作物部分注意记差异。林业品种注意记分布。畜牧业部分，资料丰富，信息量大。商业、交通、水利、金融，内容较为充实。治安中的锄奸反特，司法行政中的法律宣传，民政中的救灾救济，教育、科技、文化、体育等的记述，都比较符合志体的要求。歌谣部分，时代气息较为浓厚。大事记的位置可以商榷，但大事记本身，记得较好，文字简约，体现了记大事、记要事、记起始性的事物、记重要转折阶段的事物。

《衡水市志》稿的不足和努力方向，总的说，一是需加强记述的深度；二是事、人、精神结合记述不够，偏重静态记述，缺乏动态记述；三是政治部类薄弱。

二、《衡水市志》稿的修改问题

1. 修改目标：优秀之作。提出这样的要求，其理由是：（1）志稿基础好。基础好，就需要上新台阶。（2）衡水地区已出版的两部县志，即《景县志》《冀县志》质量较好；已评审过的4部县志稿，即阜城、枣强、武强、故城县志稿，总体水平比较高。《衡水市志》稿是第7部评论稿，应当后来居上，在质量上更上一层楼。（3）编纂队伍素质较好，有条件把志稿修改成优秀之作。

2. 修改中应注意的有关业务问题

第一，要加强对城市特点的记述。篇目需作适当调整，以更好体现城市特点。从内容上讲，一是概述，要从事物的内在联系上反映衡水市的发展变化，反映衡水市对外辐射及吸引作用。二是增加1990年后能够体现城市特点和发展潜力的内容。三是对在本区域范围内的事物，记述时要具体情况具体对待。四是要从中、微观入手，充实一些能够反映城市特点的内容。

第二，要加强对宏观经济的记述（略）。

第三，要加强对政治部类的记述。志稿对党、政、群团、人大、政协的主要工作、主要活动记述单薄。这需要加强。在加强政治部类方面。我省部分志书、志稿有新的探索。《衡水市志》政治部类如何加强，要认真研究一下，要写出个性。我有一点建议供你们参考：在政治部类，要写好战争年代和五十、六十年代两个横断面的内容。要写这两个时期人们公认的好干部，要写这两个时期人民群众是如何拥护党的领导、支持政府工作的。要多挖掘口碑资料，要带着感情去写。写出的稿子，要让当事人看了激动落泪，让后来人看了敬佩，并激发起无限的期望。写到这个程度，资政、教化的价值就会大大提高。

第四，要加强记述的深度。

⑴要做好研究工作。有价值、有深度的资料，蕴含在各项事物中。研究透了，才有可能搜集、补充重要资料，压缩一般资料。

⑵要讲究记述的方法。增强志稿深度的方法是多种多样的，我只提醒注意三种方法，一是多层深入法，二是面、点结合法，三是以事系人法。

三、关于进一步加强对修志工作领导的问题

《衡水市志》稿下一步进入深加工阶段。这一阶段是艰苦爬坡的阶段。因此，需要针对这一阶段的特点，进一步加强对这项工作的领导。

第一，要把新市志的编写、修改、出版、利用，纳入到进一步改革开放、发展社会主义市场经济中去。

第二，对修志人员进一步做好关心、鼓励的工作。

第三，在修改过程中，需要有关部门和人员给予协助，比如统计数字的核对，有关事实和专业内容的核对，需要统计部门和其他部门人员的协助，组织上应做出安排。

第四，这次修志，是官方修志。因此，市领导要挤时间看看重点部类的志稿，要严格审查把关，省主管领导多次提出过这个要求。

第五，要把市志的出版，列入市政府的重要日程。

一是要有开放意识。衡水要面向世界，要把世界引向衡水。要在这样的思路下考虑市志的出版问题。规格要高一点，设计要美一点，印刷要好一点。二是要早拨款，早印刷，早见效。发展经济，要抓住机遇。而服务于两个文明建设的新志书，也要适应这种新形势，使志书早日问世。三是多印刷一点，县内外、国内外发行要用一批，领导接见内宾、外宾要送一些，还要存一些。

（原载《河北地方志》1994 年第 5 期）

在《柏乡县志》稿评审会上的发言

一、对《柏乡县志》稿的看法

我和大家的看法一样，认为《柏乡县志》稿是一部具有一定基础的志稿。从共性方面说，这部志稿指导思想明确，大多观点正确，是非分明，实事求是；大多篇目基本合理，总体框架立起来了；结合柏乡实际，努力反映特点，具有一定的地方特色，志稿语言较好。从具体部类来说，概述具有了一定的修改基础。概述有多种写法。《柏乡县志》稿概述是采取纵横结合体。从作者主观上，是想勾勒出历史的脉络，展现重要横断面的状况。记述时，不分一、二、三、四，争取一气呵成，防止隔离感。建置区划中，乡（镇）、村内容丰富；以乡、镇带辖村，处理得当，便于阅读，有些乡镇村还点出了特点。经济中设综合经济一章，很有必要，内容比较全面，有经济发展脉络，有经济制度变革，有经济结构状况等。经济部类有几章写得还比较好。党政要务中，有些内容反映了柏乡的重要特点，值得进一步深入挖掘。公、检、法、司的内容记述比较规范，条理比较清楚。教育部类，记科举，注意用历史资料说话。所附的群众捐资办教育、兴建王家庄中学教学楼捐资录很好，有利于弥补平面记述的不足。注意记教研与科研成果，这一点是应当充分肯定的。总的说，大文化部类内容较为充实，条理也比较清楚。

《柏乡县志》稿也存在一些不足，主要是内容单薄，资料欠缺，历史资料、现实资料都缺。各部类情况也不一样，地理、文化部类稍好一些，大事记缺几年的内容，政治部类单薄。除此，还存在统辖不当，重点不够突出，有些记述欠准确，“以事系人”偏少等问题。

二、评稿会后怎么办

评稿会后有一系列的工作要做，我在这里只提示三个重点。

第一，学习、研究、提高。过去忙于搜集资料、撰写志稿，没有更多时间学习，现在要补上这一课。只有认识提高一步，才能更好消化大家所提意见，才能更好地充实资料，才能自觉地修改志稿。学习什么？一是要学习修改的一些基本知识。二是有针对性地学习已出版志书的优点长处。河北的县志，像《武安县志》《邢台县志》《藁城县志》《晋县志》《辛集市志》《枣强县志》《盐山县志》《玉田县志》《大城县志》《丰宁满族自治县志》《安国县志》等都是比较好的，可以学习借鉴。能买的买，不能买的，到省方志办查阅。关于志书的评论和志书长处的汇集，也可以学习。这是一种捷径。研究什么？一是党的路线、方针、政策的研究，党的若干历史问题决议的学习研究，保密规定的学习研究。二是基本地情、特点的研究。《丰宁满族自治县志》的居民编、旅游编，是评稿会后经认真研究新增的，增得很好。行唐县原是信访案件较多的县，在中央都挂了号。近几年，县委坚持“以民为本”，大力弘扬党的为人民服务的宗旨，正确处理人民内部矛盾，密切党群、干群关系，成为信访工作的先进县。评稿会上，县委书记讲了这方面的情况后，县方志办的同志很受启发，决心再深入地研究县情和特点。我们柏乡有没有很突出的事物没有记述或记述简单的？恐怕还是有的。1991年，柏乡就开始探索平原粮区发展节粮型畜牧业的新途径。以推广、普及秸秆氨化和肉牛育肥技术为突破口，变常规饲养为规模创汇饲养。1991年，全县氨化秸秆10700吨，节约精饲料1760吨。肉牛日节约粮食1.5公斤，净增重1.3公斤。饲养8个月出栏，每头获纯利700元。县政府给予了大力支持，帮助农民解决资金60多万元，提供液氨20多吨，优惠供应棉饼130吨，还请联合国专家来柏乡讲解畜牧养殖科学知识。1991年，全县牛、猪、鸡总收入2914万元，比1990年增长30.5%，出口肉牛470头，创汇47万元，成为柏乡县历史上第一个规模型创汇产业。这在概述中点到，但在畜牧业中没有详细记述。再如养鸡业，柏乡县高度重视，成立了蛋鸡领导小组，建立健全服务体系，使养鸡成为柏乡的支柱产业。到1994年底，形成4个养鸡专业乡、39个养鸡专业村和一批养鸡专业户，蛋鸡存栏527.3万只，提供鲜蛋3.89万吨，产值2亿元，纯收入8000万元。这些很好的做法，在畜牧业中也没有很好记述。再如邮电通信，邮电部京汉光缆铺设时，柏乡县争取到光缆从本县通过，县内借机上程控电话。资金缺口大，干部集资，正县级1500元，副县级1000元，正科级500元，副科级400元，加上单位集资，共筹措资金40万元。程控设备安装中，邮电职工自力更生，艰苦奋斗，不请师傅，昼夜奋战，节省资金4万余元。这一举措，使柏乡县一跃跨入国际国内电信网。这么好的决策和事迹，在邮电和党政要务中都记得很简单。这方面的内容，都要通过调查研究来解决。三是入志资料取舍标准的再研究。通过研究，明确什么是重要资料，什么是一般资料，在搜集资料时，便于有意识地抓重点资料。

四是深层信息的研究。比如目前入志的许多数字，还应当充实许多信息。如对居民生活的记述，部分志书、志稿仅从收入、支出两上数量指标上来反映，显得简单。如果具体一点，反映收入，既反映人均收入增长，又反映不同地域、不同阶层不同的增长幅度，既反映各时期收入多少，又反映各时期收入的构成情况；反映支出，既反映人均支出量，又反映不同地域、阶层支出状况，既反映物质生活的支出情况，又反映精神生活的支出比重，既反映健康消费情况，又反映不健康消费情况，等等，更能看出物质、精神生活的发展变化和差异。五是志书记述方法的研究。如何更好地做到志、记、传、图、表、录诸体并用，有机结合，就属于方法方面的研究。

第二，进一步挖掘、充实资料。评稿会后的资料充实，各县都做了这项工作，区别只是充实多少的问题。景县评稿会后，他们三上京津，两赴宁汉，外访内查，跑遍全县，行程一万多公里，召开座谈会上百次，发信函200多件，查抄档案5000多卷，搜集60多万字。修改时，他们增加新内容30多万字。当时县财政赤字约400万元，但县长办公会决定，搜集资料的费用实报实销。邯郸的磁县原打算去年年底评稿，后来和别县志稿比较，觉得资料有差距，他们又延长了一年的搜集资料时间。这次挖掘要以活资料为主，多挖掘一些口碑资料。

第三，修改时，要抓住重点，改好一般。改好是指全部志稿都要合格。合格的志稿，起码要达到以下9点：(1) 政治观点正确。(2) 篇目及内容统辖得当。(3) 事实准确，存真求实。(4) 自圆其说，互不矛盾。(5) 数字统一，不互相抵牾。(6) 标点、纪年、称谓、官制、货币、计量单位、度量衡等使用规范。(7) 专业内容符合要求，无常识性错误。(8) 语言表述无语病。(9) 无失泄密现象。

突出重点，就是在全部合格的基础上，把一些部类修改得更出色一些。所确定的重点，主要是本地有特色的事物，这个主要由县方志办研究决定。大家的意见可以参考。从志稿分散的资料中可以看出，柏乡县历史上一些为政者也为民办了一些好事。如1765年县令钟赓华购宅捐建槐阳书院，1295年开挖新沟河，1868年知县宋陈寿体恤民情、承包差役、减轻县民负担，1929年县长黄文锦捉拿土匪杨木廉，将杨镇压，1935年县长杨桂森严令禁烟禁赌，一日连杀7名烟贩等。这些可以在概述和旧政中集中记一记。《安国县志》就设了“明清时期政事辑要”，记了明清时期扩建学宫、制定法规、筑补河堤、倡种桑蚕、兴办新学等10个问题。这样记，就是坚持历史唯物主义。概述中写道柏乡县是老区、柏乡人民富有革命斗争精神，但是同其他一些志书比较，老区的情况记得还不够。《武安县志》《邢台县志》《藁城县志》《辛集市志》《卢龙县志》，将抗日根据地的情况分散与集中结合记述，显得比较厚重，可以参考。柏乡是农业县，大农业的内容，包括农、林、牧、水等都要记好。农业的综合开发，农业的技术引进，农业的深层加工等，要加重笔墨记述。不要只记结果，不记所采取的措施和具体的工作。

概述和党政要务中涉及有关问题，如1980年县委推广南阳公社南孙村实行联产计酬责任制的经验，1985年后确定走种、养、加一条龙发展农业路子，1989年后县委密切党群、干群关系举措，加强改革、开放的决策，1990年粮食价格改革的经验，统计和婚姻登记工作改革的做法等，反映了柏乡的特点，但由于主、次区分不够，主次混杂记述和平均用力，该冒尖的没冒出来。修改时，要改变目前这种记述方法，党务、政务可以分开，主要的次要的分开。要写决策和施政的过程。河南林州市《红旗渠志》引漳入林的决策，除记决策的结果，还记了决策的缘由，决策的条件，决策的过程，写得很好，值得学习。

（原载《河北地方志》1997 年第 7 期）

跋

我是1988年到省地方志办公室工作的。原来并不很清楚地方志为何物，只知道与文化有关。由于家人的支持和亲朋对省方志办首位主任卢振川的介绍，我便选择了这个单位，在职一干就是24年，2012年退休返聘仍然未离开这一行。可以说是几十年始终如一、心无旁骛、乐此不疲。

在省方志办，先是当编辑，1990年任副主任，一直负责市、县志的协调、指导、审稿等工作。新编方志，对大家来说都是一个陌生的领域，面临的问题层出不穷，有组织管理方面的，有编纂业务方面的，等等。作为分管人员，只能是边学习、边协调、边实践、边思考、边释疑，学中干、干中学，逐步提高和积累经验。好在方志大家、河北修志开创者卢振川主任除抓全面工作外，还直管市、县修志工作，对我们这些生手给予了全面细心的培养教育，使我们得到了较快的成长。此期间，由于工作的需要和卢主任的引荐，也与中指办和部分省（市）方志机构的老主任，如中指办的诸葛计、北京的赵庚奇、天津的郭凤岐、河南的鲁德政、辽宁的苏长春、广东的黄勋拔、浙江的魏桥等先生取得联系，得到他们的教诲和指导，受益匪浅。到第4任主任杨洪进时，配合共事11年。这期间，得到了他的全力支持和鼓励，包括行政和业务等方面的大力扶持。总结起来，能有今天修志业务上的一些成绩，得益于遇上以上诸多好领导好老师。“吃水不忘掘井人”。每每回忆起自己修志的生涯，总不免对他们深怀感激之情。

河北的修志工作，首轮是1984年部署，2002年基本结束，二轮市、县修志是2001年启动，省志稍晚一点。本人所进行的方志业务研究，与修志工作的部署和实践大致是同步的。过去这几十年，一半精力用于行政推动，一半用于研究指导。尽管行政事务繁多，但从未放弃业务研究，关键是坚持“挤”和“钻”的精神。为鼓励部下，卢主任曾拨冗为我的一个小册子提笔作序，省人大常委会原副主任，省编委会副主任、省志总纂龚焕文，曾书写“书山有路勤为径，苦海无涯苦作舟”墨宝赠予本人，这些都使我又获得了巨大的精神动力。所搞研究，大多侧重在修志的应用上，纯理论性的研究不多。工作中包括审稿时发现什么问题，就列出什么题目思考探讨，寻求解决的办法，为基层修志排忧解难。责任心的驱使致余得以笔耕不辍。前十来年是入门、观察、“学步”、模仿、低层次探讨阶段，后十几年，即首轮修志后期和二轮修志当中，经大量感性认识的逐步堆积，认识才有所升华和跨越。从本《文集》不同时段文章（文稿）中，也可窥见此演变的脉络和轨迹。

地方志是一项与时俱进的事业，他需要关注科技的进步、时代的变化、社会的需要、“功用性”的提高，总之就是在继承中发展的问题。本人一直关心志书的“改造”，这也成为贯穿研究全过程的一个核心话题。改造与改革在本质上是相通的。对其研究虽尚不深入，成果尚不很成熟，但修志的问题如何解决，修志的旧框如何打破，修志观念如何更新，修志的方法如何改进，修志的内容如何调整，如何借鉴其他载体之长为我所用进而“浴火重生”，如何把地情方面的潜在优势转化为志书的现实优势，等等，都是自己挥之不去、萦绕心中、不得不潜心思考的问题。

本人对中国新方志的倡导者胡乔木讲的一段话，即 “地方志这项工作必须专业化，要培养一支真正具有专业水平的队伍，要提高这支专业队伍的水平，不能只讲大道理，还要多讲小道理。每一个门类究竟怎么才能写好，需要分门别类地提出来，让大家都能明白，怎么算好，怎么算坏，要用具体事例来说明，这样才能让从事地方志的人打开眼界”，熟读熟记并切实践行，紧紧围绕修志人员“可感知、易接受”问题，进行业务研究和推动，力争将崇高的修志目标变为众人的自觉行动。

在此应予指出的是，本《文集》是已用或发表文章（文稿）的汇集，而非统设统编的新著，存在着既要降低重复又要避免“面目全非”的问题；考虑到《文集》的性质，故坚持“小改大不改”的思路，做了一定删节并予说明，大多仍维持了原貌，如此便难免有“重复”之感。书中的“重复”，也正是当时存在、至今仍未根本改观的问题所在。有鉴于此，恳望可见此书的智者贤达能够予以谅解。

在我平凡而又难忘的修志行旅中，蹒跚入门遇到许多好老师，风雨同行遇到许多好同事，基层奔波遇到许多好同行，在方志领导机构遇到许多好领导、好“向导”，成长进步遇到许多好伯乐，全国交流遇到许多好“知音”，志刊园地遇到许多好主编、好编辑，汲取“营养”遇到许多好作者、好文章，出版印刷得到方志出版社和博美印刷公司大力支持，审核校对得到王蕾、李苍绵、鲍秋芬、冯金生、袁华、郑小明、张耀鑫、康卓的直接帮助，背后有一个支持工作的好内助、好家庭，等等，在此一并向他们表示真诚的感谢。

王广才

2015 年 8 月 6 日